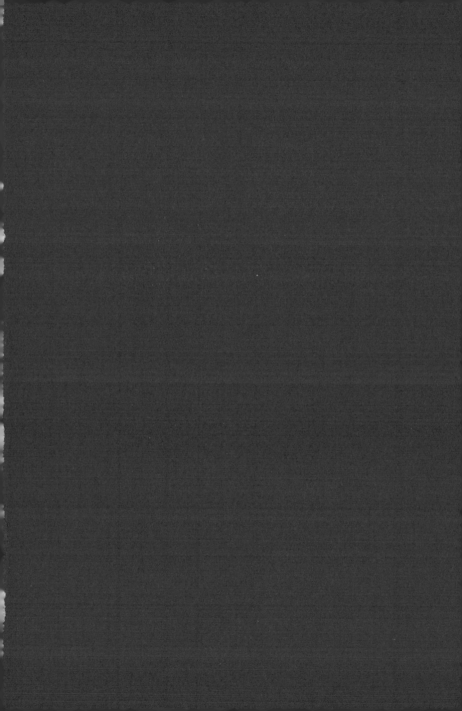

真説・佐山サトル

タイガーマスクと呼ばれた男

田崎健太

集英社インターナショナル

真説・佐山サトル

タイガーマスクと呼ばれた男

プロローグ　佐山サトルへの挑戦状

「佐山さん、ですか？」

目の前に座っていた『ＫＡＭＩＮＯＧＥ』の井上崇宏編集長は、耳元で突然何かが破裂したかのように、びくっとした。

「ええ、佐山さんの評伝を書きたいんです」

ぼくが繰り返すと、井上は困惑を隠すような笑みを浮かべて宙を仰いだ。そして「あー、佐山さんですか。それは考えたことなかったです」と呟いた。

井上から連載をやらないかという電話をもらったのは二週間ほど前のことだった。ぼくは考えている企画があると即答し、この日に打ち合わせをすることになったのだ。

井上が複雑な顔になったのも無理はない。佐山サトルはプロレス、格闘技の世界で扱いにくい人物とされていた。ＹｏｕＴｕｂｅでは、彼の立ち上げた修斗の合宿で、弟子たちを気合いが入っていないと蹴り倒し、凄む映像を見つけることができる。また、師であるアントニオ猪木、あるいは同郷の先輩である長州力でさえ佐山が感情を爆発させたときは手に負えない。あるいは、思想的に極右である――などなど。

ぼくの印象は違った。

二〇一四年一二月、単行本『真説・長州力 1951-2015』の取材でぼくは初めて佐山と会った。佐山は年上の長州よりも先にタイガーマスクとして人気を集めていた。燻《くすぶ》っていた時代の長州を彼がどのように見ていたのか知りたいと思ったのだ。

彼への取材はぼくの強い希望でもあった。子どもの頃、それほど熱心なプロレスファンではなかったぼくにとってさえタイガーマスクは特別な存在だった。どんな人物なのか、興味があった。佐山は終始穏やかで、細かな質問にも嫌な顔を一つせず答えてくれた。二時間近い取材が終わった後、陽明学と朱子学、日本の政治状況について雑談を続けた。その内容は常識的で、よく勉強していることが伝わった。実に紳士的な男だった。

かつて長州に最も身体的能力の優れたレスラーは誰ですかと訊《たず》ねたことがある。すると彼は「佐山です」と即答した。長州は佐山の跳躍力を目の当たりにして、けた外れだと舌を巻いたという。「佐山は何の競技をやっても成功したでしょうね」と付け加えた。

しかし、少年時代から柔道、レスリングで頭角を現した長州と比べると、プロレスの世界に入るまで佐山には輝かしい競技歴はない。その理由は一つの競技を長く続けていないからだ。小学二年生のときに始めた柔道は「家庭が複雑」だったので、途切れてしまったと言った。その後、高校のレスリング部も中退と同時に辞めており、全国的な成績は残していない。

彼に取材する前、可能な限りの資料を読み込んでいた。その多くはタイガーマスクとしてリングに立っていた時期に焦点を当てたもので、彼の生い立ちに深く触れているものは限られていた。そして取材の間、何度も「家庭が複雑だった」と口にしたことが印象的だった。これだけ知名度のある男にもかかわらず、その人間像はほとんど知られていないことに改めて気が付いた。

佐山がタイガーマスクだった時代は二年そこそこに過ぎない。その後、今に繋がる総合格闘技の道を切り拓いた。

彼はいつも恬淡《てんたん》だった。タイガーマスクを続けて一財産を築くことを潔しとしなかっただけでなく、総合格闘技が商業的に大成功を収めたとき、先駆者として十分な果実を受け取ることもなかった。なぜならば、ある時期から修斗とはきっぱりと関係を断っているからだ。なぜ修斗から離れたのか、不思議に思って関係者に訊ねたことがあった。すると、その話には触れてはならないのだという風に困った顔をされた。佐山も修斗について口を噤《つぐ》んでいるとも教えられた。

彼の本質は、みなが知るタイガーマスク以外にあるはずだった。ルールある競技として世界に先駆けて総合格闘技を始めたのは彼だ。修斗時代、オープンフィンガーグローブを格闘技用に改良した。それが今ではアルティメット・ファイティング・チャンピオンシップ――ＵＦＣなど世界中の団体で使用されている。その総合格闘技の祖としての功績はタイガーマスク時代と比較すると霞《かす》んでいる。タイガーマスクは確かに傑出したプロレスラーだった。しかし、そこばかり取り上げられることを彼は望んでいるのだろうか――。

佐山サトルとタイガーマスクは不思議な関係だ。

ブルースの世界にはこんな〝伝説〟がある。粗末なアコースティックギターを抱えた黒人が十字路で悪魔に魂を売り、素晴らしい演奏技術を得た。その男、ロバート・ジョンソンは二七歳で不審死を遂げる。悪魔が命を奪ったというのだ。佐山も虎のマスクを被ることで、プロレスの神に愛され、他のレスラーが追いつけない高みにまで一気に上り詰めた。しかし、タイガーマスクであったことが、彼に正当な評価を与えることを邪魔しているように見える。

世の中では、自分がやったことを手際よく膨らませて、声高に語る人間がもてはやされる。ぼくが描きたいのはその正反対の人間だ。『真説・長州力』を出版した後、次は何を書くのか、どのプロレスラーだと何度も訊ねられた。そのとき、ぼくの頭に浮かんだのは、佐山のどこか寂しげな横顔だった。彼は人を惹きつけながらも、孤独の影があった。自分の理想に拘《こだわ》った佐山は、何度も躓《つまず》いてきた。彼の周りにこぼれ落ちた砂礫《されき》を拾い集めて光を当ててみたいと思うようになったのだ。

編集長の井上と会った後、ぼくは佐山宛ての手紙を書いた。手紙の最後はこう結んでいる。

〈作家の吉村昭は、こんな風に書いています。

『小説を書くという作業は、小説の素材と私がそれぞれ力士のように四つに組んで勝負するのに似ている。素材が強靱な肉体を持っていて果てしない力を発揮すれば、こちらも負けじと全力をあげて対抗する』

ぼくの場合〝小説〟が〝ノンフィクション〟に置き換わります。そして素材が取材対象者——佐山さんです。作家がこの人、この主題を描きたいと強く思うことがまず第一だと考えています。ぼくは佐山さんと四つに組ませてもらいたいのです。

ぼくの手法として、佐山さんの他、周辺の関係者にも取材していきます。中には佐山さんにとって不快な話も出てくるかもしれません。その場合、取材した上で、どうするか相談させてください。佐山サトルを書く上で自己規制したくないのです〉

ぼくなりの佐山への挑戦状だった。二〇一五年一〇月末、佐山のマネージメントを担当する平井丈雅に手紙を手渡し、企画の主旨を説明した。しかし、なかなか返事が来なかった。

正当なノンフィクション作品は、取材対象者を傷つける可能性を内部に孕《はら》んでいる。取材とは心の中へ踏み込んで、触れられたくない記憶を掘り起こす作業でもあるからだ。若い時期から注目を集めていた彼は、これまでに何度も裏切りに遭っている。自分を利用しようとする人間たちに辟易《へきえき》し、周りに高い塀を築いてきたことだろう。そこに踏み込まれたくないと考えているのかもしれない。また、彼が体調を崩しているという話も聞こえてきた。

縁がなかったのかと諦めつつあった二〇一六年二月末、平井から連絡が入った。佐山が会うという。

佐山は返事が遅れたことを詫びた上で、自分のことを書いてくれるんですね、ありがとうございますと頭を下げた。その日から、彼の辿ってきた道を追いかけるぼくの旅が始まった。

目次

装丁　三村　漢（niwa no niwa）

第一章 父親のシベリア抑留

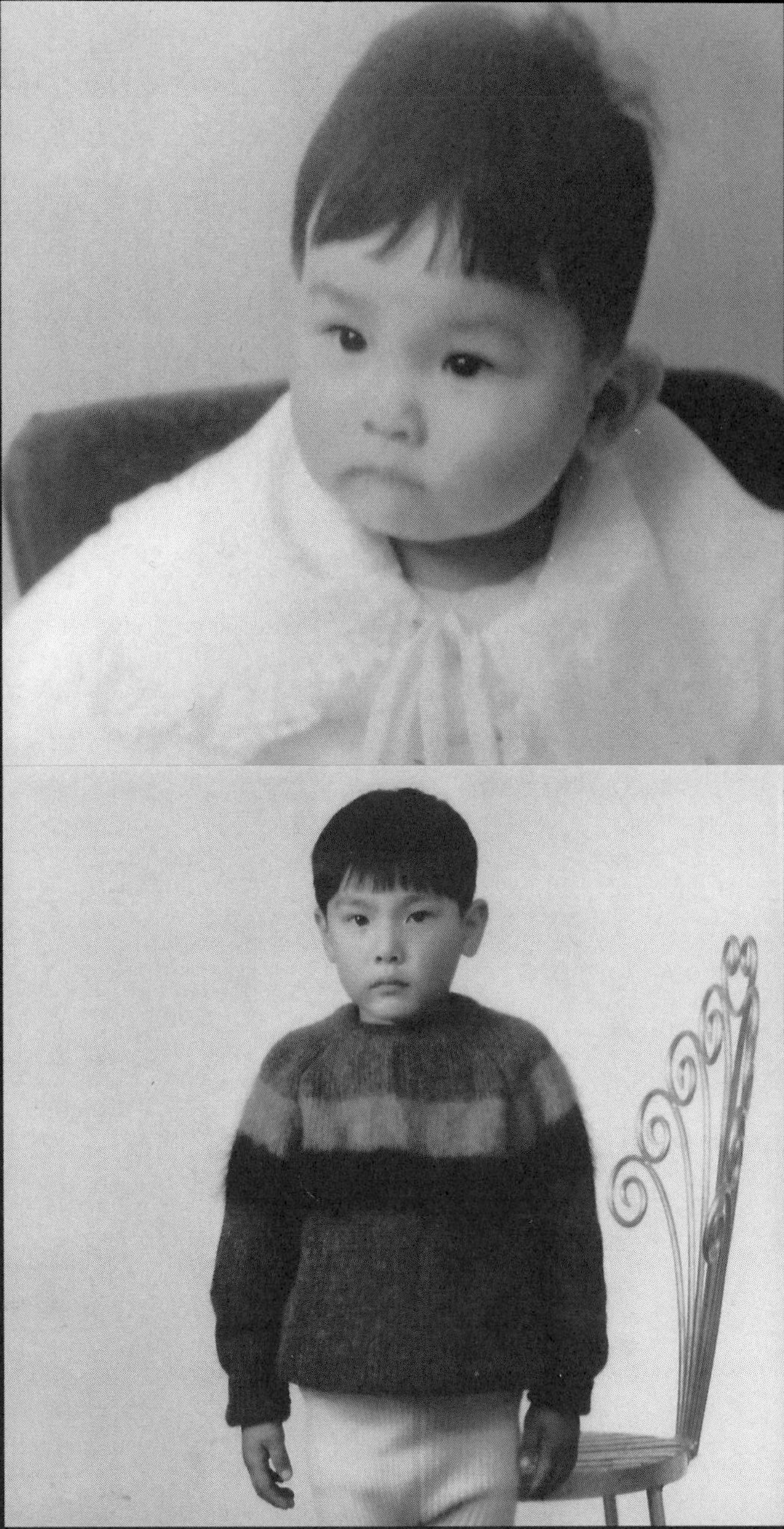

幼少期の佐山サトル。父親の文雄が「聡」と命名した

「人間というのは銃剣で刺したら、外れないんだよ」

小学六年生のとき、佐山は作文にこう記している。

〈昭和三二年十一月二十七日午前二時ごろ、山口県下関市の病院の一室でぼくは生まれた。目方は標準よりも少し重く、名前は生まれて三日後「佐山聡」とつけられた。生まれた時、父がおもちゃをたくさん持ってきてくれたそうだ。また聡という名前は、父がえらい、という意味でつけたようだ〉（原文ママ）

ある時期まで子どもにとって家族との世界が全てである。父親がどのような人間なのか、どんな人生を送ってきたのかは、特に男子には少なくない影響を与える。もちろん佐山も例外ではないだろう。

佐山の父、文雄は一九一三年一二月三日、東京で生まれている。本籍地は神田神保町。五歳年下の弟、武雄がいる。佐山の実家に残されていた二人の履歴書によると、武雄は錦華《きんか》尋常小学校を卒業したと書かれている。兄、文雄の履歴書には小学校卒業の記載はないが、この錦華尋常小学校に通ったと思われる。

父親の幼少期について、佐山が知っていることは限定的だ。

「親父は、関東大震災を池尻で見たそうです。おじいちゃんが東京の神田で歯科医をやっていたみたいですね。まず親父の兄貴が肺結核で亡くなった。その兄貴というのは京都大学に行ったとかで、もの凄く頭が良かったらしい。それからおじいちゃんも亡くなるんですね」

錦華尋常小学校は一九二三年の関東大震災で校舎が焼失、二六年一〇月に鉄筋コンクリート三階建てに建て替えられている。文雄が卒業したであろう年である。その際、隣接地に公園が造られた。小学校は統合により現在は存在しないが、公園は今も錦華公園として残っている。

文雄と武雄は父親と兄の死後、三一年に二人で満州へ向かっている。

この三一年は、日本が満州政策の舵を大きく切った年でもあった。それまで日本は欧米列強国の目を窺い、満州鉄道という実質的国策企業ではあるが、〝表向き〟には私企業による経済的支配を行っていた。この年の九月一八日、潘陽市郊外の柳条湖付近で、満州本線が爆破された。関東軍はこの事件を口実として、柳条湖付近に駐屯していた張学良軍を奇襲した。

張学良は一帯を制圧していた軍閥である。奇襲により張学良は退却し、奉天省、吉林省、黒竜江省の東三省の大部分を関東軍が支配することになった。満州事変である——。

文雄の履歴書には三四年、満州奉天第一中学校卒業と書かれている。これは通常より五年も遅い。

佐山は父が「親戚の間をたらい回しにされた」とこぼしたことを覚えているという。それまでの何不自由のない生活から一転して、厄介者扱いされながら弟と二人身を寄せ合っていた。その影響で学校卒業が遅れたと思われる。

奉天第一中学校卒業後、満州鉄道に入社。最初の仕事は、斉斉哈爾《チチハル》にある建設事務所線路係だった。いわゆる下働きだ。その後、白城子、哈爾浜《ハルビン》の線路係を経て、四一年一月に新設された斉斉哈爾鉄道建設事務所の経理係となっている。この年の一二月八日未明、日本は真珠湾にあったアメリカ海軍の太平洋艦隊と基地を奇襲、太平洋戦争が始まった。

その後、文雄は哈爾浜鉄道局経理部主計課を経て、四四年一二月には綏化《すいか》工務区経理助役に昇進した。

召集令状を受け取ったのは翌四五年五月のことだ。文雄三一歳、終戦の約三ヶ月前のことだった。

佐山によると父親は戦争の話になると口がとたんに重くなったという。

「詳しいことは語りたがらないですよ。ただ、人間というのは銃剣で刺したら、外れないんだよって。足で（刺した相手の軀《からだ》を）蹴って外すしかないんだと。あとは特攻をやらされたそうです。（地面に掘った）蛸壺みたいな中に入っていて、敵の戦車が来たら向かっていく、みたいな。それで敵が来たと思って外に出てみると味方だったと」

四五年夏頃、兵士不足となった関東軍は一八歳から四五歳までの満州在住の日本人男子約二〇万人を召集している。これは「根こそぎ動員」と呼ばれた。

当時、三十代後半は「老兵」扱いとされた。軍の経験のない老兵を駆り出さなくてはならないほど、関東軍は追い込まれていたのだ。

装備もお粗末だった。新京地区では召集令状に〈各自、かならず武器となる出刃包丁類及びビール瓶二本を携行すべし〉と記されていたという。出刃包丁は棒の先に縛って槍《やり》の穂先に、ビール瓶は火炎瓶に転用するのだ。

八月九日午前一時、満州東北部の守備を担当していた第五軍司令部から、新京の関東軍総司令部に「牡丹江《ボタンコウ》市街は敵の空爆を受けつつあり」と電話が入った。ソビエト軍が北と東西の三方から国境を越えてなだれ込んできたのだ。その数は兵員およそ一六〇万人、戦車五〇〇〇両、飛行機五〇〇〇機だった。一方、迎え撃つ関東軍は約七〇万人、戦車二〇〇両、飛行機二〇〇機。兵員は半分以下、戦車と飛行機は二五分の一に過ぎない。

ソビエト侵攻を知り、新京では満州鉄道が避難用の特別列車を出すことになった。当時、新京には約一四万人の日本人が住んでいた。民間人、官吏、軍人の順番で避難させるという方針だったという。しかし、八月一一日未明から正午頃にかけて列車で避難した約三万八〇〇〇人のうち、二万三〇〇〇人ほどは関東軍の軍人や家族、その他、満鉄関係者が約一万六七〇〇人、大使館と家族が約七〇〇人、民間人は三〇〇人程度に過ぎなかった。戦後出版された『戦史叢書』には、一向に避難準備の気配が見られなかったため、〈集まった者から列車に詰込み出発せざるを得なかった〉と記されているが、民間人にどこまで避難列車の情報が広められたかは疑問視される。関東軍総司令部の家族の中には、特別機で日本に帰国した人間もいたという。上層部がいち早く逃げ、下の人間が残されるのは日本軍の常である。

満州に残されたのはつぎはぎだらけの関東軍だった。

彼らは市街地の石畳を剝がして対戦車壕を掘り、並木を倒してバリケードを作った。そして爆薬の入った箱を渡されて、「蛸壺」と呼ばれた竪穴式の一人用の陣地に身を潜めた。戦車が通り掛かると蛸壺から飛び出て体当たりして自爆するように命じられていた。文雄もその一人だった。

ソビエト軍侵攻から一週間程度の戦闘で関東軍の五万人が死亡したとされている。文雄は敵の戦車と遭遇することなく、命拾いしたのだ。

八月一四日、日本がポツダム宣言を受諾、一五日に玉音放送で終戦の詔勅《しょうちょく》が流れた後も、満州ではソビエト軍との戦闘が続いた。四一年一月、当時の東條英機陸軍大臣が「戦陣訓」を布告していた。そこには「生きて虜囚《りょしゅう》の辱《はずかし》めを受けず」という一節がある。捕虜になるよりは死を選べ、とされていた。

八月一七日に「陸海軍人ニ賜リタル降伏ニ関スル勅語」が発令されている。この降伏許可が出ても、関東軍の抵抗はしばらく続いた。

履歴書には一〇月一〇日に〈ライチーハ地区キフダ収容所入所〉〈炭鉱、土木、建築諸作業に従事ス〉と記されている。これはハバロフスク地方アムール州ライチハ第一九収容所を指すと思われる。中国の黒竜江省とアムール川を隔てたソビエト側対岸の収容所で捕虜となったのだ。

帝政ロシア以来、シベリアは囚人の強制労働により開発されており、それはロシア革命後も続いていた。今度は、敗戦国の捕虜を自国開拓の労働力としたのだ。これは国際法違反である。

この無念を、残し伝えなければならないという思いがあったのだろう、シベリア抑留者は無数の手記を残している。「平和祈念展示資料館」に所蔵されている、文雄と同じライチハに収容されていた人間の回顧録を引用する。

〈停戦命令がきて、武装解除され、ソ連兵の銃剣に威嚇され、食べ物とてほとんど無くふらふらになりながら強制連行されました。ソ連領に入り着いた所はライチハという。そこの第十九収容所に入れられました。作業は露天掘りの炭鉱で、私はモッコで貨物に石炭を運ぶ仕事をさせられました。そればかりではなく、三十人一組で鉄道線路を移動させる仕事もしました。

一日で黒パンがゲンコツほどの大きさのものと、飯盒の蓋にシャブシャブのスープ三杯。これがマイナス三十度以下の厳寒期で、仕事を強制されたので、急性肺炎と栄養失調になり、戦友はバタバタと倒れてゆきました。私も同じように痩せ細り急性肺炎になりました。そして死の一歩前までいきましたが、どうにか生き延びることができました〉（愛知県　斉藤弘）

逃れられない死の影

終戦後、ソビエトによって強制抑留された日本人は、日本政府の推定によればおおよそ五七万五〇〇〇人、死者は五万五〇〇〇人。研究者はその数字は推定であり「下限値」であるとしている。つまり、これよりもずっと多いということだ。

厳しい労働、栄養状態に加えて、収容所の壁にはレーニン、スターリンの顔写真の入った新聞が張られ、「民主化教育」と名付けられたソビエト式共産主義を植え付ける思想教育が行われた。この「民主化」を巡って、日本人捕虜同士の密告もあったという。

四七年四月六日、〈沿海州ナホトカ　ディムストロイ〉に転属、〈築港、土建ノ諸作業ニ従事ス〉とある。そして八月一〇日に引き揚げ船に乗り、京都府舞鶴港に到着した。

文雄はシベリア抑留について、佐山にほとんど話していない。

「二年で帰されたということは、今考えれば（ソビエトの軍人に対して）はいはいと言っていたんでしょうね。ある程度、社会主義には毒されていたかもしれませんけれど、〝露助〟と（蔑《さげす》んで）呼んでました。露助の共産主義は大嫌いでした」

文雄は舞鶴港から山口県下関市熊野町に向かっている。彼は下関市出身の女性と結婚していたようだ。厄介者払いされた東京には帰る場所はなく、妻の実家に向かう他はなかったのだ。

すでに弟の武雄が前年の四六年七月に帰国、下関に身を寄せていた。武雄はシベリア抑留に遭うことはなかったが、満州鉄道解散後、後を引き継いだ「中国長春鉄路公司」で働いていた。

文雄が帰国した翌年、四八年七月に長男の彰、その翌年に長女の規子が生まれた。

彰は少しだけ父親からシベリア抑留時代の話を聞いたことがあったと教えてくれた。

「凍った中でトイレに行くと、ウンチが固まるらしいです。それを棒で突かされるのがきつかったと。あとはロシア語が少しできたということで可愛がられたんでしょうかね。シベリアにいたのは二年ぐらいですか？　長い人はもっといますものね」

便所に溜まった排泄《はいせつ》物は零下四〇度ですぐに凍ってしまう。その排泄物が積もり、尻に当たるようになると床に用を足す人間が出てきた。やがて床が凍った糞尿《ふんにょう》だらけになる。それを棒でついて剝がさなくてはならなかったのだ。

シベリア抑留の前後、文雄は娘を失っていた。

「私の上に姉が一人おったみたいです。満州で生まれて、亡くなったと。父はそれ以上、語りたがらなかった。ひょっとして残留孤児でおるんじゃないかと思ったこともあります」

彰が小学生に上がる前、今度は母が亡くなった。

「母の記憶というのは、叱られて川に逃げたことかな」

亡くなる直前の病室で、彰は「少しの間、外に行っているように」と父親に言われた記憶がある。

「胃がんだったんです。死ぬ瞬間をぼくに見せたくなかったのか、最後は夫婦二人だけになりたかったのかは分かりません。母が亡くなった後、ぼくが親戚に伝えに行きました」

文雄は早くに父と兄を、そしてシベリアでは多くの仲間が死んでいくのを目の当たりにしてきた。命からがら帰国してみれば、娘を失ったことを知り、続いて妻を病に奪われた。新しく生まれ変わろうとしている日本の中で、自分には逃れられない死の影が寄り添っているのだと嘆息したことだろう。

「ぼくは悪戯《いたずら》坊主だった。ただ、悪いことをしたから私を殴る、ということはなかった。俺が悪いと言って、自分の頬をこうする」

彰はそう言うと拳《こぶし》を固めてぐりぐりと頬に押しつけた。

「親にそんなことをやられたら、子どもはたまったもんじゃないですよ。叩かれた方がまだ良かった」

あれには参ったと彰は微笑んだ。

彰と規子という子どもを男手一つで育てるのは大変だったろう。二人は親戚や知り合いの家に預けられることになった。

そして、文雄はそうした一軒の中の娘と再婚した。佐山の母、みえ子である——。

「けいしそうかんになりたいです」

佐山が生まれ育った下関市東部の長府地区は、江戸時代に長府毛利家が陣屋を構えていた。陣屋とは領内に城を所有していない大名の館を指す。

陣屋周辺には武家屋敷が広がっており、明治維新以降もその景観が保持されていた。鎌倉時代に創建された功山寺をはじめとした寺が点在しており、帯刀した侍が今にも飛び出してきそうな空気が流れていた。佐山の家は練り塀の中を縫って流れる壇具川から入ったところにあった。川の左右は石垣で固められており、秋になると水面に紅葉が映った。

この長府地区は神戸製鋼所の企業城下町でもあった。

一九三八年九月、陸軍航空本部の要請により、神戸製鋼所長府工場（現・長府製造所）の建設が始まっている。航空機産業の発展に伴い、軽合金製品の需要が増していた。長府工場は、ジュラルミンなどの航空機用の軽合金材料、鉄薬莢《やっきょう》などの生産に対応するためだった。終戦後の四六年一一月、民需用に切り替えられ、アルミニウム合金、マグネシウム合金などの生産を再開している。

佐山の父、文雄はシベリア抑留から引き揚げてきた後、時期ははっきりしないが、この長府工場に勤務するようになった。シベリア抑留者は「シベリア帰り」と呼ばれ、共産主義者に疑われて就職の妨げとなることも多かった。その中で文雄は上手く神戸製鋼所に滑り込んだ。

神戸製鋼所長府工場は瀬戸内海沿いの広大な埋め立て地にある。

工場の前には国道九号線と山陽電気軌道の路面電車、長関線が走っており、鳥居前という停留所があった。この長関線は国鉄の長府駅と下関駅を繫いでいた。鳥居前とは忌宮神社の参道の入り口に鳥居が置かれていたことに由来する。

工場の終業時間を告げるサイレンが鳴り響くと、正門が開き作業服を着た人がどっと吐き出された。参道近くには、工場の労働者をあてこんだ小料理屋、スナックなどの飲食店が軒を連ねていた。カウンターだけの小さな店が多く、おにぎりや総菜などの軽食をつまみに酒を飲むことができた。ほんの小さな一角にもかかわらず、アーケードのある商店街、映画館も二軒あったという。戦後の高度成長期という栄養を吸い上げて、伸びやかに咲き繁った一帯だった。

佐山の家は長府工場の正門から歩いて一〇分もかからない距離にあった。近隣に住んでいるのはほとんどが神戸製鋼所の社員だった。

佐山は九つ年上の兄、彰に連れられて、豊浦小学校二年生のとき、家の近くの乃木神社の境内にある柔道の道場に入門している。

乃木神社に奉られている乃木希典《まれすけ》は、元々長府藩の藩士であった。乃木神社には、乃木が幼少時代を過ごした旧家が復元されている。その乃木神社の境内に「長府武道館」という道場があった。彰は中学三年生のときに初段を取得しており、下関中央工業高校に進んだ後、地元で時折、子どもたちを教えていたのだ。

彰はどういうきっかけで道場に連れていったのかは覚えていないのだが、と前置きした上でこう振り返る。

「道場に指導者がいなかったので、小さい子どもたちはぼくが面倒を見るという感じでした。大したことは教えていないんですよ。そこにサトルを連れていった」

しかし、佐山の道場通いは長続きしなかった。綾羅木《あやらぎ》にある祖母の家に預けられることが多くなったからだ。

彰はこの理由について、先妻の子である自分と妹の規子、後妻のみえ子とその息子であるサトルの関係を、父の文雄が過度に気を回したのではないかと考えている。特にみえ子は、サトルを溺愛していた記憶があるという。

「ぼくが〝サトル〟って呼んだら、〝サトルちゃん〟って言いなさいと叱られた。兄貴なんだから、サトルでいいじゃないかと思った。でも嫌な感じがあったのはそれぐらいで、他にお袋さんとぶつかった記憶はない。ぼくが覚えているのはサトルが、夏の暑い日にパンツ一丁で寝ている姿。可愛い弟だったんですよ」

彰は目を細めた。

彼が工業高校への進学を決めたのは父の勧めだった。技術を身につけて早く独り立ちして家を出なければならないと思い込んでいたという。その意味では、自分もサトルたちとの間に多少の距離を置いていたのかもしれないと付け加えた。

佐山が預けられた綾羅木は下関市内ではあるが、瀬戸内海側にある長府から見れば反対側、日本海に面した小さな村落だった。

綾羅木は明治初期には人家が一、二軒しかなく、海沿いに松林が植えられているだけの寒村だった。村が拡大したのは、終戦後の一九四九年に区画整理事業が始まってからのことだ。内陸部にある綾羅木駅から海沿いまでの道が整備され、分譲住宅が建てられた。佐山が長い時間を過ごすようになった昭和四〇年には三千戸に増えて、村落の体を成すようになっていた。

日本海に面した国道を走ると、鬱蒼《うつそう》とした木々に囲まれた中山神社が見える。その神社のそばに佐山の祖母の家があった。佐山によると、家の前が大きな砂場になっていたという。

「砂場っていっても、子どもたちが遊ぶために整備されたものじゃなくて、埋め立てされた砂場でした。砂を少し掘ると、湿っていて、水が出てくることもあるんです。砂で車を作ったりして遊んでいました」

山口県で綾羅木という言葉から連想されるのは海水浴場である。波の強い日本海で洗われた砂の目は細かく、海水浴に向いていた。夏になると砂浜に海の家が開き、国道は大渋滞した。

しかし、佐山はほとんど海で遊んだことはない。というのも、祖母から海に行かないようにときつく言い含められていたからだった。

「おばあちゃんの息子、ぼくにとって叔父にあたる人が海で亡くなっているんですよ。だから山で遊ぶのはいいけど、海は絶対に駄目だった」

家から少し歩いたところに山があり、佐山はパチンコで雀《すずめ》を撃ったり、捕まえた蛇《へび》を振り回して遊んでいた。

「毎日、ランニングに短パンという感じです。木の上に家を作ったりとか、もうとにかく真っ黒になって遊んでいました」

佐山にとっては、子どもなりに気を遣う長府の家よりも、開放感があり穏やかな空気が流れる綾羅木は居心地が良かったことだろう。

佐山が小学二年生のときに書いた〈大きくなったら〉という作文がある。

〈ぼくは、大きくなったら、けいさつになりたいです。ぼくは、パトロールカーのうんてんしゅになりたいです。ぼくは、りっぱな　けいさつになって、とうとうおしまいに、けいしそうかんになりたいです。そしてたくさんのどろぼうを、つかまえようとおもいます〉

〈父との約束、守れる人間になれ〉

佐山は綾羅木から祖母に買ってもらった自転車に乗って、山を越えて長府の小学校に通うこともあった。おおよそ一時間の距離だ。

「セミドロップハンドルで色んなライトが点くやつでしたね」

ぼくはおばあちゃん子だったんですと佐山は楽しそうな顔になった。

「周囲の人に話を聞くと、正座をきちんとしなさいとか躾《しつけ》にもの凄く厳しい人だったらしいです。ただ、ぼくには甘かった」

佐山は祖母に連れられて、下関の唐戸で行われた谷口雅春の講演会に連れていかれたことがある。谷口は、新宗教系教団「生長の家」の創始者である。

「ちゃんと生きろ、みたいなことを話されていたような気がします」

なかなかちゃんと生きなかったんですけれど、と佐山は含み笑いした。

「あんなのを小学生の子に聞かせるなんてね。右翼の英才教育みたいな感じでした」

興味深いのは、父の文雄はまた違った政治志向を持っていたと想像できることだ。

文雄は六八年一二月、五五歳の誕生日で神戸製鋼所を定年退職している。その後は神戸製鋼所の人事を担当する関連企業に再就職した。文雄は出張先からこんな手紙を出している。

〈聡！　母ちゃんに手伝って庭をきれいにしときなさい。母ちゃんに台所、汚いより臭いぞ！と言ってをきなさい。庭も台所も臭かったらゲンコツ！

テレビ、9時になったら、どんなに面白くてもスウィッチを切る事、そこが男！

運動会の練習でつかれたかね。よく寝る事。勉強する時間も自分で作り出す事〉（六九年九月一八日）

〈綾羅木には久しぶりに行ったね。友達と遊んだか？　シャツ泥だらけでは無いかね。取りかえなさい。汚れ物は風呂場へ〉（六九年一〇月一九日）

〈聡が独りぼっちで居るのが一番心配。だが男だ！　負けちゃいかんぞ。両親の無い子、家の無い子も居る。強く生きて呉れ。皆で頑張ろうね。父との約束、守れる人間になれ〉（六九年一〇月二一日）

手紙には自分の滞在している場所付近の簡単な路線図が読みやすい几帳面《きちょうめん》な文字で記され、難しい漢字にはルビが振ってある。その文面からは、息子への心遣いがひしひしと伝わってくる。佐山は文雄が四三歳のときの子どもである。遅くできた佐山のことが可愛くて仕方がなかったのだ。

手紙の他、文雄と佐山が写ったモノクロームの写真も何枚か残っていた。どの写真も黒縁の丸い眼鏡を掛けた文雄は満面の笑みを浮かべている。

また、不在がちな家庭に対して不安もあったのだろう。文雄から妻宛ての手紙もある。こちらは佐山宛ての手紙と違って走り書きの筆跡で、少々読みづらい。

〈一、まま母としてなすべきことは、子供の友だちが来た時　親切にもてなすこと　自分の子供以上に可愛がって丁度良い様になる〉

〈一、のり子（※筆者註・佐山の姉）とあきらに対して人間として尊重し　早く一本立てになる様　精神的応援をしてやること〉

〈一、隣近所では余り深くつきあわず礼儀を宜しくすること。
一、腹の立つ時はまず己の心をしづめ他に及ばざること〉

太めのペンで書かれた文字には慎重な文雄の性格がにじみ出ている。〈隣近所では余り深くつきあわず〉というのは、密告が横行していたシベリア抑留をくぐり抜けてきた文雄らしい。

七〇年一二月、文雄は住吉運輸という新会社に転職した。住吉運輸は、長府に本社を置く建設会社の住吉工業の子会社だった。

住吉工業は、一九五六年に神戸製鋼所の下請け企業として砕石生産を始めている。高度成長期に入り、道路や橋梁《きょうりょう》、新幹線のトンネル、高速道路建設に多量の砕石が必要となり、規模を拡大、多角化していた。

住吉工業の創業者の息子である橋本一成は、文雄が入社してきたときのことをよく覚えている。

「神戸製鋼の長府工場から出た市議会議員の方がおりまして、その人と一緒にうちに来たんです。中村農夫《のぶ》さんという方です。農夫さんに住吉運輸の社長、佐山さんのお父さんに運送部車両課長として来てもらった。佐山さんのお父さんは労働組合の委員長か何かをやられていたんじゃないですかね」

神戸製鋼所長府労働組合（神鋼長府労組）に問い合わせてみたところ、歴代の委員長および執行役員に佐山文雄の名前はないとの回答があった。

ただ、中村農夫は、四九年四月から一二月、そして五四年九月から六二年七月まで神鋼長府労組の委員長を務めていた。五一年四月に下関市議会議員に当選、二期目は落選したものの、五九年の選挙で復帰、七一年四月まで市議会議員の職にあった。

橋本には、文雄が中村の事務所に出入りしていたというかすかな記憶があるという。文雄は正式な幹部でなかったとしても、中村と近く、労働組合に深く関わっていたと見ていいだろう。つまり〝左〟の人間だ。

柔道部の練習でバックドロップ

将来の夢として「警視総監」と書いていた佐山が格闘技に惹きつけられたのは、小学四年生のときだった。キックボクシングの沢村忠がテレビに現れたのだ。

沢村忠――本名・白羽秀樹は一九四三年に満州で生まれた。幼少期より剛柔流空手道を学んでいた彼の名前が広く知られるようになったのは、一九六八年のことだった。九月にＴＢＳで放映開始されたキックボクシング番組が高視聴率を叩き出した。この人気に追随し、翌六九年には、日本テレビ、ＮＥＴ（現・テレビ朝日）、東京12チャンネル（現・テレビ東京）もキックボクシングの番組を開始。この年、梶原一騎は沢村をモデルとした『キックの鬼』という漫画を始めている。

佐山は当時をこう振り返る。

「当時の子どもがそうだったように、好きだったのは、〝巨人・大鵬・卵焼き〟でした。野球では王貞治さんも好きでしたね。そして沢村忠さんが出てきた。最初見たとき、格好いいなと思った」

佐山は、天井から吊るされた室内灯の紐を沢村の真似をして高く足を上げて蹴飛ばすようになった。

この頃、兄の彰と腕相撲をしたことがあったという。敗れたものの、彰から「お前、強いぞ」と半ば驚かれながら言われた。柔道の有段者だった彰の言葉が嬉しかったことをよく覚えている。

佐山の憧憬《しょうけい》の対象は、やがてキックボクシングからプロレスへ移ることになる。

「ルー・テーズ、ビル・ロビンソン、ブルーノ・サンマルチノとかアントニオ猪木さんとかそういう人に熱中していくわけですね」

毎月、『プロレス＆ボクシング』と『ゴング』の発売日になると佐山は長府の商店街にある書店に足を運んだ。やがて書店の婦人は彼の顔を見ると、プロレスの雑誌を買いに来たんだね、と微笑むようになった。そして雑誌を抱きかかえて家に帰り、一字一句見逃さないように読み込んだ。そのうちに読むだけでは飽き足らず、お気に入りのレスラーの写真を切り抜いて壁に貼り付けるようになった。

小学六年生頃、祖母が体調を崩したこともあり、佐山は綾羅木を引き揚げて、長府の自宅に戻っている。

佐山が通っていた豊浦小学校の同級生に話を聞くと、佐山の小学校のときの印象はほとんどないのだと口を揃える。

その中の一人、堀信一郎は「俺にとっても佐山の印象は薄いよ」と言った上で、彼の図抜けた跳躍力だけはよく覚えていると言った。

「軀のバネがすごくあった。マット運動とか跳び箱とか。特に跳び箱やな。走るのも速かった。指をこんな風にして走るんだ」

堀は人さし指と中指を突き出した。

「チョキで走っていた。速そうに見えないのに速いのよ」

また別の同級生、守永賢治は六年生になったあたりから佐山の軀が急に大きくなったのだと振り返る。

「小学生ぐらいのとき、誰が喧嘩が強いかっていう番付みたいなものがあるでしょ。佐山君はそういうのに全然入っていなかった。それが六年生になって、急にそこに入ってきたという印象がある」

七〇年四月、佐山は長府中学に入学した。

長府中学は佐山の自宅から坂を上ったすぐの高台にあった。佐山は中学入学と同時に柔道部に入部した。

「柔道部に入ったのはプロレスをやりたかったからです。柔道部の先生はあまり柔道を知らなかった。教頭先生に近い立場で練習にもほとんど来ない。そこで、ぼくはいつもプロレス技を掛けていました。相手が技を掛けてくるのを待って、バックドロップするとか。人間風車とか。ブレーンバスターで何キロぐらいの人間まで持ち上げられるか試してみたり」

佐山は中学二年生の二学期に黒帯を取得したという。強さに対する自信はついてきたものの、自分の軀の大きさに対する不安は逆に大きくなっていった。

佐山は同年代と比べて、小さい方ではなかった。ただ、父親は一六〇センチほどしかなく、どちらかというと華奢《きやしや》だった。母親も大柄ではない。そんな両親から生まれた自分がアントニオ猪木のように一八〇センチを超える身長になれるとは思えなかった。

佐山は小学生のとき、プロ野球選手になりたいと口にしたことがあった。それを聞いた教師に「野球選手など無理だ」と笑われたものだ。しかし、子どもの頃から運動神経には自信があり、将来はスポーツで身を立てるつもりだった。野球選手が無理ならばプロレスラーになろうと考えたのだが、プロレスこそ軀の大きさが必要だった。

佐山によると、黒帯を取得した時期に綾羅木の祖母が亡くなったという。

「おばあちゃんの遺体の前で、メキシコに行ってチャンピオンになりますって誓ったことを覚えています。なんかメキシコでは軀が小さくても大丈夫だという記事を読んでいたんでしょうね」

この年の冬、佐山をさらにメキシコに引き寄せる人物が現れた。

ミル・マスカラスが初来日したのだ。

第二章 プロレス狂いの少年

新日本プロレス入門後、山口県の故郷に帰省した際の佐山サトル

マスカラスの虜になる

一九七一年二月一八日、ミル・マスカラスの乗ったパンアメリカン航空一便は予定より一時間遅れで羽田空港に到着した。空港には彼の姿を一目見ようと何百人もの人間が待ち構えていた。白いマスクに黒いコートを着たマスカラスがロビーに現れると大混乱になった。

翌日、マスカラスは日本プロレスのリングに上がっている。マスカラス目当ての客が後楽園ホールに詰めかけ、ビルのエレベーターが故障したと報じられている。

マスカラスは第六試合に登場した。大きなつばの付いた帽子——ソンブレロを被ったマスカラスは軽やかにロープの上を飛んだ。リングアナウンサーに紹介され、黒い上着を脱ぐと、均整の取れた逆三角形の軀が現れた。

対戦相手は星野勘太郎だった。

一三分三五秒、マスカラスは両手を広げてコーナーポストから星野に向かって飛び、軀を浴びせて、そのままフォール——。ダイビング・ボディ・アタックである。

金曜日に行われたこの試合は日本テレビで中継されていた。中学一年生の佐山はこのマスクマンの虜《とりこ》になった。

佐山の長府中学時代の同級生だった國友政則は、佐山がマスカラスについて熱く語っている姿を覚えている。

「彼の憧れの人はマスカラス。理想の人だったと思う。その熱中ぶりは、ちょっとおかしいんじゃないかと思えるほどだった。あいつも俺も勉強はせん方やった。佐山は鞄の中にいつも自分の作ったマスクだけを入れて学校に来ていた。あれとはだいたい（教室で）席が近くて、（佐山の方を見ると）授業中もノートにマスクを描いていた。ノートにマスクをデザインしているんよ。本当に好きやったね」

やはり同級生の守永賢治は、佐山の数少ない〝プロレス仲間〟で最大の理解者だった。

「馬場派、猪木派というのがあるじゃないですか？　佐山君は猪木派でしたね。とにかく印象に残っているのは彼の家に行ったら、プロレス雑誌が山積みになっていたこと。『ゴング』などは中学生にしたら高かった。小遣いをみんなそれに使っていたんじゃないですかね」

佐山が同級生たちに技を掛けて回ることに守永たちは閉口していた。

「『ゴング』などが届いた翌日、あるいはテレビ放映があった翌日、みんなを捕まえて技を披露するんです。同級生のほとんどの男子が技を掛けられたんじゃないかな。ぼくも何回か掛けられたかもしれない。でもぼくの場合は同じプロレス好きということで、解説を求められた。同級生にコブラツイストとかを掛けて、それを見てぼくが〝おー、出来がいい〟とかなんとか。とにかく色んな技を試していましたよ」

自分は実験台にされたくないので、解説者に徹して逃げていましたと、守永は苦笑いした。

「佐山君はマスクをいつも持ってきてました。同じのではなくて、次々と作っていた。毛糸のもあったような気がする。たぶん自分で作っていたんじゃないかな。子どものために雑巾を縫ってあげる親はいても、マスクを作る親はいないでしょ？　中学生になって軀がでかくなってみんなから凄いと思われていたけど、女子にもてるというのはなかった。女子の目には変な人に映っていたと思いますよ」

サッカー部に所属していた國友は佐山の運動神経の良さが記憶にあるという。

「その頃、サッカーはまだマイナーだったんですよ。だから人が足りなくて柔道部にいたあいつを借りたことがある。当時はそこそこ軀は大きくてね、瞬発力は抜群なものを持っていたので、ゴールキーパーとして出てもらった」

國友も佐山が同級生に技を掛けていた姿をよく覚えている。

「(授業が終わった後に)体育館の掃除があるじゃないですか？　そのときに体操用のマットがあるでしょ、掃除の時間になるとあいつはすぐにマットを敷いた。そしてマスクを被って技を掛けて遊ぶんです。バックドロップとか、みんな嫌がるんよね、痛いけん。みんなに逃げられると今度は何をするかというと、マットを壁に立てかけて、一人でニードロップみたいな練習をしたり」

今考えれば面白い光景ですよねと國友はからからと笑った。

「あいつが後にタイガーマスクになったでしょ。俺、テレビ見ていて、〝あれ、佐山やん〟って分かった。独特の構え、ステップ、雰囲気があのときと同じだった」

派手な空中技を得意とするマスカラスは、佐山の探求心に火をつけることになった。

今も守永の脳裏に焼き付いている佐山の姿がある。

「体育館にクッションのいいマットがあって、跳び箱の上からそこに向かって飛んでいたんです。要はダイビング・ボディ・アタックです。そうしたらだんだん跳び箱が高くなっていったんです。とうとう一番高くなったとき、佐山君が〝ここからできると思うか〟って訊いてきたので〝それぐらいならばできるんじゃないの〟って」

ダイビング・ボディ・アタックはマスカラスが星野勘太郎との試合で見せた技である――。

佐山は跳び箱に満足しなかった。今度は体育館の二階部分に設置された観客席から飛んでみると言い出したのだ。

守永は「さすがにそれは無理だろ」と止めたが、聞き入れられなかった。佐山は二階に上ると、ふわりとマットに向けて飛んだ。その瞬間、守永は思わず目をつぶった。

目を開けてみると、佐山は無事、マットに落ちていた。守永はほっと胸をなで下ろしながら、疑問が頭に浮かんだ。

「できたのは凄いけど、どこかで練習していたんじゃないかと。いつ、その練習をしていたんだろうと不思議に思ったんです」

佐山にこの件を確認してみると「本当です」とにこやかに頷いた。

「あー、何回かやりましたね。体育館の二階から、マットを敷いたところにどーんと。馬鹿な子どもですね」

そう言うとハハハと声を出して笑った。

マスクを作って学校に持って行ったことも認めた。

「作りました、自分で作りました。ただ（布を）貼り合わせただけですよ。今みたいにピシッとしているのではない。ペタッと合わせて、みたいな。色ですか？　塗っていないです。生地の色、そのままですね」

「番長グループを踏みつぶしていた」

中学校時代、佐山は柔道部で目立った成績は残していない。

佐山は柔道の勝敗に淡泊だったと守永が証言する。

「（下関）市内でも優勝したことはないんじゃないかな。（近隣の中学に）下瀬という強いのがいましたから。ただ、佐山君は柔道で彼に勝ちたいというのはなかった。彼が自慢するのは、柔道の試合に出て〝今日はバックドロップで勝った〟と。柔道にバックドロップってあるのかと訊くと、〝そういう技を掛けて勝った〟と言うんです。裏投げのようなものだったんでしょうね。彼はプロレス部がなかったから柔道部に入っただけ。プロレスの技で柔道に勝つことばかり考えていた」

下瀬孝明は早くから将来を嘱望された選手だった。後に明治大学に進み、七七年の全日本ジュニア柔道体重別選手権七八キロ級で優勝している。

中学三年生の一〇月、佐山は下関市代表として、山口県中学校秋季県大会に出場しているが、大会結果は残っていない。この時点ではそれなりに強いが、県内で飛び抜けた選手ではなかったようだ。

もちろん腕っ節には自信があった。

喧嘩をすることはあったが、「不良」ではなかったと佐山は強調した。

「友だちを締めた不良を呼び出してぶん殴ったりね。正義のために動いていた。番長グループみたいなのもできかかっていたけど、ぼくは踏みつぶしてましたね。プロレス技を掛けてくるから、みんなには怖がられていたみたいです。三年生になると（受験勉強のために）授業がなくなってホームルームの時間になるでしょ。そのとき先生からお前に任せると言われたことがある。勉強なんか全然できないですよ。ちょっと何かやっておいてくれと頼まれた」

人望があったんですかねと口を挟むと、佐山は悪戯っぽい笑みを浮かべながら首を強く振った。

「人望じゃないです。怖さがあったのかなぁ。お袋は学校の先生にこう言われたそうです。〝佐山君がいたおかげで、この学校には不良グループができなかった〟と」

以下は國友の記憶だ。

「中学校のとき、他の学校と喧嘩ってあるじゃないですか？　そのとき、ぼくはおらんかったんですけれど、仲のいい奴が一対一で喧嘩をすることになった。ところが相手の軀が大きかった。ぼくらの仲間は小さかったんです。すると後ろで見ていた佐山がふっと間に入って〝喧嘩するならば俺としてくれ〟と言うた。〝こいつはせん、俺がするけん。こいつは小さいけ、いじめるな〟と。相手は佐山の（がっちりとした）体格を見て、びびるじゃないですか？　間に割って入ってくるような男だから喧嘩に自信があるんだろうなと。それで〝お前とするんならば、もうええ〟という話になった」

中学三年生の進路指導で、佐山は高校には進学しない、プロレスラーになるのだと担任に訴えた。そして教師から大反対されたのだと佐山は振り返る。

「みんなが反対して……当たり前ですよね。先生が上手いことを言うなと思ったのは、アマチュアレスリングでオリンピックに行って、それからプロレスラーになってもいいんじゃないかと。先生はぼくがオリンピックに行けるなんて全然思っていなかったでしょうけど」

この年、七二年夏にドイツのミュンヘンでオリンピックが開かれている。教師の頭にはレスリング競技の残像があったのかもしれない。

ちなみに、このミュンヘンオリンピック、フリースタイル九〇キロ級に出場した中に、同じ山口県出身の吉田光雄という選手がいた。専修大学レスリング部の吉田は翌年、プロレス入りし、後に「長州力」となった。

この時期、プロレス界が大きく揺れ動いている。

七一年一二月一三日にアントニオ猪木が日本プロレスを追放された。そして翌七二年三月六日に大田区体育館で新日本プロレスを旗揚げした。

佐山によると穴が開くほど眺めていたプロレス専門誌に新日本プロレスの新弟子の応募条件があったという。

「一六歳までなら一七五センチ。高校卒業だと身長一八〇センチ以上だったかな。背が低かったので、早く入らなければならないという考えがあったんです」

佐山の身長は一七〇センチほどで止まっていた。

「一七〇ちょっとしかなかったし、規定には達していなかったけど、若ければ大丈夫かなと思うじゃないですか?」

父親の文雄もプロレス入門を認めなかった。

「親父は固い人間ですし、そんな夢物語を追うなという感じだった。当たり前のことですよ」

そこで佐山は長門市にある山口県立水産高校に進学することになった。

佐山は長府中学卒業文集の寄せ書きにこう書いている。

〈血はリングに咲く赤いバラ　佐山聡〉

プロレスラーになるための高校進学だった。

寮の「パンチ会」

山口県立水産高校は一九三九年に設立された山口県水産養成所としてその歴史を始めている。四五年に山口県立水産学校に、四八年の学制改革により山口県立水産高校となった（その後、二〇一一年に県立高等学校の再編で三校が合併し、山口県立大津緑洋高校）。

山口県は大洋漁業（現・マルハニチロ）などが本拠地を置き、海運業、遠洋漁業の基地となっていた。それに付随する食品製造業、造船業で街が発展してきた歴史を色濃く反映した高校で、「漁業科」「漁業専攻科」「水産製造科」「機関科」「機関専攻科」の五つの科が置かれていた。

佐山が選んだのは水産製造科だった。この科は缶詰など加工食品の技術習得を目的としていた。もちろん佐山は食品製造技術には全く興味がなかった。

「アマチュアレスリングのある学校を選んだら水産になった。向こうから引っ張られて推薦みたいな形で入ったんです」

水産高校は柔道などスポーツの盛んな学校でもあった。佐山の自宅のあった下関市長府からは約五〇キロ、車で一時間ほどの距離に当たる。そのため、寮に入ることになった。

寄宿舎「水興寮」は六八年に完成した鉄筋コンクリート四階建て、総面積三八三一平方メートルの建物だった。一階に事務所、食堂などがあり、二階以上が寮となっており、一四〇人収容可能だった。部屋には二段ベッドが二つ入れられており、一年生、二年生、三年生と各学年一人ずつという部屋割りになっていた。

佐山の同級生である大森保治は、水産高等学校は上下関係の厳しい、荒っぽい学校だと聞かされていた。ところが入寮すると、拍子抜けしたという。

「初日は先輩がすごく優しかったんです。お風呂は先にどうぞーってね。これはいいわ、と思いました」

ところが――。

入寮二日目のことだ。深夜、大森が熟睡していると、躯を揺すられて起こされた。「はい、整列」という声が聞こえ、寝ぼけ眼のまま、真っ暗なテラスに正座させられた。

二階の左右には出口があり、テラスに通じていた。大森たちは訳が分からぬまま正座することになった。

正座の痛みに耐えかねて足を崩すと暗闇の中から拳が飛んできた。

「夜中の一時、二時に起こされて朝まで。もう足の感覚がないんです。で、殴られる。グーのパンチで殴られることもあったし、竹刀のときもあった。真っ暗だから誰に殴られているのか分からない。耐えるしかない。入寮初日は、親が来ているので先輩たちはおとなしくしていたんです。それから、誰かが何か粗相をしたとか何とかで週に二回ぐらいは夜中に起こされました」

こうした〝締め〟は〝階〟によって多少違いがあったようである。大森は二階、佐山は三階の部屋だった。

佐山に話を訊くと、「ああ、パンチ会ですね」と事も無げに言った。

「部屋に呼ばれて真っ暗な中、ビンタとパンチです。パンチはボディに入る。先輩の言うことを聞けと、とにかく殴られるだけ。先生たちも容認していたような感じ。もう軍隊学校ですね」

佐山は人との巡り合わせの運を持っている。

大森によると、佐山と同室になった〝先輩〟は温厚な男だった。レスリング部で期待されている選手ということもあって、佐山への締めは比較的、軽かったようだ。

寮生は朝七時に起床、点呼の後、体操、掃除。七時半に食堂で朝食をとって学校へ向かう。校舎までは駆け足と決められていた。途中で上級生に会うと、その度に敬礼をしなければならない。校舎の前には燈心台という慰霊塔があった。これは海難事故で亡くなった人間を奉ったものだった。この塔の前でも敬礼が義務づけられていた。

佐山はこう振り返る。

「敬礼は一日三〇〇回ぐらいやっていたんじゃないですかね」

大森の記憶に残っているのは、入学直後の佐山の姿である。

「クラスには寮生の他、通学生もおるでしょ。それで寮の先輩から、（自分のクラスで）ナメられたらあかん、締めろ、と言われるんです。そこでクラスの中に入っていって、締めるわけです。そのとき、最初に行ったのが佐山やった。こいつ、やるねと思ったのを覚えています。そのときも先輩から言われたから一生懸命やったんやないですか？」

あいつは何も考えず行くけん、と大森は佐山の当時の姿を思い出したのか、相好を崩した。

そして、気の荒い生徒たちが立ち向かい、揉《も》み合いになった。
「もうシャカシャカになるわけやね。誰が味方かもわからん。とにかく殴るしかない」
この一件を佐山に確認すると「そんなことは覚えていませんよぉ」と悪戯っぽく微笑んだ。

〈下関の町はアウトローがたくさんいる。しかも凶悪なやつばかりだ〉

佐山は入学直後の四月二二日に行われた「山口県高等学校レスリング大会」の七五キロ以上級で第三位となっている。その後、国体候補選手に選ばれ、週に一回程度、徳山市（現・周南市）の桜ケ丘高校の練習に参加するようになった。水産高校レスリング部の顧問は元々柔道部の顧問で、レスリングの知識はほとんどなかった。そこで彼は佐山の指導を桜ケ丘高校のレスリング部監督だった江本孝允に託したのだ。

一九四六年生まれの江本は桜ケ丘高校卒業後、日本体育大学に進学。日体大の同級生にミュンヘンオリンピックレスリング代表の山本郁榮、元衆議院議員の松浪健四郎がいる。卒業後は母校に教員、レスリング部監督として戻っていた。教え子の一人に、長州力こと吉田光雄がいる。

佐山は「江本先生に首投げ、タックルを教えてもらってから、三年生を相手にしても面白いように勝てるようになりました」と振り返る。

そして一一月一八日に新人戦が行われた。佐山は七五キロ以上級に出場したが、合宿でその強さを見た他校の選手たちはこの階級を外してきた。佐山の対戦相手がいなくなってしまったため、一階級下の入賞選手（一位から三位）、さらに一階級上の優勝選手と試合をすることになった。そして全て一ラウンドフォール勝ちをし、優勝を認められたという。

この新人戦に勝利したことで、佐山は高校を中退する決意を固めた。

「一年の新人戦に勝って、有頂天になるわけですよ。もうプロレスに行けると。背が低かったから、早く入らなければならないという思いが強かったですね」

加えて、厳しい寮生活に閉口していた。

この頃、水産高校ではウイルス性急性結膜炎が流行していた。これは「はやり目」とも呼ばれ、細菌、ウイルスやカビの微生物、紫外線などの物理的刺激などによって結膜に炎症が生じ、目やにや痒《かゆ》み、充血、ひどい場合は出血や発熱に至る。非常に伝染力が強いのが特徴である。

同級生の一人がこの結膜炎にかかり、佐山たちはこれを利用することを思いついた。その同級生の目に指を突っ込み、自分の眼球になすりつけたのだ。

「みんな学校を休みたくてね。俺にもくれ、俺にもくれという感じですよ」

クラスの三分の二が急性結膜炎に罹患、学級閉鎖になったという。

寮生のうち、佐山たち下関在住の生徒は大森の実家に集まるようになった。

以下は大森の回想である。

「うちは下関駅の裏側の方で、お袋が日用雑貨の店をやりおったんですよ。親父は遠洋漁業の船乗りやけぇ、二ヶ月、三ヶ月帰ってこない。アパートに僕の部屋があったんよ。みんなそこにたむろするわけ」

下関駅一帯には、朝鮮人部落があった。

「（港への）引き込み線があってね、車両が通るとゴトゴトするけぇ、ゴットン部落って呼ばれていた。俺は昔から住んでいてみんな知っておったけど、悪いのが多かった」

当時の佐山の日記を引用する。

〈昭和48年（1973）12月14日

今日は10時ごろ起床。町をぶらりと歩いて河辺（※筆者註・佐山の友人）に電話をかける。デパートで待ち合わせて、下関の町を河辺とたばこをやりながら歩く。下関の町はアウトローがたくさんいる。しかも凶悪なやつばかりだ。ま、自分もその一人だが。中には凶器を持っているやつもいる。だから自分も持っている。おやじは凶器を持つやつは弱虫だと言う。自分もそう思う〉

佐山は結膜炎が完治した後も、学校に戻らなかった。佐山の頭にあったのは、どうやって新日本プロレスに潜り込むか、だった。

日記はこう続いている。

〈アントニオ猪木が10日にNWF世界タイトルを取った。試合は今日録画したものをテレビで見た。1本目は猪木がチャンピオンのジョニー・パワーズをロープ最上段からニードロップをボディーに決め、その後コブラツイストで取った。2本目はパワーズが猪木のニードロップをかわして8の字固め。3本目は（中略）猪木が卍固めで取った〉

この日、家に中学校の恩師が高校を辞めないようにと説得に来たとも書かれている。プロレス入りに関して最も激しく衝突したのは父親の文雄だった。

〈おやじと大げんかをした。もうすこしでなぐるところだった。おやじはそんな悪い奴ではないが、自分が学校をやめるというので、ここのところすこし変におれのことをしんぱいしている〉（すべて原文ママ）

文雄が勤務していた住吉運輸は長府駅前に事務所を置いていた。事務所のすぐそばに姉夫婦が住んでいたこともあり、橋本一成は文雄と顔見知りになっていた。橋本はすでに触れたように住吉運輸の親会社、住吉工業の創業者の息子だ。

「姉が子どもを産んだばかりだったので、よく顔を出したりしていたんです。そのついでに運輸の事務所に遊びに行っていました」

仕事が滞ると、文雄は休日でも事務所に現れ、てきぱきと翌日の配車の手配をしていた。真面目で、仕事後に近くの角打ちで一杯引っかけることを最大の楽しみにしていた物静かな男という印象だった。

ある日、橋本は文雄から家まで送ると声を掛けられた。橋本の家は佐山家と目と鼻の先にあった。文雄は橋本の家の前で車を停めると突然こう訊ねた。

「下の方の息子が、あんたぐらいの身長と体重なんやけど、これがプロレスをやりたいっちゅうんや。やれるやろか？」

橋本は、三つ年下の佐山を知らない。また、これまで文雄が自分の家庭について話すのを聞いたことはなかった。それにもかかわらず、いきなり家族の相談をしてきたので面食らっていた。福岡大学に通っていた橋本は一七歳のとき、プロボクサーとしてデビューしていた。ボクサーならばプロレスの事情も分かるだろうと文雄は考えたのだ。

そのとき、橋本の頭に浮かんだのが、星野勘太郎と山本小鉄——ヤマハ・ブラザーズの二人だった。

「二人とも一七〇センチないはずです。一七〇センチなくても大丈夫やと思います」

すると文雄は「ああそうか」と頷いた。

両親を早くに失い、苦学、シベリア抑留を経て、なんとか職を確保してきた文雄にとって、息子が高校を退学してプロレスラーを目指すことは理解できなかったはずだ。目に入れても痛くないほど可愛がっていた佐山を手元に置いておきたいという気持ちもあったろう。

一方、佐山の兄、彰はこんな見方をしている。

「親父はどこかで、サトルに対して頑張れという気持ちを持っていたみたいです。もっとも熱心に応援するという感じではないですが。自分が落ちぶれたという気持ちがあったのかもしれません。だからどこかに上昇志向があって、それを子どもに言っておったのかと。僕が九州に行くと言ったら、えっ、九州か、という感じだったけれど、サトルが目指したのは東京だったから、心のどこかで喜んでいたのかもしれません」

彰は下関工業高校を卒業後、神戸製鋼所に入社、その後、地方公務員試験に合格し、福岡市役所に入っていた。

こうした父親の引き裂かれた気持ちを理解することもなく、佐山は悶々《もんもん》とした日々を過ごしていた。プロレス雑誌に書かれた記事を基に自分でトレーニングメニューを作成し、黙々とこなす毎日だった。ときおり、軀の中に溜まった、居場所のない力が暴発することもあった。

「息子をプロレスに近づけないでくれ」

佐山の小学校、中学校時代の同級生である堀信一郎は、高校一年の夏過ぎから、佐山の噂をよく耳にするようになったという。堀は地元の進学校である豊浦高校に進んでいた。

「なぜかしょっちゅう、下関におったもんな。喧嘩しに来ていたのかな。下関の駅前の路地裏に相手を引っ張りこんで、ぼこぼこにしたという話を聞いた。下関のやんちゃな高校の生徒を相手に運動して軀をほぐしていたんやろね」

堀は佐山が急性結膜炎で休学していたことを知らなかった。

長府の郊外には朝鮮人部落があり、朝鮮高校があった。堀が長府の「乃木さん通り」を自転車で通学していると、朝鮮高校の生徒にからかわれることがあった。

「朝鮮高校の人たちは通りを横一列で歩いているの。その横を僕たちは、すいませんと言いながら通るしかない。そうすると〝いいベルトしているなぁ〟とか〝ちょっと跳ねてみろ〟とか言われる。金があったら出せと。本当にそういうことをやられるのよ。〝(お金は)ないんで通してください〟って頭を下げて通っていたの。毎朝そんなのだった」

ある日、堀は佐山から呼び出された。毎朝因縁をつけてくる生徒の特徴を教えろというのだ。しばらくすると、堀が通り掛かると道がすっと開くようになった。佐山が何か手を打ったのだと思った。

「佐山は正義の味方なんですよ。悪いことをやっている奴は許さない。ちょっとやり過ぎることもあったらしいけどね」

やはりかつての同級生だった守永賢治は佐山から退学するつもりだと打ち明けられている。

「長府に帰ってきたというから会ってみたら、高校を辞めると。僕の感覚では高校を辞めるなんて考えられない。なんでって訊くと、プロレスラーになると言うんです。佐山君がプロレスが好きなのは分かっていましたが、僕の率直な感想は、無理だろうと。軀や運動能力は僕らと比べたら凄かったけど、背はそんなに高くない。プロレスラーとして一流になれるとは思わなかった」

守永が気になったのは、佐山の服装が派手になり、崩れたような雰囲気が漂っていたことだ。

「プロレスラーになるという信念は分かったけど、大丈夫かなという感じでした」

高校一年生の二学期、佐山は総授業日数六六日のうち、二七日を忌引扱いで休んでいる。当然、成績は散々で、物理Ⅰは試験を受けなかったのか零点、専門の一つ「水産製造機器」では百点満点中一〇点という成績だった。

学校からは何度も登校するようにという連絡が入ったが、佐山はのらりくらりとかわしていた。年が明けた七四年二月、とうとう父親の文雄は根負けし、佐山の上京を認めた。ただし、文雄が紹介する仕事に就くという条件だった。

佐山は同級生に知らせることもなく、寝台特急「あさかぜ」に乗って東京に向かった。東京駅で降りると、丸の内のビル群に圧倒された。しかし、東京に滞在したのは一瞬だった。佐山が働くことになったのは、千葉県千葉市六方町（現・稲毛区六方町）にあるサン・アルミニウム工業という工場だった。これはかつて文雄が勤務していた神戸製鋼所の関連会社である。

サン・アルミニウムでは寮に入り、朝から夕方まで工場で働くことになった。しばらくすると下関を出てきたという高揚した気持ちは消えていた。

軀を動かすのは、自主トレーニング以外ではサッカーだけだった。会社のサッカー部に入り、背番号3をつけて「京葉リーグ」という千葉県内の企業で作っているリーグ戦に出場している。

そのうち、佐山は父親が手を回していたことに気がついた。

「親父は工場の人たちに、息子をプロレスに近づけないでくれと言っていたんです。僕はすっかり頭にきてしまい、すぐに辞めることにしました」

そして、佐山はサン・アルミニウムの寮を出て、今度は千葉県柏市の新聞販売店に転がり込んでいる。ただし、この店もまた父親の紹介だった。この時点では、佐山は父親の掌《てのひら》の上で夢を吠えているに過ぎなかった。

結局、佐山はこの新聞販売店もすぐに辞めてしまった。

そんな彼にとって、一つだけ未来に繫がる細い糸があった。新日本プロレスの営業本部長だった新間寿である。このか細い糸をたぐり寄せて、プロレスラーになるしかないと思っていたのだ。

第三章 ガチンコの練習

一九七六年五月、魁勝司（北沢幹之）とのデビュー戦

〈プロレスラーになってもよろしいでしょうか？〉

佐山の新日本プロレス入りの経緯について、二人の当事者、佐山本人と新間寿の記憶が食い違っている。

新間によると下関に住んでいた佐山から手紙が来たのが始まりだったという。

「それでぼくが葉書かなんかで簡単に返事を書いた。手紙ありがとう、トレーニングをしているんだったら、その結果を教えてちょうだい、というような内容だった」

一九三五年生まれの新間は、七二年一月、日本プロレスを追放されたアントニオ猪木から誘われ、営業本部長として新日本プロレスに入っている。その後、猪木がレスラーを、新間が裏方を束ねるという二つの太い柱となった。

子どもから来た手紙まで読んでいたのかと訊ねると、新間は「見た、見た。月にそういう手紙が四、五通はあったかな」と深く頷いた。

「忙しかったけどね、自分でもよく働いたなと思うぐらい、仕事が好きだった。当時はプロレスに携わっていることが嬉しくて、楽しくて、そして誇りを感じていた」

新間は手紙に書かれていた〈下関市川端〉という住所に記憶があるという。

「ぼくは新日本に入る前、福岡で二年、小倉で二年、化粧品会社で働いていた。川端辺りの長府（地区）にはお得意さんのお店があったんだ。ああ、あの辺に住んでいる子どもなんだと思ったんだよ」

佐山に新間の証言をぶつけると、小さく首を振った。

「新聞さんはそうおっしゃっているみたいですね。長府に住んでいるときに手紙を書いたのではないと思うんです。南千住のときではないかと」

柏市の新聞販売店を飛び出した佐山は、七四年八月から東京都荒川区南千住の「レストラン泉」に住み込みで働いている。

南千住は日光街道、奥州街道の宿場町、千住宿を起源としている。元々の千住宿は現在の足立区北千住近辺だった。街が拡大し、千住大橋を挟んだ小塚原町、中村町までが千住宿に加えられた。この一帯は南宿と称され、後に荒川区南千住となった。江戸時代から明治初期にかけて、小塚原《こつかっぱら》刑場が置かれていたこともある。

レストラン泉は南千住駅から千住大橋に向かう旧日光街道（国道四六四号線）、通称コツ通り沿いにあった。「コツ」の由来は小塚原刑場から、あるいは辺りに骨が散らばっていたからなど諸説ある。江戸時代からコツ通りには商店が軒を連ね、商店街を形成していた。少し離れると、日雇い労働者のための簡易宿泊所が点在し、賑やかではあるが、陰があり、ささくれだった空気が立ちこめていた。

レストラン泉の入っているビルは、地上七階地下二階の鉄筋コンクリート造りで、地下二階がサウナ、一階をレストラン泉が使用していた。

コツ通りを南千住駅の方に戻り、線路を越えると泪橋にぶつかる。『少年マガジン』で連載され、人気となっていた高森朝雄（梶原一騎）原作、ちばてつや画による、漫画『あしたのジョー』の舞台となった場所だ。

主人公の矢吹ジョーを意識してあの辺りに住み込んだのかと佐山に訊ねると、「ない、ない」

と手を振って笑った。

「新聞販売店を鞄一つで飛び出して、張り紙を見て入ったんです。〈募集〉と書かれていた張り紙は覚えています。どうして南千住だったんだろう？　分かりません。しばらく彷徨《さまよ》っていたのかな？　でもどこかに泊まったという記憶はないです。親父が俺を東京に近づけないという策略をしていた。とにかく東京に出たかったんですね。当時はアルバイトの雑誌もないし、歩いて探したんでしょう。飛び込みで入って、相手もこちらの熱意に根負けして雇ってくれたんじゃないですか」

過去に出版されたインタビューでは、佐山は父親の管理下から逃れるために新聞販売店を逃げ出し、連絡を絶って新日本プロレスの入団テストを受けたと語っている。

しかし、これは事実ではない。

佐山は両親を心配させないように、レストラン泉から自宅に無事を知らせる手紙を出している。それも封筒の中に雇用契約書の控えを入れるという念の入れようである。

〈ココ泉という所は、洋食と中華とキッサをまぜあわせた所です。（中略）いっしょにおくった契約書には2食となっていますが、三食くってます。しかも毎日サウナにタダで入っています〉

雇用契約書には一日二食を保障するとなっていた。

手紙はこう結ばれている。

〈聡は必ずプロレスラーになりますから、これがもうお父さんに返事を聞く最後の手紙です。プロレスラーになってもよろしいでしょうか?〉(すべて原文ママ)

最後の〈プロレスラーになってもよろしいでしょうか?〉だけはわざわざ大きく、そして何度も塗りつぶした太い文字で書かれていた。

この手紙は父親への最終通告だった。この直後、新間と連絡をとって新日本プロレスの入団テストを受けている。

藤原喜明とのスパーリング

入団テストの正確な時期については、佐山、新間二人とも覚えていないと首を振った。ただ、その当日の詳細は一致している。

佐山の記憶は以下の通りだ。

「電話だったと思うんですけれど、新間さんに連絡をとると、坊や、おいでと言われました。最初は南青山にあった新日本の事務所に行って、後楽園ホールに行きました。その日、後楽園で大会があったんです」

新間はこう振り返る。

「事務所で会ってみると、顔立ち、立ち姿が良かった。そして対応、言葉遣いがすごく丁寧でね。

後楽園ホールで試合があるから行くかと訊ねると、行きたいという。彼が〝ぼく、どういう風に行ったらいいんですか〟と訊いてきた。誰かうちの事務員と一緒に行かせたんじゃないかな」

佐山が実家に出した手紙の日付から推測すると、七四年一〇月二五日、もしくは一一月八日の後楽園ホール大会だと思われる。

後楽園ホールでは、試合前の練習が始まろうとしていた。佐山はそこに加わることになった。

佐山によると、まず足の運動としてヒンズースクワットを五〇〇回、そしてブリッジを三分間やらされた。

「当時の話では、（入団を希望する人間がヒンズースクワットを）三〇〇回できる子はいなかったのに、ぼくは五〇〇回やった。もう根性ですよ、絶対にプロレスラーになりたいという気持ち。それでブリッジも三分間やったんです」

最初は三〇〇回のはずだったのだが、佐山がこなしてしまったので五〇〇回に増えた。周囲のレスラーが一瞬むっとした顔をした記憶があるという。

最後のテストはリングの上でのスパーリングだった。相手をしたのは藤原喜明だった。

藤原は一九四九年四月二七日に、岩手県和賀郡江釣子村《えづりこむら》（現・北上市）で六人兄弟の長男として生まれた。

〈家では農作業用の馬を飼っていた。この馬が田を耕したり、さまざまな荷を運んだりする。冬場は馬の仕事がないので、運動不足解消のために馬を散歩させるのは俺の役目だった。凍てつく冬場、俺は上半身裸になって馬に乗り、悠々と村道を散歩したものだった。

酷寒の中、針が肌を突き刺すように痛かった。当然、村の者からは馬鹿者扱いされた。でも、俺は平気だった。俺は強くなりたかった。俺の頭の中では、強くなるイコール苦しむ、という発想しかなかった。苦しみを我慢すればするほど、強くなれると信じていた〉（『幻の藤原ノート──「ゴッチ教室」の神髄』藤原喜明）

黒沢尻工業高校の機械科に進んだ藤原は、ボディビルの書籍を購入し、自己流でトレーニングを始めた。高校卒業後は埼玉県内の建設機器メーカーに入社。二〇歳で退職した後は料理人をしながら、横浜駅東口の「スカイ・ボディビル・ジム」に通った。スカイ・ボディビル・ジムを経営していたのは金子武雄という元プロレスラーだった。藤原は金子の紹介で七二年一一月、新日本プロレスへ入団。新日本プロレス旗揚げから約八ヶ月後、二三歳のときだった。そして入門一〇日後に藤波辰巳（現・辰爾）とデビュー戦を行っている。

藤原は佐山との出会いをはっきり覚えていた。

「後楽園ホールだろ？　俺たちがリングの上でスパーリングをしていたら、（トレーナーの山本）小鉄さんが佐山を連れてきて、一緒にやったんだよ。当時、あいつは一七歳だったっけな。ちっちゃーのに高校のアマレスのチャンピオンだったとか」

レスリングで鍛えていた佐山はスパーリングに自信があったが、プロレスラーとしてすでに二年の経験を積んでいた藤原の相手にはならなかった。

「ぐちゃぐちゃにやったよ。（入門希望者に対しては）ぐちゃぐちゃにしなきゃいけないんだよ。要するに、なんだ、プロレスってこんなもんかいと思っちゃうからね。でも歯ごたえはあったよ。

結構やるなと」

そして、こう付け加えた。

「ただ、ちっちゃいから、こいつは苦労するなと思っていた。ああ、思っただけでなく、もしかして口に出したかもしれないな」

佐山は、藤原からこてんぱんにやられたことが悔しくてたまらなかったという。

「ぼくは勝つつもりでしたからね。その日、試合を観たかどうかも覚えていない。ちょっと観たのかな。藤波さんがいい軀をしていたという記憶があります。そして、新聞さんか誰かに、体重を増やしてこいと言われた。それでレストランで働いて、バンバン飯を食わしてもらって太っていったんです」

台東区入谷にあった日本ボディビル指導協会にも通った。日本ボディビル指導協会はＮＥバーベルというトレーニング用品を販売していた、ボディビルの草分け的存在だった。

ひたすら胃袋に食べ物を詰め込んで、軀を鍛える毎日を続けることになった。

七五年六月、若手レスラーの藤波、木戸修がドイツ、グラン浜田がメキシコ修行へ旅立っている。翌七月、新間から新日本の道場に来るようにという連絡が入った。下働きをする人間がいなくなってしまったのだ。


猪木は「ちんこいのばっかり入れるなよ」と吐き捨てるように言った

当初、猪木は無断で佐山を入れたことを快く思っていなかったのだと新間は苦笑いした。

「後楽園ホールだったっけな？　猪木さんが〝新間が来たら呼んでおけ〟と。私はリングの中で起きていることには関わりたいと思ったことがなかったので、試合当日も控室に行くことはほとんどなかった。〝お疲れ様です〟と入っていったら、猪木さんが〝ちょっと座れ〟と言った」

猪木は新間の顔を見るとわざと渋面を作った。

「新間、お前が入れたのか？」

佐山のことだ。

「はい、入れました」

猪木は「ちんこいのばっかり入れるなよ」と吐き捨てるように言った。

新日本にいる小柄なレスラーたちを加えたのは貴方じゃないかと新間は心の中で反論したが、口には出さなかった。

すいませんでした、と新間は頭を下げた後、こう続けた。

「でも、私が入れてくれと言ったのは初めてじゃないですか？　彼から熱心に手紙が来て、電話がかかってきたりしたんです。だから今回はお願いします」

中央大学時代、柔道部に所属していた新間は、人形町にあった日本プロレストレーニングセンター——力道山道場に通っていた時期がある。新間はそこで力道山をはじめとしたプロレスラーたちと知り合い、彼らの強さに憧れた。自分も身長一六五センチと大きくない。小柄な佐山のプロレスラーになりたいという一途な気持ちを新間はひしひしと感じていたのだ。

「佐山の印象は何しろ礼儀正しいということ。身体的能力なんか、見ているだけで分かるはずもない」

ただ、私は勘がいい方よ、と新間は悪戯っぽく微笑んだ。

「長州のようにレスリングで知名度があったわけでなく、無名の人間を入れたのは後にも先にも佐山だけ」

世田谷区野毛の多摩川沿いにある新日本の道場と寮は、元々猪木の自宅だった。新日本を立ち上げる際、庭を潰して道場に、家屋に二階を増設してレスラーの寮としていた。

小林邦昭は道場に現れた佐山の姿をぼんやりと覚えている。

「うーん、なんて言うのかなぁ。第一印象はどこの坊ちゃんが来たんだろうという感じだった。可愛い顔をしているでしょ。だから大丈夫かなと思った。とにかく練習が厳しかったからね」

一九五六年一月生まれの小林は佐山よりも学年で二つ上に当たる。七二年一〇月、一七歳のとき、高校を中退し新日本の門を叩いた。その一週間後に藤原喜明が入っている。プロレスの世界では、年齢ではなく入門時期が一つの序列となる。そのため二三歳の藤原は〝先輩〟である小林に敬語を使わなければならなかった。

小林、藤原の後、新弟子は長く続かず、佐山は久し振りの後輩となった。

新弟子たちが次々と辞めてしまう理由について藤原は「当時の練習だよ。地獄だったからな」と説明する。

「準備運動でスクワットを五〇〇回、あるいは一〇〇〇回。しかも夏なんか、（道場の造りが）プレハブで屋根が波打ったビニールのトタンの奴だから、四五度ぐらいになるしな。そこで三時間も四時間も練習をしたら、ほんと、気が狂っちゃうよ。だって表に行くでしょ？　日陰のコンクリートにぐわーっと寝るとヒンヤリするんだもんな。コンクリートだって熱いはずだろ。それが涼しいんだ。だから、洗濯行ってきますと言って、そのまま帰ってこなかった人もいた」

藤原が逃げなかったのは、帰る場所がなかったからだ。

「俺、農家の長男だからさ、あそこで百姓するくらいならばここの方がよっぽどいいなって。飯は食えるし、酒は飲めるし。大きなのが猪木さん以外には俺ぐらいしかいなかったから、着るものとかお古を貰った。靴も貰ったな。いいブーツだった。バリーかなんかだったかな」

柔らかーい、んだぞ、と強調するように言葉を伸ばした。

バリーは一八五一年にスイスで創業した、高級靴で知られる皮革メーカーである。

「猪木さんはかーっこ良かったね。俺が二三（歳）だから、三〇歳前後だよな。それは一番かーっこいいときだよ。髪の毛をびしっと決めて、肩幅も広いしな。なんか、もっと年が離れているような気がしたな」

少々話が脱線した——。

後に佐山は新弟子時代をこう振り返っている。

〈新日本は、みんな仲間意識が強く、顔はゴツイが練習以外では大変やさしく愉快な人たちなのだ。ザルそばにおつゆをかけた人。コップを逆さまにしてコーラをつぎ、アラ！　底がないといった人。ステーキを鉄板の上で焼き、手でひっくり返して、そのまま自分の手を焼き、冷凍庫にその手を入れて水ぶくれになった人。自動販売機に紙コップを置かないで、おかねを入れ、ジュースが流れるのをじっと見ていた人。こんな話をすればきりがない〉（『ＧＯＲＯ』八三年二二号）

佐山は気の利く後輩だったと小林は言う。

「雑用が色々あるでしょ。どういう風に、どの順番でやるのか。そういうのを忘れないように全部メモしていた。そういう人間はいなかった。だから一度やれって言われたことは忘れない。感心だよね」

若手には主力レスラーの付き人としての仕事もあった。佐山は入門約半年後に山本小鉄の付き人になっている。そのとき、こんな事件も起こしている。

〈それは巡業先の高松で、試合が終わって旅館に帰るタクシーの中に、その日の会社のギャラ約800万円を置き忘れ、あわててタクシー会社に電話したが、該当のタクシーの中にはないという。その頃の僕の給料は5万円で、どうやって弁償しようかななどと考えていたところへ、警察にその金が届けられているということがわかり、拾ってくれた人に山本さんが謝礼を払って、一件落着となった。

責任をとって二人で坊主になろうと山本さんが言いだし、その頃まだ少し髪の残っていた山本さんと剃り合い、翌日から二人で歩くと、よく親子に間違えられ、それがちょっとショック(?)だった〉(『GORO』八三年二二号)

イバン・ゴメスとバーリ・トゥード

佐山の新弟子時代を語る上で外せないのがイワン・ゴメスとの出会いである。彼の母国語ブラジル・ポルトガル語で忠実に発音すれば、イバン・ゴメスは一九四〇年にブラジル北東部、パライバ州のカンピーナ・グランジで生まれた。

まずはボクシングを、その後、柔術を始めたという。

ゴメスの名前がブラジル国内で知られるようになったのは、二三歳のときにカーウソン・グレイシーと対戦、引き分けてからだ。カーウソン・グレイシーはブラジリアン柔術創始者のカーロス・グレイシーの長男で、いわゆるグレイシー一族の一員である。その後、ゴメスはグレイシー一族と親しくなり、練習にも参加している。

七四年一二月、新日本プロレスはブラジルのサンパウロで興行を行っている。そのとき、ゴメスは会場に現れ、猪木に対戦を要求した。

翌年七月の『東京スポーツ』には猪木とゴメスの対談が掲載されている。

〈**猪木**　昨年の十二月だったな。サンパウロでオレに挑戦してきたときは、ずいぶんプロレスをなめたようなことをいっていたものな。正直この野郎と思ったぜ。
ゴメス　あのとき、先生とやらなくてよかったと思います。先生に「よし挑戦を受けてやるからロンドリーナへ一緒に来い」といわれてロンドリーナにいって、みんなの練習を見た。これは素晴らしいものだと思ったのは、あの練習を見たときですよ。それでチョットマッテクダサイといったんです。
（中略）

猪木　昔、オレもバルツーズと試合をしたことがある。バルツーズというのは、ブラジル独特の格闘技で、オレの兄なども研究しているんだが、柔道と空手と拳法、レスリングすべての要素が入った凄い格闘技だな。今は北部の方にしかないんじゃない。

ゴメス　はい、わたしの生まれたパラ州の方が盛んですね。わたしは十歳のときからバルツーズを学んで、十七歳で全ブラジルのバルツーズのチャンピオンになったんです。それから十二年誰にも負けていません〉（原文ママ　七五年七月一六日付）

ロンドリーナとはパラナ州にある都市である。新日本は、七四年一二月一五日にサンパウロ、一九日にロンドリーナで興行を行っている。

この記事にはいくつか誤謬《ごびゅう》がある。

ゴメスはバルツーズ――バーリ・トゥードの選手と紹介されている。バーリ・トゥードは最低限のルールで試合をする総合格闘技を指す。しかしこの頃、バーリ・トゥードのルール、試合方式は曖昧《あいまい》で、正式な大会は存在しなかった。彼は正確には「ルタ・リーブリ」というレスリングに関節技と絞め技を加えた格闘技の選手だった。

また、記事にはゴメスの出身地はパラ州と書かれているが、正しくはパライバ州である。

猪木は少年期に数年間、ブラジルの農園で過ごしている。しかし、日系人の農園ではブラジル人との接触は限られており、彼のポルトガル語は堪能とはいえない。東京スポーツの記者が二人の会話を理解することもなかっただろう。そのため、この対談通りの内容だったかは疑わしい。

彼が日本へ出発する前、ブラジルの地元紙『コヘイオ・ダ・パライーバ』は〈イバン・ゴメスが日本企業と契約〉という見出しで以下の記事を掲載している。

〈ルタ・リーブリのブラジル王者であるイバン・ゴメスは東京にある企業からの要請で日本に向かうことになった。これはヨーロッパで数試合を行うためである。日本のこの企業は「キング・オブ・スポーツ」を扱っており、イバンには三〇〇〇ドルの給与が保証されている〉（七五年二月二二日付　訳・筆者）

月三〇〇〇ドルは当時のブラジルの物価を考えれば、かなりの高給である。

ブラジルで出版されたゴメスの評伝『IVAN GOMES O LUTADOR IMBATÍVEL』にも、ゴメスが挑戦状を出したところ、ブラジルで最も強い格闘家だと知った猪木側が契約を持ちかけてきたと書かれている。

ブラジルは移民、そして混血国家である。彼らの血には、不確定な未来を信じて母国を飛び出してきた楽天的な遺伝子が組み込まれており、国境を越えることに躊躇《ちゅうちょ》しない。すでにゴメスは旧オランダ領のスリナムでも試合を行っていた。自分の腕を磨く新たな場所を探していたのだ。

プロフェッショナルな格闘家として日本に向かったゴメス、牙を抜き練習生という形で押し込もうとした新日本。双方の思惑の齟齬《そご》は彼の受け入れに大きく影響することになる――。

佐山が入門したとき、すでにゴメスは新日本の道場で練習していた。

「なんか冷遇されていたというかね。村八分みたいな感じでした。それで山本さんから世話をしてやれと言われた。それで付き人みたいになっちゃって、どこに行くにも一緒でした」

ゴメスが理解するのはポルトガル語のみ。新日本にはポルトガル語の通訳はいない。佐山とゴメスは片言の英語と身振り手振りで意思疎通をはかった。

新日本の練習の特徴は「極《き》めっこ」と呼ばれるグラウンドポジションでの関節技の練習である。佐山は「あの頃の新日本には、これで絶対に負けないぞっていう雰囲気がありました」と言うと、右手の親指と人さし指を立てた。これは〝シュート〟——真剣勝負を意味する。

「みんな意地でも負けないわけですよ。ぼくはペーペーだったので彼とやった記憶はないんですが、強かったと思いますよ。それでも極められたのは二人ぐらいだった」

ゴメスのことを藤原喜明に訊くと冷ややかな調子だった。

「首絞め（チョークスリーパー）は知ってたよ。あとヒールホールド。ヒールホールドはあいつから教わったんだ。他はそんなに大したことなかったよ。あいつは俺にこう言ったんだ。〝藤原、お前な、俺が教えたら半年もやればバーリ・トゥードのチャンピオンになれるよ〟って。俺は〝今だって勝てるよ馬鹿野郎〟って言い返したよ」

ただ、知らない国に来て不便だろうとプライベートではよく世話をしてやったよと付け加えた。とはいえ、敬愛する猪木に挑戦してきたゴメスに藤原たちが冷たく当たったことは想像できる。

一方、入門したばかりの佐山は真っ白な状態だった。ゴメスは佐山にブラジル時代の写真を見せた。リングの上で選手たちが血まみれになって闘っている写真や、二メートル近い選手と闘っている写真もあった。そして、ゴメスは一度も敗れたことがないという。

「ぼくは雑誌とかを読んでいて見よう見まねで、キックボクシングみたいに腰を入れて蹴っていた。すると、彼は駄目駄目って言うんです。彼の蹴りは足蹴り、ちょこんと蹴るだけです。（腰を入れて蹴ると足を）取られちゃうということでしょうね。あのときは理解できませんでしたけど」

ゴメスは写真を見せながら技を説明することもあった。

「こうやって上に乗っかるんだと。今から考えれば、マウントでのコントロール、ポジショニングの重要性を必死に話していた。それは（新日本のコーチであるカール・）ゴッチさんの教えにはなかった」

後に佐山は総合格闘技を作り上げる中で、ゴメスの教えを思い出すことになる。

二人は巡業先でも連れ立って食事に出かけた。明るい性格のゴメスは女性を見かけると気軽に声を掛けた。ラテン系の人間は女性に積極的だと佐山は感心したという。

ゴメスは七六年二月、カーニバルの時期に合わせてブラジルへ帰国している。翌年、新日本はブラジル遠征を予定しており、ゴメスはウイリエム・ルスカと対戦することが決まっていた。新日本での戦績は八五戦七七勝八分け。空港まで見送りに行った佐山は、別れが悲しくて思わず泣いてしまった。

佐山がゴメスを見たのはこれが最後になった。九〇年、ゴメスは腎不全で亡くなっている。

「俺たちって世界で五本の指に入っているよな」

ゴメスがブラジルに帰国した直後の七六年三月、佐山はプロレスの秘密を知ったようだ。

〈「あれは巡業先の長岡かどこかの旅館です。部屋で、ある先輩がだれかと喧嘩をしていて、僕はそれを見て面白くなくて、そんなこと言ったって勝てないじゃないですか、と言ったんです。そうしたら、ウーッとか言われて……」

つまり先輩レスラーどうしが何か言い争いをしていて、自分のほうが本当は強いと主張しているレスラーのほうが実際の試合では負けてばかりいたということだろう。佐山はその先輩に向かって、そんなこと言ってもあなたは勝てないじゃないか、と堂々と言い放ったのだ。（中略）

その先輩レスラーにある技をかけてみろと言われ、試みたところビクとも動かなかった。もう一度やってみろと言われたとき、今度は造作なく持ち上がった。先輩は冷淡な口調で言う。「プロレスは真剣勝負の世界なんかじゃない。おたがいの協力があって初めて成りたつショーだ」と〉

（『Ｎｕｍｂｅｒ　20世紀スポーツ最強伝説５』）

こうしたプロレスに対する疑念を抑え込んだのは、道場での厳しい練習とアントニオ猪木への敬意だった。佐山の新弟子時代は、猪木が異種格闘技戦に取り組んでいた時代とすっぽり重なる。まずは七六年二月に猪木は日本武道館でウイリエム・ルスカと対戦している。一九四〇年にオランダ、アムステルダムで生まれたルスカは、七二年ミュンヘンオリンピック柔道無差別級、重量級で金メダルを獲得した柔道家だった。

猪木が異種格闘技戦に手を出した背景にはジャイアント馬場が率いる全日本プロレスとの関係がある。全日本プロレスはアメリカのプロレス団体のカルテル、ＮＷＡに加盟し、華のある外国人レスラーを次々と招聘《しょうへい》し、興行の目玉としていた。そして競合相手である新日本のＮＷＡ加盟を妨害した。七五年八月、新日本はNWA総会でようやく「準メンバー」として加盟を認められたが、世界タイトルを持ったレスラーの派遣はしないという留保がつけられていた。

生来の格闘技志向もあっただろうが、全日本に対抗するため、猪木はプロレス以外の選手と対戦して話題を作り、その強さを世の中に知らしめる必要があったのだ。

佐山はこう言う。

「猪木さんは〝プロレスに市民権を与えなければならない〟と言っていた。ぼくもそうしなければならないと思っていました。市民権を得るには、ガチンコの練習をして強くなること。これが大切だなと」

ガチンコの練習とは「極めっこ」を指す。

「藤原喜明がいましたからね。藤原さんは関節（技）が強いんですよ。是非、藤原さんに勝ちたい。でも一年ほど経ってくるとお互いに（相手の攻め方が分かってくるので）極まらないんですよ。小林（邦昭）さんとでも同じです。小林さんにフェイスロックみたいな形で絞められたとします。歯が折れそうになってもギブアップしない。それぐらいみんな意地を張り合っていた」

フェイスロックとは、顔面を腕で絞め上げる技だ。

この当時、佐山は藤原たちとこう話していたという。

——俺たちって世界で五本の指に入っているよな。

新日本プロレスの道場には、プロレスは本当に強いのかと因縁をつける腕自慢がしばしば挑戦に現れたという。

藤原喜明はこう振り返る。

「俺たちが世界一強いんだとか言っているんだから、そりゃ（挑戦者が）来るよ。そんなとき、先輩たちはお腹が痛くなるんだ。だから俺が行ったよ。ちっちゃい奴だろうがなんだろうが、思い切りやった。油断しちゃ駄目なんだ。一回でも負ければ、プロレスは（大したことがない）ってなっちゃうからな。ある先輩なんか、子どもみたいな相手にあんなことしちゃ、なんて言うんだ。自分はやらない癖にな」

笑いながら続けた。

「先輩の名前は言えないけど、エッチ・ケーだよ。馬鹿野郎、子どもであろうがなんだろうが、キンタマ一発蹴られたらこっちがやられるんだ。俺は殺す気でやっていたからね」

藤原はウイリエム・ルスカともスパーリングをしている。

「猪木さんとの試合前だよ。日本アマレス協会の福田（富昭・元日本レスリング協会会長）さんが〝藤原君、やってみたまえ〟って連れてきた。少なめに見積もっても一〇分間で一〇回以上極めた。福田さんはいつの間にか俺のことを〝藤原さん〟と呼ぶようになっていたね。でもルスカが（関節技を）知らなかっただけだよ。俺が勝ったというのは、俺たちのルールの上での話で、彼の強さには関係ない。柔道着でやっていたら三秒も俺は立っていられなかっただろうな。その後、俺がヨーロッパに行ったとき（ルスカは）良くしてくれた。あのときの負けは負けと認めていた。一生懸命闘ったからこそ、友情が生まれたわけだ。彼はサムライだよ」

藤原や佐山たちは強くなることに取り憑かれていた。

「夜中にカチャーン、カチャーンって音がするとさ、（道場に行ってみると）誰かがベンチプレスをやっていた。じゃあ、俺もやるかって、一人、二人と増えていったりな」

やがて佐山は藤原たちとのスパーリングに飽き足らず、さらなる強さを求めるようになる。

強さにこだわる男、北沢幹之

プロレスラーというのは残酷な職業である。

練習を重ね強くなったとしても、あるいは軀を大きくして見栄えを良くしても、観客を惹きつける何かがなければ生き残ることができない。

どれだけ努力してもこの世界で自分は光り輝くことはできない――北沢幹之《もとゆき》が限界をはっきりと感じたのは三〇歳頃だったという。

北沢は一九四二年、大分県東国東郡安岐町（現・国東市安岐町）で生まれている。伊予灘に張り出した国東半島の中心には標高約七二〇メートルの両子山《ふたごさん》が位置している。この半島自体が、両子火山の噴出物で出来上がったものである。

北沢の父は山で働く男だった。

「山師、ですよ。木を切って、材木にする。炭鉱で使う坑木にしたり。松の木の細いのを炭鉱の中に立てて崩れないようにするんです。山小屋みたいな家に住んでました」

きょうだいは上に姉、下に弟がいた。北沢が小学四年生のときに母親が家を出ていった。

「どうしても母親に会いたくて、相撲をやってある程度有名になれば、お袋が見つかるんじゃないかと思ったんです」

北沢は上京して、同郷の力士、玉乃海太三郎を頼ることにした。玉乃海は六一年一月場所後に引退して、年寄「片男波」を襲名。二所ノ関部屋からの独立を進めていた。

ところが独立のごたごたで北沢は玉乃海に会うことさえもできなかった。

「よその部屋には行きたくないから、プロレスに入ることにしたんです」

六一年一〇月、北沢は力道山に入門を認めてもらうため、完成したばかりのリキ・スポーツパレスで待ち伏せした。リキ・スポーツパレスは地上九階地下一階の巨大なスポーツ総合施設だった。力道山は北沢の軀を見て「ちょっと小さいんじゃないか」と首を捻ったという。

「これからうちではボクシングをやるから、ボクシングをやらせてもいいんじゃないかと豊登さんと話していました」

立浪部屋の力士であった豊登道春は、五四年に廃業、日本プロレスに入り、力道山のタッグパートナーを務めていた。

入門を認められて、道場に行ってみると、前年にブラジル遠征でスカウトしたという一つ年下の若手レスラーがちゃんこ鍋を作っていた。猪木寛至、後のアントニオ猪木である。

「(その日のメニューは)湯豆腐かなんかでした。すごくいい軀をしていたという記憶があります。人柄もすごく良かったですね」

デビューは、六二年一月、台東区体育館での林幸一戦だった。しかし、有名になって母親を見つけるという目的はいつの間にか吹き飛んでいた。本名ではなく「高崎山猿吉」というふざけたリングネームを付けられたのだ。高崎山は大分県にある山である。

「豊登さんがつけたんです。父親にも怒られましたよ」

あれは嫌でした、と苦笑いした。

北沢は強さにこだわる男だった。プロレスの練習の他、リキ・ボクシングジムにも通い、エディ・タウンゼントの指導を受けている。

エディ・タウンゼントは、一九一四年にアイルランド系アメリカ人の父と、山口県出身の日本人の母との間にハワイで生まれた。一一歳でボクシングを始め、ハワイのアマチュア・フェザー級でタイトルを獲得している。ハワイ巡業にやって来た力道山と知り合い、リキ・ボクシングジムで教えることになったのだ。後に彼はガッツ石松、井岡弘樹ら六人の世界チャンピオンを育て上げ、名伯楽として知られることになる。

リキ・ボクシングジムでは、ハワイ生まれの日系三世ボクサー、藤猛が練習していた。

「藤猛とは何回か四ラウンドのスパーリングをやったことがあります。疲れましたね。二ラウンドが限界です。彼のパンチは凄かった。もちろん彼も本気で打ち込んでなかったとは思いますが」

藤猛は六七年にスーパーライト級世界タイトルを獲得している。

「お金とかそんなの関係なくて、ただ強くなりたかったんです。ボクシングの練習に来ているレスラーはぼくだけでしたね。みんなも来ればいいのになと思っていました」

北沢は、懐にしまっていた石を机に並べていくようにぽつぽつと話した。控えめではあるが、芯の強さを感じさせる男だった。一つ一つの言葉にはずっしりとした重みがあり、「練習」という単語が何度も出てきた。彼の頭の中には敬意を抱くべきレスラーの確固とした基準があるようだった。それは練習をきちんとやっているか、である。

「猪木さんは練習が好きで、いつも一緒に練習していました。関節が柔らかくて、がっちり極めて、絶対に逃げられないはずの技でも横にひねって逃げる。あの躯で練習が好きだったら、どうしようもない。どんどん強くなっていく。ぼくはある程度レスリングを覚えてから、腕を極められたのは猪木さんだけです。あの人、滅茶苦茶強いです」

そして、坂口（征二）選手みたいに大きな躯をしていても、練習が嫌いだとやっぱり弱いですよ、とフフフと小さく声を出して笑った。

北沢の猪木に対する敬意は深い。

猪木が日本プロレスから東京プロレスに移ると、北沢も続いた。東京プロレス時代には猪木の付き人を務めたこともある。そして猪木と共に日本プロレスに戻った。

七一年、北沢はメキシコ修行に出かけている。出発の一ヶ月前、姉から母の連絡先が分かったと電話があった。

「横浜にいるよって。夜中だったんですが、タクシーで会いに行きました。だけど小さいときに別れたから、お袋はぼくのことを覚えていなかったんです。えっ、誰ですか、と聞かれて名前を言って初めて分かってくれたんです。びっくりしていました」

母親は再婚せず、一人で暮らしていた。北沢がメキシコに行くことを知ると、下着など一式を揃えてくれ、羽田空港まで見送りに来てくれた。

メキシコでは柴田勝久と行動を共にすることになった。一九四三年生まれの柴田は、相撲の朝日山部屋から東京プロレスに入団、日本プロレスに移籍していた。現在、新日本プロレスに所属している柴田勝頼の父である。

柴田がメキシコで悪役としての地位を築いていたことに、北沢は驚いた。

「柴田って、すごい弱かったんですよ。本当に、あれですよ、ガチンコだったら片手でも勝てるっちゅうか。軀も硬かったし。それが日本にいるときと違って、生き生きしている」

軀の柔軟さも北沢が重視する点である。

柴田が観客に受け入れられているのを見て、自分はレスラーに向いていないのではないかと思うようになった。

「(自分は)軀も大きくなかったし、スターの要素というのが全くなかったです。お客を呼べる選手って、顔と軀が良くて、ただ強いだけでは駄目なんです。いくら頑張ってこの世界にいてもいい思いはできないなと」

そんなとき、日本に帰ってこないかという連絡が入った。

「柴田のところに、(当時、猪木の妻であった)倍賞美津子さんから電話があって、会社(日本プロレス)が揉めているので、二人ともすぐに帰ってもらうことになるかも分からないという話でした。その後に猪木さんがメキシコに来てくれて、色々と話をしました。自分は乗っ取りを謀ったと濡れ衣を着せられたと」

北沢は日本プロレスを退団、新日本プロレスへ入ることにした。旗揚げ興行に合わせて日本に戻ると、悲しい知らせを受け取った。一週間前に母親が亡くなっていたのだ。

「脳梗塞《こうそく》でした。帰ってみると姉が(葬儀など)全部やってくれていました。五三歳でした。俺と会わなかったら、死ぬことはなかったんじゃないかと思うこともあります」

俺は母に何もしてやれませんでした。やっぱり縁がなかったんですねと、北沢は下を向いた。

猪木は「死んでしまったものはどうしようもない。前に進むしかない」と励ましてくれたという。

旗揚げ戦で北沢はザ・ブルックリン・キッドと対戦、勝利している。観客席の反応から新団体の手応えを感じた。

そして、新日本に本格的なちゃんこ鍋を持ち込んだのは北沢である。

「藤波や木戸がちゃんこ鍋を作っていたんですけれど、（作り方を）知らないんですよ。一番簡単な豚ちりと湯豆腐の繰り返し。それぱっかり。自分なんかレスリングは弱いですけれど、ちゃんこだけは自信があったんで、教えました」

もちろん、レスリングが弱かったというのは北沢らしい謙遜である。

新日本プロレスでは、リングネームを「高崎山猿吉」から「魁勝司《かいしょうじ》」へと変えている。これは付き合いのあった歌手、水前寺清子の母親の紹介で墨田区の本法寺の僧侶が付けてくれた名前だった。

名前を変えても北沢のレスラーとしての才能は開花しなかった。北沢は前座で、小林邦昭、荒川真らの若手と試合を続けていた。

「三五（歳）ぐらいで辞めようかと考えていました。お好み焼き屋、ラーメン屋でもやろうかなと。熊本に凄く美味しい豚骨ラーメンの店があって、そこに二年ぐらい修業に行きたいなと思っていました」

デビュー戦

一七歳の佐山サトルが新日本プロレスに入ってきたのは、北沢が三三歳のときだった。

「坂口選手に今度、こういうのが入ったから、宜しく頼むって言われた記憶があります。会ってみたら、子どもっぽかったですね。ただ、いい根性していました。藤波でも佐山でも出世する奴というのは最初からどっか違いますね。なんか普通の人と違うところがあるというのは感じていました」

北沢が鮮明に覚えているのは、「極めっこ」での佐山の姿だ。

「すごく負けん気が強い。最初は大したことなかったんですよ。高校でアマチュアレスリングをやっていたと言っていましたけど、それほど強くは感じなかった。だけど研究熱心だから、みるみる強くなっていった。下手にこっちの技なんか見せられないぐらい飲み込みが早かった」

技を見せると覚えられてしまうと恐れたのだ。

「ルー・テーズなんかは人に技を絶対に教えなかったですからね」

そして佐山は練習熱心だった。ある夜、北沢は子どもとの散歩中、道場の近くを通り掛かったことがあった。灯りがともっているのが見えたので中を覗くと佐山が一心不乱にサンドバッグを蹴っていた。

七六年五月二八日、佐山は後楽園ホールでデビューしている。相手を務めたのは北沢だった。

「日本プロレスの時代にマシオ駒という先輩がいて、あの人が〝北沢とデビュー戦をやると（その後）辞めていったり逃げ出したりしない〟と言い出したんです。それを聞いて（道場生の）親から、デビュー戦お願いできないですかとお金を包んで持ってこられたこともあります。でもこれは自分が決めることじゃないと、（お金を）取るわけにはいきませんでした」

デビュー戦のレスラーは例外なく、軀に力が入り、長い時間持たないのだという。

「いくら練習していても試合とは違うんです。五分もすればほとんどの選手は息が上がってくる。佐山も少しは緊張していたと思いますよ。いつも一緒に練習していたので、軀の柔らかさとかは分かっていました。だけどパンチやキックはそれほど練習していなかったので大したことはなかったです」

五月三〇日付の『東京スポーツ』では佐山のデビューを小さな囲み記事で報じている。

〈新日本プロレス、ゴールデンファイトシリーズが開幕し、この日一人の新人がデビューした。昨年七月に入門した山口県下関市出身の佐山サトル（本名聡＝18歳）。身長172センチ、体重92キロとさして大型ではないが、山口水産高校時代アマレスの県大会で優勝したほどのレスリング好き。デビュー戦の対戦相手はベテランの魁選手。結果は佐山の〝善戦空しく〟9分44秒でねじ伏せられた。

試合後、佐山は「無我夢中でした。リングに上がったとたん頭がボーッとして何が何だか分からなかった」と語った。新人殺しの魁に手もなくひねられたが馬力と根性があるだけに前座戦争いの一角にくい込んできそうな有望新人だ〉（原文ママ）

佐山はこの試合についてこう振り返る。

「北沢さんがやっぱり上手いんで、デビュー戦はすごくいい試合になったと思います。凄く（客席が）沸いたはずです。あんまり緊張せず、上手くいっちゃったという感じでした」

そしてデビュー戦はプロレスの現実を見せつけられる場でもあった。

〈試合前の、レフリーの魁選手に対するチェックは、忘れられない。

「はい、爪見せて！『昨日のチャンコなんだった、イワシ？』」

「いや、『ブタはっつぁん（ある選手のあだ名）』のスキヤキでしたよ」

「はい、シューズ上げて！『そうか早く帰って損したなぁ』」

「……」

「いいか、ひっかいたり噛んだりしてはだめだぞ！　髪を引っ張るな！　タイツもだめだぞ！」

「レフリー！『あいつは毎回スキヤキなんで、今度何か教えてやってくださいよ』」

「よっしゃ！　ゴングいくぞ！」

リング外からではわからない、二人のチェックの会話を、一人あっけにとられて聞いていた〉

（『GORO』八三年二二号）

レフェリーと北沢が、ボディチェックをしながら夕食の献立の話をしていたことに佐山は驚いたのだ。

この日の大会を報じる東京スポーツが最も紙面を割いていたのは、〈猪木〝アリ殺し〟をテスト〉という猪木対ピート・ロバーツ戦だった。

〈午後五時に会場入りして若手レスラーにまじって入念なトレーニング。「左肩の調子はまあまあ、この調子ならアリ戦はベストに持っていけますよ」と自信にあふれている猪木は、若手の藤原を仮想アリに見たててスパーリング。ストップウォッチで計らせ、3分間思い切って動き回って1分間のインタバルを置くという、明らかにアリ戦を意識した動きをみせていた〉

佐山のデビュー戦は、六月二六日に日本武道館で行われる猪木対モハメド・アリ戦へ向かう緊迫した空気の中で行われたのだ。

アリ戦を想定した練習に佐山も加わっている。

「滑り込みながらのローキックをやるじゃないですか。あの練習もぼくとやったんです。パンチに対して逃げながら蹴る。それじゃ効かないんで、(相手の懐の中へ)入っていった方がいいんじゃないですかって言ったら、藤原さんから〝おめーやってみろ、この野郎〟って風に殴られた。入っていって、バーンと蹴った方が体重が掛かるので、すごいローキックになるんです。そういうのはまだ理解してくれなかったですね」

一方、新日本プロレスで唯一ともいえるボクシング経験者の北沢は、猪木の練習を遠巻きに見ていた。

「自分が下手なことを言わないほうがいいと思っていたんです。ただ、猪木さんの偉いところは人の話をきちんと聞くこと。六回戦ボーイのボクサーが教えに来たことがあったんです。他の人間は六回戦の奴が何を教えるんだって、相手にしなかった。だけど猪木さんだけは真剣に聞いていました。格闘技に関してすごく素直な人なんだなと見ていました」

北沢によると、猪木がアリ戦でとったマットに寝転がるという策は、イバン・ゴメスがブラジル帰国前に教えたという。

「昔、柔道家がボクサーと試合をしたとき、そういう体勢で闘ったと聞いています」

五七戦目で初勝利

小、中学校の同級生の守永賢治は、新日本関係者以外で当時の佐山の様子を最もよく知る人間である。

入門直後、佐山から守永に電話が入ったという。

「なんかヒンズースクワットを何百回かやって、なんとか入れたとか。絶対にできないだろうと言われたんだけれど、自分は頑張ってやったと言っていました」

新日本に入った後も、しばしば自宅に電話がかかってきた。

「（遠征先で）見知らぬ土地にいると心細くなるのか、週に何回も電話がありました。他に電話をする相手がいなかったんでしょう。今日はどんなことをしたとか、（付き人としてついている山本）小鉄さん、荒川（真）さんの話とか」

佐山がプロレスラーとしてデビューしたのは、守永が北九州市立大学に進学した五月のことだった。それから佐山の試合があると守永は『九州スポーツ』を買い、彼の試合結果を探した。前座で出場する佐山の試合がテレビで放映されることはなかったからだ。

しかし、新聞を開く度に守永は残念な気持ちになった。

「毎回負けていました。一〇分一本勝負の第一試合に出て、連戦連敗」

守永は大学では柔道部に入り、北九州市の小倉にある学生用のアパートに住んでいた。同じアパートには学生の他、予備校生たちもいた。

「金曜八時になると誰かの部屋に集まってプロレスを観るんです。同じ柔道部の奴も多くて、彼らはみんな格闘技が好きでしたから。一〇人ぐらい集まってみんなで観てました」

小さな六畳間に集まった彼らは、アントニオ猪木の入場のとき、ブラウン管に目を凝らした。猪木の付き人となっていた佐山が袖の部分が赤い新日本のTシャツを着て、客を掻き分けている姿を探したのだ。彼の姿をみつけると、「あー、佐山君だ。佐山君だ」という喜びの声が上がった。

お前たちは佐山と会ったこともないだろうと、守永は苦笑いしていた。

佐山が休暇を利用して下関に戻ってきたことがあった。久し振りに会った佐山からは、高校中退の直後に感じられた、どこか崩れたような危うさが消えていた。

「気持ちが悪いほど、礼儀正しい。小鉄さんに礼儀を仕込まれたんだなと思いました」

二人は実家の近くにある功山寺で落ち合って練習をすることになった。

「ぼくも柔道をやっているからついていけるかなと思ったんですが、全然駄目でした。高校生のときから軀を鍛えていたんでしょうが、やっぱりプロのトレーニングは違う。大きくなった上に締まっていた。ヒンズースクワットとか散々やった後、最後に、佐山君からお腹の上に乗ってジャンプしてくれと頼まれた。彼の腹筋は固かったのですが、人の上に乗るってあまりいい気分じゃない。大丈夫かなと思いながら跳んでました」

また、この軀を作ったのは腕立て伏せなのだと見本を見せた。

「腕立て伏せにもやり方がある。やり方を間違えたらトレーニングにならないんだと言っていました」

翌朝、起きると筋肉痛で腕が動かなくなっていた。前日、自分は途中までしかついていけなかった。佐山たちは毎日、どれほど激しい練習をしているのだろうかと目眩《めまい》がした。

アパートで守永がこの話をすると、友人たちは目を輝かせて聞き入った。

——やっぱり、佐山君は凄かったか。

——プロレスは色々と言われているけど、本当に強いんだな。

七六年一一月三〇日、新日本プロレスは北九州市の三萩野体育館で大会を行っている。

その日の朝、守永は佐山から電話を貰い、自宅の近くで会うことになった。毎週みんなでテレビを観て君の姿を探しているのだと言うと、佐山は嬉しそうな顔をした。

食事をした後、果物屋の前を通りかかった。佐山は店頭にあったパイナップルをひょいと摑むと、「これ、ください」と言った。

「高級なパイナップルだったと思います。これをみんなで食べてくれ、と。その当時って、パイナップルなんて食べ方も分からない。でも誰か切り方を知っている人間がいたのか、なんとか調べたのか。とにかく切り分けてみんなで食べた。みんな〝こんな美味しいパイナップルは食べたことがない〟〝佐山君、ありがとう〟って感激していました」

佐山は「自分は少ないにしても給料も貰っているし、寮で食事も食べられる。巡業に出ればお金を使うこともない」と食事の席で守永に一切払わせなかった。守永が礼を言うと、佐山は「将来、有名になったら、お前が後援会長をやってくれ」と明るく笑った。

その日の夜、守永は佐山の招待で試合を観ている。

「その試合が佐山君の初勝利だったはずです。相手は栗栖（正伸）さんだったと思います。なんか古典的な試合でしたね」

中学生時代から佐山は様々な技を披露していた。あのときのように派手な技を見せればいいのにと歯痒く思ったことを守永は覚えている。

佐山は一引き分けを挟み五五連敗。五七試合目、この栗栖正伸戦が初勝利だった。

第四章

『格闘技大戦争』

一九七七年、キックボクシングルールの試合に挑戦。マーク・コステロを投げる

メルセデス・ベンツの二人乗り自転車

当時の新日本プロレスでは、前座のレスラーは派手な技を使ってはならないという不文律があった。若手レスラーたちはそうした制限の中で客の心を摑む術を学んでいく。

「小鉄さんが若手選手の試合を見ていて、いい試合だったら五〇〇〇円ぐらいくれたんだよね。逆に下手な試合をすると三〇〇〇円をペナルティとして取られる。藤原とか荒川さんとかいたけど、これは五〇〇〇円ごっつぁんだなと。佐山と試合を組まれたときは、佐山とはお互い動けて、手が合った」

こう語るのは、小林邦昭である。小林の二つ年下の佐山は手頃な対戦相手だった。

「荒川さんと組まれたら、三〇〇〇円を覚悟しなきゃいけない。前日、佐山とやって五〇〇〇円貰ったのに、すぐに三〇〇〇円取られたら、行って来いじゃねぇかって」

小林は手を左右に動かして笑った。

佐山が道場の近くに住む小学生たちと遊んでいたという記憶が小林にはある。

「練習が終わると、子どもたちが呼びに来るんです。飯を食う前に佐山たちが笑って走り回っている声が聞こえましたね」

佐山は子どもたちに「シェリフ」（保安官）と呼ばせていた。

「向こうは小学校低学年、一年生、二年生の子どもたち。野球したり、缶蹴りしたり、鬼ごっこしたり。佐山も本当に楽しそうな顔で遊んでいましたね。可愛い顔をしていたから、女の人にもモテたはずなんですけれど、本人、あまり興味がなかったみたい」

佐山にこのことをぶつけると、そうでしたとにこやかに頷いた。

「デビュー前の給料は月五万円。月五万円ですから、外出禁止とかはなかったですけれど、どこにも出かけられませんよね。だから、子どもと遊んでました。ただ、食事も出ますから、丁稚奉公としては悪くないですよね。(新日本は)すごい縦社会なのかなと思っていたのですが、そうでもなかった。すぐ上の先輩が小林邦昭さんで、すごく良くしてもらいました。いじめられたこともなかったし、殴られたこともない。それどころか怒鳴られたこともなかった」

午前一〇時から練習が始まって、だいたい午後二時、三時まで続く。その後に食事である。

若手レスラーが日替わりでちゃんこ番を務めていた。

「一週間に一回ぐらい回ってきます。小林さん、小澤(正志、後のキラー・カーン)さん、藤原さんは得意のちゃんこがありました。小澤さんと藤原さんは練習でもライバルで、ちゃんこのライバルでもあった。お互いに自分の方が上手いと言い張ってましたね。小林さんのちゃんこも絶妙でした」

佐山は小澤たちと味を張り合うことはなかった。

「ぼくの担当はすき焼きでした。すき焼きって、野菜を切って肉を並べるだけ。簡単です。巡業先でも山本さんがちゃんこを作れって言い出したことがありました。若手のレスラーは色々と仕事があるからみんな、ぶーぶー言ってました。そのとき、ぼくが麻婆豆腐を出したら、すごく受けちゃって。麻婆豆腐のレトルトがあるじゃないですか、あれに豆腐を入れて出しただけだったんですけれど」

佐山はおかしそうにくすくす笑った。

そんなある日のことだ。

小林は、佐山から一緒に出かけませんかと声を掛けられたという。外に出ると、見たことのない銀色の乗り物が停めてあった。車輪四つ、横にサドルが並んでいる二人乗りの自転車だった。高かっただろうと小林が目を丸くすると、佐山はメルセデス・ベンツ製で二十数万円もしたのだと事も無げに答えた。近くの自動車ディーラーのショールームに飾ってあったもので、日本には数台しかないのだという。

佐山は助手席に小林を乗せると、自転車を走らせた。ペダルは助手席側にもついていた。自分は漕《こ》ぐだけで行く先は佐山任せだったと小林は大袈裟《おおげさ》に顔をしかめて微笑んだ。

「大きさは軽自動車ぐらいはあった。近くまで行くだけかと思ったのだけれど、全然停まらない。こちらも意地になって、何も聞かなかった。ただひたすら一生懸命漕いでましたよ。いつ引き返すのかなと思っているうちに、経堂辺りまで来ていた。辺りは真っ暗になっちゃうしね。ライトは点いていたけど」

大通りを走っていると、追い越していく自動車に乗った人が不思議そうにじろじろ見たという。はち切れんばかりの上半身をシャツに包んだ男が二人で大きな自転車を黙々と漕いでいる姿は目立っていたことだろう。

佐山はこの自転車をいたく気に入っており、小林と二人で大会が行われる田園コロシアムまで乗り付けることもあった。田園コロシアムは大田区田園調布にあった屋外スタジアムである。

佐山や小林たち、前座の組み合わせは、当日発表される。この日張り出された対戦表を見ると、佐山と小林が試合をすることになっていた。対戦後は客の目につくため、二人が一緒に帰ることはできない。小林はバスで、佐山は一人で自転車に乗って道場へ戻ることになった。
如才ない佐山は小林だけでなく先輩レスラーたちとも上手くやっていたようだ。

〈その頃の新日本プロレスは、うまくまとまっており、デビューしてしまえば、みんな一人前の仲間だった。そんな中で、僕はいつの頃からか、チンネンというあだ名で呼ばれるようになった。茶坊主のような名で、なんとなく恥ずかしかった。

このチンネンさんには、若手選手たちに喜ばれる特技があり、巡業中は楽しかった。

「オイ。たのんだぞ！」

宿へ着くと、みんなに一声掛けられ、期待を背にメガネの偵察へ行く。

何のことかと言えば、メガネとは相撲用語から来たのぞきという意味で、巡業中のレスラーたちの一つの余興であり、僕がその場所を捜して、参加者を引っ張っていく役である。

「藤原さん！　今日はバッチリですよ」

「おお！　そうか。じゃあ、みんなに知らせておくよ。今晩な」

この会話が、試合が終わるまでにはみんなの耳から耳へと伝わり、試合後、宿へ帰って飯を食い終わると、猪木さんや山本さんに勘づかれないようにバラバラに散って行き、後でこぞって100キロ近いレスラーが忍び足で僕の後からついて来る。

その日の宿の女湯が目標であり、危険な高い所を上っていくこともあるが、ふだん重くて練習でも懸垂のできない人が、いとも簡単にグイグイと登ってくる〉（『GORO』八三年二三号）

〝鬼の黒崎〟

佐山が執心していたのは、リングの上よりも道場での練習だった。

みなと同じ技を使っていては、「極めっこ」で藤原喜明たちに勝つことはできない。佐山は他の格闘技の技術を習得しようと考えるようになった。

そこで選んだのが、黒崎健時が創設したキックボクシングのジム、目白ジムだった。

黒崎は一九三〇年に栃木県で生まれている。五三年、極真会館の前身である大山道場に入門、やがて総本部師範代と成増支部長を兼任した。その稽古の激しさから〝鬼の黒崎〟と異名を取ったほどだった。

例えば、こんな風だ。

〈私は電柱に背を向けて立ち、掛け声とともに振り向き、振り向きざま電柱を渾身の力で叩いた。最初の一発で拳が三倍ほどに腫れあがり、肩の付け根まで痛みでしびれた。

電柱に背を向けたのは、電柱が目に入れば「叩くと痛い」という気が起こり、手加減してしまうかもしれないからだ。絶対に手加減しまいと覚悟を決めたとしても、「叩くと痛い」という気が心の隅に少しでもあれば、どこかで手を抜くことになってしまう。私は人間のそういった弱さを痛いほど知っていたから、電柱に背を向けて立ったのである〉（『必死の力・必死の心』黒崎健時）

六三年、黒崎たち空手家がムエタイの選手から挑戦を受けてタイに遠征している。そこで出場予定のなかった黒崎もリングに上がることになった。黒崎は元チャンピオンに敗北、ムエタイに勝つため六九年にキックボクシングジムの目白ジムを立ち上げた。

佐山は『ゴング格闘技』（九六年四月八日号）の黒崎との対談で当時の目白ジムは足を踏み入れづらい空気があったと語っている。

〈ジムの中に入ると六角棒とか木刀とかその辺にゴロゴロ置いてあるんです。そのころは少年だったんですが、格闘技の真剣勝負の殺伐とした世界を体験する必要がある、という信念から、怖かったのですが門を叩きました〉

佐山は自分が新日本プロレス所属のレスラーであることを隠して目白ジムに入門している。

「自分で目白ジムの住所を調べて、ジムまで行きましたね。そして入門したいんですと。住所とかは書かされたかどうかは覚えていないです。書いたとしたら新日本の寮を書いたんでしょうね。職業は書いてないです」

そして志望動機として「健康のため」と自己申告したという。

「プロでやらされたら、たまらないですから」

佐山は愉快そうに笑った。

佐山が目白ジムを選んだのは、藤原敏男が所属していたことが大きい。

「藤原さんが（キックでは）一番強いと思っていましたし、憧れていましたね。レスリングの世界は高校時代に覗いていますし、（次にやるならば）ボクシングよりもキックだろうと思ったんです」

藤原敏男は一九四八年三月に岩手県で生まれている。高校卒業後、就職。その後、建築関係の専門学校に通っていた。アルバイトの牛乳配達をしているとき、目白ジムを見つけ、六九年七月に入門した。

デビュー戦は勝利したが、二、三戦と連続してタイ人選手に敗戦を喫している。これを機に藤原はジムに住み込み、キックボクシングに集中することにした。

目白ジムの練習について彼は自著『真剣勝負論——戦いの真実』でこう書いている。

〈（黒崎）先生からサンドバッグにミドルキックを蹴り込めといわれれば、先生がもういいというまで果てしなく蹴り続けなければならなかった。その際にも、もちろん一発一発を全力で放たなければならなかったので、気が狂うほどの苦しみをともなう稽古だった。

練習途中で小便をしたくなってもトイレにも行かせてもらえず、サンドバッグを蹴りながらその場でたれ流したことも何度もあった。また、稽古のしすぎで血の小便がぽとぽと滴り落ちることは日常茶飯事だった〉

七一年、全日本キックボクシング協会の初代王者決定トーナメントで優勝、初代ライト級王者となった。七四年三月には、ボクシング元世界フェザー級チャンピオンだった西城正三がキックボクシングに転向、藤原と対戦。藤原はタオル投入によるＴＫＯ勝ちを収めている。

もはや日本人に彼の敵はいなかった。

この頃、タイ式ボクシング——ムエタイは日本キックボクシングの高い壁だった。それを越えられるのは藤原だと見られていたのだ。

藤原は佐山と初めて会ったときの印象をこう語る。

「俺は内弟子だから、朝九時とか一〇時の道場が開く頃からずっといるんだ。通ってくるのはサラリーマンが多いからだいたい夜。日中は暇なんだよ。佐山は昼間に来ていたんですよ。最初見たときは何をしているのか知らなかったけど、デブだなと思った。デブっていっても普通のデブじゃないよ。鍛えた軀だから。あの頃で体重は八五キロぐらいあったんじゃないかな。俺からしたらデカいじゃん」

藤原の身長は一六九センチ、普段からライト級の体重約六一キロを保っていた。

「彼は基本に忠実で、言われたことを素直に聞くタイプだった。元々持っていた身体的能力があり、飲み込みが早かった。それを何度も何度もやって軀で覚えさせるんだよ」

サンドバッグを全力で蹴り続けるという練習のとき、選手の後ろには竹刀を持った黒崎が立つ。

「あれは一番嫌な時間だったなぁ。一発一発、パンチでも蹴りでも全力で入れる。一〇〇パーセントのうち八〇、九〇パーセントだと見抜かれるんです。一〇〇パーセント以上を出さなければ、容赦なく竹刀が飛んできますから。イテーなんて振り向いたら、蹴られます。敵は前にいるんだってね。時間も三分とかじゃない。一〇分、一五分続く。自分の体力を使い果たしてから、そこから本当の闘いという考えだった」

黒崎はこう檄《げき》を飛ばしたという。

——お前たちは自分の肉体だと思うから、痛いとか痒いとか騒ぎ出すんだ。お前の肉体は神様からの借り物だと思え。鉛筆や消しゴムは自分の物だと大事にするが、人の物だと粗末にするだろう。それと同じだ。

佐山は世田谷区野毛にある新日本の寮から巣鴨の目白ジムまで電車とバスを使って通っていた。

「フードのついたパーカーを着て、（映画の）ロッキーのような格好して行ってました。結構遠かったですね。でも全然苦にはならなかったです。絶対に強くなってやるという信念がありましたから」

「佐山が畳にゴロンとして猪木さんと喋っているんだよ」

目白ジムで練習を積むうちに、佐山の運動神経、特に反射神経の鋭さは目立ち、プロレスラーであると知られてしまう。

佐山は自分の職業が露見したきっかけはランニング中だったと記憶している。

「素質があると思われたんでしょうね。走っているときに島（三雄）さんか誰かに、もっと体重を落とさないと駄目と言われたんです。でも体重は落とせないじゃないですか」

島三雄は藤原敏男と共に目白ジムを代表するキックボクサーだった。

「実はぼく、プロレスラーなんですって。そうしたら、あーそうなのかと。それでバレちゃったわけですね。それでなんか猪木さんに連絡が行ったんです。やべーと思いましたね。首になるかなと」

目白ジムに通うことは、道場の練習では不十分であると、新日本への批判と受け取られる可能性があった。ところが猪木は佐山を呼び出すと、練習熱心だと褒めたという。

猪木が付き人だった佐山を可愛がっていたこともあるだろう。

小林邦昭はその様子をこう褒める。

「練習をとことんやって試合をやって、猪木さんが風呂に入るときは背中を流して洗濯をして……寝るのは午前様。それを毎日、嫌な顔一つせずやっていた。本人（佐山）、物事に気がつくんだよ。勘が利くというかね。猪木さんが頼む前に、（必要な物を）持って来たりしていた」

以下は藤原喜明の回想だ。

「猪木さんには、三、四人（身の回りの世話をする人間が）いたよ。俺は一〇年以上、猪木さんについていた。猪木さんはそんなに難しい人ではなかったけど、荒川さんなんか一週間しか持たなかった。洗濯、靴磨き、鞄持ち、トレーニングのときはパートナーやったり。俺はきちんとやるからな。猪木さんは忙しいから他のレスラーと一緒に練習できないこともあった。だから朝早く起こしに行って、一緒に走ってスクワットやって。俺は会場でもやっているのに、またここでやんのか、みたいな。なんとかサボる方法はないかなと思っていたな」

佐山も付き人の一人だったと口を挟むと藤原は、待ってましたとばかりに、わざととぼけた表情をした。

「そういえば、あいつ、たまーにしかいなかったな」

巡業中のある夜のことだった。

「猪木さんから部屋に呼ばれたんだ。なんか持ってこいと言われたのかな？　それでコンコンと扉をノックして、〝失礼しまーす〟って中に入ったら、佐山が畳にゴロンとして猪木さんと喋《しゃべ》っているんだよ」

こんな風だよ、と頭に掌を当て寝そべる格好をした。

「それも、猪木さんにため口でさぁ。お前、誰と喋っているんだこのヤローと。猪木さんはかしこまられて、はい、はいなんて気を遣われるのは好きじゃないんだ。佐山は典型的なB型というか、先輩とかあまり気にしなかったね。得な性格なんだな」

この話を佐山にぶつけると「猪木さんの前でそんなことをするわけないじゃないですか」と大声で笑い飛ばした。

「藤原さん、あの朴訥《ぼくとつ》とした顔で言うから、みんな信じちゃうんですよ。困ったもんです」

小林邦昭も同じ意見だった。

「それはないよね。できるわけないですよ。この世界、一日（入門が）違ったら雲泥の差だからね。だから、誰が先輩か後輩か、呼び名で分かります。猪木さんにため口をきけるはずはないです」

藤原の記憶通りではないかもしれない。ただ、猪木を崇拝していた彼の目には、後輩の佐山が極めて親しく、気軽に応対していたように映ったことは事実だろう。

佐山の目白ジム通いを猪木が黙認したことは新日本の道場に新しい風を入れることになった。

小林は佐山が道場のサンドバッグで蹴りの練習をしていたのを覚えている。

「佐山に教わってぼくもやっていましたよ。それまでキックといえば、プロレスではストンピングなんですよ。佐山のようなローキック、ハイキックなどやる選手はいなかった。ぼくの先輩は、荒川さん、栗栖（正伸）さんとかそもそも足が（高く）上がらない人ばっかり。今では猫も杓子《しやくし》もキックを使ってますけど、あれをプロレスに持ち込んだのは佐山ですよ」

梶原一騎とマーシャルアーツ

一九七〇年代半ばの数年間は、空手、キックボクシングといった立ち技系の格闘技とプロレスの距離が急速に近づいた時期であった。

自分たちが最も強いと主張していた彼らは、接近することで化学反応を起こすことになる。まずは七四年のことだ。

空手の極真会館が年に一度開催している全日本大会のポスターに、他のあらゆる格闘技の挑戦を受けると書いたところ、アントニオ猪木が連絡をしてきたという。ルールの関係で猪木の参戦は実現しなかったが、極真会館が「格闘技最強」であると名乗ることに彼は異議を唱えたのだ。

ここで猪木と梶原一騎が交わることになった。

梶原一騎こと高森朝樹は一九三六年九月四日、東京都浅草区（現・台東区）石浜で生まれている。六六年連載開始の『巨人の星』、六八年の『あしたのジョー』などで人気漫画原作者としての地位を確立。また極真会館の創始者、大山倍達を主人公とした『空手バカ一代』の原作も書いており、極真会館と深く関わっていた。

この二年後の七六年、猪木はウイリエム・ルスカ、モハメド・アリと異種格闘技戦を行い、「格闘技世界一決定戦」と打ち出した。

すると——。

〈今度は極真側が激怒した。こうしたやりとりの過程で、空手対プロレスの決着をつけようという話になり、互いに異なるルールの調整などをしているうち、両者は案外と親密な関係になっていく。そもそも異種格闘技などという発想は梶原のものだったから、それを映画やビジネスにしようとしていた彼と、プロレスラーであると同時に新日本プロレスの社長でもある猪木との交際も、自然と深まっていった〉（『梶原一騎伝』斎藤貴男）

七七年八月二日、猪木は一連の「格闘技世界一決定戦」として、アメリカのザ・モンスターマンと対戦している。ザ・モンスターマンは「全米プロ空手世界ヘビー級チャンピオン」という触れ込みだった。

このプロ空手については説明が必要だろう。

〈一九七四年にＰＫＡ（プロ空手協会）が発足しロサンゼルスのスポーツ・アリーナでインターナショナル・プロ空手リーグが行われ、フルコンタクト空手の各階級全米チャンピオンが誕生した。

従来のアマ空手（型と組み手）とは異なり、フリーフォームのフルコンタクト（グローブをはめシューズをはき、パンチ、キックを加撃する）で、KOか判定で勝負をつける実戦的なものであった。

これがマーシャルアーツの前身で、のちに一九七六年八月にセントルイスでマーシャルアーツと銘打ち各階級（現在はフライ級からスーパー・ヘビー級まで十階級）の世界チャンピオンがトーナメントで決定される。（中略）発足当時は各団体でルール、用具はまちまちだったが、その後、改良され、現在のものがカリフォルニア州ウエストミンスターに本拠を置くWKA（世界空手協会）によって統合された〉（『ゴング』七八年一月号）

七〇年代前半、アメリカでは香港製作のカンフー映画が爆発的な人気となっていた。プロ空手はそれを受けてカンフー、さらに韓国のテコンドー、タイのムエタイなどの要素を取り入れており、〝マーシャルアーツ〟と呼ばれることもあった。

日本武道館での猪木対ザ・モンスターマン戦の前座試合として、WKA世界ライト級チャンピオン、ベニー・ユキーデとキックボクシング全日本ライト級一位の鈴木勝幸の試合が行われている。

以下は新日本の新間寿の証言である。

「モンスターマンのときにベニー・ユキーデが来ることになった。梶原先生がユキーデを今後、プロモーションしていくという話だった。もう時効だから言うとね、あのときWKAの人間が、ユキーデが絶対に勝つと言い出したんだ。一方、梶原先生と黒崎先生は鈴木が勝つと言い張る。ではは双方五〇〇万ずつ積んで、勝った方が全部取ろうということになった。そうしたら六ラウンドでユキーデがKO勝ち。ノックアウトして勝っちゃったんだよ」

ユキーデは一九五二年、ロサンゼルス生まれのマーシャルアーツの選手だった。父親はボクサーで、子どもの頃からボクシングの他、レスリング、柔道、空手などを習得していた。端正な顔立ち、赤いパンタロンを穿いた足から繰り出される蹴りは華麗で力強かった。

新間によると、梶原は慌てて半分に減額できないかと言い出してきたという。

「WKA会長のハワード・ハンセンは〝ああ、いいよ〟って。それで二五〇万円になった。新日本プロレスは金持ちだけれど、キックボクシングの協会は金がないんだなと、嫌みを言われたよ」

ユキーデの強さに可能性を見た梶原、新間、そして黒崎は、マーシャルアーツとキックボクシングの対抗戦を企画することになった。そこに佐山が駆り出されることになったのだ。

「新日本はいずれ格闘技をやる。お前を第一号の選手にする」

猪木対ザ・モンスターマンの試合前、佐山はこう話している。

〈「ボクはアントニオ猪木社長を誰よりも尊敬しているし、猪木社長の格闘技路線に共鳴しています。ボクみたいなのがこんなことをいうのは、おこがましいかもしれないが、ぼくも他の格闘技と戦ってみたいですね」〉（『ゴング』七七年一〇月号）

新間によると、黒崎が遠回しに佐山の名前を出してきたのだという。

「黒崎先生の方から〝誰かレスラー出してくれませんかね〟という話があった。ヘビー級クラスだと体重が釣り合わない。五〇キロぐらいの選手に九〇キロのレスラーをぶつけるわけにはいかん。六〇キロプラス一〇キロぐらいの人間にしてくれと。そこで〝佐山サトル〟というのがいるそうじゃないかと言うんです。私は佐山が黒崎先生のジムでトレーニングしていたことは全然知らなかった。黒崎先生は自分が育てた佐山を、私や猪木さんに見せたいというのがあって、そういうことを言い出したんじゃないか」

七七年一〇月一二日、京王プラザホテルで『格闘技大戦争』（一一月一四日、日本武道館）の記者会見が行われた。その場で佐山が特別参加し、〈ミドル級一位のマーク・コステロ〉と対戦すると発表された。

ノンフィクション作家、柳澤健の『1984年のUWF』によるとマーク・コステロはこの時点では〈フルコンタクト空手の世界ミドル級及びスーパーウェルター級の三位〉で、後にタイトルを獲得した選手だという。立ち技の実力者であることには変わりない。

この時期、新日本プロレスの道場は、一〇月二五日に行われる異種格闘技戦、猪木対チャック・ウェップナー戦の準備で忙殺されていた。

チャック・ウェップナーは一九三九年、ニューヨーク生まれのヘビー級ボクサーである。七五年三月、モハメド・アリと対戦、九ラウンドでダウンを奪ったが、一五ラウンドでテクニカルノックアウト負けを喫した。

新日本は同じヘビー級ボクサーであるウェップナーを倒してから、アリとの再戦を行うという路線を敷いていたようだ。

この試合で目を惹くのは、猪木が特注のグローブを使用していることだ。

一〇月一二日付の『東京スポーツ』では〈プロ空手で使うグローブとは違い、コブシの部分に〝アンコ〟を入れた〉ものであると報じている。アンコとは衝撃を和らげる綿のことだ。

〈グローブといっても、両手をすっぽり包むものではなく、指先を引っかけ手のひらが開き、自由に握り、つかむことができる。わかりやすく説明すると、剣道の手首を保護するあの〝コテ〟にコブシの部分だけふくらませたグローブといった感じである〉

現在、総合格闘技で使われているオープンフィンガーグローブに近い形を想像してもらえばいい。

このグローブを考案したのは佐山だった。

彼はこう振り返る。

「ブルース・リーの映画に出てきたグローブを参考にして近藤靴屋さんに作ってもらったんです。近藤靴屋はプロレスのリングシューズを作ってくれるところで、相当な年齢のおじいちゃんがやられてましたね。どんな風に指示したのかは忘れましたけど、皮をあの形に加工すると握りにくかったんです。握りやすくしてもらったことを覚えています」

そのグローブを見た猪木は「いいな」と言って試合で使用することを決めたという。

「ただ、試合が終わった後、猪木さんからは（グローブが）太すぎたと言われました。大きすぎて脇を差すことができなかった。やりにくかったと」

オープンフィンガーグローブの作製を思いついたのは、佐山が新しい格闘技を模索していたからだ。

「真の格闘技とは打撃に始まり、組み、投げ、そして最後は関節技で極まる、ということを色紙に書いて部屋に張っていました。チャック・ウェップナー戦の前ぐらいに、猪木さんに〝どうですか、うちで格闘技をやりませんか〟という話をしました。確か、猪木さんが当時住んでいた代官山のマンションだったかな。当時は総合格闘技という言葉はなく、〝こういう格闘技〟とか〝そういう格闘技〟とかいう言い方をしていましたね。すると猪木さんは〝新日本プロレスではいずれ格闘技をやる。お前を第一号の選手にする〟と言ってくれたんです」

猪木が英文で書かれたルールブックを見せてくれたこともあった。

「今考えれば、アメリカのマーシャルアーツのルールブックだったんでしょうね」

佐山にとって、格闘技の選手にしてやるという猪木の言葉は嬉しいものだった。

「先輩には（嫉妬され）いじめられるだろうし誰にも言わなかった。ただ、ぼくが格闘技に進むことは、猪木さんとの間では決まった話だと思い込んでいた」

佐山は『格闘技大戦争』に向けて、目白ジムの人間たちと九月一日から静岡県中伊豆で第一次キャンプ、試合直前の一〇月一八日からは巣鴨のジムでの第二次キャンプに参加している。

「目白ジムというのは、教えるというよりも自分で研究しろという職人気質の道場なんですね。だからぼくが学んだのはローキックだけです。体重が他の選手と合わないのでスパーリング相手もいないんです」

藤原敏男がスパーリング相手になることもあったが、力任せに殴り続ける佐山に辟易していたという。

「滅茶苦茶やったから、もうお前とは（スパーリングを）やらないと言われた。体重差がありますからね」

黒崎健時は『ゴング』七七年一〇月号に掲載された佐山の特集記事でこう語っている。

〈「隠していたが、あれだけでかい体だ。レスラーだなというのはすぐにわかりましたよ。しかし、プロレスラーがキックボクシングをやって悪いというはずはない。わたしは黙って練習させましたよ。三ヵ月ぐらい通ってきたかな……最後に実はプロレスラーで、これからデビューするのでこられなくなりますと挨拶に来た。しっかりしたいい性格の子で運動神経は抜群、ええ根性をしているし、わたしは本気でヘビー級のキックボクサーに育ててやろうという気になっていたのだが、まあ本人はプロレスラーなんだから仕方がない。しかし、欲しい男だったね」〉

黒崎の言葉を信じるならば、佐山がキックボクシングを学んだのはデビュー前の三ヶ月、そして『格闘技大戦争』前の数ヶ月のみである。加えて佐山は不慣れな減量に苦労した。マーク・コステロの体重は七六・七キロ。九〇キロを超えていた佐山は減量を行った。そして計量時にはコステロの体重を下回っていたほどだったという。

「倒れなかったのはレスラーとしてのプライド」

大会の二日前、京王プラザホテルで行われた調印式の場で、ルール委員長の梶原が試合のルールを発表している。しかし、佐山だけはこのルールに異議を唱えた。

〈この日、特別参加の佐山サトル、及び新日本プロレスの新間寿・渉外担当取締役は、全米プロ空手ミドル級一位、マーク・コステロとの一戦を〝完全フリースタイル〟で行うよう、全米プロ空手協会会長、ハワード・ハンセン氏に申し入れ、佐山だけ調印文書へのサインを拒否した。〝完全フリースタイル〟は、ノーレフェリー、ノールール、ノーグラブ（ベアナックル）という文字通りデスマッチである〉（『東京スポーツ』一一月一三日付）

佐山はバーリ・トゥードに近いルールを提案していたのだ。もちろんこれは認められなかった。

試合当日、佐山はレフェリーを務めた鈴木正文からこう声を掛けられたという。

「最初から（ランキング）一位の選手に勝てるはずがない。無茶苦茶だ。少々の投げぐらいは認める」

試合が始まると、佐山はマーク・コステロの激しい蹴りを浴び続けた。

「顔面、顎をやられて効いているんですけれど、倒れなかったのはレスラーとしてのプライドでしょうね。猪木さんが目の前にいるし。放送ではカットされているんですけれど、ぼくは見えないところで彼の関節を極めているんですね」

六ラウンド闘い抜き、判定負けだった。

「七回ぐらいダウンを取られて負けましたけど……。あのルールですから勝てるとは思っていなかった。本当は投げちゃいけないルールでしたけど、頭から落としてやればなんとかなるのかなと思っていました」

佐山は不利な形勢の中でも勝利への糸口を探っていた。

「ぼくからしたら、パンチ、キックをかいくぐって、タックル行けたら勝ちなわけですよ。ただ、頭から落としてやろうと（相手の腰に手を回して）投げようとするんですが、向こうが手をついちゃうから投げられない。力任せじゃ駄目なんです。そして投げ過ぎちゃったので疲れてしまった。三ラウンドぐらいからバテていました。それでぼーっとしているときにやられた。投げるときに投げる。投げないときは投げない。当たり前のことなんですけれど、当時は全然分かっていなかった」

『格闘技大戦争』での日本のキックボクシング対アメリカのマーシャルアーツの対抗戦は日本側の五勝二敗（佐山の敗戦を含めると三敗）。ただし、ユキーデは目白ジムの岡尾国光を四回九三秒、ノックアウト勝利している。

試合後、佐山は猪木に「すいません」と敗戦を詫《わ》びた。

「そうしたら猪木さんは〝何言っているんだ〟と言ってくれてね。山本（小鉄）さんや藤原（喜明）さんも褒めてくれた。キックボクシングの選手が誰か笑ったらしくて、黒崎先生が怒り始めたんです。あんなに蹴られても倒れない奴はいないぞと」

また、新日本プロレスの先輩レスラーから「だらしない」と直接言われ、佐山は無性に腹が立ったという。

「コステロの膝蹴りを喰らってあばらが三本折れていたんですけれど、一人で合宿に出かけました。自転車にテントとランタン、食料を積んで丹沢まで。河原に一人用のテントを張って、草木を蹴飛ばしてました。悔しくて悔しくてね。バック回し蹴り、ローリングソバットはあのときに思いついたんです」

このとき、佐山はイバン・ゴメスの顔を思い浮かべていた。ブラジルに渡り、ゴメスが話していたルタ・リーブリ、あるいはバーリ・トゥードを学びたいと思ったのだ。ブラジルに行こうと考えているのだと、北沢幹之に相談した。すると北沢は「やめておけ」と取り合わなかった。

前田日明との出会い

この『格闘技大戦争』を会場で見ていた若手レスラーの一人に前田明（現・日明）がいる。前田はこの年の七月に新日本プロレスに入門したばかりの新人レスラーだった。彼の新日本入りのきっかけを作ったのは佐山だった。

四月二二日、新日本プロレスは大阪府立体育会館で興行を行っている。猪木の付き人だった佐山は、洗濯物を抱えてコインランドリーを探していた。そのとき公園で空手らしい蹴りを練習している男に目をとめた。いい蹴りだと思った佐山はその男に話し掛けている。それが前田の師である田中正悟だった。

他人の才能を柔軟に受け入れる佐山は、後日、彼の道場を訪れ、稽古に参加している。そこで、前田を知った。そして「大阪に軀の大きな空手の選手がいる」と新聞に報告。新聞が田中と連絡を取り合い、前田は新日本に入ることになった。

前田は佐山と初めて会ったとき「好青年というのを生きた形にしたらこんな人になる」という印象を持ったという。

「背は低いんだけれど、筋肉の塊だった。プロレスラーを見るのが初めてだったからね。それで礼儀正しくて優しい。道場で練習した後、みんなで食事に行ったのだけれど、全部佐山さんが払ってくれた。万札の束を持っていてね、プロレスラーって儲かるんだなと。後から分かるんだけれど、若手レスラーというのはそんなに給料は良くない。でも遠征に出ると飯代が別に出たり、（佐山は）猪木さんに可愛がられていたから、お小遣いをもらっていたと思う。すごく気が利くとみんなから絶賛される付き人だった」

先輩レスラーの北沢幹之は佐山について「真面目で頭のいい男だった」と評する一方、前田には「あいつは真っ直ぐしか見えない奴なんですよ」と手厳しい。

「あいつだけは可愛がらなかったですよ。口の利き方から何から生意気でしたね。でも殴ったりはしませんでしたけど」

前田より二つ年上の佐山は、しっかり者の兄貴のような存在だった。その佐山のマーク・コステロとの試合は前田にとって納得のいかないものだった。

「あの人はすごい運動神経がいいんですよ。たぶん相手のパンチは見えていたはず。減量はあったとはいえ、あんなに動けないはずはない。体重を落としたとはいえ、全然パワーもあるしね。

佐山さんは認めないと思うけど、技術云々の前に、精神的なものが大きかったと思うね。黒崎さんたちが（マーシャルアーツの選手たちの）蹴りとかパンチはこんなに怖いというようなことを練習のときから言っていたんじゃないかと」

『格闘技大戦争』の翌七八年三月、藤原敏男は後楽園ホールで、本場タイで最も権威のあるラジャダムナン・スタジアム認定ライト級タイトルを獲得している。タイ人以外の外国人がムエタイのチャンピオンとなったのは初めてのことだった。ユキーデも次々と日本人格闘家を撃破し、大きな話題となっていた。

梶原は漫画『四角いジャングル』の中で、格闘技最強を求める、猪木、ユキーデ、藤原敏男たちを同時進行的に描いている。格闘技の熱は増々、高まっていた。そんな中、佐山は若手プロレスラーとしてリングに上がる傍ら、猪木に言われたように新日本第一号の格闘技選手となるための練習を積み重ねていた。

しかし、その力を披露する機会は訪れなかった。

七八年六月、佐山は新日本プロレス副社長の坂口征二からメキシコへ行くように指示されたのだ。

第五章

サミー・リー、イギリスを席巻

サミー・リーを名乗り、イギリスマットで爆発的な人気を博した

ルチャ・リブレ

一九七八年六月一日、佐山は羽田空港からアメリカのロサンゼルス行きの飛行機に乗っている。そしてロサンゼルスで飛行機を乗り換え、メキシコに向かった。

なぜショー的志向の強いメキシコに行かねばならないのか。自分は格闘技の選手として育てられるのではなかったのか。佐山は釈然としなかった。

「ぼくは格闘技選手になる準備はできていたんです。猪木さんはなぜ新しい格闘技をやらないのかと思っていましたね」

不満はあっても、猪木には逆らえない。メキシコでもこれまで通り鍛錬を怠らないつもりだった。

佐山はメキシコ第二の都市であるグアダラハラに到着した。

標高一五八九メートルにあるグアダラハラはスペイン統治時代の風情を残す美しい街である。マヨール広場を中心に碁盤目状に道が走っており、メキシコ唯一のゴシック建築である大聖堂など歴史的建造物も多く、〝西部の真珠〟と形容されることもある。

メキシコのプロレスの歴史は古い。

一九三三年、サルバドール・ルテロ・ゴンザレスが「エンプレッサ・メヒカーナ・デ・ルチャ・リブレ」（EMLL）を設立。これがメキシコのプロレス興行、すなわちルチャ・リブレの始まりである。税関で働いていたルテロは、国境を越えたアメリカのテキサス州エル・パソでプロレス興行に遭遇し、団体を興すことを思いついたのだという。

ルチャ・リブレの特徴は覆面である。元々はアメリカ人レスラーに黒い革製の覆面を被せてリングに上げたのが始まりだったようだ。三〇年代にはマントの下から蝙蝠《こうもり》を放つエル・ムルシェラゴが人気となった。その後、国民的スターとなる覆面レスラー、エル・サントらが現れる。

佐山がメキシコに引き寄せられたのは、この国のプロレスに起きていた地殻変動と関係がある。七五年にプロモーターのフランシスコ・フローレスらがEMLLから独立し、「ユニバーサル・レスリング・アソシエーション」（UWA）を立ち上げた。このUWAに多くのレスラーが移籍。そこでEMLLを父ルテロから引き継いだカモウはロサンゼルスのプロモーター、マイク・ラベールを頼った。まずはチャボ・ゲレロらの著名レスラーを呼んだが、彼らはあくまでも短期の滞在だった。EMLLが必要としていたのはメキシコに定住し興行の柱となるレスラーだった。

すでにグラン浜田がメキシコで地位を築いていた。また、カンフー映画の影響もあったろう、マイク・ラベールは付き合いのあった新日本プロレスに身軽で動けるレスラーを出してくれないかと打診した。そして佐山が選ばれたのだ。

グアダラハラに着いて一週間ほど経った頃、佐山は頭を剃り上げた太い黒縁の眼鏡を掛けた男からジムに来るように言われた。

「練習場に行ったら、ガチンコの練習をやっていたんです」

男は、クアウテモック・ベラスコと言った。通称「ディアブロ・ベラスコ」。

一九一九年にグアダラハラで生まれ、一八歳でデビュー。メインイベンターを務めることはなかったが、強さと技術で一目置かれるレスラーだった。五年ほどの短い現役生活の後、アレナ・コリセオのヘッドコーチとして後進レスラーの指導を始めていた。

佐山が中学生時代に強く影響を受けたミル・マスカラスもベラスコの教え子である。

「そこに何人か若いレスラーがいたんです。（ベラスコが）その中で一番強い選手に〝お前やれ〟って、ぼくとやることになったんです。ぼくが九〇キロぐらい、向こうは一〇〇キロぐらいありましたね」

エル・マキナ・サルバッヘという名前で、アメリカンフットボールのヘルメットを模した覆面を被って前年デビューしたばかりの若手レスラーだった。

「（スパーリングが始まって）三〇秒ほどで首投げをして、極めてやったんです。そうしたら、〝おー凄いな〟と言われて、やはり（カール・）ゴッチのボーイだと。そこから破格の待遇になっていくわけです」

ルチャ・リブレは、善玉であるテクニコと悪玉のルードがはっきりと分かれている。佐山は正統派の強さを持つ、テクニコとして認められたのだ。

「パク・チュー」木村健悟

佐山はグアダラハラに五ヶ月ほど滞在した後、首都メキシコシティに移った。

メキシコシティは、周りを三〇〇〇メートル級の山脈に囲まれた標高約二二五〇メートルの盆地にある。七九年の時点で人口九一九万人を超えており、ラテンアメリカ最大の都市だ。

雑然として薄汚れた街で、フォルクスワーゲンのビートルが道を埋め尽くし、排ガスを吐き出して走り回っていた。周囲の山脈に遮られた排ガスが街の上空に溜まり、空気が白く染まっていた。

新日本の先輩レスラーである木村健悟と合流した佐山は、メキシコシティの中心地、独立記念塔の近くの長期滞在型ホテルで共同生活を始めた。

木村は一九五三年九月に愛媛県新居浜市で生まれている。中学卒業後、家出同然で故郷を後にした。鉄道で高松まで行き、宇高連絡船で瀬戸内海を越えて岡山へ。再び鉄道に乗って大阪へ向かった。切符を買う金がなかったため、検札が回ってくるとトイレに隠れてやり過ごしていたという。

大阪に着くと蕎麦屋に住み込んで働き始めた。飲食店を選んだのは、そこで働いている限り飢えることはないだろうと考えたからだった。ある日、スポーツ新聞の編集局へ出前に行くと、記者から「君、軀が大きいね」と話しかけられた。木村はすでに一八〇センチを超えていた。

木村はこう振り返る。

「その人が一緒に東京に行こうかと言うんだ。新幹線に乗せてくれるから行こうかと思った。話を聞いたら二〇〇キロ以上で走るという。（生まれ故郷は）田舎だからそんな速いものはないじゃん？　一度体験してみたい。ただ、それだけの気持ちだったね」

その記者は宮城野部屋と付き合いがあった。木村は墨田区横網にあった宮城野部屋に入門し、新弟子検査に合格した。しかし、力士生活は長く続かなかった。

「（入門して）一年ぐらいかな。相撲のまわしの結び目ってあるじゃない？　投げられた後にあれが背骨に当たった。それでお尻のところが頸椎《けいつい》分離症になって、歩けなくなった。しばらくして動けるようになったけど、寝起きをするのも大変だった。また、太れないから軀が大きくならない。そういう体質なんだろうね」

ある夜、自らの力士としての将来を見限った木村は、浴衣のままこっそりと部屋を出た。

「真夜中の一時、二時。下駄をそっと持ってね。それこそ抜き足、差し足で」

そして中野にある蕎麦屋に住み込みで働くようになった。このまま蕎麦屋で働くつもりはなかった。自分の将来を考えたとき、頭に浮かんだのはプロレスラーだった。

「相撲部屋でみんなでわいわい言いながら（テレビで）プロレスを観ていたんだ。華やかな世界に思えた。ああ、これは相撲よりもプロレスの方がいいな、そっちに行こうと。それから半年ぐらい走ったり、色々とトレーニングして日本プロレスの事務所に行ったんだよ」

日本プロレスでは坂口征二の付き人を務めることになった。そして七三年に坂口らと共に新日本プロレスに移籍している。

日本を出る前、「パク・チュー」というリングネームが与えられた。名付け親は営業本部長の新間寿だった。

「パク・チューって聞いたとき、えっ？　なんですか？って。チューチュー、タコかいな、みたいな。新間さんは〝いいだろ、簡単で〟って言うんだ。やっぱり木村健悟という名前でやりたかったけど、覚えやすいんだったら、それでもいいかなと。そうしたらすごく名前を覚えてもらった。結果的には良かった」

ロサンゼルスまでは佐山と同じ便だった。佐山はグアダラハラへ、木村はロサンゼルスに残った。そして六月にＮＷＡアメリカス・タッグ王座、七月にＷＷＣプエルトリコ・ヘビー級王座に就いた。その後、プロモーターからメキシコシティに行けと指示されたのだ。

　木村は全く乗り気ではなかったと言う。

「メキシコには行きたくなかったんだよね。レスリングスタイルも、いい加減。なんで飛んだりしなきゃいけないんだと思っていた。ああいうのが大嫌いなんだ。でもロスのプロモーターとメキシコのプロモーターが仲良かったんだろうね、だから送られたんじゃないかな」

　木村がメキシコに着いたとき、すでに佐山は現地で使われているスペイン語を流暢《りゅうちょう》に話していた。佐山が日常会話に必要なスペイン語を単語帳に書き出して覚えていた記憶があるという。

　しかし、メキシコで先に高い評価を受けたのはこの国への嫌悪感を露《あら》わにした木村だった。

「俺は新日本の旗を背中に背負っている、アントニオ猪木の弟子なんだ、だから日本のスタイルを突き通す。こんな気分だったね。そうしたらすごいヒールになっちゃった。（自分では）ヒールのつもりじゃないのに。客が勝手に盛り上がっちゃってね。それで向こうに行ってすぐ、タイトルマッチがあって、チャンピオンになった」

　一二月八日、木村はエル・ファラオンを破り、ＮＷＡライトヘビー級チャンピオンとなっている。

　メキシコに限らず、ラテンアメリカは貧富の差が激しい。ルチャ・リブレを熱狂的に支持したのは、学のない貧者たちだった。テクニコとルードの分かりやすい衝突は彼らの心をかきむしったのだ。

　木村が花道から入場すると、客がぱっと下がり、道ができた。そこに丸い風船のようなものが次々と飛んできた。風船は床に落ちて割れ、辺りにアンモニア臭が立ちこめた。小便の入ったコンドームだった。

「臭いんだよ。たまにガウンの背中にばっと当たったりもする。そうしたら、もうバシャーだよ」

木村は手を広げて、嬉しそうな顔をした。

「本当に俺が出てくると、みんな一斉にいなくなるんだ。そして小便（の入った袋）があちこちから飛んでくる。みんな便所に行ってコンドームに入れていたんだろうね。それだけ人気があったということだよ」

そう言うと自慢げに鼻に皺《しわ》を寄せた。

野次がひどい客には、場外乱闘に紛れて膝蹴りを喰らわせたこともあったという。

「おー、ソーリー、ソーリーって言っちゃってね。（客は）うーって顔していた。やりたい放題だったね。自由奔放にやっていれば、ギャラは上がっていくしさ。たぶん一番いいギャラ貰っていたんじゃないかな。あの頃、神様みたいな扱いを受けていた（人気レスラーの）エル・サントとも試合した。（嚙み合わない内容だったため）終わった後、いい加減なことやりやがってと控室に怒鳴り込んだこともあるな。そうしたら、佐山がやめてくださいって止めていたよ」

この国では警察でさえ信用できないのだと背筋が寒くなった

一方、佐山は九月と一二月にＮＷＡミドル級チャンピオンのトニー・サラサールと対戦、いずれも眼中になかった。もちろん佐山にとってリングの上の勝敗は眼中になかった。

それまで日本では前座レスラーだったため使える技が限られていた。その軛《くびき》から解き放たれ、自分の技をリングの上で試していたのだ。

その一つがローリングソバットである。

ローリングソバットは飛び上がりながら、腰を背中側に捻り、踵《かかと》の部分を相手の軀に当てる「回転後ろ蹴り」である。

「高くジャンプすると変な場所に（踵が）当たってしまうことがある。だから、メキシコのホテルで壁に印をつけて、そこをめがけてトントンって蹴る練習をしていました」

プロレスでは相手の軀を傷つけてはならないという不文律がある。そのため、踵を当てる位置を調節することは重要だった。

「メキシコシティのホテルだったと思うんですけれど、突然、技を思いついたんです。そこで、ベッドのマットを床に置いて、サイドテーブルを置いてずれないようにした。窓枠をポーンと蹴って、空中で回転してマットに下りる。やってみたらできたので、リングでやってみた。ぼくは思いついたことができてしまう。たぶん器用なんでしょうね」

佐山は、数学教師が平易な方程式を解くように淡々とした調子で説明したが、これは簡単な技ではない。コーナーに押しつけた相手の軀を駆け上がり、後転して着地する、サマーソルトキックと呼ばれる大技だ。体操選手のような跳躍力とバランス感覚が要求される。

佐山にとってメキシコはプロレスラーとしての揺籃《ようらん》の役割を果たすことになった。

ただし、日々の生活には辟易していた。

佐山はこう嘆息する。

「高速道路を走っていたら、二回に一回は事故がありましたね。タクシーに乗ると運転手は最悪、嘘つきばかり」

移動のため、佐山はエンジン付きの自転車、モペットを手に入れていた。ある日、タイヤがパンクしてしまい、ホテルに向かってモペットを押していた。すると、男たちがたむろしているのが見えた。

「その中の一人が煙草をくれと言ってきた。煙草は吸わないと言うと、いきなりこれですよ」

佐山は右腕を上げて、自分の首を絞める仕草をした。

「ぐっと絞めてきた。でも外すのは簡単。腕をとって〝何するんだ、この野郎〟とバックキックをバンバンバンってやったんです。わざと当てずに脅かすと、逃げていった。ところが次の角を曲がると二人がナイフ、一人が拳銃を持って待ち構えていた。ぼくも拳銃を持っていたので取り出すと、また逃げ出した。向こう（の拳銃）は偽物だったんでしょう」

佐山は護身用に、警官から拳銃を購入していた。

しばらく行くと先ほどの男たちとその仲間が十数人集まっているのが見えた。中にはショットガンを持っている人間もいた。慌てた佐山は警察に駆け込むことにした。

「パトカー二台でショットガンを持った警官がやって来てそいつらを捕まえたんです。お前を脅したのは誰だと訊ねられたので、こいつとこいつとこいつだと指さした。普通は警察に連れていくと思いますよね」

ところが警官は男たちを駐車場に連れていくと、拳銃の柄の部分で殴り始めたのだ。

「バンバンぶん殴られて、傷だらけで泣いているんです。すごい世界ですよ」

この国では警察でさえ信用できないのだと背筋が寒くなった。お前を助けたのだからと金を要求されるかもしれない。そう思った佐山は、その場からそっと立ち去ることにした。

興味深いのは、こんな混沌《こんとん》としたメキシコでも佐山は紳士であろうとしたことだ。メキシコシティのアレナ・メヒコで試合があるときには、白いスーツを来て会場入りしている。

これはカール・ゴッチの影響だった。ゴッチは佐山たちの様子を見るために、メキシコシティを訪れたことがある。その日、佐山はザ・ローリング・ストーンズのマークである唇から舌が出た絵柄をあしらったTシャツを着ていた。それを見たゴッチは、なんという下品な服を着ているのだと叱った。そして、大事なときにはスーツを着るようにと釘を刺した。佐山はそれを守っていたのだ。

カール・ゴッチのトレーニング

七九年六月、木村はメキシコ滞在半年ほどで日本に帰国している。日本を出発する前に結婚し、子どもが生まれていた。妻子がいることを新日本プロレスの人間が知り、日本に呼び戻されたのだという。

この帰国は不本意だったと木村は口を尖らせた。

「ああ、俺の出世がこれで終わっちゃったなと思った。普通は二年ぐらい（国外修行に）行って、凱旋《がいせん》帰国で華々しく戻ってくるでしょ。でも俺はこっそり帰ってきたからね」

木村の頭には、藤波辰巳が帰国した際、羽田空港で花束を持った人たちから迎えられた光景があった。藤波は七八年一月、アメリカでWWWFジュニアヘビー級チャンピオンとなって帰国、新日本の看板選手となったのだ。

メキシコに残った佐山は七九年九月にリンゴ・メンドーサを破ってNWAミドル級チャンピオンとなった。その後、八〇年三月二八日にエル・サタニコに敗れるまで、タイトルを防衛している。

佐山はエル・サタニコ戦の後、フロリダに飛んだ。フロリダには藤原喜明が同年一月から滞在していた。

藤原によると、猪木からこう言われたという。

「藤原、お前は付き人を一生懸命やっているから、褒美をやろう。何でも言ってみろ」

そこで藤原は「フロリダのゴッチさんのところに行かせてください」と答えた。

カール・ゴッチは新日本の道場で行われているスパーリング――「極めっこ」の奥義を握る男だった。

一九二四年にカール・ゴッチことカール・チャールズ・イスタスはベルギーのアントワープで生まれた。四八年にレスリングのベルギー代表としてロンドンオリンピックに出場。五〇年にプロレスに転向、六一年からカール・ゴッチを名乗っている。

猪木は新日本プロレス立ち上げからゴッチに技術指導を頼んだ。藤原や佐山は彼の忠実な弟子だった。ゴッチの頭の中には関節技が詰まっていた。その引き出しを開けてやろうと藤原は考えていたのだ。

藤原はゴッチの家の近くにアパートを借りていた。

「あっちのアパートはやたら広いんだよ。もったいないから、この半分でいいって言ったら、これが一番狭いです、って言われたんだ」

そこに佐山は転がり込んだ。

二人の生活はこんな風だ――。

毎朝一〇時にゴッチが藤原のアパートまで車で迎えに来た。アパートまでは車で二、三〇分の距離だった。

まず一一時から〝準備運動〟が始まる。ゴッチの家の近くに二・五キロほどの真っ直ぐな道があった。道沿いに立っている電信柱ごとに、ウサギ跳び、足を持った腕立て歩きなどをして進むのだ。これは準備運動と言うにはきつ過ぎると藤原は頭の中で考えていたという。もうすぐ終わりだと思って我慢していると、引き返せと言われることもあった。この準備運動はだいたい一時間半ほど続いた。

続いて、トランプを使ったトレーニングとなる。スペード、ダイヤ、クローバー、ハート、四つのスートに、スクワット、プッシュアップなどの動作を割り当てる。めくって出たカードのスートの運動を数字の回数だけこなさなければならない。ただし、スクワットのみは数字の倍をやることになっていた。その後は天井から吊るされたロープを登った。そして午後二時頃休憩となる。

午後は街の柔道場に出掛け、畳の上でスパーリング、関節技の練習を行った。

「少なくとも一日五、六時間は練習だよ。それで帰ってからゴッチさんが赤ワインをちびちびやりながら、レスリングとは何かについて話をする。こっちは練習で疲れているから眠くて仕方がないんだ。英語に日本語が交じっているから余計分かりにくい」

ゴッチと別れた後、藤原は眠気を我慢しながらノートを開いた。

毎日、ゴッチは様々な技を教えた。しかし、その場でメモは取れない。そこで後からノートに残そうとしたのだ。

最初は全ての技を記憶しようとした。しかし、数が多すぎて混同してしまい、一つもきちんと思い出すことができなかった。それからは一日に二、三の技だけに絞って記憶することにした。工業高校出身で絵を得意としていた藤原は、関節技を力学的に分析しながらノートに書き込んでいった。これは自分の宝物だと藤原はほくそ笑んでいた。

ただし——。

しばらくしてゴッチにそのノートを見せると、彼の顔色が変わり、それから技を教えてくれなくなったという。

佐山は藤原のように絵を描くことはなかったが、メモをとっていたという。

メキシコのプロレスは日程が過密である。加えて、標高二〇〇〇メートルを超える高地での生活により、佐山の体重は三キロほど落ちていた。フロリダでは、毎日、大振りのステーキを二枚食べ、体重を戻していた。

三ヶ月ほど経った頃、ゴッチからメキシコに戻るように言われた。メキシコで次の目的地に向かう金を稼げというのだ——。

グラン浜田の家を壊す

二度目のメキシコシティでは、日本からやって来た小林邦昭と共に生活することになった。二人はグラン浜田の家を間借りして住むことになった。

気の合う先輩レスラー、小林との共同生活は佐山にとって気楽なものだった。

小林はこう振り返る。

「ある日、佐山が空気銃を買ってきたことがあった。日本円で一万五〇〇〇円ぐらいだったかな。そして〝小林さん、ちょっと撃ちましょうよ〟なんて。試合が終わってから、部屋の中に紙の的を張って、バンバン撃ってました。空気銃っていったって、本物ぐらい威力のある奴だから、紙を突き破って壁が穴だらけになった」

空気銃の話を佐山に確かめると、そうでした、そうでしたと弾けるように笑った。

「猫が家に侵入したことがあったんです。二人で空気銃を持って追い回したことがありました」

佐山はサンドバッグを購入し、天井から吊るして打撃の練習に励んだ。

「メキシコではガチンコの練習ができるのはグアダラハラ（のアレーナ・コリセオ）だけ。そうそうグアダラハラには行けないので、一人で練習するしかなかった。メキシコでサンドバッグを二つ駄目にするぐらいやっていましたよ。あとは小林さんとスパー（リング）をするぐらい。関節（技の練習）まではやらなかったです」

頭には新日本プロレス第一号の格闘技選手にするという猪木の言葉があった。日本から遠く離れたメキシコにいると、その言葉が信じられなくなることもあった。そんなときはサンドバッグを強く蹴り続けたのだ。

このサンドバッグは小林も使っていたという。

「天井から鎖で吊るしていたんです。サンドバッグを蹴っていると鎖が（たわんで）壁に当たって崩れてきた。向こうの家は壁が石膏《せっこう》みたいで、脆《もろ》いんです」

自分たちはここに長居することはない。あとは家主の浜田に任せておけばいいのだと、二人は壁がぼろぼろと崩れていくのを面白がっていた。

「（佐山は）メキシコでも英語を使うことがありました。彼の頭の中ではイギリスに行くというのがあったんでしょう。毎日、部屋で英語を勉強していたのを覚えていますよ」

裸一貫で世界を渡っていく、プロレスラーは些事《さじ》にこだわらない器の大きな人間が多い。いや、器の底が抜けていると言い表したほうがいいかもしれない。

言葉の通じない国であろうと、行けばなんとかなる。みなそう考えて日本を飛び出してくるものだ。事前に語学を習得しようとするレスラーなど聞いたことはなかった。小林はレスラーらしくない佐山に感心していた。

佐山はフロリダのゴッチの家で日本から戻ってくるイギリス人レスラー、ピート・ロバーツと落ち合い、ロンドンへ向かうことになっていた。

フロリダへ出発する直前のことだ。佐山と小林が家に戻ると鍵が見つからない。軀中を探ってもない。

「もう蹴って開けるしかねぇなって。佐山がハイキックでバーンと蹴って。俺も回し蹴りで扉をぶっ壊して入った。浜田さんも同じ家に住んでいたから、後から怒られたね」

小林はそう言うと、フフフと擦《かす》れた声で笑った。

佐山はフロリダ、小林はメキシコシティのホテルへ。扉を壊したまま、浜田の家を去った。

佐山によると、八五年にメキシコシティを襲った地震でこの家は倒壊してしまい、弁償しなくても済んだという。

ブルース・リーのジャンプスーツ

ロンドンの第一印象は最悪だった――。

ヒースロー空港に着いたものの、入国審査で二時間も足止めを喰らうことになったのだ。自分のパスポートを持った入国審査官とピート・ロバーツが激しくやり合うのを佐山はぼんやりと眺めるしかなかった。

入国審査官からイギリスでの滞在目的を訊ねられた佐山は「レスリングをするためだ」と答えた。ところが、佐山は就労ビザを取得していなかった。

イギリスのバーミンガム生まれのピート・ロバーツは、五九年にプロレスラーとしてデビュー。七四年にはゴッチの紹介により、新日本プロレスのリングに上がっている。

ロバーツは係官と交渉し、佐山を観光目的として入国させることを認めさせた。

佐山はロバーツの自宅に泊まり、翌日、ジョイントプロモーションの事務所に向かった。ジョイントプロモーションは五二年にイギリス各地のプロモーターのカルテルとして発足した。七五年にマックス・クラブトゥリー以外のプロモーターが脱退、彼の個人会社となった。このクラブトゥリーが佐山を呼んだのだ。

ジョイントプロモーションは古いビルの中の一室にあった。事務所部分はテーブル、書類棚が一つずつあるだけで、ところどころに黴《かび》の生えた薄汚れたリングが併設されていた。

ピート・ロバーツはクラブトゥリーの顔を見るなり、どうして佐山の就労ビザを手配しなかったのだと真っ赤な顔で食ってかかった。

「ものすごく険悪な話し合いだったんです。マックス（クラブトゥリー）はなんで日本人が来るんだ、なんて言い返していました。（着いたばかりでも）それぐらいの英語は分かりましたからね。隣の部屋にリングがあったんです。それでピートさんはこいつに試合をやらせてみればいいと言ったんです」

急遽《きゅうきょ》、シド・クーパーというレスラーが呼ばれた。イギリスのサウス・ヨークシャー出身の悪役レスラーである。

「スパーリングをちょっちょっちょっとやったら、マックス（の表情）がころっと変わった。人間があれだけ変わるのを初めて見ましたよ」

佐山は軀をゆすって笑った。

「いきなり車を事務所の前につけて、〝これに乗ってくれ〟と。ピートと一緒に乗ってマーシャルアーツショップに連れていかれて、あの格好をさせられたんです。そして名前はサミー・リーにしてくれと言われた。それは完璧に覚えています」

あの格好とは、ブルース・リーが映画の中で着ていた、黄色に黒いラインの入ったジャンプスーツである。

ブルース・リーは一九四〇年、サンフランシスコ生まれの香港人である。父親は広東演劇の役者で、ブルース・リーはアメリカ公演中に生まれた子どもだった。一八歳のとき、香港からシアトルに移り住み、中国武術の指導を始めている。その後、映画に関わるようになり、七一年の『ドラゴン危機一髪』が映画初主演となった。

しかし、彼の人生は花火のように短く燃え尽きた。七三年、三二歳のときに怪死。死後公開された『燃えよドラゴン』は世界中で大ヒットとなった。クラブトゥリーは佐山の軽快な身のこなしを目の当たりにして、同じアジア系のブルース・リーを想起したのだ。

英国人ジャーナリスト、サイモン・ガーフィールドの著書『THE WRESTLING』の中で、クラブトゥリーはこう語っている。

〈ベルギー出身の昔気質のレスラー、カール・ゴッチがフロリダから電話をかけてきてこう言ったんだ。

「私のところに日本人の小柄なレスラーがいる。こいつは君好みのレスラーだ」

私は彼をジムに連れていき、シド・クーパーを電話で呼び出した。シドはなかなか腕のあるレスラーだったからね。

その日本人のボーイがリングに入った瞬間、俺は彼のカリスマ性に気がついた。そして、サミー・リーと名前を変えさせて、ブルース・リーのファミリーとして売り出すことを思いついたんだ。

俺はスリートハム・コモンにあるマーシャルアーツショップに行き、彼のために黄色のジャンプスーツを買い与え、竹刀を持たせることにした。それでドカンだよ。即座に大当たりさ〉（筆者訳）

佐山の証言と少々違うのは、プロレス関係者にありがちではあるが、自分に都合よく記憶を変えているからだろう。

ウェイン・ブリッジは佐山の試合を見て度肝を抜かれた

一九八〇年一〇月八日、佐山はイギリスでのデビュー戦を行っている。相手はクラブトゥリーの事務所でスパーリングをしたシド・クーパーだった。この試合はテレビマッチ——テレビ中継されることになっていた。クラブトゥリーの佐山への期待がうかがえる。

佐山は黄色のジャンプスーツ、頭には漢字の書かれた手ぬぐいのようなものを巻き、手に竹刀を持ってリングに上がった。ジャンプスーツの下は、黒のショートパンツと黒のリングシューズ姿だった。メキシコ時代は、赤いパンタロンを着用したこともあった。イギリスで黒のショートパンツを穿いたのは、ゴッチからの指示だったという。

試合前、クーパーに罵《のの》しられた佐山は、竹刀で彼の頭を叩いて反撃している。そしてゴングが鳴ると、円を描くように軽やかにステップを踏み、回し蹴りを次々と見せた。

イギリスの観客は女性と子どもが多い。佐山の分かりやすい派手な動きに、観客は大きな拍手を送った。

三本勝負の一本目は二分経たないうちに佐山が勝利。二本目は十分に時間をかけてクーパーを仕留めていく。佐山がコーナーポストから飛び、リングの上を跳ね回ると、観客の熱狂は次第に大きくなっていった。

イギリスのリングに新たなスター、サミー・リーが誕生したのだ——。

この日、ウェイン・ブリッジは自分の試合後、会場で佐山の試合を見ている。

ブリッジはこう振り返る。

「サトルは試合の前、自分がイギリスでやっていけるか自信なさげだった。ぼくの試合を見て、君のようなレスリングはできないと言ってきたんだ。そのとき、ぼくはサトルのスタイルを知らなかった。そこでこう言ったんだ。君は君のやり方でやればいい。ぼくは猪木から呼ばれて、何度も日本に行っている。猪木のところの若手レスラーはちゃんとトレーニングしていることを知っていたからね」

ブリッジは会場で佐山の試合を見て、度肝を抜かれたという。

「信じられないぐらい素晴らしかった。イングランドであんなレスリングをする人間はいなかった。彼は、シュートレスリング、プロレス、メキシコのルチャ・リブレを一つのカップに入れてシェイクしたんだ」

ブリッジは佐山のイギリスでの世話役でもあった。

この頃、彼はロンドン南部でパブを経営していた。ウェスト・ダルウィッチ駅から徒歩一〇分ほど、閑静な住宅地の中にある一軒家で、一階がパブ、二階をトレーニング用の部屋としていた。その三階に佐山は住むことになった。

「サトルの思い出といえば、ベッドの中でチョコレートを食べていたことだ」

ブリッジはチキチキ、チキチキと言って首を振った。

「こんな風に包み紙を剝がして食べていたんだ」

佐山がイギリスに来ることは、クラブトゥリーから聞かされたという。

「その後、猪木とミスター新間から面倒を見てくれないかと頼まれたんだ」

ウェイン・ブリッジは七二年九月に初来日。以降、新日本との付き合いが続いていた。

「日本で猪木は本当に良くしてくれた。彼は世界で最高のプロモーターだった。日本では、四週間、あるいは六週間という契約だった。仕事が上手くいったときには、猪木はさらに一週間分をボーナスとして払ってくれた。仕事はいつも上手くいった。つまり、毎回ボーナスを猪木は払ってくれた。ぼくは世界中のリングに上がったが、そんなことをしてくれるプロモーターは日本の猪木だけだ。その猪木、そしてミスター新間からサトルを頼むと言われれば面倒を見るのは当然だろう」

「彼にはずっとここにいてほしいと考えているんだ」

デビュー戦の数日後、ブリッジはクラブトゥリーから佐山の件で話がしたいと呼び出された。

「話があるならば、うちのパブに来ればいいじゃないか」

ブリッジがそう返すと、大事な話なので事務所で話をしたいという。

クラブトゥリーは吝嗇《りんしょく》で知られており、レスラーたちとしばしば支払いで揉めていた。そのため、ブリッジは距離を置いていたのだ。

クラブトゥリーがプロモーターとして力を持っていたのは、人気レスラー、ビッグダディの兄弟だったからだ。

ビッグダディことシルレイ・クラブトゥリーは一九三〇年にイギリスのウエスト・ヨークシャーにあるハリファックスで生まれた。丸々とお腹を膨らませた愛嬌《あいきょう》のある風貌をしており、子どもたちから人気があった。

ただし、彼はレスラーとしては張り子の虎だった。

カール・ゴッチがイギリスに立ち寄った際、この国で最も人気のあるビッグダディの試合を見たいと言い出したことがあった。ブリッジは「見ないほうがいい」と止めたが、ゴッチは試合会場に姿を現した。

「控室にカール（・ゴッチ）が来たので、レスラーはみんな立ち上がって挨拶したんだ。でも、ビッグダディだけはすぐに立たなかった。太りすぎて、勢いをつけなくては椅子からお尻が抜けなかったんだ」

ブリッジは口の端を上げて笑った。すると、ビッグダディは言い訳するように、「これでもコンディションはいいんだ」と言った。

ゴッチはこう訊ねた。

「毎日、お前は何回食事をしているんだ？」

「だいたい六回だ」

「じゃあ、一日に何回トイレに行く？」

「一回かな」

それを聞いてゴッチは吐き捨てるように言った。

「お前はトイレと食事の回数を逆にした方がいい。トイレ六回、食事一回だ」

ゴッチはレスリングのできないレスラーに厳しい。その場にいたブリッジとピート・ロバーツは顔を見合わせて苦笑いするしかなかった。

ブリッジもクラブトゥリーがイギリスに着いたばかりの佐山を軽んじていたという記憶があった。

「彼はピートと一緒に別のレスラーが来ると思っていたんだ。アメリカ人のレスラーだ。しかし、こちらの報酬が安かったので、来なかった。その代わりにサトルがやって来た」

クラブトゥリーの事務所に着くなり、ブリッジは訊ねた。

「サトルに何か問題があるのか？」

クラブトゥリーは首を振った。

「問題はない。それどころか彼にはずっとここにいてほしいと考えているんだ。これを見てくれ」

床に段ボール箱が積み上がっていた。全てサミー・リー宛てのファンレターだった。

クラブトゥリーは付き合いのあるプロモーター、ビリー・デイルに頼んで佐山の就労ビザを取得した。ビリー・デイルはプロレスの他、ボクシングの大きな試合を手がけるプロモーターだった。スポーツベッティング（賭博）の「ウィリアムヒル」にも関わっており、政治家に顔が利いたのだ。

試合を重ねるごとに、サミー・リーの人気は高まり、あっという間にイギリスを席巻することになる――。

キャッチ・アズ・キャッチ・キャン

佐山は、本物のプロフェッショナル・レスラーだったと、ブリッジは評する。

「アマチュアレスラーというのは全ての試合で勝とうとするものだ。自分の満足のために試合をする。プロフェッショナル・レスラーは、自分だけでなく、プロモーターと観客を喜ばせることができる。佐山はその三者を満足させるレスラーだった」

佐山は時間があれば二階のトレーニングルームで練習をしていた。

「サトルがこちらに来て二週間ぐらい経った頃、荷物が届いた。配達員が運ぶのに苦労するぐらい大きなものだった。中を開けるとキックミットが入っていた。サトルが注文していたんだ」

ブリッジは佐山にキックミットを持たされたという。

「彼は思いきりミットを蹴った。すごい力だったよ。いきなり蹴ったものだから、ミットを腕で支えられず、ぼくの目に当たった。後から黒くアザができたほどだった。ぼくはミットを放り出して、サトルを追いかけ回したものだよ」

ブリッジと佐山、そしてゴッチの共通点は、古き良き英国レスリングの継承者であることだ。ゴッチはプロレスラーになった直後の五一年頃、イギリスのランカシャー地方、ウィガンにあったビリー・ライレージムでランカシャーレスリングを学んでいる。ランカシャーレスリングは、キャッチ・アズ・キャッチ・キャンとも呼ばれ、関節技を重視していた。

ゴッチとの初対面はひどいものだったと、ブリッジは思い出し笑いをした。

「ぼくが日本に行ったときだった。カールはこう言ったんだ。君がアマチュアのレスリングのバックグラウンドを持っていることは知っている。こちらでは、モア・レスリングでやってくれ、と。ぼくはトレーニングをしたいのでジムを見せてくれと頼んだ。そして（新日本の道場で）彼とスパーリングをしたんだ。自分もレスリングには自信があったからね。でもそれはビッグミステイクだった。すぐに腕を極められた」

こんな風だと、腕をねじって「あっ、あー」と素っ頓狂な声を出した。

「なんでこんなに簡単に極められるのか分からない。そしてもう一度向かっていった。やはり、あっ、あーとやられてしまう。それから彼はぼくに関節技を丁寧に教えてくれた。彼はまるでドクターのようだった。こうやると痛くない、こうすれば痛い、という風に人間の軀を知り尽くしていた。教えるのが大好きな人だった」

キャッチ・アズ・キャッチ・キャンに則《のっと》った新日本の練習は楽しい思い出だという。

「新日本の若手レスラーたちは真面目に関節技の練習をしていた。ぼくは日本に行ったとき、日本の若いレスラー、サブミッション（関節技）マンと練習をするのが好きだった。藤原（喜明）

のことはよく覚えている。最初、藤原はぼくに対してよそよそしかった。ぼくがカールと親しいことを知ると、愛想良くハロー、ハワユーと挨拶をしてきたものだ。木戸（修）もカールの教え子で、ぼくに良くしてくれた」

八〇年頃、ブリッジはゴッチと共にビリー・ライレージムを訪れたことがあるという。

「カールは三〇年ぶりだと言っていた。ものすごく汚いジムだった。シャワールームはバケツが上から吊るしてあって、ホースが繋いであるだけ。マットにはところどころ血の跡がついていた。五〇年間洗っていない感じだった。カールは鼻をぴくぴくと動かして、〝あのときと同じ匂いだ〟と」

この頃、ビリー・ライレージムは廃《すた》れていた。

「カールが初めてイギリスに来たとき、この国には関節技のできるまともなレスラーがたくさんいた。しかし、その後、イギリスのプロレスはひどい状況になった。レスリングのバックグラウンドも関節技の技術もないレスラーばかりになった。間違った方向に向かったんだ」

ここで彼の経歴に少し触れておく。

ウェイン・ブリッジ、本名ビリー・ウッドブリッジは一九三六年七月五日にロンドンのイズリントン地区で生まれた。三歳のときに父親を亡くし、早くから母親と妹のために働かなくてはならなかった。学校はさぼりがちで仲間と悪事に手を染めたこともあったという。

彼の住んでいた地域では貧しい人間が肩を寄せ合って生活していた。第二次世界大戦終了直後、暴力、犯罪という沼の上に渡した細い板の上を歩いていたような状態だった。

そんな彼を救い出したのは九歳のときに始めた水泳だった。競技会で勝利を重ね、六〇年に開催されたローマオリンピックのイギリス代表に選ばれた。

「一〇〇メートルの自由形、リレーの選手だった。自由形では四位、リレーは全然駄目だったがね。水泳を始めてからは、スポンサーがついてくれた。それで生活していたんだ」

水泳と並行して、彼はレスリングを始めている。

「水泳のトレーニングの一環としてウェイトトレーニングをしていた。そこで出会った人間に、お前はレスリングをやるべきだと、アッシュダウンというレスリングクラブを紹介されたんだ。後からその人はカールの友だちだったことを知った」

レスリングは水泳よりも彼に合っていた。そして、この世界ですぐに力を発揮した。

「フリースタイルの中量級だった。六四年の東京オリンピックに出られそうだったんだ。ただ、その頃、プロレスを始めていたので、そちらの方を選ぶことになった」

ちなみに東京オリンピックのフリースタイル重量級にはマサ斎藤こと斎藤昌典が出場している。

ブリッジがプロレスから強く誘われたのは、レスリングの強さに加えて、見栄えが良かったからだ。彼はボディビルでも数々の賞を獲得している。

その外見は映画の世界でも重宝されたという。

「アマチュアレスラーだった頃、俳優の友だちに〝そこに立ってくれ〟と言われた。ぼくと勝負するのかと思ったら、身長を見るためだった。彼とぼくはほぼ同じ背格好だったんだ。しばらくしてから、映画の撮影に呼ばれた。崖の上から水の中に飛び込んでボートまで泳いでくれというんだ。そんなに高い崖じゃなかったし、ぼくは言われた通りにやった」

俳優の代わりにアクションを行うスタントマンである。

「その数ヶ月後、今度は彼の大事な友人がスパイ映画に主演することになったという。そこでまたスタントマンを頼まれた。その主演俳優もぼくと同じような体格だというんだ」

その主演俳優はショーン・コネリーといった。シリーズの第一作となる『007／ドクター・ノオ』の撮影だった。

一九三〇年生まれのショーン・コネリーは一八八センチの長身で、ボディビルダーだった時期もあり、堂々たる体躯《たいく》をしていた。六一年、『007』の主演に抜擢され、五作品の出演契約を結んだ。一〇〇万ドルという低予算で製作されたこの『ドクター・ノオ』は、六〇〇〇万ドル近い興行収入を上げ、六二年の全世界の興行成績一位。ショーン・コネリーは世界的な映画俳優となった。

「ショーン・コネリーの代わりに水の中に飛び込んで泳いだよ。一本目は予算の関係でギャラが六〇〇〇ポンドだった。上手くいけば、その後も頼むという話になっていた。その約束は守られた。次の映画は一万二〇〇〇ポンドを払ってくれた。ショーン・コネリーは感じのいい男だった。だからプロレスラーになってもショーン・コネリーのスタントマンとしての仕事は続けていたんだ。映画の現場は楽しかったからね。ただ、彼はこう言っていたね。君はそのうちに忙しくなって映画界から離れるだろうって」

ショーン・コネリーの予言通り、彼はプロレスでも成功を収め、スタントマンの仕事に割く時間はなくなった。

「みんなサトルに夢中だった」

話を佐山に戻す――。

佐山がイギリスに来た八〇年頃、プロレス人気は下り坂だった。

民放テレビ局「ＩＴＶ」が『ワールド・オブ・スポート』という番組で中継していたが、ブリッジによると視聴率は低迷していたという。

「プロレスがブームだった頃、一二〇〇万人の視聴者がいると言われていた。サトルが来た頃は、多少落ちて八〇〇万程度だった。サトルによって新しい観客が集まった。彼の最初の試合がテレビで流れてから、どこのホールも満員となった。彼の三試合目ぐらいのときに、全盛期と同じ一二〇〇万人の視聴者数に戻ったはずだ」

イギリスのレスラーたちは佐山を温かく迎えた。

「当時のトップレスラーはマーク・ロコたちだった。サトルには相手の魅力を引き出す術があった。マーク・ロコたちがサトルと対戦すると、試合内容が明らかに良くなった」

一九五一年生まれのマーク・ロコは、国際プロレスのリングにも上がったことのあるレスラーだった。この後、マスクを被りブラック・タイガーとして再び日本に向かうことになる。

プロモーターは佐山の試合を多く組むことを望んだ。

「あの頃、イギリス各地に沢山のプロモーターがいた。どのプロモーターもサトルに出てほしかった。スコットランドを一緒に回ったこともある。みんなサトルに夢中だった」

試合は、ロイヤル・アルバート・ホールで行われることもあった。一九世紀末、ヴィクトリア女王の夫、アルバート公に捧げられた劇場だ。レンガとテラコッタの装飾が施された楕円《だえん》形の美しい造りでバレエやオペラ、音楽公演が行われていた。

佐山はこのロイヤル・アルバート・ホールで試合が行われるときには、敬意を表してスーツにネクタイで会場入りした。もちろんカール・ゴッチの教えだ。

休みの日には、ロンドン南西部のバーンハーストにあるウェイン・ブリッジの自宅で妻の手料理を食べた。

「イングリッシュ・ローストビーフにポテト、ヨークシャープディングという伝統的な料理だ。妻が〝お代わりはいりますか〟と訊ねると、サトルはいつも〝イエス、イエス〟と答えていたものだ。それでも足りずに、私が残したものまで食べたこともあった」

佐山は穏やかでゆったりとしたイギリス風の英語を流暢に話すようになっていた。

「サトルは一人で（繁華街の）ウエストエンドによく出かけていた。ソーホーの辺りだ。ソーホーには、いかがわしいナイトクラブが沢山あったからね。ぼくたちは、サトルのことをこう呼んでいたんだ。〝ソーホー・サミー〟とね」

ブリッジは悪戯っぽく、片目をつぶった。

この話を佐山にぶつけると、全く違いますと笑いながら首を振った。

「確かにソーホーには出かけてました。それは日本料理屋とか日本語の本屋があったからです。ナイトクラブには行ってないです。イギリスで何かあると、必ずゴッチさんの耳に入る。見張っているというか、全部情報が伝わるんです。筒抜けだから怖かったです」

すでにプロレスを体得していた佐山は自分がどのように動けば観客が喜ぶのか、理解していた。

「イギリスは（自分の対戦する階級には）上手い選手はいなかった。プロレスができるのはマーク・ロコぐらい。受け身ができないし、こっちが思っているのと反対側に動いたりする。（ブリッジしている相手に）こちらが体重を掛けると、我慢してくれればいいのに潰れちゃったりする」

リングの上は仕事に過ぎない。佐山が考えていたのは、格闘技のことだった。

「いつになったら自分は格闘技の選手になれるんだろうと。いつ呼ばれても準備はしておかなければならないと思っていました。だからビル（ウェイン・ブリッジの愛称）のところでサンドバッグを蹴ったり、サブミッションの練習はやっていましたね」

八一年四月、新間から佐山に電話が入った。しかし、その内容は佐山が待っていたものではなかった――。

第六章 タイガーマスク誕生

一九八一年四月、タイガーマスクとしてデビュー。四次元殺法で大ブームを巻き起こす

「タイガーマスクと言われて、何のことか分からなかった」

新間寿によると、タイガーマスクを作ってリングに立たせないかという話は、梶原一騎とテレビ朝日の双方から持ち掛けられたという。

『タイガーマスク』は、六八年から七一年にかけて講談社の少年漫画誌に連載されていた梶原原作の作品だ。連載開始から一年後の六九年、日本テレビ系列でテレビアニメ化されている。八〇年、続編の『タイガーマスク二世』の連載が始まっており、今度はテレビ朝日系列でテレビアニメ化が決まっていた。

新間は当時をこう振り返る。

「東スポ（東京スポーツ）の桜井（康雄）さんから梶原先生と会ってくれませんかという話があった。桜井さんは梶原先生の弟の真樹（日佐夫）先生と仲が良かったから。そのとき、テレビ朝日からも『タイガーマスク二世』をやるという電話がかかってきた。実際にタイガーマスクを作ることができるかと言うんだ。以前のアニメは見たことなかったけど、漫画は知っていた。こんないい話はない。行こうということになった」

新間は梶原と六本木の行きつけのすき焼き店で会うことにした。

「猪木さんも来て、〝（梶原）先生、うちに任せてください〟ということになった。梶原先生は二つの条件を出してきた。一つはタイガーマスクはロープを摑んで、コーナーポストの最上段に飛び乗れるレスラーじゃなきゃ駄目。もう一つは選手のコールは『タイガーマスク二世』でやってくれと」

最終的にリングネームから「二世」は外されたが、問題は誰にマスクを被らせてタイガーマスクにするか、だった。

「最初は（グラン）浜田を考えた。でもあいつはガニマタだからすぐにばれるなと。国籍不明である必要があったから、ジョージ高野もいいなと思った。ただ、ジョージは背が高すぎる。タイガーマスクというのはそれほど大きくない。それで佐山がいる、と」

そこで新間は猪木に進言することにした。

「（新日本プロレス事務所の）七階にある猪木さんの部屋で、〝新間、お前、誰をイメージしているんだ〟って訊いてきた。〝私はいますよ〟と。そうしたら猪木さんも〝ちょっと待て、俺もいるんだ〟と。メモ帳に二人で書いて、一、二、三で出そうということになった。そしたら、こちらも佐山、向こうも佐山。それで猪木さんは〝すぐに（ロンドンにいる佐山へ）電話を入れろ〟となった」

新間の話は少々できすぎの感もあるが、梶原から出された条件を満たす、身軽なレスラーとして二人が佐山の顔を思い浮かべたのは自然だったろう。

「（ロンドンの）ウェイン・ブリッジに電話を入れて、佐山にコレクトコールでこちらに電話をくれと伝言した。そうしたら電話がかかってきた。〝いい話があるから戻ってこい〟と言うと〝戻れません〟と言うんだ。佐山も頑《かたく》なでね、帰らないと言うんだ。それで〝佐山、実はお前はタイガーマスクになるんだ〟って。でも向こうはびっくりも何もしない。それがどうしたんですか、みたいな。タイガーマスクという劇画の主人公になると言うと、絶対に喜んでくれると思ったのに。私の方はスケジュールが一杯でどうしようもないと言い張るんだ」

佐山の言い分はこうだ。

「日本に帰りたいという気持ちはありました。それは日本で格闘技をやるつもりだったからです。最初、タイガーマスクと言われて、何のことか分からなかった。タイガーマスクの映画を撮るから帰ってこいと言うんです。ストロングスタイルの新日本プロレスがそんなことをやっちゃいけないだろうと。（格闘技のために呼び戻されるのではないということで）拍子抜けです。こちらも、サミー・リーで売れているので急にキャンセルして帰れないというのもありました」

しかし、新間は、もう話は進んでいるのだ、テレビ朝日と梶原に対して顔が立たないと食い下がった。

「ぼくの記憶では、一ヶ月間ぐらい、三日に一回の頻度で新間さんから電話がありました。それで最後か、その前ぐらいの電話のときにこう言われたんです。〝お前が断ると猪木の顔を潰すことになるぞ〟と。ぼくは猪木さんの付き人をやっていたから、それを言われると弱い。帰らざるをえなくなった」

佐山がスケジュールがいっぱいだと言ったのは事実だった。サミー・リーは各地のプロモーターから引っ張りだこになっていた。六月には新設される「ワールド・ヘビー・ミドル級タイトル」をかけて、ウェンブリーアリーナでマーク・ロコとの対戦が決まっていたのだ。

そこで佐山は新間に「一試合だけですよ」と念を押して日本に一時帰国することを受け入れた。試合は蔵前国技館で行われるシリーズ最終戦と決まった。佐山が成田空港に戻ったのは、試合の二日前、八一年四月二一日のことだった。

この前日、アニメ『タイガーマスク二世』の放映が始まっている。そして二三日の蔵前国技館大会で〝実物〟のタイガーマスクがリングに登場するという予告が流れていた。

新聞はともかく、テレビ朝日は新番組の宣伝になればいいという軽い気持ちだったかもしれない。それだけで終わらなかったのは、虎のマスクを被ったのが、佐山だったからだ――。

佐山は観客の冷めた視線を感じていた

新聞によると佐山の帰国には一騒動あったという。

ロンドンのヒースロー空港でパスポートの不備により出国できないと連絡が入った。そこで新日本プロレスと近い関係にあった元総理大臣の福田赳夫にかけ合って、日本大使館から手を回して翌日か翌々日の便で出国させた――というのだ。

しかし、これは新聞の勘違いではないかと、ウェイン・ブリッジは首を傾げる。

イギリス入国後に切り替えた就労ビザが引っかかるかもしれないと心配したブリッジは、ヒースロー空港まで見送りに行っている。そして、佐山が問題なく飛行機に乗ったことをはっきり覚えているという。

ともかく、ぎりぎりまで佐山が帰国を渋ったため、受け入れの準備が慌ただしくなったことは間違いない。

タイガーマスクの対戦相手はイギリス出身のダイナマイト・キッドだった。ダイナマイト・キッドを選んだのは猪木だったと新聞は振り返る。

「猪木さんがダイナマイト・キッド以外はいないと。何試合目に入れるかは坂口（征二）と相談してくれって。それで、坂口さんが泊まっていた旅館に〝タイガーマスクというのを作って入れるから〟と電話した。そうしたら坂口さんは喜んでくれて、メインイベントの前に入れるとか、そんな話になった」

ダイナマイト・キッドことトム・ビリントンは一九五八年一二月にイギリスのランカシャー地区のゴルボーンという街で生まれた。七五年にデビュー、七八年にウェルター級チャンピオンになっている。

その後、彼は七八年にイギリスを出て、カナダに本拠地を移した。七九年七月、国際プロレスから呼ばれて来日したこともあった。そして八〇年一月からは新日本プロレスと契約を結んでいた。佐山は彼と入れ替わるように八〇年秋にイギリスへ入っているため、現地での対戦はない。

そんな中、新間は大切な〝商売道具〟の手配を忘れていた。

「（部下の）大塚（直樹）に〝お前、覆面はどうなっている〟と訊いたら、〝何のことですか。本部長、何にも聞いてないですよ〟って。あいつに話すのを忘れていた。それで急いで作らせた」

大塚によると「四日間ほどしか時間がなかった」という。

この頃、日本にマスク製作の経験のある職人、工房は存在しなかった。そこで大塚は新日本プロレスにグッズを卸していた「ビバ企画」に頼むことにした。

「新間さんからは漫画と同じようなものを作ってくれと言われてました。それでサンプルを渡してデザインを頼んだ。しかし、時間もないし、難しい。白いマスクにポスターカラーかなんかで描いただけ。マントも同じようなものでした。佐山さんを京王プラザホテルから蔵前（国技館）

まで連れていって、マスク、マント、ブーツ一式を渡したんです」

タイガーマスクは正体不明のレスラーという設定だったため、他のレスラーとは控室を別にして小さな部屋を用意していた。新間は佐山と二人で狭い部屋で話をしたという。

以下、新間の証言から佐山とのやり取りを再現する。

「佐山、マスクを被ってみろ」

佐山は新間から渡されたマスクを被った。

「ちょっときついですね」

「前は見えるか。見えなきゃ大変だけど、どうだ」

佐山は掌で頭を抱えてマスクを動かした。

「ずらせば大丈夫じゃないですかね」

「そうか。佐山、格好いいぞ」

佐山に気持ち良く試合させようと新間は必死だった。

この日、新間は梶原を猪木の控室まで連れていっている。

「ぼくはできる限り、(レスラーの)控室には入らないようにしている。でも、梶原先生と一緒だから、猪木さんのところに連れていった。梶原先生が〝今日は楽しみにしている〟と言うと、猪木は〝先生、任せてください〟と。猪木は顔色一つ変えない。そのとき、おーやっぱり凄いなと思ったよ。猪木は佐山と肌を合わせてトレーニングしているから、力を知っている。佐山がタイガーマスクに名前負けするはずがない、佐山はその上を行くって、確信していたんだね」

藤原喜明は、蔵前国技館の廊下で佐山とすれ違っている。

「俺が歩いていたら、陰からすっと出てきて、俺のケツをポンポンと叩く奴がいるんだ。誰だって思って振り返ったら、変な覆面被っている。佐山だった。〝おめえ、何被っているんだ、馬鹿野郎〟って言うと、佐山が〝へっへっへっ〟って笑ってね。佐山が帰ってきていたのを俺は知らなかった」

蔵前国技館は満員だった。タイガーマスクのテーマ曲が流れ、その中を佐山は黄色に黒の縞《しま》が入ったマスク、同じく黄色と黒のマントをつけて、リングに向かった。拍手はほとんどなかった。何者なのだ、どんなプロレスを見せてくれるのだという観客の冷めた視線を佐山は感じていた。

佐山はこの試合をこう振り返る。

「渡されたのは布きれにマジックで描いたマスク。マントは、子どもが遊ぶシーツになんか描いたようなもの。それを見て新聞さんは〝素晴らしいじゃないか〟って言うんですよ。自分が作らせたから、そう言うしかなかったんでしょうね。それをつけて入ったら、お客さんが笑っていて、顰蹙《ひんしゅく》ですよ」

客の反応に気がついた新聞は、佐山にさっと近寄ると、「すぐにマントを取れ」と囁《ささや》いた。

マスクが顔に合っておらず、前が見えづらい。この一試合だけの我慢だと割り切るしかなかった。目の前には、水色のタイツを穿いたダイナマイト・キッドが立っていた。

ゴングが鳴り、佐山はイギリスでやっていたのと同じように、軽快にステップを踏み、蹴りを繰り出した。

このとき、藤原は通路から佐山の試合を覗き見していた。

「（入場時）お客の反応がひどくてな。可哀想にあんなものを被せられて、道化師じゃあるまいし。何やらせてんだ、もう、って思って。でも（試合は）最後まで見ていないんじゃないかな。俺も忙しかったからな」

タイガーマスクはダイナマイト・キッドを後ろから抱えて持ち上げると、背中を反らせてマットに叩きつける——ジャーマン・スープレックス・ホールドで勝利した。

サミー・リーにタイトルを獲らせるわけにはいかない

佐山はリングの上で観客の反応が悪いなと首を傾げていたという。

「ダイナマイト（・キッド）のスピードとパンチ力は凄かったですね。それにはびっくりしました。こっちも必死でやらないといけない。イギリスだったら、幾つか技を繰り出すと総立ちになっていた。それがないので、ああ、普通の試合だなと思っていました。試合が終わって、帰ろうとすると、控室に新聞記者がわっと来て、凄かったという話をされた。自分ではそんな（観客の心を摑んだという）感覚はなかったんですけどね」

観客は初めて見るタイガーマスクの鋭い動きに圧倒されていたのだ。

翌日の『東京スポーツ』はこう書いている。

〈子供たちにとどまらず、いま人気のプロレス劇画『タイガーマスク』——そのナゾのマスクマンが新日本のマットに登場というのだから子供たちの喜びはひとしお。（中略）この日登場のタイガーマスクは中肉中背、東洋人らしいというだけで正体は不明。でも「コンニチワ！」というあいさつの言葉を聞いた限りでは日本語もかなり話せそう。五月七日に経歴その他詳しいことを記者会見で発表するというから、それまで正体はオアヅケ〉（四月二五日付）

どの時点で新間、あるいは猪木が決断したのかははっきりしない。その才能を目の当たりにした新日本プロレスは佐山にタイガーマスクを続けさせることを決めた。

佐山はイギリスに戻って三試合をこなした後、日本に帰国。五月七日に京王プラザホテルでの記者会見に臨んだ。

〈七日夜、第4回MSGシリーズ前夜祭に先立ち、タイガーマスクの記者会見が行われた。劇画の原作者・梶原一騎氏も出席「私が劇画で描いてきたタイガーのイメージにより近いレスラーだ。キックの要素もあるし、空手の心得もあるようだ。それにメキシコ流のアクロバチックなレスリングもできるという多彩さで、私としては満足している」と絶賛。

新間営業本部長も「彼の正体については現在、話すことはできないが、近いうちにその正体をあかす時がくると思う。タイガーは十日まで日本にいて、その後メキシコへ遠征、そしてヨーロッパを回り六月二十日に帰国、新日プロのスペシャルエベントに出場させる」と語っており、期待は十分〉（原文ママ　五月九日付『東京スポーツ』）

この記者会見の目玉は、全日本プロレスに参戦していたアブドーラ・ザ・ブッチャーが、新日本プロレスが新設するリーグ戦『IWGP』へ参戦表明したことだった。新日本は全日本から人気レスラーであるブッチャーを引き抜いたのだ。

新間が「ヨーロッパを回り六月二〇日に帰国」と発言したのは、再び佐山をイギリスに戻すという約束をしていたからだろう。

佐山はタイガーマスクとして、五月八日から一三日まで五試合、リングに立っている。試合を重ねるごとにタイガーマスクに対する注目度は上がっていた。

そして五月一七日からメキシコに渡って五試合を行っている。メキシコでもタイガーマスクは大人気となった。このメキシコ行きは新間によると、UWAのプロモーター、フランシスコ・フローレスからの要請だったという。帰国後の六月四日、蔵前国技館で藤波辰巳と組んで、マイク・マスターズ、クリス・アダムス組と対戦。新日本プロレスはこの大会後、しばらく休みに入っている。日程的にはウェンブリーアリーナで行われる「ワールド・ヘビー・ミドル級タイトル」に出場することは可能だった。しかし、新間は佐山をイギリスに送らなかった。

サミー・リーがリングに上がればベルトを巻くことになる。そうなれば、佐山はイギリスを定期的に訪れなければならない。佐山を日本に留め置くために、タイトルを獲らせるわけにはいかないと考えたのだ。

困ったのはクラブトゥリーである。

ウェイン・ブリッジは、プロレスらしい手法で佐山の不在を乗り切ったのだと教えてくれた。

「サトルが（日本で）マスクマンをやっていると聞いて、大変だと思った。マスクマンは表情が見えないから、ベビーフェイスをやるのは難しいんだ。サトルはそれをやりきったのだから大しめにウェンブリーアリーナでの大会はずいぶん前から準備されていた。観客動員のため、マックス（・クラブトゥリー）はサトルの人気を当てにしていた。しかし、帰ってこなかった。猪木と新間が手放さなかったんだ。その日、ぼくも試合をしているのでウェンブリーアリーナにいた。そこで最初は〝サミー・リーの乗った飛行機が遅れている〟とアナウンスした。最後まで間に合うかもしれないと期待を持たせたんだ」

　その後、サミー・リーは家族の都合により大会を欠場したと発表されている。

　佐山がイギリスに向かったのは、六月末のことだった。

「サトルがイギリスに帰ってくることが分かったマックスは毎日試合を組んだ。本当に毎日だった。サミー・リーは凄い人気だったからね」

　ブリッジの言葉通り、佐山は約一ヶ月間、ほぼ毎日リングに上がり続けた。

　ブリッジによると、佐山に執着したマックス・クラブトゥリーは、新日本プロレスにかけ合い、「一年後にイギリスに戻す」という約束を取り付けたという。しかし、それは守られなかった。

「サトルは帰国するとき、そっと言ったんだ。〝ぼくはたぶんここには戻ってこない〟。彼は分かっていたんだ」

　そう言うとブリッジは少し寂しそうな顔をした。

　七月末、日本へ戻った佐山は再び、虎のマスクを被った。佐山はタイガーマスクというジェットコースターに無理矢理乗せられたようなものだった。彼の人生はこれまでと違った速度で動き出すことになったのだ。

「タイガーマスクは猪木さんのためにやっていた」

意外なことに当時の『東京スポーツ』をめくると、デビュー以降、タイガーマスクの扱いはそれほど大きくない。新聞だけではない。佐山がイギリスから再帰国した直後、七月三一日の大阪府臨海スポーツセンターの試合はテレビ中継されていない。

新日本プロレスには、猪木や坂口、藤波の他、アンドレ・ザ・ジャイアント、スタン・ハンセンといったスターレスラーが揃っていた。日本のプロレスは力道山以降、ヘビー級中心であり、タイガーマスクのジュニアヘビー級は格落ちとされていた。また、旧来のプロレスファンたちは、タイガーマスクの派手な技を、腕組みして見ていたということもあったろう。

ただ、先入観のない子どもたちは正直だった。漫画の中から飛び出たような動きを見せる、タイガーマスクに声援を送った。タイガーマスクの出現はプロレスのファン層を変えたのだ。

八月一九日付の東京スポーツには〈新日、テレビ朝日に〝第2プロレス中継〟申し入れ〉という記事がある。

〈新日プロでは従来の金曜ゴールデンタイム（八時〜八時五五分）の猪木中心のプロレス放送に加え、もっか人気絶頂のタイガーマスク、藤波を中心とする〝ジュニアヘビー級以下〟のスピードプロレスをファンに見てもらうため、新日プロの試合を独占放送しているテレビ朝日に対し、毎週土曜日の五時三〇分から一時間の放送ワクで実況中継を申し入れている〉

土曜日のこの時間は日本テレビでジャイアント馬場の全日本プロレスが放送されていた。そこにぶつけることを新間は考えたのだ。この案は実現しなかったが、新間たちはタイガーマスクの人気が従来の枠から飛び出していることを認識していたのだろう。

子どもの頃からプロレスラーに憧れていた佐山は、タイガーマスクとして人気を集め、その夢を叶えたともいえる。しかし、佐山自身は冷ややかにこの熱狂を眺めていたという。

「楽しいとか嬉しいというのはなかったですね。仕事ですから。スターという意味では、イギリスでサミー・リーのときでも人気はあったし、メキシコでもそれなりに評価されていた。しかもマスクをしていますから、誰か分からないじゃないですか。だから、本当に何とも思っていなかった」

このタイガーマスクのレスリングスタイルは、新日本での前座時代、メキシコ、そしてイギリスという時代を経て完成したと佐山は自己分析する。

新日本で前座レスラーは、後に続く試合のもり立て役である。派手な技を使ってはならないという不文律の中、佐山は工夫を凝らしていた。タイガーマスクがやるように、相手の足の間に挟まれた自分の頭を、額のあたりを支点として両足を振り子のように左右に振って抜く動き、あるいは、ローリングソバットの原型も試している。

「新日本はストロングスタイルでなければならない。変な動きは絶対にしちゃいけないので、その中でやれることは限られている」

ストロングスタイルという言葉は英語には存在しない。新日本プロレス、そしてアントニオ猪木らが使っていた造語である。

ストロングスタイルとは何か、と佐山に問うと、親指と人さし指を立てた。これはプロレスではシュート——真剣勝負を意味する。

「これがないとストロングスタイルができない。ドッタンバッタンするしかない」

つまり、関節技を含めた格闘技の強さに裏打ちされたプロレスをストロングスタイルであると定義していた。そんな佐山にとって、メキシコは新日本とは違った意味で窮屈だったという。

「メキシコのプロレスは学芸会のようでした。くるくる回って、相手が手助けしながら投げるなんてありえないというのがあった」

そう言うと佐山は立ち上がり、拳を軽く固めて、顎の辺りに置いた。

「これがガチンコの構えです。この構えすらも許してくれないのがメキシコだった」

とはいえ、相手の頭を両足で挟み、マットについた自分の頭を軸に軀を回転し相手を投げるヘッドシザーズ、あるいはコーナーポストから飛び上がり頭突きするフライングヘッドバッドはメキシコのレスラー、ミル・マスカラスの模倣だった。佐山はこれらの技を中学生時代から習得していた。メキシコでルチャ・リブレのレスラーと対戦することで、新たな着想も得たことだろう。

佐山はこうした技を山ほど抱えて、メキシコから大西洋を渡ってイギリスに向かった。イギリスには新日本やルチャ・リブレであった縛りはなく、自在に技を試すことができた。

イギリスには関節技を重視する伝統的なプロレスの流れを汲む、佐山の言葉を借りるならばストロングスタイルに近い頑丈なレスラーがいた。そこで佐山は観客の心を摑みながら、技を磨く経験を積んだ。魔法使いのように次々と技を繰り出す準備はできていたのだ。

ただ、佐山にとってプロレスはあくまで仕事だった。自分が重きを置いているのはプロレスではなく、新しい格闘技である。しかし、しばらくはこの虎のマスクを被り続けなければならないと観念していた。

日本に帰国後、新日本プロレスの経営が厳しいことを知ったからだ。

「ぼくは調子がいいままだと思っていたんです。しかし、そうではなかった」

そう言うと、佐山は飛行機が着陸するように、掌をゆっくりと下に動かした。

「最初から、タイガーマスクは猪木さんのためにやっていた。やっぱり弟子でしたし（猪木とは）気が合っていましたからね。自分の中ではタイガーマスクとして騒がれて嬉しいとかそういうのは全くなくて、新日本プロレスのために一生懸命やっているという感じでした」

タイガーマスクは新日本の経営が落ち着くまで——その後は格闘技の選手になるつもりだった。

「山崎、お前、ついちゃれ」

タイガーマスク——佐山の付き人となったのは山崎一夫だった。

山崎は一九六二年に東京の麻布十番で生まれている。

「それを言うといいところに住んでいたんだね、とみなさんに言われる。でも当時の麻布十番はチンチン電車が走っているぐらいで何もなかった。唯一、これっていうのは東京タワーが近くに見えるぐらい。そこで三輪車漕いでました」

ている。

父親は鉄パイプ加工企業に勤めていた会社員だった。五歳のとき、世田谷区九品仏《くほんぶつ》に引っ越している。

「中学生のとき友だちに〝将来はプロレスラーになりたい〟と言ったんです。すると、〝あそこに道場あるから行ってみる?〟という話になった。それが新日本の道場でした」

九品仏から多摩川沿いの野毛にある新日本の道場は気軽に行ける距離だった。それが山崎の人生を変えることになった。

「寮長が小林邦昭さんだったのかな。ぼくたちが行ったとき、たまたま練習が終わって暇だったのか、〝ちょっと来てみろ〟って中に入れてくれた。それでベンチプレスを持ち上げてみろと。でもやったことないじゃないですか。ぼくはバレーボールをやっていて、ひょろひょろだった。(腕を)プルプルさせながら五〇キロを三回ぐらい持ち上げるのがやっとだったんです。小林さんに〝そんなんじゃ駄目だ〟って言われて、次の日から軀を鍛え始めたんです」

山崎は休憩時間になると、非常階段に出て三段目に足をのせて腕立て伏せをしたという。

「そんなことばっかりしていたから成績悪かった、と言い訳しているんですけれどね。高校で柔道部に入ったんですが、『1・2の三四郎』ってあるじゃないですか、あんな感じです。部員は三人しかいない。練習ではプロレスごっこしていました。体育のマットを出して、ジャーマン(スープレックス)とかやってました。それでも初段から二段の昇段試験に受かった。でも(講道館には)申請していなくて(正式には)初段のままです。別にいいやって感じでしたね」

『1・2の三四郎』とは七八年から八三年まで『週刊少年マガジン』で連載されていた、小林まことの漫画である。主人公はラグビー部から、部員の少ない柔道部に移り、やがてプロレスラーとなる。プロレスラーに憧れる山崎は主人公に自分の姿を重ねていたのだ。また、トレーニングの参考にしたのは、梶原一騎原作の『プロレススーパースター列伝』だった。

「あれを読んで、スクワットは一〇〇〇回できないといけないんだと思って、練習していました。あとはベンチプレスですね。柔道部にはベンチプレスの三〇キロのセットしかなかった。どんどん買い足していって、卒業する頃にはベンチは一三〇キロほど上げられるように、スクワットは一〇〇〇回できるようになった。それで卒業する前の一月か二月に南青山にあった新日本の事務所に履歴書を持っていったら、（山本）小鉄さんがいた。道場で入門テストをやるから行きなさいと」

高校時代、山崎はその運動能力を買われて陸上部から声が掛かったこともあった。加えて練習の成果もあったろう、入門テストにはあっさり合格した。

「〝卒業したら寮に入りなさい〟と言われて、普通に就職するように合宿所に行きました。合宿所に入るときには布団を持っていかなければならなかったので、姉貴の車に布団を乗っけてもらいました」

八一年三月、山崎は新日本プロレスに入門した。しかし――。

「一週間で、これはもうついていけないって。自分の住める世界ではないと思いました」

まず目を丸くしたのは、トイレに置いてあった掃除用のブラシに〈これで歯を磨いてはいけません〉と書かれていたことだ。合宿所には、少しタガの外れた男たちが集まっていた。

もちろん、日々の練習も厳しい。

「自宅が近いので同級生やら知り合いも近くにいる。すぐに夜逃げをしたら格好悪いじゃないですか。逃げてその辺で見つかったら恥ずかしいなって思いがあった。地元過ぎて逃げられなかっただけなんです」

最初の仕事は「薬箱係」だった。当時はメディカルトレーナーはおらず、リングドクターも全試合に帯同していなかった。そこで試合には新弟子が合宿所にある救急箱を持っていくのだ。

時折、この救急箱を点検するレスラーもいた。

「綿棒入っていないやないか、綿棒買っておけ」

坂口征二が不機嫌そうな顔をして野太く低い声を吐き出した。

(坂口さん、細かいな)

山崎は苦笑しながら薬局に走った。

「ぼくが入ったとき、猪木さんに髙田（延彦）さん、坂口さんに新倉（史裕）さん、藤波さんに小杉（俊二）さんが付いていた。ぼくはその付き人、三人の補佐みたいな感じ。いわば付き人の練習です」

タイガーマスクが蔵前国技館でデビューしたのは、入門直後の四月のことだった。会場の端にいた山崎はタイガーマスクの動きに目を見張っていたという。

「こんな動きができる人がいるんだって思いましたね。タイガーマスクの正体が佐山さんだとは知りませんでした。上の人は当然知っていたでしょうけど、若手にはあまり知らされていなかったような気がします」

そして、坂口から「山崎、お前、ついちゃれ」と指示され、佐山の付き人になったのだ。

佐山は山崎の五つ年上に当たる。年が近いこともあり、二人の関係は堅苦しいものではなかった。

試合直後のシャワールームでは、付き人は予め石鹸《せっけん》を泡立ててタオルにつけて待っていなければならない。先輩レスラーが何も言わず背中を向けると、そのタオルで背中を流すのだ。

「佐山さんは〝いいよ、いいよ〟って。佐山さんが（シャワールームの中から）手を出すと、当時出始めたばかりのリンスインシャンプーをピューッとする。あとは全部自分でやってくれる。ぼくはバスタオルを持って待っているだけでした。気を遣ってくれたんだと思います」

マスクの洗濯も付き人の仕事である。

「手洗い？　いや、結構丈夫なんで、他の洗濯物と一緒に洗濯機に突っ込んでました。自分の部屋で干すんですけれど、なかなか乾ききらない。ぼくは新弟子だったんで、移動のバスでは一番後ろの方の席でした。そこに干しておいて」

ときどき、悪戯で自分でも被ってましたよ、と山崎は笑った。

「マスクの他、マントと荷物が多かった。マントは二枚ぐらい持っていたかな。ただ畳むのは簡単でした。猪木さんや坂口さんはガウンを着てました。ちゃんと畳まないと怒られるんですよ。その点、マントを畳むのは楽でしたし、ぼくは恵まれた付き人だったんですよ」

タイガーマスクへの挑戦者が現れた

年が明けた八二年、『週刊少年サンデー』に連載されていた『プロレススーパースター列伝』

にタイガーマスクが登場している。

『プロレススーパースター列伝』は現実のレスラーや裏方たちが実名で登場する劇画である。ただし内容は原作者の梶原が大幅に脚色している。

タイガーマスク編の第二話では、その〝正体〟に触れている。〝新間寿〟が新聞記者たちに囲まれ、タイガーマスク誕生の経緯を話し出すという筋書きだった。

〝梶原〟は〝新間〟にこう宣言する。

〈(自分は)『タイガーマスク二世』というテレビアニメの原作を書く、タイガーマスクのようなレスラーが登場すれば全日本プロレスのミル・マスカラスに対抗できる〉

そこで〝新間〟は〈あるレスラーのことが、わたしの頭にひらめき、さっそく猪木社長に相談しました!〉と明かす。

〈あるレスラーとは、ズバリ、新日本プロの若手レスラーで長年メキシコ遠征にでていた男……〉

記者たちは、〝佐山サトル〟を思い浮かべた。すると漫画の中で〝猪木〟はこう応じている。

〈さあ、それはどうかな? 一部のマスコミはそう推理しているようだが……〉

〝新間〟もこう含み笑いする。

〈ウフフ……そう単純か、どうか?〉

その後、メキシコ、イギリスを連戦した佐山の経歴を元に、梶原は彼独特の壮大な、そして奇《き》天烈《てれつ》な創作を展開した。このタイガーマスク編は二七週続いた。これは『プロレススーパースター列伝』の中で最長である。それだけタイガーマスクの需要があったのだ。

『プロレススーパースター列伝』の中で〝タイガーマスク〟は数々の格闘技の猛者であると紹介されている。それは思わぬ波紋を引き起こすことになった。

前田日明は自著『パワー・オブ・ドリーム』の中でこう書いている。

〈タイガーマスクを素人挑戦者と闘わせようという企画が（※筆者註・『タイガーマスク二世』を連載していた）少年マガジンで持ち上がった。誌上でチャレンジャーを公募し、書類選考の上、予選に挑む一〇人が選ばれた。それが彼らだ。

新日プロは、タイガーにアニメのヒーローらしい武勇伝を作らせるには最適の企画と考えたのだろう。どうせ応募してくるのはプロレスファンに毛が生えたような連中ばかりだろうから、佐山さんの実力なら心配なし、と踏んだに違いない。

ところがそんなシャレが通用しないのが格闘技ファンというやつだ。蓋を開けてみると、関係者の思惑をはずれて、予想以上に手強そうな連中が応募してきた。

とりわけ、要注意なのは身長百九十センチ、九十五キロの空手マンの二人だ。いずれもレスラーと遜色ない体格を持っている上に、格闘技の有段者。ヘタをすれば佐山さんにアクシデントが生じかねない〉

そこで急遽、予選が行われることになった。新日本の若手レスラーと闘い、互角以上の勝負をしなければ佐山と対戦できないという条件にしたのだ。この本によると、多くのレスラーが尻込みしてしまったため、山本小鉄、藤原喜明、そして前田の三人が相手をすることになった。

最初の挑戦者を山本、その後、三人を前田が片付けた。

〈藤原さんは続く二人をブン殴って血の海に沈めたあと、三人目にアームロックを完全にきめた。もう逃れようのない状態だったが、相手はギブアップしようとしない。

「早くギブアップしろ！　腕が折れるぞ！」

山本さんがマットを叩いて叫んだ。それでも挑戦者は必死の形相で我慢している。藤原さんが、しょうがねえなという感じで、腕に最後のひと押しを加えた。

ボキッ。

「ギャーッ！」

絶叫とともに、無残にも挑戦者の腕が折れた〉

藤原が骨を折ったのを見て、前田たちが警戒していた二人の大柄な格闘家は挑戦を辞退したという。強そうな二人を最後に回し、それまでの挑戦者を徹底的に痛めつけて、戦意を喪失させるという藤原の作戦だったと書かれている。

新日本はイギリスのプロモーター、マックス・クラブトゥリーとは一年後に佐山を戻すという約束を交わしていた。しかし、佐山は新日本に欠くことのできないレスラーになっていた。そこで、代わりに前田がイギリスに送られた。

前田は出発前、佐山から英語を教わった記憶がある。

「英語も分からんのにイギリス行くって言われて、どうしようかなと思っていたとき、佐山さんが教えてくれたんだよね。基本的な単語とか、喋り方。それで向こうにはウェイン・ブリッジという人がいて面倒見てくれるからって」

八二年三月、前田はロンドンに向けて出発した。そして前田はサミー・リーの弟、「クイック・キック・リー」としてリングに上がることになった。

その後もタイガーマスクの人気は高まるばかりだった。タイガーマスクは新日本プロレスの「金のなる木」となっていた。当然、そこには様々な人間の欲、どす黒い思惑が渦巻くことになる。

〝猪木監禁事件〟

新日本プロレスにはアントニオ猪木を頂点とする歴然たる序列が存在した。それまでのプロレス支持者とは少々違った層から圧倒的な人気を集めたタイガーマスクは、その序列を飛び越えるようになった。

八二年五月、タイガーマスクはNWAジュニアとWWFジュニアの二冠を獲得。七月二三日の金沢市産業展示館でのダイナマイト・キッド戦は、猪木の欠場もあり、シングルマッチとして初めてメインイベントに起用されている。

また、シリーズの途中の八月三〇日に、ニューヨークのマジソン・スクエア・ガーデンでダイナマイト・キッドとの試合が組まれ、一試合だけのために日本とアメリカを往復している。マジソン・スクエア・ガーデンはマンハッタンにある約二万人収容のスポーツアリーナである。ボクシングのタイトルマッチの他、ニューヨークを取り仕切るＷＷＦが本拠地として使用していた。アメリカンプロレスの殿堂だった。

猪木と同等、いや彼を凌ぐレスラーとなっていたタイガーマスクを巡って、様々な意向が飛び交うようになっていた。

梶原一騎の著書『反逆世代への遺言』から引用する。

〈当時、新日本プロレスのマットには、私の劇画から飛び出したタイガーマスクが大活躍中であり、彼は士道館空手の二段も所有していた。

（※筆者註、一九八二年）九月二十一日、新日本プロレスは大阪府立体育会館で興行があり、タイガーマスクはスケジュールが同じだということで、道場開きのセレモニーに出席してくれた。人気者の彼が顔を出してくれたお陰で、当日は大盛況であった。

セレモニーの後、タイガーマスクは新日プロの猪木達と合流し、私は士道館の関係者達と、宿舎であった大阪ロイヤルホテルに帰って行った。同じホテルには、試合を終えた猪木も部屋を取っていた。

ホテルの部屋に落ち着いて、私は士道館の空手家連中と世間話に花を咲かせていた。

「会長、名古屋に寛水流という空手団体があるのを知ってますでしょう」と添野が聞いてきた。

「名前は知っているよ。例の猪木、ウィリーで、猪木のセコンドに付いた連中だろ」

事実、その程度の認識しかない団体であった。

「寛水流が世界最強の空手団体であると豪語するものだから、それほど強いのならば一度戦ってみたいと思い、挑戦の電話を掛けてみたのですけれど、言を左右にして逃げていましてね」

その団体には猪木の名前がついているのだし、彼の参謀、新間寿も役員になっていると言うのだった。そんな話を新聞から聞いた気もした。

「まあ、寛水流なんてどうでもいいが、猪木が帰ってきたらこの部屋へ案内してこい。タイガーを借りた礼を言わにゃ」

私は気軽に添野に命じた。が、私は気軽でも猪木のほうは梶原一騎に〝借りだらけ〟の心理状態だった。私になついていた、アブドーラ・ザ・ブッチャーを全日本プロレスから引き抜いて下されば、一〇〇〇万円お礼に差し上げますと、約束して一〇〇万円しか払っていない。タイガーマスクの版権料の分配も滞りがちだ〉

この背景には士道館と寛水流のつばぜり合いがある。

士道館は極真会館出身の添野義二が七八年に興した空手の流派である。梶原が原作を手がけた劇画『空手バカ一代』の中で添野は〝極真の猛虎〟としてその強さが描かれている。

一方、八二年八月、安藤組の組長だった安藤昇が『東海の殺人拳』という作品を上梓《じょうし》していた。これは水谷征夫という空手家を主人公にした小説だった。

『東海の殺人拳』には寛水流設立の経緯がこう書かれている。

八〇年、水谷はアントニオ猪木こと猪木寛至に挑戦状を送った。猪木は対戦を受け入れたが、新日本の営業本部長だった新間寿が反対した。「どちらが勝つか分からないが、お互いが必ず傷つき命を落とすことになる。どうか私に免じて、この約束はなかったことにしてもらいたい」と水谷を説得。互いを認めた猪木と水谷は〝兄弟分の盃《さかずき》〟を交わし、それぞれの名前から一字ずつとって、水谷の流派は「寛水流」と名乗るようになった——。

この本の帯には〈『殺人拳』の異名をとる寛水流空手の創始者水谷征夫（本書の主人公）は、空手はもちろん古武道の世界では最強の男だ〉というアントニオ猪木の推薦文がつけられていた。

この「最強」という言葉が添野の気に障ったのだ。

『反逆世代への遺言』によると、梶原と添野は猪木と新間を呼び出した。そこに同席した士道館大阪支部の責任者だった唐田という男が、猪木と新間に絡んだという。

〈険悪なムードが高まった時のことだ。興奮した唐田が、

「よし、それならばピストルでブッ殺してやる！」

即座に部屋の受話器を取り上げた彼は、どこかに電話をかけだした。

「おい、ピストル一丁持って来てくれ」

もちろんその電話でピストルなど持って来る者は誰もいなかった。そんな電話一本で、はいそうですかとピストルが届くほど、日本の治安は悪くないはずである。

嫌な空気が部屋の中を満たした。猪木も青い顔で鳥肌を立てている。このあたりが潮時だと感じた私は、

「もういいだろう。みんな言いたいことは言ったんだし、アントン、君はもう部屋に帰れよ」

ホッと救われた顔をしながら、猪木は部屋を出て行った。こんな喧嘩じみた険悪な雰囲気を少し取りまとめようと新間は部屋に残っていた。その新間の苦労を汲んで、私はしいて平静にタイ

ガーマスクの今後の売り方などに話題を切り替えた〉

このやり取りで分かるのは、恩義があり、暴力をちらつかせる梶原に対してさえ、版権使用料の支払いが滞っていたことだ。梶原はこの一件以降、〈よく引き延ばされていたタイガーマスクの利益配分金が約束の期日に支払われるようになった〉と書いている。

佐山自身は、梶原とは至って穏やかな関係だったと振り返る。

「梶原先生って、すごく優しいんですよ。ご自宅や事務所に行くと、〝タイガー、よく来てくれたなぁ〟って、お小遣いをくれた。三万円ぐらいだったと思います。ご飯を食べに行ったりしたこともありますよ。全部で五回ぐらいお会いしたのかなぁ」

梶原は酒乱の癖があり、酒席で暴れることもしばしばだった。だが、そうした姿を佐山は見たことがないと首を振った。

〝虎ハンター〟現る

本来ならば、新日本プロレスの経営は順調なはずだった。

猪木、藤波辰巳に加えて、タイガーマスクという人気レスラーを抱えており、会場は客で埋め尽くされ、テレビ中継は高視聴率を叩き出していた。

〝監禁事件〟の翌月、その熱狂をさらに煽るレスラーが〝誕生〟している。

長州力である――。

長州力こと吉田光雄は一九五一年に山口県徳山市（現・周南市）で生まれた。桜ケ丘高校入学と同時にレスリングを始めた。高校三年生のときに、長崎国体七五キロ以上級で優勝。専修大学に進んだ後は、日本選手権のフリースタイル九〇キロ級で上位入賞。七二年ミュンヘンオリンピックには韓国代表として出場している。そして大学四年生の一二月に新日本プロレス入りを発表。オリンピックレスラーとして、鳴り物入りでのプロレス入りだった。

しかし――。

彼はプロレスの世界になかなか馴染むことができなかった。

いいプロレスラーとは、リングの中で客の気持ちを感じ、弄《もてあそ》ぶことができるものだ。長州は優れたアスリートであったが、無骨で真っ直ぐすぎるきらいがあった。また、新日本の道場では〝プロレス〟というものを噛み砕き、教えることはなかった。長州は長らく自らの強さを持て余し、燻っていた。

八二年四月から長州はメキシコ遠征に出て、一〇月に帰国している。彼にとっては二度目の国外遠征だった。これで一皮むけなければ、先はないだろう。長州はそう覚悟していた。そんな長州を猪木がけしかけたという。

そして一〇月八日、長州は後楽園ホールで、藤波に対して〝仲間割れ〟を起こす。いわゆる〝噛ませ犬事件〟である。

この一件で、冴えない中堅レスラー、長州は生まれ変わることになった。

藤波との対戦は、猪木、タイガーマスクと並ぶ、新日本の花形カードとなった。

長州は佐山についてこう語る。

「前座時代（の佐山の試合）は見てない。佐山の印象は可愛い少年だったこと。会長（猪木）の言うことはなんでも素直（に受け入れて）で、身の回りのことをやっていました。会長とは手が合ってましたよね。二人は似ている面がある。二人とも色んなものを作るけど、なんか壊しちゃう。タイガーマスクのとき、ワイヤーで吊るされたように（飛び上がって）トップロープに上がる。あれはできないですよ。できたから彼に（タイガーマスクが）当たったんでしょう」

ぼくだったら、一段、一段上がってましたよとゆっくりロープを引っ張る仕草をした。そして、泥臭いタイガーマスクになったでしょうね、と笑った。

「タイガーマスクというのは佐山でなければ成り立たなかった。タイガーマスクを作ったのは彼。でも、自分の感覚の中では、佐山は本当にこれがやりたかったのかなと感じていた部分はありましたね」

長州が飛躍するきっかけとなった〝噛ませ犬事件〟を会場で見ていた小林邦昭は、頭を強く殴られたような衝撃を受けていたという。

小林は長州と同じ飛行機でメキシコから帰国、この後楽園ホール大会では木戸修と組みシルバー・ハリケーン、ジョニー・ロンドスと対戦している。試合は一三分八秒、小林がハリケーンをフィッシャーマンズ・スープレックスで仕留め、勝ちを収めている。

「あの日、休憩の後だったかな、佐山の試合があった。佐山とはメキシコで別れてから一度も会っていない。タイガーマスクでスターになっているというのは聞いていました。実際に見ると、これはやっぱりすげーなと。メキシコ時代にも同じようなことはやっていた。それが倍の速さになったというか、瞬発力が凄くなっていた。これは違いすぎるわと思った」

タイガーマスクはマーティ・ジョーンズと対戦、一二分九秒、エビ固めで勝利している。

そしてメインイベントが長州の試合だった。

小林はこう振り返る。

「ああ、これで長州選手は行くなと。一発で光っちゃった。向こうで修行して、一緒に帰ってきて、ポーンと行った。自分は置いていかれると思った。もう危機感ですよ」

その夜、会場から引き揚げた小林は、タイガーマスク、そして長州の残像が頭にちらつき眠れなかったという。

「これはなんとかしなきゃいけないとそのとき思った。一発、何かやらないと今の殻を破れない」

そこで頭に浮かんだのが佐山の顔だった。

「殻を破るには、誰かに絡むのが一番いい。絡むのならば大ブレイクしている人間。佐山は猪木さんを超えるぐらいの勢いがあった。これは佐山に絡むしかないと」

小林はタイガーマスクの持つＮＷＡジュニア王座に挑戦することになっていた。

まずは対戦四日前の二二日の広島県立体育館大会で伏線を敷いた。レス・ソントンと対戦するタイガーマスクが、いつものように観客にもみくちゃにされながら姿を現し、コーナーポストに飛び上がった。その瞬間、小林はマントを引っ張って、タイガーマスクを引きずり下ろしたのだ。

タイトル戦前日の東京スポーツにはこんな記事が掲載されている。

〈「俺はタイガー・マスクの正体を知っているんだぜ。奴はマスクをつけてからファイト内容が変わった。が素顔を知っている俺の前では虎じゃなく猫同然だ」

小林が爆弾を落とした。日本人であることを公表しただけで、依然、ナゾに包まれたままのタイガーマスクの素顔を間接的にバク露した小林は、いったい何を言おうとしているのか？

「俺の前では必ず萎縮するはずだ。格好いいことはいわん。俺は当然、奴のヒザを狙うさ。そして満天下に奴の素顔をさらけ出させてやる」〉（一〇月二七日付）

「奴のヒザを狙う」とは一〇月八日のマーティ・ジョーンズ戦で強打した左足のことだった。

そして一二月二六日、大阪府立体育会館で小林はタイガーマスクと対戦した。試合が十数分を超えた頃のことだった。小林はコーナーポストにタイガーマスクを逆さ吊りにすると、マスクの目の部分に指を突っ込んで破り始めた。この行動に会場は騒然となった。試合は一六分五七秒、小林の反則負けとなった。

「マスクを破るコツ？　そんなものはないですね。思い切ってやる。失敗したら終わりです。（もたもたしていると）何やっているんだ、という風になる。練習もできない。（目の部分の）幅が広いから、縁取りに指を掛ければいけるなとは思っていた。ぼくが考えていたのはインパクト。お互い、どっちが勝っても負けても、いい試合だった、それで終わってしまう。（タイガーマスクの敵役として）ダイナマイト・キッドやブラック・タイガーはいたけど、ぼくみたいなヒールはいなかった。確か、前の週の視聴率が十数パーセント、それがぼくの試合のときには二二パーセントぐらいになった。あの試合でぼくは日本で最初のロングタイツを穿いていた。そのインパクトもあったと思う。ずいぶん変な格好をして試合をしているんだなと思って、チャンネルを止めてくれた人もいたはず。やっぱりインパクトが大切じゃないですか？」

小林の指摘通り、前週一〇月二二日の視聴率は一六・五％。それがタイガーマスク対小林戦の放映日には二二・二％に跳ね上がっている。

このタイガーマスク対小林邦昭戦により、新日本プロレスの人気は一つの天井を突き破った。それまで一〇％台だった視聴率が、ほぼ毎回二〇％を超えるようになったのだ。

小林がテレビの影響をまざまざと感じたのは、試合翌日のことだった。新日本一行は、千葉公園体育館大会のために都内に戻っていた。

「渋谷の東急（デパート）にパジャマを買いに行ったんですよ。そうしたら、周りの人がぼくのことをじろじろと見る。なんで（タイガーマスクに対して）ガチャガチャやっていた奴がこんなところで普通の顔しているんだという風に。誰も声を掛けてこない。でも、じーっと見ているんですよ。そのときに、これはやばいなと。テレビの力は怖いなと思った。それからしばらく表に出られなくなった」

翌一一月から一二月にかけて、タイガーマスクはメキシコ、アメリカで試合を行っている。そして帰国後の八三年一月六日に、再び小林との試合が組まれた。ここでもまた小林はマスクを破っている。タイガーマスクの周りにはカメラマンが群がり、破れたマスクの下から髪の毛、顔の一部が見えた。

「佐山の髪の毛まで巻き込んでやったので、本人の髪の毛は抜けているよね。こっちはそんなことは気にしなかったけど」

小林はにやりとした。以降、彼は「虎ハンター」という異名を取ることになった。

「後楽園ホールで試合が終わって、（ロビーに）下りたら、女の子五人ぐらいにちょっとこっちに来なさいって呼ばれた。女の子たちに囲まれて〝これはちょっと何なんだ〟と、散々文句を言われた。みんな佐山の大ファンだった。最後にぼくが〝これからも頑張るから応援してね〟って言ったら、〝フン、馬鹿じゃないの〟って。でもその中の二人か三人はぼくのことを応援してくれるようになった。話をしたら、悪い人ではないと分かってくれたんだろうね」

タイガーマスクの支持層は若く感情的だった。小林が敢えて悪役を演じているのだと理解できない人間もいた。

「あの頃、日本全国から色んな手紙を貰ったんです。その中の一通を開けたとき、カミソリが入っていた。大きなカミソリの一枚刃が斜めに切ってあって、それを封筒の上の部分に折り込んであった。そりゃ、（指が）切れるよね」

小林の右の親指には、今もそのときの傷痕が残っている。

「手紙が入っていて、死ねって赤い字で書かれていた。指を切ったのは痛かったけど、内心、やったとも思っていたね。それぐらいファンをヒートさせたんだから。一番良くないのは何にも反響がないこと。やっとヒールとして認められたんだと。それから手紙が来ても住所が書いていないのとか、書いてあっても怪しいのは開けなくなった」

東京にいるときは外に出かけなくなった、危なかったもの、と小林は顔をしかめた。

その反響は長野県の実家にまで及んだ。

「生卵を投げられたんですよ。二階の窓に飛んできた。俺はいないのにね。ぱっと扉を開けたら、中学生みたいなのが逃げていったみたいです」

悪い反応ばかりではない。帰省した際、駅前に人が集まっていて驚いたことがあった。

「黒山の人だかりで、みんなが迎えに来た。知らない人ばっかりでしたよ。俺が帰ってくるというのが広まっちゃって。それで（世話になった）先生に挨拶しようと学校に行ったんですよ。そうしたら、その中の一人が（職員室に）戻ったんですよ。それから学校全体がざわつき始めた。これはやばい、そろそろ逃げようと思っていると、〝講堂に集合してください〟というアナウンスが流れた。うわーっ、これ俺のことだなって。校長先生が〝ちょっと小林君、挨拶してくれ〟とやって来た。それで全校生徒の前で挨拶させられたんです。普通にこんにちはーと言うぐらいで、大した挨拶はできなかったけど」

佐山に一連の小林との対戦について訊ねると、「小林さんにスターになってほしかった」と柔らかな笑みを見せた。

「小林さんって、すごくいい人なんですよ。先輩ですけれど、全然威張らない。人間として最高ですよ。試合は試合としてやるので、（マスク剝ぎという話題を作って）売り出してあげたかったんです」

佐山自身はタイガーマスクを巡る熱狂を冷めた目で見ていた。いつ、自分は格闘技の選手になるのだろう。しかし、タイガーマスクとしてここまで人気者になってしまった以上、マスクを脱ぐのは難しいだろうと思うこともあった。

そして、一枚の写真をきっかけに新日本に対する不信感が芽生えるようになる——。

第七章

結婚とクーデター

一九八三年八月、人気絶頂の中、タイガーマスクは寺西勇戦を最後に突如引退

タイガーマスク婚約

一九八二年八月二六日朝、『スポーツニッポン』が、そして午後に『東京スポーツ』が〈タイガーマスク婚約〉と大きく報じた。

特に東京スポーツは、マスクを被った佐山と婚約者の女性の写真を一面で大きく掲載している。記事では、アメリカ滞在中だったアントニオ猪木が祝福の言葉を贈っている。

「アメリカでタイガー・マスクの結婚相手が決まったと新聞（※寿・営業本部長）から電話をもらったが、少し早いような気がしないでもないが、まずはおめでとう。これからいろいろ大変だと思うが、これを一つの契機として、さらに大きなヒーローになってほしい」

しかし――。

翌二七日の後楽園ホール大会で婚約を否定、以後、結婚に関する記事は消えた。

〈昨年（※一九八二年）8月に、ボクは恋人の写真をある信頼していた記者にあずけたところ、無断で新聞に暴露されてしまった。会社側では大騒ぎになり、興行上マイナスという理由で、後楽園ホールの大観衆の前で、新聞さんが、一方的に「タイガーマスクは結婚しません」と発表してしまった。

彼女は「私はタイガーマスクを愛しているのではなく、佐山聡さんを愛している」といってくれていいます。真心で信頼してくれている彼女に対して、ウソで固めた公式発表が恥ずかしくて、また悔しかった〉（『ＧＯＲＯ』八三年二一号）

八二年秋、佐山は、発売されたばかりの日本語ワードプロセッサー、東芝の「TOSWORD　JW―1」を手に入れている。これはキーボードと液晶ディスプレイが一体となったポータブル機だった。七九年発売の日本初のワープロ、JW―10と比較して、体積が二〇分の一、重量が一五分の一に小型化されたというのが宣伝文句だった。とはいえ、重量一一・五キロ、価格は五九万八〇〇〇円と高価で、液晶ディスプレイに表示できるのは二行のみだった。

佐山はキーボードに慣れるため、このワープロでメモを付け始めている。タイガーマスクを巡って周囲が急速に動き始めていた。凄まじく早回しのメリーゴーランドに乗っているかのようだった。何が起こっているのか記しておこうと、彼は時間を見つけてはキーボードを叩いた。

ここまで度々引用してきた『GORO』の手記はこのメモを基にしたものだ。一部修正が入っているにしても、後の証言、資料に比較すると格段に信頼性が高い。

彼女との出会いは七七年七月頃だったと佐山は書いている。

アントニオ猪木がザ・モンスターマンとの異種格闘技戦に向けて練習を積んでいた時期だ。

〈試合が近づいた頃、朝のトレーニングで猪木さんにグローブを付けたまま投げられ、肩を脱臼し、ある人の紹介で整骨医へ行った。じつは、この整骨医の娘さんが、いまの僕の婚約者だ。

この頃の彼女は、無愛想で良い印象ではなかった。あとで付き合うようになって聞いたことだが、当時僕が通い出す前に、小沢さん（キラー・カーン）たちが来て、彼女が一人の時、「チクビの色は何色かなあ」と冗談で言ったので、16～17だった女のコは、いっぺんにレスラーに対して悪印象をもったらしい〉（『GORO』八三年二三号）

新間たちがタイガーマスクの婚約報道を否定したのは、その人気がとてつもないことになっていたからだ。

佐山の付き人だった山崎一夫は自分ほど金回りのいい若手レスラーはいなかったと振り返る。

「新日本プロレスに入る前、噂では月六万円貰えると聞いていたんです。寮はお金がかからないし、ご飯は出る。〝六万円か、しょうがないな、プロレスラーになることが第一目的だし〟って思っていた。ところが入門して事務所に行ってみると、副社長だった坂口（征二）さんが〝おい、お前は三万円ね〟って。六万円って聞いていたんですって言うと、〝お前の前までは六万円払っていたんだけれど、一ヶ月目の六万円を貰って逃げちゃう奴がいる〟と。それで三万円から始めて、二ヶ月我慢したら一万ずつ上げていくと言うんです」

そんな山崎にとって、地方巡業はありがたいものだったという。

「巡業では二日に一回ぐらいでタイガーマスクのサイン会があるんです。佐山さん、そしてぼく、ケロちゃん（リングアナウンサーの田中秀和）の三人セットで動いていました。サイン会の控室に行くと、色紙が三〇〇枚ぐらい、どーんって置いてある。佐山さんが〝はい、山ちゃん〟〝はい、ケロちゃん〟って色紙を三つに分けるんです。自分は三分の一しか書かない。ぼくらはまじめに、〝TIGERMASK〟って書くんですけれど、佐山さんは「K」のところをくるくるって巻いて花丸にしちゃったり、遊び半分にやっている。当時のサインを持っている人で、ちゃんと書いてあるサインは本人でない可能性が高い。サイン会は会場の大きさにもよるんですが、一回で三〇万から五〇万ぐらいにはなるんです。終わったら、〝はい、山ちゃん〟って一万円貰ってました。巡業に出て、お金が増えて帰ってくる付き人はぼくだけでしたよ。他の若手は金がないから〝ハガミ〟って会社にお金を前借りするんです。それが普通だったんですが、ぼくはやったことがない」

八二年一一月七日、ＴＢＳ系の『マイスポーツ』という番組で〈タイガーマスクは本当に強いのか?〉という特集が放映されている。

新日本の試合はテレビ朝日が独占放送してきた。テレビ朝日は役員として出向者を送り出し、団体の後ろ盾となっている。それにもかかわらず、競合他局までもがタイガーマスクを引っ張り出したのだ。

この番組で佐山は五項目の体力テストを行った。

一〇〇メートル走では一二秒七。これは普通のスニーカーを履いての記録である。番組の中で日本体育大学の堀居昭助教授が「体重九〇キロの日本人の記録としては珍しい」と解説している。その他、背筋力は二九三キロ、脚力テストで三六〇ワットなど、それぞれ他競技のトップアスリートと比べて遜色ない数字を出している。筋力に加えて、敏捷《びんしょう》性など佐山の偏りのない基礎体力の高さを示すことになった。

一一月から佐山はメキシコ、そしてニューヨーク遠征に出ている。

ニューヨークではマジソン・スクエア・ガーデンでカルロス・ホセ・エストラーダと対戦、ＷＷＦジュニアヘビー級王座を防衛した。

猪木の自著『猪木寛至自伝』の中には〈タイガーマスクはアメリカでも評判になっていた。タイガーがニューヨークのＭＳＧに出場したとき、一流レスラーたちが皆通路に出てきて見とれたぐらい、彼の試合のインパクトは凄かった〉という一節がある。

長らくアメリカのリングで日本人レスラーは、観客の多くを占める白人労働者層の怒りを煽る敵役を割り当てられ、真珠湾攻撃を連想させる狡猾《こうかつ》さ、垢抜《あか》けないスタイルを演じてきた。

その民族主義的な劣情という壁に穴を空けたのが藤波辰巳だった。七八年、彼はマジソン・スクエア・ガーデンでＷＷＦ（当時ＷＷＷＦ）ジュニア王座のベルトを腰に巻いている。佐山のたぐいまれな身体表現は、藤波以上だった。これまで日本人レスラーが登ったことのない高みまで行けるはず、だった。

しかし、新日本との関係は修復不可能なところまで到達していた。

長期遠征から帰国した翌日、一二月一五日に佐山は京王プラザホテルで「婚約式」を行った。新郎新婦の親族、仲人夫妻の他、新日本の新間寿、坂口征二が立ち会い、集合写真を撮影している。佐山の結婚を認めなかった新日本が譲歩したのだ。

再び、佐山の手記を引用する。

〈その年（八二年）の暮れになって、今度はロサンゼルスで結婚式を挙げさせるという話になった。秘密結婚式で、もちろん籍も入れず、参加するのは本人と彼女の両親だけというもの。

その頃から新日本の営業サイドの腐敗がわかり始め、聞いてびっくり見てびっくり、どうしてこんなことが許されるのかと悩むようになった。なんのためにレスラーが痛い思いをしているのか……〉（『ＧＯＲＯ』八三年二四号）

「マスクが皮膚の一部になった」

八三年三月二二日、新日本は北九州市の若松文化体育館で大会を行っている。この日、小学校の同級生だった堀信一郎は体育館の入り口で佐山を待っていた。

多くの人が待ち構える中、「新日本プロレス」と書かれたバスが到着した。扉が開き、レスラーが出てくると、目を疑った。全員がタイガーマスクの覆面を被っていたのだ。どの会場でもタイガーマスクの周りには人が群がり、身動きが取れなくなってしまう。そこで全員で覆面になったのだ。辺りに困惑した空気が流れる中、すっと体育館の中に入ろうとしていた男がいた。マスクの奥の目で堀は佐山だと気がついた。慌てて駆け寄り「おうっ」と呼びかけると、佐山は「おー」と驚いた声を出した。

「ちょっと話できるか？」

堀の言葉に佐山は頷いた。

「中に入ろう」

控室の方向を指さした。

二人が顔を合わせるのは五年ぶりのことだった。

高校時代、佐山に朝鮮学校の生徒から守ってもらった堀は一年間の浪人生活の後、早稲田大学第一文学部に合格。入学前の七八年三月、堀は同級生の守永賢治、そして佐山の三人で会っている。デビュー三年目の佐山がちょうど里帰りしていたのだ。

待ち合わせ場所の長府駅に行くと、新日本のトレーニングウェアを着た佐山が、シュッシュと息を吐きながらシャドーボクシングをしていたという。三人は駅前の喫茶店に入ることにした。

堀はこう振り返る。

「三人でくだらんことをくっちゃべった。佐山は夢を語っていたなぁ。猪木からお前は軀が小さいから空中を飛ばなきゃならないと言われたとかいう話をしていたような気がする」

その年の六月、堀は佐山がメキシコ修行に出かけたと耳にした。猪木から言われたように、空中戦を学ぶためにメキシコに行くのだろうと思った。

その後、佐山のことはすっかり頭から消えていた。そんなある日、テレビにタイガーマスクが現れた。

「留年して五年生のときだった。ああ、佐山だと思ったよ。大学の友だちに、これ、俺の田舎の友だちなんだって言っていた。そうしたら、みんな凄い、凄いって言うから、嬉しくてね」

大学卒業後、堀は毎日新聞社に入り、小倉にある西部本社に配属された。新人記者の習わしとして、警察担当から始めている。

ある日、先輩記者とタイガーマスクの話になった。

「大学生のときのノリで、ぼく、タイガーマスクの知り合いなんですって話をした。そうしたら先輩がプロレスが大好きで、〝えっ、凄いじゃないか。（系列紙の）スポニチやったら一面やぞ、書け、書け〟って」

若松文化体育館の控室で再会した二人は、共通の知人の消息と世間話から始めた。そして、タイガーマスクの正体は佐山であると書いてもいいかと堀は恐る恐る切り出した。すると佐山は「いいよ」と答えた。拍子抜けするほど、あっさりした返事だった。

「俺はえっと思ったもの。俺の軀じゃないから自分では判断できない、上に聞いてくれと断られると思っていた。そうなると原稿は成立しないなと」

この日、堀は観客席で佐山の試合を観ている。

「リングの上で華麗に飛び回って、まるで劇画のようだった。格好良かったね。同級生として誇らしい気分だった」

五月一二日付の『毎日新聞』西部版の夕刊『ふるさと日記　おりおりの宿』という各地の出身者を取り上げる連載で堀は佐山について書いた。

佐山が中学生時代から、覆面を作って柔道部の練習の合間にプロレスの技を掛けて回っていたという話を紹介した上でこう結んだ。


〈「オフの時は素顔のままで町に出るけど、分からないみたい」と優しい目でポツリポツリ話す。が、トラのマスクをつけ、タイツをはき、リング・シューズのヒモを締めるとひょう変、殺気が漂う。

少年時代の夢を実現した青年はいま「マスクが皮膚の一部になった」と言う〉

この記事は全国版ではなかったこともあるだろう、新日本からの抗議はなかった。

あるいは、新日本はこの小さな記事に関わる余裕はなかったのかもしれない。

四月一日、後楽園ホールで佐山は星野勘太郎と組んで、ボビー・ガエタノ、ダイナマイト・キッドと対戦している。試合中、キッドのパイルドライバーを受け、佐山は首を負傷。後に頸椎捻挫、全治一〇日間と診断されている。

この怪我により、NWA、WWF、二つのジュニアタイトルを返上。リング上を飛び跳ねる彼のプロレススタイルは危険と隣り合わせである。佐山の軀は満身創痍《そうい》だった。それにもかかわらずリングに上がらなければならない。佐山の苛立ちは募っていく。

さらに――。

五月二五日、梶原一騎が逮捕された。銀座のクラブでの、講談社『月刊少年マガジン』の副編集長、飯島利和への暴行容疑だった。

これは不可思議な事件である。

梶原と飯島の間でいざこざがあったのは四月一四日のことだった。救急車が呼ばれたが、飯島は「階段から落ちた」と自ら病院に向かった。それが四月末になって被害届が出されたのだ。この他、赤坂のクラブのホステスへの暴行、本書の第六章で既出のアントニオ猪木らをホテルに監禁した余罪があるとも報じられた。

ノンフィクション作家の斎藤貴男は『梶原一騎伝』で、こう書いている。


〈これまで不問に付されていた梶原のさまざまな行為が、飯島への暴行を契機に噴出した。事件の存在を警察が突き止め、関係者たちに被害届を出させたのである。

その手回しの良さから、当時梶原プロに在籍していた元警察官が警察と密通していたとも伝えられる。梶原がユセフ・トルコと組んでプロレスの新団体を結成する構想を持っているという情報も、プロの格闘家である猪木が素人に監禁された恥を天下にさらしてまで明らかにする動機づけとなった。

捜査関係者の話などを総合すると、警察が梶原の逮捕に躍起になった最大の理由は、彼が覚醒剤の密売ルートに関与しているのではないかという疑いだった〉

別件逮捕である。

ところが梶原が覚醒剤に関わっているという証拠は出てこなかった。そして猪木に対する監禁も立件されることはなかった。

新日本はこの逮捕を梶原と手を切る好機と判断した。梶原が企んでいた新団体の動きを新間たちは苦々しい思いで見ていた。また、タイガーマスクの版権の支払いも依然として揉めていたのだ。

五月三〇日、新日本は七月一日から始まる『サマーファイトシリーズ』に「さよならタイガーマスク・シリーズ」という副題をつけると発表した。そして、シリーズ最終戦となる蔵前国技館で新しいリングネームを披露するという。

これに抗議が殺到した。

新日本プロレスの代表電話が鳴り続け、広報担当では手が足りず、営業部員まで対応に追われることになった。また、タイガーマスクとしての出演済みのテレビコマーシャルや発売予定のレコードの名称も問題となった。結局、改名は撤回された。

六月一〇日、佐山はメキシコに出発している。一二日にフィッシュマンとのＷＷＦジュニアヘビー級タイトル戦に勝利。六月二日にＮＷＡジュニアヘビー級タイトルを取り戻していたため、再び二つのタイトルを手元に置くことになった。

表面上は元に戻ったように見えた。しかし、佐山の心の中の不信の火は燻ったままだった。そして全く別のところからこの火を煽る風が吹き始める——。

売上げ一九億八〇〇〇万円に対して、繰越利益が七五〇万円しかない

新日本プロレスの営業部長だった大塚直樹によると、一連の騒動の始まりは一九八三年六月一八日だったという。

この日、大塚は株主総会に出席していた。一九四九年生まれの大塚は、駒澤大学在学中から国際プロレスの興行に関わっている。大学卒業後、自動車販売業を経て、アントニオ猪木が立ち上げた新日本にリングアナウンサーとして入社。自らの希望で営業部に移り、頭角を現した。その後、幹部候補として猪木に認められ、この年から新日本の株主になっていたのだ。

株主総会で新日本の決算内容を知った大塚は驚き、ふつふつと怒りがこみ上げてきた。売上げ一九億八〇〇〇万円に対して、繰越利益が七五〇万円しかなかったのだ。

この時期のプロレス団体の経営は、ごく単純である。主たる収益はチケット収入とテレビ放映権料。タイガーマスクのような人気レスラーが所属していれば、商品化権による収入が加わる。一方、支出はレスラー、社員への給料と、大会運営経費、合宿所の経費、食費などである。

新日本は、アントニオ猪木の他、長州力、藤波辰巳、そしてタイガーマスクが人気を博してお

り、どの会場でも多くの観客を集めていた。片やレスラーへの支払いは低く抑えられており、その利益率はすこぶる良いはずだった。しかし、新日本の通帳残高には金が残っていなかった。

新日本の利益の多くが、「アントン・ハイセル」という企業に流れていたのだ。この企業は猪木が設立したもので、ブラジルで砂糖黍《きび》の搾りかすを飼料に変えるという事業を始めていた。

猪木が青春期を過ごしたブラジルは、様々な意味で日本とは真逆の国である。

他国からの視線を常に意識し、変化を嫌う日本。一方、ブラジルは独立心が旺盛で、徹底的な変革を恐れない。その一つの表れがエネルギー政策である。ある時期までブラジルでは主たる鉱物資源のうち、石油のみが欠けていた。アメリカ及びアラブ諸国といった産油国への依存を嫌ったブラジル政府は、砂糖黍から抽出するエタノールを石油の代替燃料とする政策を打ち出した。ブラジルの国土は広く、砂糖黍を大々的に栽培する土地があった。

エタノールを抽出する際、大量の搾りかすが発生する。猪木はその再利用に目をつけたのだ。しかし、事業化の過程で猪木は様々な人間に騙され、ブラジル政府の気まぐれな政策にも翻弄されることになったという。

『猪木寛至自伝』には、アントン・ハイセルで五億円。加えて、タバスコやマテ茶などを扱う「アントン・トレーディング」で約一億円の負債を背負うことになったと書かれている。

〈ブラジルからは連日、金の催促の連絡が入る。それも三千万、五千万という大金である。新日本プロレスは儲かっていたから、前借りをし、それでも足りないのでスポンサー間を走り回り、ハイセルが借りて私が個人保証をするという形で金を集める。最初は五億でもそんなことをやっ

ているうち、あっという間に十億、二十億という借金に膨れ上がってしまった〉

金策はレスラーや関係者にまで累が及んだ。前年一〇月、ハイセルは社債を発行している。この償還の見込みの薄い債券は主たるレスラー、興行主に売りつけられた。また、主要レスラーの給料に上乗せし、その分を戻す形でハイセルに金を回したこともあった。

株主総会の後、大塚はレスラーを束ねる山本小鉄に連絡をとり、「いくらなんでもあれだけしか利益がないのは、（レスラーや社員に対して）失敬じゃないですか」と怒りをぶちまけた。レスラーたちは毎年四月に契約更改を行っている。この年の契約更改では、ほとんどのレスラーの年俸は据え置かれていた。山本は古参レスラーの永源遙も呼んで、自宅で食事をしながら話をしようと言い出した。

七月一日、後楽園ホールで『サマーファイトシリーズ』が始まっている。三人が会ったのはその夜のことだった。

山本は大塚とはまた違った不満を抱えていた。

山本は新日本プロレス立ち上げから猪木と行動を共にし、猪木に次ぐ立場としてコーチ、現場の責任者という役割を与えられていた。ところが、旗揚げ翌年、坂口征二が日本プロレスから新日本に移籍してきた。その際、坂口は猪木に次ぐ地位を与えられた。さらに、ある時期から、山本に代わって坂口が現場の責任者として取り仕切るようになっていた。道場で若手を鍛えているのは自分だという自負のある山本は面白くなかった。

山本たちにとって、この『サマーファイトシリーズ』は千載一遇の好機だった。

その約一ヶ月前、六月二日の『IWGP決勝リーグ』の決勝戦で、猪木はハルク・ホーガンのアックスボンバーで場外に飛ばされ失神。テレビカメラには猪木が舌を出したまま目を瞑《つぶ》っている姿が映し出された。いわゆる〝舌出し失神KO事件〟である。

これは猪木の演技であったと言われる。ただし、猪木は重い糖尿病を患っており、体調不良だったことは間違いない。そこで次のシリーズを欠場、弟子の高田伸彦（当時）を連れてロサンゼルスで休養をとっていた。

シリーズ中、一緒に行動を共にするレスラーたちの距離は近くなる。猪木不在の中、山本たちは膝詰めでレスラーたちと話をするつもりだった。

ショウジ・コンチャ

『サマーファイトシリーズ』の目玉の一つは、長州力とアニマル浜口の〝参戦〟だった。去る六月一七日、二人はマサ斎藤を伴って、新日本に辞表を提出している。長州たちは新日本との契約を解除し、新団体の設立を匂わせていた。その後はアメリカを主戦場にすると口にするようになった。それが猪木らの説得により、シリーズに参加することになったのだ。

長州に、新団体設立やアメリカ進出を真剣に考えていたのかと訊ねると、何を訊いているのだという風な顔をして「いやー、全然」と素っ頓狂な声を出した。

「今の俺には記憶がもうないけどね。そういうのはない」

はっきりと否定して、こう続けた。

「俺の大雑把な考えで言うとね、ギミックでやっていたことが、シュートになっていった。マッチメイクがシュートになった。なぜシュートになってくるかというと、ハイセルとか、色んな問題があったから」

つまり、長州の離脱発言は、あくまでも彼の率いる「革命軍」の〝反逆性〟を際立たせるための〝仕掛け〟だった。自分が不在となるシリーズを盛り上げるために、猪木が作り出したコップの中の嵐だった。ところが、本当に嵐が動き出したのだ。

佐山もその渦の中に引き込まれることになった。佐山は『GORO』の手記でこう書いている。

〈会社（新日本プロレス）の金銭面のいい加減さに気がついたのは、やめる半年も前だった。それでも僕はいくらギャラをさっ引かれてもレスラーとしての収入は良いし、自分は理想のレスリングが出来ればそれで良いと思っていた。

猪木さんは他の会社の方へ気が行きすぎ、もはやレスリングにあまり手が回らなくなっていた〉（八三年二四号）

タイガーマスクのサイン会では、謝礼のうち一定のパーセンテージが佐山の取り分となっていた。あるとき、新日本の経理部を通す場合と通さない場合があることに気がついた。現地の主催者と直接取引して、自分の懐に金を入れている社員がいたのだ。

同様のことが、テレビコマーシャル、レコードでも起きていた。

この年の五月、佐山はタイガーマスクとして『バーニング・タイガー』という曲を吹き込んでいる。この歌唱印税は発生しないと聞かされていた。ところが実際には、レコード会社から「ハヤブサ・エージェンシー」という会社に印税が振り込まれていた。この会社の役員には新日本の人間が就いていた。

猪木はハイセルを設立した理由について、前出の『猪木寛至自伝』で〈ハイセルを軌道に乗せ、新日本のレスラーたちの引退後の受け皿にするつもりもあった。レスラーは怪我や事故の危険と隣り合わせの商売だ。将来の生活が保証されていれば、安心して「過激な」闘いに没頭できる〉と書いている。

こうした大義名分があったとはいえ、経理上は社長の私的流用である。社長の猪木がやっているのだから自分も、と考えた社員たちが不正に手を染めていた。『猪木寛至自伝』にも、手形や小切手を管理させていた経理部員に、三億円を持ち逃げされたという記述がある。

こうした佐山の不満に耳を傾けていたのが、曽川庄司という男だった。

曽川が新日本に関わるきっかけを作ったのは大塚だった。知り合いから、毛皮、輸入車を扱っている貿易商で、金回りがいい男がいる、知っておくといいだろうと曽川を紹介されたのだ。その言葉通り、チケットの売れ行きが悪いときは十枚単位で購入してくれる上客となった。その後、佐山と親しくなり、運転手を買って出るようになった。

タイガーマスクの人気は凄まじいものであったが、新日本は一人のレスラーの面倒を丁寧に見る体制ではなかった。そこに曽川がすっぽりと収まった。佐山のために曽川は紺色のメルセデス・ベンツＳＬ６００を手に入れてきた。佐山には自分が買ったのだとうそぶいていたが、それは嘘だったことが後に分かる――。

髭面の曽川は、俳優の丹古母鬼馬二《たんこぼきばじ》に似た独特の風貌をしており、ショウジ・コンチャと名乗っていた。本名よりも国籍不明のショウジ・コンチャの呼称の方が彼には似合っていた。

やがて曽川は佐山のマネージャーの役割も果たすようになった。

「結婚式はブチ壊す」

七月一二日、苫小牧市総合体育館での大会が終わった後、佐山たちはバスで宿泊先の札幌に向かっている。この巡業には曽川も同行していた。藤波から呼ばれた佐山は曽川と共にホテルで新日本の問題について話し込むことになった。

翌々日の一四日、札幌中島体育センター大会が終わった後、今度は大塚からクラブに呼び出された。

再び『GORO』の手記から引用する。

〈大塚さんはSさんに、「自分たちは新日本をやめ〝山本商会〟という会社を作ります。だから、先にK（営業の人で大塚さんの部下）を8月いっぱいで辞めさせ、他の営業の連中も、ある日突然いなくなるから、Sさんもそこに入って協力してください」

ホテルへ帰って、僕とSさんは、どうやらこれは山本（小鉄）さん、藤波さん、営業の人たち

が新団体をおこすのだなと、予想した〉(八三年一二四号)

Sさんとは曽川のことだ。

曽川と大塚はレスラーたちと別れて一足先に東京に戻った。そこで一六日に大塚の部下を交えて会っている。話し合いの後、曽川は佐山の宿泊先へ電話を入れた。

曽川は話し合いの内容を説明した上で、こう言った。

「山本さん、永源さん、藤波さん、営業一同六人が、レスラーのためのクリーンな新団体を作ると言っている。営業の人間はすでに辞表を大塚さんに預けている」

そして大塚に受話器を渡した。すると大塚は威勢良くこう言った。

「今度、富山でみんな集まって、トラさんに説明しますから宜しくお願いします」

大塚は佐山を「トラさん」と呼んでいた。七月二九日の富山市体育館大会の後、新団体の第一回の会合を開く。そこに参加してほしいというのだ。

「クリーンな新団体」という言葉に佐山の心は動いた。ただし、その前に佐山には片付けなければならない問題があった。

前年の暮れ、それまで〈三年間結婚させない〉としてきた新日本がロサンゼルスで結婚式を挙げてもいいと譲歩してきた。ただし、仲人は新日本側が選定し、参加するのは本人たちと彼女の両親のみ。一切秘密の上、正式な入籍はしないという条件だった。アメリカでの挙式ならばメディアの目に触れることはないだろうという判断だった。

その後、挙式の日程は八月一八日と決められた。佐山は秘密裏の結婚式は仕方がないにしても、自分の親族、友人も連れていきたいと主張した。自分の結婚式の参列者を当人が決めるのは当然のことだと思ったからだ。

その中に曽川の名前が入っていたことで新日本側は態度を硬化させた。佐山が刃向かい始めたのは、曽川の入れ知恵によるものだと考えていたのだ。

北海道巡業の最終日となる函館市民体育館大会が終わった後、佐山の結婚問題に新日本側が反応している。

〈（七月）22日夜、函館の僕のところに伊佐早さん（当時宣伝企画担当主任）から電話が入った。新間さんの代理と断って、

「もしタイガーがSさんをロスに連れて行くなら、結婚式はブチ壊す」

いろいろ事情はあるにせよ、僕にすればカーッとならざるをえない言葉だった。

「3年間結婚させない」↓「結婚させる」↓「ブチ壊す」

さすがにもう我慢ができなかった。僕は伊佐早さんに、会社を辞める決心を伝えた。伊佐早さんは、電話の向こうでいかにもびっくりしたようで、なだめようとしてきたが、もう僕の感情はおさまらない。むしろ、自分の決心がより疑いなく、強く固まっていくだけだった〉（『GORO』八三年二四号）

七月二七日、佐山の怒りを知った新間は、大会が行われていた金沢市産業展示場に姿を現した。曽川も金沢に駆けつけ、試合中に二人は体育館の外で話し合うことになった。すると新間は曽川

の結婚式出席をあっさり認めたという。

これまでの失礼なやり取りはなんだったのか。佐山は拍子抜けすると同時に、新日本への不信をさらに募らせることになった。

七月二九日、富山で新団体立ち上げの第一回の会合が開かれた。出席者は、大塚、山本、永源、藤波、曽川、そして佐山の六人。まずはレスラーだけで話し合った方がいいだろうと、大塚は曽川を促し、部屋の外に出て行った。

〈会合は、3人が僕を説得するという形になった。みんな僕の先輩で、趣旨には同調していたので、「猪木さん、坂口さん、荒川（真）さん、藤原（喜明）さんを新団体は除く」と言ったのを聞き、「本当にレスラーのための会社が出来るというのなら、100パーセント協力するでしょう。ただ猪木さんは僕にとってどういう人か、わかってください」と、柔らかく受け答えしておいた。こういう自分の態度を見て、「わかった。しかし、それならそれで、オレたちのことは、いっさい口外しないでくれ」と永源さんに口止めされた〉（『GORO』八三年二四号）

会合の後、大塚は新団体に加入するレスラーには移籍金を渡すと言った。佐山は最高ランクの五〇〇〇万円だった。しかし、その申し出を断った。

佐山はこう振り返る。

「ぼくにとっては猪木さんは恩師だし、山本さんも先生。他のレスラーも仲間なんです。新日本をクリーンな団体にすることは賛成ではあるけれど、どちらかの側に立つようなことはできないとお断りしたんです」

会合中、この新団体に疑念を抱いていたという。

（この新団体は本当にレスラーのためのものなのだろうか。猪木さんたちを外して新団体を作り、今度は自分たちが甘い汁を吸おうとしているのではないか）

そこで佐山は大塚に辞表を預けたという営業部員たちと会うことにした。すると彼らは自分たちはこう説得されたのだと明かした。

――もうすぐアントン・ハイセルが潰れる。そうなると新日本も倒産するだろう。その前にみんなで理想の団体を作ろう。山本、永源、藤波、長州、タイガーマスクたちも賛同している。

新日本の倒産、主力レスラーが全て脱退すると聞かされて、彼らは大塚たちと行動を共にすることを決めたのだという。

この説得は佐山が新団体の話を聞く前に行われていた。自分はもちろん、長州も新団体への移籍を了承していないはずだ。こちらは主たる営業部員がまとまって新団体に行くという前提だったから会合に出席したのだ。話が違うではないか。そこで新団体構想とは距離を置くことにした。

「あのとき、ぼくは（新日本を）辞める決心はできていたんです。新しい格闘技をやる気でした。ショウジ・コンチャはこう言っていたんです。自分が自動車屋を経営しながら、隣で道場をやって格闘家を育てればいい。そのときは彼のことを信じていた」

二五歳の佐山の目に、はっきりとした未来図が見えていたわけではない。一七歳で新日本に入門した佐山は、プロレス以外の世界をほとんど知らない。ただ、自分がやりたいのはプロレスではないということははっきりしていた。

まずは目前に迫った結婚式をどうするか――。

『サマーファイトシリーズ』終了後、カナダでの試合が組まれていた。カナダからロサンゼルスへ入り八月一八日に挙式することになっていたのだ。カナダ出発は八月一一日。もう時間はなかった。

第八章

電撃引退

引退後、アメリカに渡りダイナマイト・キッドと"決着戦"を敢行

〈下関　キエタ〉

猪木のいない新日本プロレスの『サマーファイトシリーズ』は終盤に入り、新日本の〝内部工作〟が活発になっていた。

一九八三年八月三日、新日本一行は兵庫県三木市から神奈川県横須賀市に移動している。この日は横須賀市総合体育館での大会の後、吉田稔の呼びかけで、上井文彦、佐山、藤波辰巳、佐山のマネージャーのショウジ・コンチャが集まった。吉田と上井は新日本の営業部員である。営業部の吉田も新団体が本当にレスラーのためのものなのかと疑うようになっていた。

〈この会合の内容は、新日本が潰れるにしても、信用できないものに加担するより、僕たち信じられる者同士でレスラーのユニオン、またはプロダクションを作ろう。ただし、本来は全員が一緒なのが一番いいので彼ら（新団体）とは最後まで話し合いをする——ということでまとまった。最後に「よし、これからはこの5人でまとまってやっていこう」という藤波さんの力強い言葉で、一致団結を誓い合って別れた〉（『GORO』八四年一号）

大塚直樹、山本小鉄たちを〝新団体派〟とするならば、〝ユニオン派〟が動き出したことなる。

翌八月四日、シリーズ最終戦が蔵前国技館で行われた。佐山は新日本のリングに立つのはこれが最後になるだろうと感慨深かったという。寺西勇を相手に一四分三七秒、タイガー・スープレックスで勝利。リングを下りるとき、心の中で「さよなら」と呟いた。

八月八日、新日本はシリーズ終了後の慰安旅行で群馬県の草津温泉に向かっている。新日本の営業本部長だった新間寿の『プロレス仕掛人は死なず』には、佐山がショウジ・コンチャを伴って草津温泉に現れたという記述がある。二時間ほど新間と話をした後、翌日のサイン会のために引き揚げていったという。

翌八月九日、新間たちが東京行きの特急列車「谷川八号」に乗ろうとしたところ、東京に残っていた営業部の伊佐早敏男から電報が届いた。そこには〈下関　キエタ〉と書かれていた。下関とは佐山のことだ。佐山がサイン会に現れなかったというのだ。

新間は何が起こったのかと慌てていたが、大塚直樹はいよいよ佐山が動き出したかと思っていた。佐山は〝新団体派〟に参加すると約束しなかった。しかし、新日本主導の結婚式を阻止するため、カナダ出発前に何らかの動きを起こすと聞かされていたのだ。

佐山は同日一八時に新日本の道場でテレビ朝日の日野裕と打ち合わせを行っている。これは萩本欽一の『欽ちゃんのどこまでやるの！』に出演するためだった。

佐山は終始、この出演に乗り気ではなかったという。

日野は『サンデー毎日』（八三年九月一一日号）の取材にこう答えている。

「タイガーは寂しそうな顔で『やっぱり出なくちゃいけないかな』なんて言い出すんですよ。何か用事ができたんですか、と聞くと『いや、ないんだけれど、ちょっと困るんだ』とね。それに打ち合わせ中、友だちから電話がかかってきた時の受け答えも『ここ二、三日忙しくなると思う』と言っていたりね」

番組収録は翌日一八時開始。収録後は同じテレビ朝日が中継するヘルシンキでの世界陸上選手権のゲスト解説者として出演することになっていた。いつもと様子が違うと首を捻りながらも、佐山が約束を破ることはないだろうと、日野は道場を引き揚げたという。

しかし――。

佐山はテレビ朝日のスタジオに姿を現さなかった。このときすでに新日本に自らの契約解除書類を送付していた。

日付が変わった八月一一日午前一時、佐山は『東京スポーツ』編集局に電話を入れている。

〈**タイガー**　どうも夜分。実はね、きょう十日付で新日本プロレスに内容証明付き文書で契約解除を申し入れました。

――えっ、それはどういうこと?

タイガー　一方的に私のほうから新日プロを辞める旨を申し出たんです。

――また突然。なぜ?　理由は?

タイガー　いまは詳しいことはいえません。ただプロレスが好きだから、私がプロレスを去らなければならない、ということなんです。

――もっと具体的に理由を聞かなければ、キツネにつままれたようで、よくわからないが。

タイガー　私には一つの夢があった。これもプロレスをよくしようと思うからだが、いまのまま新日プロにいては、その夢が潰されてしまう。それ以外の理由は、いまの私の口からはいえない。それをいってしまうとファンの夢を壊すし、プロレス界のためにもよくないからです。理由の一部は新日プロに送った内容証明に書いてあります〉(『東京スポーツ』八月一二日付)

〈タイガーマスクは新日本プロレスとの選手契約を解除する〉

翌朝、新日本の会議室にショウジ・コンチャ、そして新間、大塚が集まった。

新間は一体何が起こったのか分からないという表情だった。隣に座っていた大塚は新間には伏せていたが、午前二時に佐山から契約解除の書類を送ったという電話を貰っていた。どうして事前に教えてくれなかったのかと問うと、大塚たちの新団体を信用できないという。大塚はその言葉にむっとしたが、この契約解除は新団体にとって奇貨となりえると考えた。佐山が新日本から離脱すれば、新団体に加わることが可能となる。また、新日本に契約解除を認めさせることで佐山とショウジ・コンチャに恩を売ることもできる。一挙両得だ。

まず、ショウジ・コンチャは契約解除書類の要旨をこう説明した。

〈(一) プロレス以外の催し物への出場報酬が話し合いなされていないばかりか、支払いを認めたものでも勝手に関連会社(アントン・ハイセル)に流用されて、タイガーに支払われていない。

(二) 幹部らはタイガーマスクの人気を利用して得た莫大な利益を私利をはかって関連会社につぎ込み、しかも莫大な損失を出している。

(三) こうした事実はプロレスの健全な発展を願うファンの期待を裏切るものだ。よって、タイガーマスクは新日本プロレスとの選手契約を解除する〉

幹部とは新間たちのことだ。この書類は七月の終わりに弁護士と相談して作成したものだった。

ただし、新日本の幹部たちの不正は、敢えて文書にはしなかったとショウジ・コンチャは強調した。あくまでもこちらの望みは穏便に契約解除することである。この書類が公表されたとしても、新日本に傷がつかないように配慮していると付け加えた。

ショウジ・コンチャの話が終わると、大塚はこう返した。

「タイガーの契約解除を認めれば、そちらが摑んでいる諸々のことを伏せてもらえますね」

そして新間を見た。

「本部長、それでいいですか？」

新間はどう判断していいのか悩んでいるようで、黙ったままだった。

昼前、佐山のインタビュー記事が掲載された東京スポーツの早刷りが新日本に届けられた。社員たちは新聞を食い入るように読んでいた。やがて問い合わせの電話がひっきりなしに鳴り始めた。

——タイガーマスクが辞めるかどうかは、まだわかりません。

女性社員たちは次々と電話を取り、同じ答えを繰り返すしかなかった。

午後一時半、新間、大塚、副社長の坂口征二の記者会見が始まっている。

ロサンゼルスにいるアントニオ猪木は二〇日に帰国する。その後に善後策を講ずると新間は語った。

「うちとしては、どんなことがあっても引き止めに全力を尽くす。理解に苦しむタイガーの発言だが、彼は惜しまれつつ引退するのがいいと考えたのか、それとも芸能界にでも転身するつもりか……」

いつものように明るく振る舞っていたが、新聞の頬はひくひくと痙攣《けいれん》していた。そして記者会見を中座すると成田空港に向かった。日本時間一三日にカナダのカルガリーで開催される新日本の大会に同行するためだった。

翌一二日の一二時半、カナダ行きの飛行機をキャンセルした佐山は二子玉川駅近くの結婚式場、富士観会館の四階にある高砂の間に二つのチャンピオンベルトを持って姿を現した。新日本側の出席者は、山本小鉄、副社長の大塚博美、常務取締役の望月和治の三人。大塚博美は営業部長の大塚直樹とは別人である。

佐山はまず「急なことで迷惑を掛けました」と頭を下げた。そして、こう続けた。

「私の決心は変わりません。このベルトは引退した私が持っていても今後は不要なもの。カナダの試合は、(ダイナマイト・)キッドとのタイトルマッチでした。誰が彼と対戦してもこのベルトが必要になるでしょう。カルガリーでの試合に間に合えばいいと思い、急ぎ返上することにしました」

佐山の代役として小林邦昭がダイナマイト・キッドと対戦することになっていた。一連の騒動の前、佐山は親しい仲である小林に「自分は新日本を辞める」と電話を入れている。小林はそれを聞き「ちょっと待て。俺を置いていくなよ」と慌てたという。

佐山はチャンピオンベルトを大塚博美に、タイガーマスクのマスクを山本に渡した。

その後の話し合いで新日本側の三人は佐山に翻意を迫った。大塚博美と望月はテレビ朝日からの出向者である。テレビ朝日とすれば最大の人気レスラーであるタイガーマスクの離脱は視聴率に直結する。二人はテレビ朝日本体に佐山の主張を伝え、新日本の組織を改革すると約束した。

このとき、佐山は大塚博美と望月もまた新日本の乱脈経理に対して不満を抱えていることを知った。そして彼らと手を組むこともできると考えたのだ。

大塚直樹たちの〝新団体派〟、営業部の吉田稔たちの〝ユニオン派〟に加えて三つ目の〝テレビ朝日派〟の意向が絡み合うことになった。

整理しておくと――。

新団体派の中心は〈大塚直樹、山本小鉄、永源遙、藤波辰巳〉。ユニオン派は〈佐山、ショウジ・コンチャ、藤波、吉田稔、上井文彦〉、そしてテレビ朝日派が〈大塚博美、望月和治〉。新団体派とユニオン派には重複した人間がおり、新団体派の山本小鉄はテレビ朝日派の動きを知る立場にいた。このことが事態を複雑化させることになった。

佐山はどれにも与していなかった長州力、前田明（当時）たちと会い、新団体派とは距離を置こうという話し合いを行った。

特に長州とは夜を徹して話し合いをしたという。

〈「なぜ、おまえが先に辞めたんだ。オレも実は辞めることにしていたんだ。先に契約解除されると、次が辞めづらくなる」

と、長州さんも新日本を出てアメリカのAWAに行く計画だったと知る。この夜、長州さんは僕のいる前で藤波さんと電話で次のように話す。

「タッチャン（藤波さんのこと）、タッチャンが本当に辞めるのなら、オレも辞める。間違いないね。オレもその方がいい。でもAWAの方はどうしようか……ま、いいや。タッチャン、力を合わせて頑張ろう」

その言葉通り、長州さんはアメリカ行きまでやめてしまった〉(『GORO』八四年一号)

この話を長州に問いただすと「今の俺には無理だよ。記憶がもう……」と困惑した顔になった。

ただし、佐山が長州の自宅を訪ねてきたことは覚えていた。

「あのとき、佐山から電話がかかってきて、(当時住んでいた)目黒のマンションにやって来た。佐山ともう一人、ちっこい変な奴……ショウジ・コンチャ？　詐欺師っぽい男と夜に来たような気がする」

その後、テレビ朝日派の大塚博美からユニオン派を支持するという連絡がショウジ・コンチャに入った。


〈大塚副社長は、もしユニオンを作るならテレビ局側は道場や事務所の面倒までみるでしょう、と言ってくれていた。僕たちも、テレビ局に一切のお膳立てをしてもらうことに異存はなかった。ユニオンを作るにしても、選手の生活の受け皿を用意しなければならない。しかし、下手にスポンサーをつけたり資金を用立ててもらったりすると、ひも付きになり、ユニオン自体もクリーンでいられなくなるかもしれないからだ〉(『GORO』八四年一号)

大塚博美が間に入り、佐山たちユニオン派はテレビ朝日の上層部と面会することになった。ところがその直前だった。

〈Uさんは電話で大塚（※筆者註　直樹）さんから、横浜（※横須賀）の初会合（3日）から僕たちの動きを藤波さんを通して知っていたと聞き、興奮してとにかく大塚（※直樹）さんに会ってくると出ていった。（※テレビ朝日側との）会談場所のホテルに行く前、待ち合わせ時間ぎりぎりに、大塚さんと会っていたUさんが、藤波さんといっしょに現れる。

「大塚さんの言うことは疑わしい点もあるが、つじつまは合うようだ。大塚さんとも話し合ってください」

ぎりぎりになって、Uさんまで変わってしまった。正直言って焦ったが、時間がなく、テレ朝側と会談に入る〉（『GORO』八四年一号）

Uとはユニオン派、営業部の上井文彦である。

ユニオン派は自分たちの動きが藤波を通じて新団体派に筒抜けになっていることを知った。そこで上井が大塚直樹に事情を確認することにした。その席で上井は大塚に、新団体派に加わるように説き伏せられてしまったのだ。

佐山の手記によると、テレビ朝日との会談の翌日、大塚からテレビ朝日側に「話し合いの結果はどうなったのか」という連絡が入ったという。

それを知った佐山は愕然《がくぜん》とした。この話し合いは当然ながら極秘扱いである。テレビ朝日の大塚博美たちの目には、佐山たちと新団体派が実は通じていると映るはずだった。その後、ユニオン派の吉田も新団体派に取り込まれることになった。

さらに事態は思ってもいなかった方向に転がることになる――。

一八人の団結誓約書

八月二一日、猪木が日本に帰国した。彼はカルガリーでの新日本の大会に出席した後、ロサンゼルスに滞在していた。

成田空港で新日本の社員の一人が猪木を出迎えている。彼の手には大塚直樹たち数人の辞職願が握られていた。猪木、坂口、新間が辞めなければ、大塚たちが退職すること、そして多くのレスラーも同調するだろうと伝えた。

テレビ朝日派が新団体派と手を結んだのだ。

状況を全く把握していなかった猪木は、山本を通して佐山に話をしたいと連絡を入れた。もちろん山本は自分が新団体派の中心であることは猪木には隠している。佐山は自分が会うと騒ぎになるので、ショウジ・コンチャを向かわせた。

二四日の午後、猪木、山本、そしてショウジ・コンチャは駒沢公園通りの三越エレガンスのレストランで会うことになった。しかし、猪木はショウジ・コンチャに不信感を持っており、深い話になることはなかった。

別れ際、ショウジ・コンチャは猪木に「これからどこに行くのですか?」と軽い気持ちで訊ねた。

するど猪木は「パーティがあるので七時に赤坂プリンスに行く」と答えたという。これを聞いて、山本は青ざめた。山本たち新団体派は、同じ赤坂プリンスホテルに主だったレスラー、社員を呼び出していたからだ。

幸い、大塚たちが猪木と顔を合わせることはなかった。

赤坂プリンスホテルの一室には、大塚、山本の他、長州、藤波らのレスラー、レフェリー、社員の計一八人が集まっていた。この中にはユニオン派だった吉田と上井も含まれている。佐山にも連絡が入ったが、出席していない。

会の冒頭、大塚は新日本プロレスを改革しなければ立ちゆかなくなると話し、「団結誓約書」に署名、拇印《ぼいん》を求めた。

団結誓約書はこう始まっている。

〈新日本プロレスにおいて我々の望む改革が出来た場合も、また新日本プロレスを離脱して新団体を結成する場合、いずれにおいても今後全てに一致団結していくことをここに誓約する〉

この文章は大塚が口述、経理部の社員が手書きしたものだった。この連判状に参加者全員がサインをした。

大塚は新団体結成ありきではなく、自分たちはあくまでも新日本を改革するためだったと振り返る。

「二対五〇という言葉をよく使っていました。二というのは猪木さんと新間さん。二対五〇で闘っても二の方が強い。そのための連判状だった。恐らくこれを出せば、お前たちもういいよ、出ていけと言われるだろう。そのときはこの人間たちが手を合わせて新団体を作ることも含めて考えていきましょうと」

新団体については中村パンという製パン会社が二億五〇〇〇万円を出すことになっていた。しかし、これは決定事項ではなかったという。

「中村パンと小鉄さんはずっと付き合いがあったんです。（小鉄が）寂しい思いをすることがあったらいつでも三億くらい出してやると言われていただけです。実際にぼくたちが〝出してください〟と頼みに行ったことはない。山本さんからは〝（中村パンに）行ってきたよ、OKだった〟ということは聞いていましたが」

そしてユニオン派については、自分が新団体に関われないと思い込んだショウジ・コンチャが佐山に「空気を入れた」に過ぎないとも言った。

翌二五日一五時から新日本で緊急役員会が開かれている。猪木の代表取締役からの辞任、新間の謹慎処分が発表された。後日、坂口も副社長を解任されている。

そして新日本の経営は、山本、そして望月と大塚博美が担うことになった。テレビ朝日派と新団体派の山本の三人が新日本プロレスを掌握する形になったのだ。

佐山は手記でこう書く。

〈ここに至って僕は一切から身をひくことにした。一連の出来事が起きる前に考えていたとおり、小さな道場を持ち、自分だけで理想を追求していこうと思った。選手のため、プロレスのためと動き、新団体を敵に回し、ここまでやっていたことがバカらしくなってしまった〉（『GORO』八四年一号）

傷心の佐山に追い討ちを掛けるかのような報道が続いた。一連の〝クーデター〟は佐山が主導し、仕掛けたというのだ。そこで佐山は猪木と直接会って話をすることにした。

「倍賞美津子さんに泣かれた」

佐山は九月一二日にアントニオ猪木の自宅を訪れている。

〈猪木さんに手紙を書いて事の一部始終を告げることを決意した。しかし、最初から事件の流れを知っているあるレスラーから、直接会って話した方が良いと言われ、その手紙を持って猪木さんのマンションに行った。

猪木さんは、僕が来て話すまで今回の真相を知らなかった。ここにきてまで誰も本当のことを報告していなかったのだ。というより正直に話せる者がいなかったのだろう〉（『GORO』八四年一号）

この「事件の流れを知っているあるレスラー」とは誰かと佐山に訊ねたが「覚えていないです」と素っ気なく言った。さらに手紙を書いた記憶もないという。

「筆無精なんで手紙を書いたか、どうか……。ただ、猪木さんのマンションに行ったことは覚えています。事の真相を全部説明しました」

この騒動の根源は、猪木が新日本プロレスの経営が傾くほど、アントン・ハイセルなどの副業に注力したことだ。佐山は控えめながら、そもそもの問題は猪木にあったと言った。

「猪木さんになぜプロレスを疎かにするんですか、新日本をしっかりやってくださいという話をしたんです。そうしたら横にいた（妻の）倍賞美津子さんに泣かれた。うわー、純粋な子なのねって。そう思われたんでしょうね。確かに純粋な馬鹿でした」

新団体派の大塚によると、シリーズに復帰した猪木は地方巡業中に藤波辰巳を呼び出して詳細を聞き出したという。猪木と一対一になって口を割らないレスラーはいない。藤波はしどろもどろになりながら全てを話した。それにより猪木は〝新団体派〟〝ユニオン派〟の動きをほぼ完全に把握した。佐山の話はその裏付けになったはずだ。

猪木は事情は分かったと頷き、「プロレスに帰ってこい」と言った。

すると、佐山はこう返した。

「猪木さん、昔、ぼくを新日本の格闘技第一号の選手にするっておっしゃいましたよね。ぼくは今、それをやりたいんです」

メキシコ、イギリスのリングに上がっているときでも、そしてタイガーマスクとして帰ってきてからも、いつ自分を新しい格闘技の選手にしてくれるのだろうと思っていた。新日本の経営を考えれば難しいと理解していた。ただ、第一号の選手にしてくれるという貴方の言葉を忘れたことはなかった、と。

猪木は「うーん」と腕組みしたまま、何も言わなかった。佐山はようやく自分の気持ちを猪木に伝えることができたとすっきりした気分だった。

二人は二二日深夜にも六本木にある猪木の経営するレストラン「アントンリブ」で食事をしている。やはり猪木は新日本に戻るように説得したが、佐山の決意は固かった。

その後、佐山は新間寿と会っている。

猪木には経営者であることとは別に、レスラーとしての価値があった。新日本に出資しているテレビ朝日は猪木を外すことを許さなかった。そこで新間だけが放り出される形になった。新間は自分の退社の原因になったのは佐山だと信じ込んでいた。

一方、佐山も新間こそが新日本の腐敗の元凶である、顔も見たくないと考えていた。しかし、新間は佐山にとって新日本に入るきっかけを作ってくれた恩人である。せめて自分が〝クーデター〟を企んだという誤解だけは解いておこうと重い腰を上げたのだ。

二人は夜一一時に新宿にある京王プラザホテルで会うことになった。佐山は婚約者を連れていくことにした。新日本退社の理由は佐山の結婚に新間が強硬に反対したからだということになっていた。確かに結婚問題は一つの原因ではあった。ただ、全てではない。その証拠にまだ籍を入れていないと説明するつもりだった。

ホテルに現れた新間は尖った顔をしており、喧嘩腰だった。

〈お互いがキバを剥き出さんばかりの険悪な形相で話し合いが始まった。ところがお互いに聞いている話が全く食い違っているのだ。お互いが話すたびに「なにい?」「ええ?」この繰り返しだ。しかし、延々7時間に及ぶ会談で、双方の誤解が解かれ、事の真相がすべてわかることになった〉(『GORO』八四年一号)

この会談について、新聞は『アサヒ芸能』（八四年二月一六日号）の取材にこう答えている。

「例のクーデター事件で、新日プロを去ったのは、わたしとタイガーの二人だけなんですね。二人で話し合ってみると、お互い誤解していたことがよくわかった。タイガーもリングに上がりたいという。それならばわたしの責任でカムバックさせてやろうじゃないか、そう思ったわけですよ」

そして新間は佐山をタイガーマスクとしてリングに戻そうと動き出すことになる。しかし、佐山によるとプロレスに復帰したいという趣旨の言葉は口にしなかったという。

ダイナマイト・キッドとの決着戦

小学館『週刊ポスト』写真班の山本皓一に佐山から電話が入ったのは、九月末のことだった。佐山はこう切り出した。

「マスクを取ったとき、最初に写真を撮ってもらう約束でしたよね。でも、東スポが勝手に写真を撮って一面で出してしまいました。申し訳ないことをしました。そこで山本さんには正式に写真を撮ってもらいたいんです」

二二日付の『東京スポーツ』が〈タイガーマスクが新格闘技人生〉〈タイガー・マスク　ボクシング転向〉という見出しで佐山の素顔を掲載していた。

同時期、九月三〇日号の『ＦＯＣＵＳ』にも前年に行われた佐山の婚約式の写真が出ている。

山本との約束を破ってしまったと律儀な佐山は詫びを入れてきたのだ。

山本は一九四三年、香川県で生まれた。日本大学芸術学部を卒業後、七一年から小学館で働くようになった。七〇年代の半ば頃から新日本に出入りしていた先輩カメラマンの関係で空き時間を利用してプロレスを撮影し始めている。山本はプロレスが大好きだったのだ。タイガーマスクが初めて現れた蔵前国技館でもリングサイドにいた。

「今度凄いのが来るって猪木に聞いていたんです。中に入っているのが誰かは内緒だよって。タイガーマスクを見たら、うわっとなった。ぼくは『週刊ポスト』で一週間ぐらいかけて巡業にくっついていって取材したんです。それで彼と仲良くなった。ぼくがプロレスだけじゃなくて政治や事件を撮っていることに興味を持ったのか、なんとなく信用してくれた。プライベートでもご飯を食べに行くような仲になったんです」

この後、山本は小学館を離れ、報道写真家として湾岸戦争、ドイツ統一、ソ連崩壊などを題材に作品を発表することになる。

「びっくりしたのは佐山がワープロを自由自在に使っていたこと。プロレスラーがこんなことできるのかって驚いた。彼は勉強熱心なんですよ。色んな本を読んで、質問してくる。木村健悟とかとは違うなと思ってました」

佐山からの電話を受けた山本は週刊ポストと同じ編集局の隔週誌『GORO』の編集者に相談した。この編集者もプロレス好きであることを知っていたのだ。

そして急遽、小学館本社地下のスタジオを押さえることになった。九月二七日深夜、佐山は英国調のスリーピースのスーツにネクタイを締めて現れた。

「今、猪木と揉めている、三ヶ月ほど給料が出ていないというんです。猪木もひどいことをするなぁと。じゃあ小遣いも困るだろって、『GORO』に掛け合って、何回か手記を書かせるという条件で一〇〇万円を用意したんです」

一〇〇万円という破格の謝礼だったそうですねと佐山に確認すると「初めて聞きました」と大きくのけぞった。

「一〇〇万円ですか？　新日本から未払いがあったのは事実ですけれど、お金には困っていなかったです。それはショウジ・コンチャが取ったのかもしれませんね」

手記は三回にわたって掲載されることになった。タイガーマスク引退以来、佐山の肉声がまとまった形で報じられるのは初めてのことで、大きな話題となった。気を良くした山本は佐山にアメリカ行きを持ち掛けている。

「新日本を辞める前、カルガリーでダイナマイト・キッドとのタイトルマッチが予定されていた。それをキャンセルしたことが佐山は心残りなんだと言う。キッドと決着をつけたい。じゃあ、やればいいじゃないかって、ぼくが言ったのね。それでまた『GORO』に話をして、佐山を連れてアメリカに行ったんですよ。そして、アメリカではキッドともう一人、カール・ゴッチに会いたいと言うのでそこにも行くことにした」

調べるとダイナマイト・キッドはワシントン州シアトルに滞在していた。アメリカ永住権取得のため、オレゴン州、ワシントン州でリングに上がっているという。

「そのへんの連絡は全部佐山がとってくれました。佐山がもう一人連れていきたいというので、曽川の費用も『GORO』が出した。だから三人で行きました」

シアトルに着くと、ダイナマイト・キッドが練習拠点としているジムに行くことになった。

「キッドの方も決着つけたかったんでしょう、彼がこれからやろうって言い出したんじゃなかったかな。夜九時ぐらいに（ジムの営業が終わり）誰もいなくなってから、ぼくたちだけで行ったんです。観客はいない。ノーリング、ノーギャラ。そこで真剣な顔で組んだり、跳び蹴りしたり。試合そのものだった」

二人の熱気に魅入られた山本はシャッターを切り続けた。

「三〇分ぐらいやって、突然、ふっと殺気が消えたんです。それまでが嘘のように、すーっと顔が変わった。勝負はつかなかったけど、二人とも十分だと思ったのかな。それでにこっと笑って抱き合った。それから後は一緒に飯を食いに行って、酒を飲んだ」

そこはダイナマイト・キッドの行きつけの店だった。

「間近で見たらキッドの腕が本当に太くてね。キッドが佐山に〝マスクを貸せ〟って言って自分で被ったのも写真に収めた」

そして、シアトルからロサンゼルスに移動し、カール・ゴッチと合流した。ゴッチには後で支払いをするからと航空運賃を立て替えてもらい、自宅のあるフロリダ州タンパから出てきてもらった。

「ロスのジムでゴッチと会うことになりました。そこでゴッチは関節技を熱心に教えてましたよ」

このアメリカ行きは佐山によるとそれほど乗り気ではなかったという。

「キッドとやるというのは『ＧＯＲＯ』からの提案でした。ぼくが言い出したんじゃないです。

だって、そのときからぼくは飛行機に乗りたくなかったですもの」

確かに、佐山は大の飛行機嫌いである。そしてすでにプロレスの先を見据えていた。

佐山は自分の拘っている部分以外では優柔不断なところがある。ダイナマイト・キッドとのタイトルマッチを直前でキャンセルしたことを気に掛けていた佐山が「いいですね」と山本に相槌《あいづち》を打っているうちに話がどんどん進んでいった、というところだろうか。

佐山はマスクを脱ぎ、素顔になった

この間、新間はタイガーマスク復帰を新日本とテレビ朝日に持ちかけていたようだ。

〈新間氏が新日プロ、テレビ朝日に申し入れた条件は――。

『タイガーマスクは某企業の専属選手とし、リングの登場の折は、それを明示する。その代わり、企業は年間一〇〇〇万程度のスポンサー料を支払う。さらにタイガーの試合はＷＷＦ提供と明示する』

新日プロはこれに難色を示したという。再び新間氏がいう。

「無理難題をいったわけじゃないんですよ。なのに新日プロは『謝罪文を持ってこい』というし、一部幹部選手にいたっては『タイガーが戻ることは、自分の職を賭しても許さない』などというものまでいた。（中略）

それで私も腹を決めたんです。友人のビンス・マクマホンに頼んで三月二六日から始まるニューヨークのMSG（マディソン・スクウェア・ガーデン）での定期戦にタイガーを出場させることにしたんですよ。第三団体の話もそのあたりから出てきた〉（『アサヒ芸能』八四年二月一六日号）

新間は個人スポンサーをつけた上でWWFの所属選手として佐山を新日本に戻すことを考えたのだ。WWF（ワールド・レスリング・フェデレーション）はニューヨークを本拠地とするビンス・マクマホンの団体である。新間は新日本時代からマクマホンと懇意にしていた。

佐山もテレビ番組でプロレス復帰を口にしている。

八四年一月一八日、佐山はタイガーマスクとしてテレビ朝日の『欽ちゃんのどこまでやるの!?』に出演した。これは前年八月一〇日収録の同番組を欠席した埋め合わせだった。

番組の中で佐山はマスクを脱ぎ、素顔になった。そして、「今年三月にアメリカに行きます。そのときには新しいマスクを被ります」と新しいマスクを披露している。

テレビに出演したときは、新間の手引きでニューヨークに行く気になっていたのかと佐山に訊ねた。すると佐山は「ぼくがそんなこと言っていますか」と怪訝な顔になった。はっきりと映像に残っていますと返すと、「そんなことを言った記憶はない」と腕組みした。

「そう言われると、言ったような覚えもあるんですけれど……。なんで言ったのかは分からない。やる気はなかったです。プロレスをやれと期待されているのは知っていました。ぼくはその世界から飛び出て自由になったという感覚があった」

ただ、と佐山は続けた。

「最初、ショウジ・コンチャは、自動車屋をやりながら、少しずつ新しい格闘技を始めていずれ道場ができればいいね、という話をしていた。ところが急にジムを開くことになった。タイガーマスクがジムをやるとなると注目を集めるじゃないですか。密かにやることができなくなった。ショウジ・コンチャからはこう言われていたんです。〝交渉ごとなど表で喋ることは全部俺に任せてくれ。タイガーはジムのことだけ考えていればいい〟。そのときは彼のことを信じていた。ぼくは欽ちゃんのテレビに出たという記憶しかない。それも出ろと言われたから。そのとき、アメリカに行くと言えとショウジ・コンチャから言い含められたのかもしれない。アメリカで新しいマスクを被ろうなんて考えたことはないです。なぜならば、ぼくはやることがあったから」

この時期、佐山はワードプロセッサーと一日中向き合っていたという。

「新しい格闘技のルールを考えてました。頭の中にあること、ぱーっと思いついたことを書いて、プリントアウトして見直していたんです。文章力がないんで、そうするしかなかった。必死でした。タイガーマスクがどうのこうのっていう（一連の動きを報じた）記事をぼくは読んでないです。それぐらい没頭していた。ルールの他、技術論、組織作り、興行、考えることは沢山あった。そうじゃないとあんな革命のようなことはできないです」

そして、あのときは自分がやりたいことを誰も理解してくれなかったんです、と言った。

「今でこそ、総合格闘技というものが存在して、ぼくが言っていたことをみんなが分かる。しかし、当時は何もなかった。こういうものをやりたいと口に出しても、何の話をしているのだろうということになった。みんなが見ているのはタイガーマスクとしての自分なんです。だからぼくがやるならばプロレスだと思われた。それはしょうがない。繰り返しになりますが、ぼく自身はプロレスをやろうなんてこれっぽっちも考えていなかった」

佐山が進もうとしていたのは先人なき世界だった。自分の頭にある設計図を形にするためにキーボードを叩いていたのだ。

『欽ちゃんのどこまでやるの!?』での佐山の発言はテレビ朝日のスポーツ局を刺激することになった。佐山がこの番組に出演することをスポーツ局は把握していなかった。佐山はタイガーマスクとしてテレビ朝日と専属契約を結んでいた。これには八五年三月三一日までテレビ朝日が指定する以外の興行には出演できないと書かれていた。テレビ朝日は、アメリカで試合に出場した場合、損害賠償を請求する旨の警告書を佐山側に送った。

この警告書にショウジ・コンチャは前出の『アサヒ芸能』で反論している。

「アメリカでの試合については、昨年の段階でテレビ朝日と協議していたんですよ。話し合いがほぼ整ったと思ったら、新日プロから横ヤリが入ったのかどうか知らないけど、ダメになってしまった。だから、いまさら契約うんぬんをいいだすのはおかしいですね。それに、昨年八月タイガーが新日プロとの契約を解除したとき、テレビ朝日の契約も破棄したんですよ。いや、裁判に訴えるならば受けて立ちましょう」

この主張が法的に通用するかは契約書を精査しなければならない。目に付くのはアメリカでの試合についてテレビ朝日と協議していたという部分だ。これは新聞が口にしている「WWF」と符牒《ふちよう》が合う。佐山が真剣にプロレスラーとしてリングに上がることを考えていたかは別にして、「アメリカ」を絡めて新間とショウジ・コンチャが連携して動いていたことは間違いない。

そして新間はタイガーマスク復帰と並行して「第三団体」の立ち上げに奔走していた。
ユニバーサル・レスリング・フェデレーション――UWFである。

第九章

〝格闘プロレス〟UWF

UWFではスーパータイガーを名乗り、従来のプロレスとは一線を画す闘いを繰り広げた

前田日明はプロレスラーとしての将来に思い悩んでいた

新団体「ユニバーサル・プロレスリング」――UWFの動きが、公の場で初めて明らかになったのは、一九八四年二月八日のフジテレビ定例記者会見だった。

直後に発売された『週刊プロレス』二月二八日号はこう報じている。

〈この会見に出席した、日枝久フジテレビ編成局長の話をまとめると、以下のようなことである。プロレス中継に関しては現在企画進行中であること。当初は2時間の単発特別番組として企画されていたが、レギュラー番組として登場の可能性もあり、それについては再度検討中であること。ザ・タイガー（佐山聡）の復帰参加が条件として企画が持ち込まれてきたこと。中継はしても、興行面でのバックアップはしないこと、というのが概要であった。そして「放送の日時についても、目下検討中」（日枝局長）という〉

日枝は「この企画を我が社に持ち込んだ人物は、現在外人レスラーの仕込みで渡米中」とも語った。

この企画を持ち込んだ人物――新間寿はこの日、アメリカから帰国している。

佐山を中心に据えたこの新団体の社長として、新間は浦田昇という男に声を掛けていた。

〈「新間氏から『新しいプロレス団体をつくるが、この世界はドンブリ勘定だ。浦田、ひとつ経営を見てくれないか』そういわれたのが最初だった。でも、わたしが参画したときには、すでに話は進んでいたんです。

つまり、フジテレビの『銭形平次』の後番組として話ができていたんです。UWF発足と同時に、テレビ放映する。だれとだれとを引き抜けばゴーという話になっていた。その選手名は、猪木、長州力、タイガー（佐山聡）プラス若手選手だった」〉（『アサヒ芸能』八六年七月一〇日号）

当時、浦田は清涼飲料水メーカー「サンフルト」の社長であったと記事に書かれている。彼は中央大学時代の六一年、六二年と全日本選手権、全日本学生選手権で優勝経験のあるアマチュアレスリングの元選手でもあった。

前年、新日本プロレスで起きた〝クーデター〟の責任を取り、アントニオ猪木が社長の座を退いたことはすでに書いた。その後、テレビ朝日の意向で社長には復帰したものの、かつての影響力は失っていた。それに不満を抱えていた猪木は条件次第で新団体に来るだろうと新間は踏んでいた。そして長州力を帝国ホテルに呼び出したという。

「話をするために客室をとって、長州に来てくれって連絡した。〝光雄、金は用意してきた〟と口説いたら〝いや、新間さん、これは受け取れません〟って。新間さんから誘われて新日本に入って、また新団体に誘われることは嬉しい。でも自分は新日にいたいと言うんだ。（金を積んだのに）断られて逆に吉田光雄という人間の評価を高めたね」

新間は、フジテレビとの条件にあった「若手選手」にも接近している。

前田日明である。

〈ある日、新間さんから電話があって、久し振りに会おうと言われた。新間さんに対しては、何のわだかまりもなかったし、苦労した新日本プロから追い出されて気の毒だっていう気持ちもあって、会いに行ったんだ。その時に、ちらっと、新しいプロレス団体みたいな計画を話された。協力してくれないかと言われたけど、即答するのが怖かったし、周囲の状況も読めなかったから、大阪に話を振っちゃえと思って、「大阪の田中先生が自分の後援者みたいなものですから、そっちの方と話して下さい」と答えたんだ〉(『真格闘技伝説』)

前田の空手の師である田中正悟の著書には、まずは新間が一人で、次に猪木を連れて大阪を訪ねてきたと書かれている。田中は人目を避け、中華料理店の個室で会うことにした。

〈そのとき、猪木さんはこう言った。
「前田が先に動いて、新日が何だ、みたいな発言をしてオレにケンカを売って来い。そこにオレが乗りこんで対決し、いっしょになればいいのだ」
新日プロを代表する二人のトップに、こんなにはっきりと言われたものだから、僕もアキラも納得してUWFに移ったのである〉(『イノセントファイター』)

ただし、田中によると、新団体結成に前のめりだった新間と比較すると、猪木は様子見だった節があったという。

前田はプロレスラーとしての将来に思い悩んでいた時期だったと振り返る。

「前座の人間が三年の予定でイギリスに行ったのに、一年で戻された。俺、プロレスラー向いていないなぁと思っていて、やめようかなと考えていたんですよ。そんなとき、お袋が飛び降り自殺未遂をやっちゃって、病院代が必要になった。そして、田中正悟から〝猪木さんと新間さんが来た、どうする〟って訊かれた。俺は治療費、必要なんで行きますと。そのときははっきりと金額は聞かなかった。ただ、それなりの待遇はするって言われた。それでありがたいなと。それまで一試合八〇〇〇円。上がっても一万一〇〇〇円。それが（新団体では）給料制で一ヶ月一〇〇万になった。契約金は出なかったけど、月一〇〇万って大きいでしょ」

しかし、前田が新団体行きを決めた頃、すでにその土台は崩れ始めていた——。

新間寿の誤算

二月一一日、タイガージムの設立記念パーティが行われている。タイガージムは、世田谷区瀬田のショッピングモール「瀬田パークアベニュー」内にあり、二階と三階がトレーニング場になっていた。二階にはモニターが設置され、タイガーマスク時代の試合映像などが流されていた。三階に真新しいトレーニング機器が置かれた近代的なトレーニングジムだった。

この設立記念パーティの発起人に新間の名前は入っていたが、会場に姿はなかった。

タイガージムの会長となったショウジ・コンチャは報道陣にこう語っている。

「タイガーは恐らく三月二六日のＭＳＧ（マジソン・スクエア・ガーデン）に出場することにな

るでしょうが、そのための正式契約は、まだしていないのです」

新間とショウジ・コンチャは佐山のプロレス復帰、そしてニューヨークのマジソン・スクエア・ガーデン出場の話を進めていた。しかし、具体的には何も決まっていないと明かしたのだ。この段階で二人の関係は決裂しかかっていた。

二月一五日、フジテレビは新番組発表記者会見で四月からの『スポーツ・スクランブル』という枠でプロレス中継を開始すると発表している。フジテレビ側は、佐山が新団体に加入する可能性がほぼ消えていたことを知らない。

新日本プロレス側は新間の〝外堀〟を埋めつつあった。

二月二〇日、新日本の副社長である坂口征二がニューヨークを訪れ、WWFのビンス・マクマホンと会談している。

新日本とWWFの提携契約は七月に終了することになっていた。坂口は契約更新を確認し、さらに前出の三月二六日のマジソン・スクエア・ガーデンでのWWFの大会に佐山ではなく新日本所属の高田伸彦を出場させることで話をまとめた。

坂口は国内でも手を打っている。

大塚直樹に命じて新日本のレスラーとテレビ朝日の専属契約交渉を進めていた。大塚は〝クーデター〟の後、新日本を退社し、「新日本プロレス興行」を立ち上げていた。

それまでテレビ朝日が専属契約を結んでいたのはアントニオ猪木とタイガーマスクの二人のみ。同様の契約を長州、藤波辰巳、アニマル浜口、小林邦昭などにも広げたのだ。特に新間から狙われていた長州の囲い込みは必須だった。

以下は大塚の証言である。

「このとき、うちは新日本プロレス興行という、新日本プロレスの興行のみを扱う会社だった。新日のレスラーが新団体、あるいは全日本に行ってしまうと、こちらも困る。そこでテレビ朝日のプロデューサーに契約を結ばないとレスラーが出ていってしまいますよという話をしたんです。確か、長州と藤波が同額で七〇〇万。それをうちの会社が立て替えて払った。つまり新日本とテレビ朝日、二つの契約でレスラーを縛ったんです」

一連の動きを坂口は、社長の猪木に報告していない。猪木は新間と通じていたからだ。WWFという外国人レスラーの供給源を断ち、長州ら新日本の主力レスラーの移籍もない。坂口は新間を身動きのとれない状況に追い込んでいた。

誤算があったとすれば、すでに新間を信じて走り出した男たちがいたことだった。

三月一日、前田は新日本の事務所に預けてあるパスポートを返却してほしいという電話を入れている。そしてこの日、新日本の会合を欠席。翌日、神奈川県綾瀬市体育館での『ビッグファイトシリーズ』開幕戦も無断欠場した。移籍に向けて動き出したのだ。

新団体がその姿をはっきりと現したのは、三月六日午後四時のことだった。新宿二丁目の交差点にある雑居ビルに「U．W．F．ユニバーサル・プロレスリング」という看板が掲げられた。二日後の八日、正式に事務所開きが行われた。

ただし――。

この日の朝、社長の浦田は新宿・河田町にあったフジテレビを訪れている。

フジテレビ側は猪木、長州、佐山の三人が無理ならば、せめて長州と佐山の二人は確保してほしいと条件を緩めていた。猪木はともかく、長州、佐山との交渉は不調に終わっていた。新番組の正式発表の期限が迫っていた。もはやこれ以上、返事を引き延ばせないと浦田は判断したのだ。

前出の浦田へのインタビューから引用する。

〈あとから参画したわたしは、何がどう進められているか、まるでわからなかった。でも、フジテレビ側には『猪木、長州、タイガーは大丈夫』と、（※筆者註 新間が）だいぶ吹いていたようなんですね。

あの日、わたしたちはフジテレビに断りに行った。八、九人いた偉いさんは『そらぁねえだろう』とたいへんなけんまくでしたよ。そりゃ、向こうだって、いったん中継すると発表した手前、局としてのメンツもありますからね。あの一件で後に局の二、三人が飛ばされたとも聞きました〉（『アサヒ芸能』八六年七月一〇日号）

三月一〇日午後五時四三分発のJAL六二便で、前田と新間はロサンゼルスに向かっている。到着してすぐ、オリンピック・オーディトリアムで行われたWWFを観戦、WWFのマクマホン、メキシコのプロモーター、フランシスコ・フローレスと話し合いを持っている。ここで新間はマクマホンから新団体UWFにレスラーを出せないと通告されたはずだ。新間の顔があったとしても新日本、そして坂口を優先したのだ。その後、新間は前田を残して帰国した。

二月から三月にかけて、新間と坂口が会っている姿が目撃されている。坂口は「新団体の情報収集だ」と煙《けむ》に巻いていたが、新間にもはや打つ手はないという現実を突きつけていたのだ。

三月二六日、前田はマジソン・スクエア・ガーデンのリングに上がった。これは当初、新間とショウジ・コンチャによって佐山が出場するとされ、その後、新日本からは高田が出場すると発表されていた大会である。それが急遽、前田に代わったのだ。

新間と坂口が会合を重ねて練った案はこんな風だったろう――。

新間が度々口にしていた、マジソン・スクエア・ガーデンでの試合については佐山や高田でなく前田が出場。そこで前田にＷＷＦインターナショナル・ヘビー級王座を獲らせる。不思議なことであるが、これは藤波が防衛中のタイトルだった。前田はタイトルを持って〝凱旋帰国〟し、四月一一日から始まるＵＷＦの開幕シリーズに参戦。このシリーズには新日本から藤原喜明と高田を出す。その後、新日本はＵＷＦを吸収合併。前田と藤波の〝二つのベルト〟が存在することは、プロレスらしい〝仕掛け〟に利用できるだろう――。

この合意は前田はもちろん、浦田も知らない。

前田は四月九日に帰国し、四月一一日のＵＷＦ旗揚げ戦でダッチ・マンテルと対戦した。

〈黄金のＷＷＦインターヘビー級ベルトが誇らしげに腰に光る。

「俺にはＵＷＦの生活を支える使命がある」前田の五体からニューリーダーのエネルギーがほとばしる。

〝初陣〟の相手マンテルは絶好の小手調べでもあった。逆十字、ブレーンバスター、コブラツイストと矢継ぎ早に攻め込む前田、しかし、一瞬のスキができた。攻め込まれる前田。

と同時だった。超満員の観客から突如起こった四つのコール。藤原、猪木、長州、ドラゴン

――前田の目玉がギラリと光った。レッグラリアートがマンテルのアゴを砕き、トドメはジャーマンスープレックス。ゴッチが、猪木が決めた衝撃のフィニッシュホールドで前田は出撃した〉（『東京スポーツ』四月一三日付）

「猪木に裏切られた」はアングル

ＵＷＦのポスターには〈私は既に数十人のレスラーを確保した〉〈私はプロレス界に万里の長城を築く〉という言葉と共に新聞がマイクを持っている写真が真ん中に配置されていた。そして、〈日本人候補〉として佐山、猪木、長州、前田、藤原、高田などの顔写真もあった。しかし、観客が期待していた猪木、長州はリングにいない。猪木らの名前を叫ぶことで不満を露わにしたのだ。

この試合について前田はこう振り返る。

「（猪木たちの名前が呼ばれたことは）屈辱でもあったし、どうしていいのか分からないというのもあった。困ったなという感じですよね。メインイベントをやらせてもらいましたけど、どうなんだろ、俺がやっても大丈夫なんかなと思ってました。それでなんか言わなきゃいけないと思って、新しいプロレスをやるんだってリングの上から言ったんです。でもはっきりとしたものはなかった。なんとなくイメージしていたのは、ゴッチさんの目指していた方向。だって、新しい団体の旗揚げで新日本とか他のプロレス団体と違うものをアピールするって、それしかなかった」

ＵＷＦは一二日に埼玉県熊谷市体育館、一四日に山口県下関市体育館、一六日に岐阜県萩原町あさぎり体育館、そして一七日に東京の蔵前国技館でシリーズ最終戦を行っている。蔵前国技館で前田はシリーズ途中から参加していた藤原と対戦、リング上で「見たか、これが本物のプロレスなんだ」と叫んだ。これも前田の必死の言葉だったろう。

シリーズ中に猪木が何らかの形で合流すると新間はレスラーや社員に説明していた。しかし、猪木は現れなかった。

〈国技館の試合が終わったあと、結局猪木さんが来なくて、選手も社員も騒然とした。みんな、猪木さんが絶対に来ると信じていたからね。新間さんは、土下座するように謝って「裁判してでも猪木を引っぱって来るから。なんとしてでも猪木をつれて来る！」と言った。新間さんを信頼している社員達は、「新間さんを男にする！」と言って泣いているんだ。それを見たら俺達も、ここでやらなければ男じゃない！というような気持ちになって、みんなで踏ん張ったんだよ〉（『真格闘技伝説』）

その後、前田は、猪木に裏切られたという主旨の発言をしばしば口にしている。しかし、これは本意ではなかったという。

「正直言うとね、裏切るも何もないんですよ。自分は母親の治療費のためにユニバーサルに行っただけ。裏切られたというのは外に向けたプロレス的なアングル（仕掛け）でね。当時の自分の頭でプロレス的なアングルを考えたら、それしかないんですよ。猪木さんと新間さんに行ってくれと言われて、分かりましたと答えた。それでなんで裏切られたんですか？　猪木さんにしても新間さんにしても、ぼくは何にもないですよ。ただ、プロレスラーとしてアングルがいるので、新日に対してどう思いますかと聞かれると、裏切られましたと言うしかなかった」

五月八日、帝国ホテルで新日本、ＵＷＦの合同記者会見が開かれた。その場で「日本プロレスリング・コミッショナー」が〝コミッショナー見解〟を発表した。

〈この際、コミッショナーとして関係者が小異を捨てて大同につき、いわゆる第３団体と新日本プロレスとの合同に向かって話し合いを進められるように求められるものである〉

この耳慣れない日本プロレスリング・コミッショナーを務めていたのは衆議院議員の二階堂進である。

同名の職は日本プロレス時代から存在しており、自民党副総裁の大野伴睦《ばんぼく》、川島正次郎らが就任していた。しかし、当時から名誉職に過ぎず、前年の新日本プロレスの〝クーデター〟、あるいはその後に団体を割る騒動が起きた際に、一度も機能していない。政界に顔の利く新間がＵＷＦの吸収合併に重みをつけるために持ち出してきたのだ。

この〝コミッショナー裁定〟によりＵＷＦは興行会社としてその名を残したまま合併する、はずだった。

ところが、ＵＷＦの社員たちが納得しなかった。

浦田は『週刊プロレス』（六月一二日号）でこう語っている。

「そもそもUWFに集まった人間は前の勤め口をやめて参加しているんです。それだけに、新しいものへの情熱は凄く、新間寿を男にしてやるんだ、という意気込みで参加した人が多かった」

前田は貴重な若手選手であり、多少摩擦はあるとしても新日本に受け入れられるだろう。リングの中の様々な秘密を共有するレスラーは、外に対しては悪口を言い合うことはあっても、中ではしっかりと手を握り合っているものだ。

一方、社員は違う。

UWFには、新日本の営業部にいた伊佐早敏男、吉田稔らが加わっていた。クーデターで猪木たちの追い出しを謀った彼らが新日本に戻れば冷遇されるだろう。彼らはUWFを存続させるしか道がなかったのだ。

五月二一日、新間は京王プラザホテルでUWF顧問辞任の記者会見を開いている。

〈新間氏は辞任→引退の最大理由として次のように語った。

「私がUWFの役職を辞すのは、一部で噂されている、タイガー・マスクのUWF入りとは全く無関係である。私とUWF一部社員の間に亀裂が生じたのは事実だが、その原因は、二月二〇日、アントニオ・猪木に対してUWFの移籍料として数千万円手渡したことに端を発している。猪木は二月一二日、私に〝（UWFが）タイガーを使うのはやめてくれ。その代わり俺がUWFに行くから〟と約束したが、結局、猪木は四月一七日のUWF蔵前の試合にも何の反応も示さなかった。猪木に渡した数千万円は私自身も含めてUWFの社員、関係者から、猪木が来るということを前提に集めたものであり、今回、次期シリーズを開催するに当たり、猪木が約束を履行しないので、猪木からの全額回収を浦田社長に求められた。しかし、現段階では回収不可能となったいま、私が責任をとって辞めざるを得なくなった」というもの〉（『東京スポーツ』五月二三日付）

記事には「向こうは俺にいくら払ったと言っているの？　俺は一億か二億円でないと動かないよ。もし俺が貰っているなら、どんなに助かっているだろうね」と笑い飛ばしたという猪木の言葉も掲載されている。

金銭のやり取り、猪木の出した条件の真偽はともかく、新団体ＵＷＦは新日本との合併を拒否し、独自の道を歩むことになった。これからは新日本、そして新間の人脈も利用できない。彼らは再び、佐山に目を向けた。

ショウジ・コンチャは佐山を全日本に高く売りつけようとしていた

八四年六月一日、ユニバーサル・プロレスリング（ＵＷＦ）は東京・九段のホテルグランドパレスで記者会見を開いた。出席者は前田日明、ラッシャー木村、剛竜馬、そして社長の浦田昇の四人。その席で、五月二七日付の『東京スポーツ』が報じていた前田、木村、剛、そしてグラン浜田がＵＷＦから離脱するという記事を否定した。さらに、八月末から次期シリーズを行うと発表している。

記者会見の三日後、浦田は佐山サトルのマネージャーであるショウジ・コンチャと会談を行っている。直後、二人は『GORO』誌の記者に佐山のUWF参戦を明言した。

〈――UWF―タイガージム同盟の障害はほぼクリアされたと考えていいのか。

浦田「うちのポリシーに気持ち良く同意してもらっています。もちろん、タイガーには全シリーズ出場を望んでいます。

コンチャ「うちも全シリーズ出したい。ただし、話しあいがつかなくても、最低限、最初と最後の2試合は出す。それにシリーズに先立ち、7月23日か24日には、後楽園ホールで復帰特別試合をやるつもりでいる。

いままでのプロレス界のあり方はあまりにひどすぎたから、UWFには成功してほしいし、うちも協力していきたい〉（八四年七月一二日号）

この記事を読む限り、浦田とショウジ・コンチャの密な関係が伝わってくる。しかし、これは表面的なものだった。

そもそも一度途切れた、佐山とUWFを繋いだのは新日本の先輩レスラー、北沢幹之だった。北沢は佐山がタイガーマスクとしてイギリスから帰国する直前の八一年四月三日に引退。その後、磁気マット販売業に従事していた。北沢によると、UWFの立ち上げの際、吉田稔からレフェリーをやってくれないかと頼まれたという。

「磁気マットの仕事をやめたくないので断ったんです。俺は器用じゃないから、両方っていうのは難しいよって。ところがうちの奴（妻）と吉田の奥さんが仲が良かった。それで何回も頼まれて、仕方なしに、じゃあやるよって始めたんです」

四月に行われたUWFの旗揚げシリーズの後、北沢は自宅の近所で佐山とばったり会った。

「はっきりと覚えてはいないんですけれど、世間話から始まって、出てみないかという話になった。佐山の家にも行きましたね。それで吉田を紹介したら、トントン拍子に進んでいった。ショウジ・コンチャは絡んでいないです。あれが絡んでいたら、（UWFには）入れていない。佐山はあのとき、その人と別れたがっていたんです」

佐山がショウジ・コンチャに不信感を抱きはじめたのはこの年の二月末だった。佐山はこう振り返る。

「環八沿いのイタリアンレストランかなんかで、（ショウジ・コンチャが）実は瀬田の道場の経営が苦しいんだと言い出したんです。それで全日本プロレスに出てくれと。そんなことはできるわけがないだろうと、ぼくはテーブルを叩いた。ぼくはプロレスをやる気が全くなかったんですから」

佐山は開いた口が塞がらなかった。そもそも自分は新しい格闘技を作るためにじっくりと準備するつもりだった。ところが、ショウジ・コンチャが資金を集めた、経営は任せてくれと言い出したから始めたのではないか。

ジムのオープンから一ヶ月も経たないうちに、彼がこんな話をしたのには理由があった。佐山を全日本に高く売りつけようとしていたのだ。加えて、ジムで働く女性と問題を起こしていることも佐山の耳に入っていた。

北沢がきっかけになったかどうかははっきりと記憶にないと佐山は前置きした上で、こう言う。

「(世話になった)北沢さんからの話ならば考えたでしょうね。浦田さんと会ってみると、色々とショウジ・コンチャのことを聞かされた。浦田さんは彼のことを色々と知っていた」

ショウジ・コンチャは暴力団、裏社会と深い繋がりがあるという噂があった。

「浦田さんが(ショウジ・コンチャとの関係を)なんとかしましょうということでUWFに入ることになったんです」

そして佐山はこう付け加えた。

「でもUWFでプロレスをやろうというつもりは全くなかった。新格闘技を作ることが一〇〇パーセント重要でした」

UWFがどのような団体であるかはどうでもよかった。ショウジ・コンチャと手を切るために浦田が手助けをしてくれる。それが佐山には必要だったのだ。

「〝新格闘技〟を広めるためです」

佐山の参加を取り付けた後、浦田は藤原喜明を口説いている。『週刊プロレス』七月一七日号によると、新日本プロレスの『第二回IWGP』最終戦の翌日、六月一五日にUWF企画宣伝部長の伊佐早敏男が藤原の自宅を訪問。UWF側の意向と契約内容を説明した。そして二〇日に浦田が藤原家を訪れて、四時間近く話し合いを行ったという。

新日本を出ることを決めたのは、猪木の言葉がきっかけだったと藤原はぶすっとした顔で言う。

「新日本で乗っ取りみたいなのがあっただろ？　クーデターって言うの？　その後、大宮で大会があったとき、猪木さんがツカツカツカって怒ってこっちに来るんだよ。俺が〝お疲れ様でーす〟って挨拶したら、いきなり〝お前もか〟って言われた。お前もかって何だよって思っていたら、クーデターだったんだよ。でも俺は（クーデターの首謀者だった山本）小鉄さんから何も言われていない。猪木さんからは〝お前もか〟って言われる。ああ、両方から必要とされていねぇんだって。新日本で一生懸命練習しているのに、給料も上がんねぇしな。これからは好きに生きなきゃ。プロレスやめてラーメン屋でもやろうかって、ずっと思っていたのね」

クーデターとかアホ臭い、嫌ならやめればいいじゃねぇか、策略とかこそこそするのは俺は嫌いなんだよと、藤原は声を荒らげた。

浦田から誘われたのはそんなときだった。

「浦田さんが俺んちに来て、色々と言うわけだよ。だから訊いたんだ。〝私のことが必要なんですか〟って。そうしたら〝必要じゃなかったらこんなとこ来ませんよ〟って。だから必要とされているところに行こうと思った。そのときは人生の岐路だから、〝一週間待ってください〟と返事した。（心の中では）もう決めていたんだけれどね」

藤原は後輩の高田伸彦の前で悩んでいる姿を見せている。

高田の著書『最強の名のもとに』から引用する。

〈ある日、寮の食堂で藤原さんとメシを食べていると、藤原さんは突然妙なことを言い始めた。

「右が新日とするだろう。で、左がUWFと。どっちに倒れるかな」

藤原さんは箸を一本テーブルに立て、手を離す。

「左か。ということは、UWFか」

すぐ近くにいる自分など眼中にないといった様子で、藤原さんは何度も同じことを繰り返す。

「何回やっても、結果は一緒だな」

藤原さんの持った箸はいつも左側に倒れた。藤原さんがわざとUWFのほうに箸を倒していることくらいすぐにわかったたし、何を意味しているのかもわかった。

（中略）

自室でしばらくぼんやりしていると、藤原さんに呼び出された。

「俺はUWFに行くことにした」

藤原さんの目は真剣だった。自分はその場で即答した。

「自分も行きます」

その夜、自分は荷物をまとめると、寮をあとにした〉

この本に書かれているようなことが実際にあったのかと問い質《ただ》すと、「ああ、箸ね。そんなことをやった記憶はある」と藤原は唇をねじ曲げて笑った。

ただ、高田をはっきりとした言葉で誘っていないと、地の底からわき出てくるかのような低い声で言った。

「人の人生を決められないから。ただ、練習を一緒にしていたから、〝俺は行くけど、どうする〟

みたいなことをこそっと言ったかもしれないなぁ」

佐山のUWF加入は藤原の移籍の一つの要因となったかと訊ねると「なーんにも関係ない」と素っ気なく答えた。

六月二七日、UWFはグランドパレスで記者会見を開いている。藤原、高田、前田、そして浦田が出席した。藤原はカティサークの瓶を片手に現れ、席に着くなりウイスキーを口に含んだ。藤原らしい無頼さを押し出した記者会見だった。

翌二八日、同じグランドパレスで佐山が「ザ・タイガー」と改名し、タイガージムのインストラクターである山崎一夫と共に七月二三、二四日の二大会に参戦すると発表した。

佐山は記者会見で新しい格闘技を広めるためにUWFのリングに上がるのだと語った。

〈――リング復帰の動機は?
タイガー　それはファンのためと自分が今やっている〝新格闘技〟を広めるためです。
――その新格闘技とは?
タイガー　今度のファイトを見てもらえれば分かると思います。特にキック、関節技、投げ技を攻撃の手段とする格闘技です。考え方は〝原始的〟だが、見る側にとっては華麗な格闘技(マーシャルアーツ)になると思う。それをプロレスルールの範囲内で最大限に生かしますよ。
――一年間のブランク。不安はないのか?
タイガー　今僕がいった格闘技には自信はあるが、プロレスルールに合わせられるかは不安が残る〉(『東京スポーツ』六月三〇日付)

「UWFにセメントの仲間が集まった」

七月一三日、タイガージムでUWFとの合同練習が行われている。UWFはまだ練習拠点を所有していなかった。

〈新日本を離れてから、ほぼ1年ぶりのスパーリングをすることになった藤原、前田らとタイガーは、お互いに「なつかしいなァ」を連発。タイガージムの山崎一夫も加わってさっそく、熱のこもった実戦特訓をジム内で、くり広げた。タイガーのキックの練習となった時「よおし、タイガーの相手は俺がやろう」といいだしたのはテロリスト藤原。新格闘技用のミットを持ってタイガーのキック、パンチの受け役にまわる。（中略）さらに本格的なスパーで、タックル、関節技の応酬を展開。「うん、昔のままだな、レスリングの癖も変わらない」と、いかにもうれし気な藤原の顔が印象的だった〉（『週刊プロレス』七月三一日号）

新しい団体の熱気、そして藤原や佐山の親密な関係が伝わってくる。

UWFの方向性を決めたのは自分だと藤原は言い切った。

「なんかの会議みたいなのがあって、俺がこう言ったんだ。〝今までと同じことをやっても新日本と全日本には絶対勝てない〟って。俺の頭にあったのは（新日本時代の）藤原教室。試合前のスパーリングとかを見ていた記者が〝こっちの方が（本番よりも）面白い〟って言ったんだ。このスタイルでやったら面白いなというのがずっと頭にあった。あと、俺と前田、佐山とずっと言っていたのは、ボクシングのパンチとアマチュアレスリングのタックル、キックボクシングの蹴り、そして俺たちがやっているの（関節技）を全部合わせたら凄いものになる。（UWFのレスラーは）みんな軀が小さいし、これしかないんじゃないかって」

佐山は藤原の加入を歓迎した。

「UWFにセメントの（練習をしていた）仲間が集まった。彼らならば自分の考えを理解してくれるかなと思ったんです」

佐山はUWFを新しい格闘技のために使おうと考え始めていたのだ。

「浦田さんとは、（移動中）ぼくの車で新しい格闘技をやりたいという話を何回もしましたね」

タイガーマスクとして観客の気持ちを鷲摑みにしていた佐山は、単発の試合ならばともかく、シリーズ興行としての格闘技の限界に気がついていた。

佐山が関わっているということで、観客はプロレスを期待するだろう。彼らは格闘技に対する正当な理解、認識を持っていない。人気選手が敗れた場合、落胆し、足が遠のく可能性がある。そこで旧来のプロレスと格闘技を混在させる。いわば競技と興行の両立である。

「彼らもぼくのレスラーとしての人気を利用したいと考えていた。それによって彼らは幸せになれる。ぼくも新しい格闘技の選手を育てることで幸せになれる。双方の思惑が合致するじゃないですか」

同床異夢だったんですね、と訊ねると佐山は深く頷いた。

UWFを新しい格闘技への〝つなぎ〟として使うことに浦田は賛成してくれたという。ショウジ・コンチャに代わる理解者を見つけたと、佐山は頼もしく思っていた。

七月二三日、後楽園ホールで『無限大記念日』と題した大会が行われた。佐山は高田と組んで藤原、前田組と対戦している。佐山にとっては約一年ぶりのリングだった。

『東京スポーツ』ではこの試合を一面で報じ、「ザ・タイガー」としてマスクを被った佐山が空中に飛び、ダイビングヘッドバッドをしようとする姿が大写しになっている。タイガーマスク時代と比べると派手さは減ったが、パイルドライバーなどプロレスの技で観客を沸かせた。佐山は観客が何を求めているのか、きちんと理解していた。

その一方、観客への〝探り〟も入れている。それは山崎一夫とメキシコ人覆面レスラー、ガジョ・タパドの第一試合だった。

タイガーマスク時代、佐山の付き人を務めていた山崎は八三年のクーデター直後、新日本を去っていた。

「用賀を歩いているときに、ベンツが停まってすーっと窓が開いたんです。そうしたら佐山さんが〝山ちゃん、元気〟って。新日本を出て、バイトかなんかするかって考えていたときだったので、その後、佐山さんに相談したんですね。そうしたら、タイガージムというのをやるんだけれど、インストラクターが欲しいんだと言われた。長年（新日本で）やっていた練習方法とかを山ちゃんは知っているから、来てくれないかっていう話になったんです」

タイガージムは入会費三万円、月会費一万五〇〇〇円という当時としては高額の会費を取っていた。それでも佐山の知名度により、多くの会員を集めていたという。

「最初は佐山さんも教えていたこともあったでしょう。募集したら会員はすぐに集まった。ぼくの記憶では一番多かったときは会員が三〇〇人ぐらいいた」

ただ、ジムで教えていたのは軽めのトレーニング、いわゆるフィットネスだった。佐山によると賃貸契約に激しい格闘技を教えてはならないという条項が含まれていたという。

佐山は自分が五〇歳になったときに、きちんとした形となればいいと考えていた。このとき彼は二六歳。まだ時間はあった。まず手をつけたのは、理想とする格闘技の土台作りだった。

ジムはそのための「研究室」でもあった。

新日本プロレス時代、佐山は藤原喜明たちと寝技のスパーリングを繰り返し、関節技を磨いていた。佐山が考えていた新しい格闘技には、寝技の他、パンチ、蹴りといった立ち技、タックルなどの投げ技が含まれていた。この三つの要素を含んだ競技は存在していなかったため、零《ゼロ》から形を作らなければならなかったのだ。

佐山はキックボクシングの他、ムエタイ、サンボなどの格闘技を研究していた。山崎、そして前田日明の紹介で内弟子となった宮戸成夫《しげお》（現・優光）を相手に、一六オンスのグローブを手にはめ「寸止めなし」のスパーリングを行うことによって、どの技術が総合格闘技に向いているのか取捨選択しようとしたのだ。

例えば「構え」――。

ボクシングでは腕を顎付近に置いてガードを固める。しかし、このガードではこめかみなどを狙った真横から飛んでくる強い蹴りには対応できない。また、ムエタイでは上半身の重心を後ろに置き、足を触覚のように振り回す。この足を掴まれれば倒されることになる。ムエタイには寝技がなく、タックルを想定していないのだ。

立ち技の打撃、投げ技に対応するには、頭部を護るように両腕を上げる「低重心アップライト」が最も適しているという結論を導き出した。この「低重心アップライト」という言葉は佐山が考えた造語である。

また、佐山は弟子とのスパーリングの中で、プロレス技であったローリングソバットが格闘技でも使えることに気がついた。ローリングソバットは受ける側には、どこに足が向かってくるのか分からない。プロレスでは欠点になったこの特徴が格闘技では長所となった。

タイガーマスク時代は、高く飛び上がって相手の胸元を蹴った。今度はこのローリングソバットで直線的に相手の腹部を狙うようになった。

「キックの選手は使わない技です。みんなと練習しているときに、これは有効だと気がついたわけですね。相手はこちらが蹴る（形に入る）というのが見えない。（踵で）真ん中を狙えばだいたい（急所の）レバーにあたる。完璧にセメントの技です」

ローリングソバットに入るタイミング、距離を佐山はスパーリングの中で何度も試した。そして佐山の鋭く、強い蹴りをレバーに受けた弟子たちは床にうずくまることになった。激しいスパーリングにより床の絨毯《じゅうたん》に血が流れて、染みができた。後にビルから退去しなければならない一つの理由となった。

佐山は「彼らはぼくが階段を上ってくる音を聞くのが嫌だったそうですね」と笑う。

「会員に対しては優しくフィットネスを教える。それ以外の昼間の時間は山崎たち弟子が何人かいたので格闘技の練習をしていたんですね。そこは黒崎流だから、ガンガンやるわけです」

黒崎流とは、かつて佐山が通っていた目白ジムの黒崎健時の激しいトレーニング方法を指す。

「山崎は（新日本からの流れで）入ってきたから、ガチンコをやると思っていない。プロレスラーだから、何か新しいものをやるものだとだけ考えていたはず。そうしたら殴られて血を流して……戸惑っていたかもしれない。スパーリングでぶっ倒していましたけど、彼らを選手にするつもりはなかったんです。次の時代の選手に教えられる人間を作りたかった」

「〝プロレスやれよ〟とえらく怒られて、すごく凹んだんですよ」

山崎が佐山と共にＵＷＦに出場することになったのは、レスラーが不足していたからだ。

「佐山さんのおまけみたいなものです。（新日本を脱退して）自分はもう二度とリングに上がれないという後悔もあったので、やった、できるという感じでした」

ガジョ・タパドとの試合で山崎は青いタイツを穿き、脛《すね》あて――「レガース」を付けている。

「（タイガージムでの練習中）拳にはグローブを付けるのに、脛に何もしないのはおかしいと佐山さんが言い出したんです。それで〝山ちゃん、こういうのはどう〟って佐山さんは色々と試したんです。こういう素材はどうですか、こういう形の方が付けやすいとか、中に詰めるアンコなどを考えて、何個も何個も試作しました。今のレガースってレスリングシューズを履いた上に付けるようになっていて（脛から足の甲まで）ずっと繋がっています。最初は（脛から）くるぶしまでの大きさで、シューズはシューズで別にアンコを入れていたんです。それでレガースを編み上げて止める。ただ、これだと脱げやすかった」

前述したように、衝撃を和らげる綿のことをアンコと呼ぶ。

「ロングタイツにレガースで、行ってこいって（佐山から送り出された）。佐山さんに言われたのは、〝プロレスはやらなくていい。タイガージムでやってきたことだけやればいい〟。蹴って、投げて、極める。その通りにやるじゃないですか？　そうしたら向こうのメキシカンは途中から戦意喪失というか。ぼくもやりながら、これでいいのかなと思っていた。控室に戻ったら佐山さんは〝山ちゃん、あれでいいんだよ、あれでいい〟と。浦田さんは何も言わなかったんですけれど、他の営業の人からは〝なんだ、あれは。プロレスできるんだろ？　プロレスやれよ〟とえらく怒られて、すごく凹んだんですよ」

このキック用レガースは佐山も着用し、ＵＷＦの一つの象徴となる。

そして八月三日付の『東京スポーツ』に佐山がＵＷＦと専属契約を結んだという記事が掲載された。

八月四日、浦田はショウジ・コンチャと港区の喫茶店で会っている。そこで佐山に関する興行権、商標権放棄の念書に署名させた。佐山との約束を守ったのだ。

二日後の八月六日、ＵＷＦは新宿のセンチュリー・ハイアット・ホテルで記者会見を行い、佐山と山崎の加入を発表した。

会見の席で佐山はタイガージムについてこう答えている。

「現在の場所とは違うところで継続していく。二〇〇人近い会員もいることだし、運営などは自分たちでやる。コンチャ会長とは話し合いがついているし、いっさい問題はありません」（『東京スポーツ』八月八日付）

しかし――。

翌日、ショウジ・コンチャはUWFと報道機関に、この会見を否定する声明文を送った。そこには〈圧力を以て一方的に移籍を強要〉された、法的措置を取ると書かれていた。

その後、ショウジ・コンチャは告訴という手を取らなかった。しかし、彼はある〝爆弾〟を仕掛けた。それを佐山たちは後に知ることになる。

UWF道場

UWFのレフェリーとなった北沢幹之は佐山加入のきっかけを作っただけでなく、この新団体に不可欠な縁をたぐり寄せた。「第一自動車」の寺島幸男である。

寺島と北沢は古い付き合いだった。

「北沢さんが（プロレスデビュー当時のリングネームである）高崎山猿吉で出ていたときから知っている。最初は単なるファンだったんだ。試合に行くと、あそこに座って、そこに座ってという風に世話を焼いてくれた」

寺島によると、ある日北沢が「YMエンタープライズ」の廣瀬義輝を伴って現れたという。廣瀬が社長を務めるYMエンタープライズは、新日本プロレスのリングの運搬、設営を請け負っていた。

「うちはね、吉忠マネキンっていう日本一のマネキン会社の下請けなの。関東一円のデパートなどに吉忠のマネキンを運ぶ。元々、この倉庫を物流拠点として横浜関内（方面の配達）をやる予定だった。だけど、前の道路が狭くて一〇トン車が入れないから使用許可が出なかったの。それでマネキンの塗装に使っていた。マネキンって運ぶときにぶつかると傷になったりする。そういうのを修復するんですよ。（倉庫の存在を知っていた）北沢さんから前田（日明）たちをなんとかしてくれないかって頼まれた。まさか多摩川の河原で練習させるわけにはいかないでしょ。だから人情的にやってあげたいと思ったから〝じゃあ、測ってみな〟って」

第一自動車の倉庫は世田谷区大蔵の仙川沿いにあった。北沢と廣瀬は倉庫を歩き回り、一本の柱が邪魔になると言い出した。

「じゃあ、それをとっちゃえよって。改装費はかかんなかった。廣瀬さんが持ってきたリングをポンと置けば絵になっちゃうじゃん。あとは隅の方にシャワーを作ったのかな。それからみんながドドドドドって来たわけよ」

八四年七月一三日にリングが設置され、練習場所としての形を整えた。

「七〇坪ぐらい彼らに貸して、うちの事務所は一〇坪。（事務所と道場の仕切りとして）ガラス一枚あったけど、ドッタンバッタンすると、ビーン、ビーンって響くんだ。イタタタタって声も聞こえるし、もう仕事なんかしてられないよ。朝一〇時から練習が始まって、一一時ぐらいになったら（UWFの）若い衆が事務所の前を行ったり来たりするんだ。奥に流しがあったからね。そこで若手レスラーがご飯を作っていた。ほんと昔の長屋みたいなもんだったね」

レスラーの食事はちゃんこ、である。毎日、ちゃんこができると最初に呼ばれたのだと、寺島は目を細めた。

「木戸（修）さんが声掛けてくれて、一緒に食べる。木戸さんは毎日来て、バーベルを上げて、それでもう練習しないから、ゴルフでもやらないかって。それでゴルフ練習場も造ったんだ。プロレスは教えてあげられないけれど、ゴルフは教えてあげられるからね」

木戸は八四年九月にＵＷＦへ加入していた。

寺島がＵＷＦに入れ込んだのは、軀一つで商売をするレスラーに共感を覚えていたからだ。

「川崎の宮前区生まれ、百姓の四男坊でね。俺は百姓をやるのが嫌だった。何か手に職をつけなきゃって、川崎の平間にあったパン屋の小僧になったんだ。これからの時代はパンだって思ったからね。それで（車の）免許をとって（配達を）していたんだけれど、色気づいて、女ができて、遊ぶのが面白くなった。それで今度は（東京・世田谷の）上馬にあったパン屋の運転手の責任者になった。でも、（大手の製パン会社の）オートメーション化が進んでね、これはもう駄目だと思った」

三軒茶屋にあった第一自動車に飛び込みで入り、運転手として働くことになった。このとき第一自動車はトラック三台の小さな運送会社だった。マネキン運搬を手がけることで急速に規模を拡大、寺島が後を継いだのだ。

そんな彼はＵＷＦの練習を見て、目を丸くしていた。

「半端じゃない練習しているんだよ。すごい努力している。応援したくなりますよ」

ショウジ・コンチャと別れ、タイガージムを閉めた佐山も毎日のように顔を出した。

寺島はこう振り返る。

「佐山、前田、高田、山ちゃん（山崎一夫）の四人は仲が良かったよ。新格闘技を目指してやっていこうという気持ちが一緒だったからね」

佐山たちは新しい団体の熱気と高揚感の中でしっかりと肩を組んでいたのだ。

浦田社長の逮捕

八月二九日、高崎市中央体育館で『ビクトリー・ウイークス』シリーズが始まり、佐山は「スーパータイガー」と改名してリングに上がっている。長野、茨城、群馬などを回り、九月一一日の後楽園ホールで最終戦を終えた。

佐山がリングの上で強く意識していたのは、プロレスと格闘技の融合だった。

「あのときは、関節をとってもみんな分からない時代でした。逆十字をとる、なんで逆十字で極まるんだって言われるんですから」

逆十字とは、両足で相手の腕を挟み、腰を浮かせて肘関節を極める——腕ひしぎ十字固めのことである。柔道の他、柔術、サンボ、あるいは現在の総合格闘技でも最も使用頻度の高い関節技だ。逆十字だけでなく、プロレスの技としては地味であるとされていた効果的な関節技は少なくなかった。

「そこで何をやったかというと、技の名前をつけていったんです。Vクロス、V1アームロック、ピロー・アームロック、テレフォン・アームロックなどですね」

はじめに言葉ありき——佐山は目新しい名前をつけることで、関節技に光をあて観客を啓蒙《けいもう》しようとしたのだ。

「藤原喜明は関節技が強い、前田日明は蹴りが強いということを打ち出して、ガチンコのような世界を表現する。それがプロレスラーとしての自分の考えでした」

例えば――。

九月七日、佐山は後楽園で藤原と対戦している。これは『UWF実力ナンバーワン決定戦第一ラウンド』と銘打って行われた。

この試合で佐山はチキンウイング・フェイスロックで勝利。これは相手の片腕を極め、もう片方の腕で顔を絞め上げる技である。これも従来のプロレスでは決まり技とはならなかった。こうした技をわざわざ使うことで佐山はUWFの方向付けをしていったのだ。

「あれはゴッチさんの技です。プロレスの技なんですけれど、腕十字よりも見栄えがする」

試合後、佐山は控室で左の肩と腕を隠すようにタオルを掛けて報道陣と向き合っている。そこで「関節をとられて、肘をいかれちゃいました」と顔をしかめた。

「もっと蹴りをぼんぼん出せばいいんだけれど、かなり（関節をとるのが）上手いから蹴り（足を）掴まれたらまずいんで。要注意しないと」

記者の「タイガーマスク時代と比べたら格好悪いシーンがあった」という質問に「当然です。今日は勝てたけど、いつまでやれるか分からないですよ」と返した。

「今日も本当は（藤原の技が）極まっていたんです。でも根性でギブアップしないようにしていたから」

シリーズ最終戦、九月一一日の後楽園ホール、前田日明戦でも佐山はチキンウイング・フェイスロックで勝利し、『実力ナンバーワン決定戦』で優勝している。

この試合の直後、佐山は報道陣にこう切り出した。

「藤原さんのときと違って、力で全部押してくるんですよね。もう同じ技で攻めてくるでしょ。あれがまだ若いところなんでしょうね。あれが藤原さんだったら、ぱっぱと切り替えて足でも攻めてくるんだけれど。関節（技）も読めるんですよね。だけど力は強いから、強引に持っていかれちゃうんですよ」

佐山は言葉で、老練で技の巧みな藤原、若さと力の前田という性格付けをしたのだ。

一〇月五日、後楽園ホールから『ストロング・ウィークス』シリーズが始まった。

佐山は前田と組んで、木戸、藤原と対戦。佐山はチキンウイング・フェイスロックで藤原に敗れた。タイガーマスク以降、反則負け以外で佐山自身についた初めての黒星だった。UWFには旧来の新日本プロレスや全日本プロレスと違い、予定調和はない。前のシリーズで優勝した佐山でさえ、あっさりと敗れるということを自ら示したのだ。

この大会を最後に、ラッシャー木村と剛竜馬が離れている。旧来のプロレスに浸っていたラッシャー木村たちにとって、UWFのスタイルは受け入れがたいものだったろう。佐山とUWFは独自の路線をひた走りつつあった。

そんな矢先のことだった——。

〈人気レスラー「タイガーマスク」の移籍をめぐって、プロレス興行会社の社長が暴力団幹部と手を組み、現所属ジムの会長に無理やり移籍に同意する念書を書かせていたことがわかり、警視庁捜査四課と丸の内署は一九日午後、強要の疑いで二人を逮捕した。

捕まったのは、東京都大田区西六郷二丁目、プロレス興行会社「ユニバーサル・プロレスリング（略称・ＵＷＦ）の社長浦田昇（四三）と、東京都練馬区大泉学園六丁目、暴力団住吉連合会幹部滝沢弘（五二）。調べによると、浦田らはタイガーマスクこと佐山聡選手（二六）をＵＷＦに移籍させようと引き抜きを計画。八月上旬、東京都港区赤坂の喫茶店に、「タイガージム」の会長（三九）を呼び出して「タイガーから手を引かないと半殺しにする」などと脅し、興行の決定権やタオル、Ｔシャツなどに付けるマークなどキャラクター商品の販売権などを一切放棄する、といった内容の念書を書かせた疑い〉（『朝日新聞』一〇月二〇日付）

浦田が暴力団幹部を同席させて、タイガージムの会長であり、佐山のマネージャーでもあったショウジ・コンチャこと曽川庄司を脅迫したというのだ。

後に浦田は『アサヒ芸能』の取材にこう答えている。


〈タイガーの件は引き抜きではないんです。うちの営業マンが何回も接し『真の格闘技をやりたい』と、タイガー自身がＵＷＦ入りを望んでいたんです。曽川も『浦田さんの所へ行くならばわかった』といっていたんですからね。むろん声も荒げてはいないし〝〇〇会の幹部〟と同席したのでもない。わたしだって、その幹部に呼ばれて、その喫茶店に行ったくらいなんです〉（八六年七月一〇日号）

浦田の言葉はそのまま受け取れない。ショウジ・コンチャ自身は、佐山に相当の金銭をつぎ込んでいた。そこには佐山を名目にして他人から引っ張ってきた金も含まれる。ショウジ・コンチャのような人間が、そうした金を回収する前に佐山を手放すはずはない。

また、浦田はこの問題の解決に自信を持っていた節がある。何らかの形で暴力団幹部の力をあてにしていたことだろう。

一一月九日、容疑否認のまま、浦田は起訴された。一般紙で刑事事件として取り上げられた影響は大きかった。ＵＷＦの中継に興味を示していたテレビ局が離れていったのだ。

「ガチンコを押し出していくという作戦しかなかった」

浦田が勾留されている間、佐山は言葉を鋭く研ぐようになった。

浦田の逮捕の直後、『週刊プロレス』で〈佐山聡、21世紀へのニュープロレス宣言〉という連載を始めた。

そこではＵＷＦの進むべき方向をこう宣言している。

〈私が考えるプロレスとは古代ギリシャに起こった格闘技パンクラチオンを現代に復活させることだった。

パンクラチオンは殺し合いだったが、現代では殺し合いは許されないので、ルールの上にのっとったシュート・レスリングをすることが私の理想のプロレスである。

シュートとは撃つこと。つまり殺すことなのだが、これをプロレスにあてはめるとノックアウトかギブアップで勝負を決める。ワン・ツー・スリーによるフォール勝ちは私の辞書にはない〉（一一月二〇日号）

連載二回目では一週間に一試合が理想、妥協しても一週間に二試合が限界であるとも書いている。この直後、ノックアウトとギブアップの他、レフェリーストップ、ドクターストップのみという決着方法が含まれた一〇〇箇条のルールを発表。そしてこのルールは一二月五日の藤原喜明戦に適用された。「UWF式ノーフォール・デスマッチ」と名付けられたこの試合で佐山は五五発の蹴りを浴びせ、藤原をノックアウトしている。

そして年末に発売された『週刊プロレス』で佐山は新たな大会方式について語っている。

〈85年の新しい企画として、UWFはA・Bの両リーグ制をとるつもりです。Aがメジャーリーグ、Bがマイナーリーグという考えですね。Aリーグには日本人4人、外人2人の枠を作って、それぞれトーナメント戦を行う。こうしてAリーグのもっとも成績の悪いものと、Bリーグのもっとも成績のいいものが入れ替わるというスタイルなんです〉（八五年一月八日・一五日号）

こうした策は苦肉の策でもあったと佐山は振り返る。

「あのままプロレスをやっても駄目だと思っていました。興行で考えると、トップの選手がいない。盛り上げていく選手もいない。（チケットを）売っていくのは不可能だと判断していました。勝ち残っていくには、ガチンコを押し出していくという作戦しかなかった」

タイガーマスクで観客を沸かせてきた佐山は〝トップ〟のレスラーだった。しかし、それ以外のレスラーがいない。

藤原喜明、あるいは木戸修がなぜ新日本で地味なレスラーとして扱われていたのか。それは観客を熱狂させる何かが欠けていたからだ。そして、前田日明はまだその水準に達していなかった。

「トップというのは、観客を引き込める人。感情が出せる人と言えるかもしれませんね。猪木さんはもちろんそれがあったし、馬場さんも動くだけでお客さんが喜ぶ。軀で魅せることができた。ジャンボ鶴田さん、長州さんにもあった。あと、藤波さんも格好の良さで人を惹きつけることができました」

リーグ制も手薄な選手層を補うためだった。

「一つのシリーズを闘うだけの人数がいなかった。だから、うちはガチンコだから試合数をこなすことができないという話にしたんです。選手が足りないことに加えて、本当は地方では客が入らないので（現地のプロモーターが大会を）買ってくれないからできなかった。ぼくは一八（歳）ぐらいから、どうやったらセメントで試合を（運営）できるかっていうことばかり考えていた。リーグでやるというのはその中の一つだったんです」

翌八五年一月七日、『格闘技ロード・公式リーグ戦』が後楽園ホール大会から始まった。UWFの試合ぶりについて『東京スポーツ』はこう書いている。

〈「誰が一番強いのか!?」ファンの素朴な疑問に明確に答えを出そうというのがUWFの狙いである。（中略）「折ってしまえ」「もっとやれ」……戦士が過激ならファンも〝殺し合い〟を要求する。UWFプロレスは確かに他団体と一線を画しているようだ〉（一月九日付）

選手層の薄さ、華のなさを「真剣勝負」という装飾で覆い隠すという佐山の目論見はある程度、成功していた。

その一つの山場となったのが、一月一六日に大阪府臨海スポーツセンターで行われた藤原戦だった。

試合前、『東京スポーツ』は〈藤原1・16葬送マッチ〉〈Sタイガーとの死の決着戦〉〈大阪決戦どっちが勝っても死者が出る〉という大仰な見出しをつけて煽っている。

この試合は藤原が佐山の左腕をチキンウイング・アームロックで捕らえて勝利した。技が決まった瞬間、「折れたぞ」という声がリングサイドから上がった。それを聞いて「折れ」と面白半分に騒いでいた観客は一瞬静かになり、リングサイドにいたレスラーたちが慌ててリングの上に上がっていった。痛みに顔を歪《ゆが》めた佐山は左肩をタオルで押さえ、控室に下がった。

翌日の『東京スポーツ』はこう報じている。

〈勝利の味と、限界を超えたファイトをしてしまった苦い後悔の念に、男の涙をこらえ切れない藤原。マットにつっぷして泣き崩れてしまった。（中略）
救急車を呼べ!! リングサイドで誰かが叫んだ。練習生が電話に走った。けたたましいサイレンの音とともに担架が運び込まれた。

「いらないよ、大丈夫だ」報道陣をシャットアウトした控室から、スーパータイガーの大声が、もれてきた。

「左肩の脱きゅうと左ヒジのジン帯損傷だ」自分のケガを冷静に分析したスーパータイガー。

「病院に行けばドクターストップがかかるに決まっている。UWF戦士は八人しかいないんだ。休むわけにはいかない」〉（一月一八日付）

藤原は「佐山の腕を折ってしまうなんて」「友人を骨折させるなんて」と嗚咽《おえつ》を漏らしたとも書かれている。UWFのレスリングは時に大切な同志を傷つける修羅の道であるという調子だった。

しかし、これらは全て演出だった。佐山の肩、肘は問題なかった。

こうしたプロレス的な動きの一方、佐山は理想を前に進めつつあった。シリーズ終了の翌日、二一日の一四時から世田谷区太子堂で「スーパータイガージム」の披露パーティが開かれた。ジム開設に手を貸したのは第一自動車の寺島だった。

UWFの道場で顔を合わせるうちに、二人はしばしば親しく話し合うようになった。そしてタイガーマスクでの実績を全て捨て去り、新しい格闘技を作ろうという佐山の熱意に寺島はほだされるようになった。

「それで、こう言ったんだよ。いつまでここでやっていてもしょうがないだろ、ジム作るかって。あいつは用賀でジムをやっていたからね」

瀬田にあったタイガージムに代わる新しいジム開設のため、寺島は約一〇〇〇万円の資金を提供したという。

自分が目指しているのはプロレスではない。新しい格闘技――「シューティング」のジムを作ることは当然の流れだった。寺島の申し出は佐山にとって、ありがたいものだった。

ジムのパーティには一八日に保釈された浦田を筆頭に、藤原、前田、高田、木戸らＵＷＦのレスラーが顔を揃えた。彼らは佐山の新しいジムを笑顔で祝った。

後にこのジムが、団体亀裂の一つの理由になることをこのときは誰も知らない――。

第十章

真説・スーパータイガー対前田日明

佐山が打ち出した〝シューティング路線〟は、前田日明らとの間に確執を生むことになる

スーパータイガージム

三軒茶屋駅から茶沢通りを北に向かって七分ほど歩くと白に濃紺の文字で〈スーパータイガージム〉と書かれたネオンが吊るされたビルが現れた。

ビルの二階、鮮やかな青色に塗られた鉄の扉にはジムの名前と赤色の虎が駆ける姿のロゴマークがあしらってある。扉を開けると、床と壁が青色の約七〇坪のジムが広がっていた。一九八四年一二月半ばから改装工事を行い、翌年一月二一日にオープンした。

このジムはオープンの日に設立された「株式会社サトル興業」が運営している。取締役会長はジム開設に資金を投じた第一自動車の寺島幸男、佐山は代表取締役社長、元新日本プロレスでUWFのレフェリーとなっていた北沢幹之が専務取締役に就いている。UWFと資本関係はない。

オープニングパーティはUWFのレスラー、浦田昇社長の他、ボクシング協栄ジムの金平正紀らが駆けつけ華やかな雰囲気となっていた。佐山たちスーツを着た役員が樽酒を鏡割りし、出席者には升酒が振る舞われた。

その壇上にはもう一人の専務取締役の中出忠宜の姿もあった。

中出と佐山の付き合いはタイガーマスク時代に遡《さかのぼ》る。

「甥っ子がタイガーマスクを見たいっていうから、じゃあ行ってみようかって。そうしたら（試合会場に）曽川がいるんだ」

佐山のマネージャーを務めていたショウジ・コンチャこと曽川庄司である。

「元々、俺は曽川と知り合いだったの。あいつは不動産詐欺グループの一員だった。人の土地を自分の物のように転がして紹介していた」

中出によると、曽川は他人の所有地を使って詐欺を行う「地面師グループ」であった。中出は父親の代から神奈川県の磯子で不動産業を営んでいた。

「うちもでっかい土地を扱っていたんだけれど、ころっとやられてさ。なんであんな風に信用しちゃったのか分からない。悔しくてね、殺しに行ってやろうと思ったこともあったもの」

中出の顔を見た曽川ははっとして、しどろもどろに釈明を始めたという。

「今度、タイガー（マスク）と会わせるからっていうのよ。甥っ子は会いたいって言うから、なんだかんだで世間話をしてその場は別れた。そうしたら曽川から電話がかかってきたんだ。タイガーに協力してくれって。もちろん、お前になんか協力できるかって言い返したよ。そうしたら佐山のためにやっているんだと言うんだ」

彼に説得された中出は佐山と会うことになった。

「ずいぶん純真な奴だと思ったの。世の中のこと、何も知らないみたいな感じなんだよ。これは（曽川にいいように）やられてんなと」

佐山はタイガーマスクとして人気を集めているにもかかわらず、新日本プロレスにはアントニオ猪木を頂点とした歴然とした序列があり、一レスラーとして扱われている。彼の安全を確保し、スターとしての商品価値を保つためにはきちんとした車が必要だ、そのために金を貸してほしいと曽川は言い出した。

「最初は保証人になってくれと言ったんだ。保証人になるんだったら、俺が現金を出してやるよって。それでベンツのＳＬ６００買ってあげたの。中古だったから一〇〇〇万（円）はいっていないけど、それに近い額だったな。佐山が欲しいっていう話だったんだけれど、なんのことはない、曽川が欲しかったんだよ」

佐山が曽川から自分のために購入したと聞かされていたメルセデス・ベンツである。

そのうち、中出は佐山と食事に行くようになった。そこには必ず曽川が付き添っていた。曽川は佐山を自分の目の届く範囲に置いておきたいと考えていることが伝わった。そうした席上で佐山は自分の理想について語るようになった。

「見世物のようなものじゃなくて本物（の格闘技）をやりたいって言うんだ。それで絶頂のときにタイガーマスクを辞めたんだ。よっぽどの決意がないとできないよ」

八三年八月、契約解除書類を送りつけた直後、曽川が佐山の代理人として新日本と交渉を行っている。その間、中出は佐山と東京を離れていた。

「あのとき千葉の先っぽの方で海水浴していたんだよ。二人っきりだったな」

海水浴客で賑わう砂浜を眺める佐山の横顔がさっぱりしていた記憶があるという。

その後、佐山は曽川から離れた。佐山の格闘技に対する熱意に好感を持っていた中出は、スーパータイガージムを手伝うことにしたのだ。

そもそもジムを始めたのは破格の条件が提示されたからだと中出は証言する。

「ＵＷＦにジムを貸していた運送会社の社長が知り合いを紹介してくれたの。ビル（の一室）が空いているからタダで使っていいよって。そのとき、金なんかないしさ、じゃあ貸してもらおうって始めたわけよ」

運送会社の社長とは寺島だ。

新しい格闘技に邁進《まいしん》する佐山は時代の寵児《ちょうじ》として注目を集めていた。入会金三万円、月謝一万円という条件で募集したところ、一週間ほどで会員は一〇〇人を超えた。

「二〇〇（人）までいったかな？　結構集まったよ。月一万円だから、これはいけると思った。それで佐山とここで頑張って、お金を貯めようよと話していた。でも、調子のいいときには悪魔が出てくるもんだよ。始めて二、三ヶ月ぐらいした頃かな、大家が会員が集まっているのを見て、欲を出したんだろうね。タダでやっているとまずいって不動産屋から言われちゃったので、家賃くれっていうんだ。最初は（家賃）四〇（万円）とか六〇ぐらいのことを言ってきて、結果としては八〇になってしまった。汚ぇと思ったけど、すでに設備も整えていた。信用問題もあるし、辞めるわけにいかない。しょうがないから続けようかって」

家賃について寺島に確認すると「最初からタダという話だったかは分からない」という返事だった。

「立派な建物だったから、（家賃）三〇（万円）とか五〇という話だったと思うんだよね。で、バーンと反響があったら、大家も欲が出ちゃったんじゃないの。当時は、生徒も結構いたし、グッズ販売もあったから、まぁいいだろうと中出さんと相談した記憶がある。佐山さんと中出さんが一生懸命やっていたので、俺はだんだんと手を引いていった」

月謝一万円で二〇〇人近い会員を抱えていれば、家賃八〇万円でも問題はないだろう。ただし、この時代は、クレジットカード決済や銀行口座引き落としという制度は一般的ではなく、会員は毎月現金で支払っていた。入会したもののその後は来ない、あるいは未払いの会員もいたようだ。

「グッズは確かに売れたけど、あれって作るのに結構金がかかるんだよ」

在庫管理、発送業務にも手間がかかる。ジム経営ではほとんど利益が出なかったのだと中出はため息をついた。

佐山にはどれだけ報酬を払っていたのか訊ねると、とんでもないという風に掌をひらひらと振った。

「一銭も払ったことないよ。（佐山は）金が欲しいとか絶対に言わない。そういう男なんだよ。俺も（生活費を）どうしてんのって訊かないしね。UWFからのギャラがあったんじゃないかな」

シーザー武志のキック

平直行はこのスーパータイガージム初日の練習に参加していた。

平は一九六三年に宮城県で生まれた。中学二年生のとき、テレビのプロレス中継で藤波辰巳を観て、プロレスの虜になった。そしてプロレス雑誌を読みふけり、プロレスラーとなるために空手を始めた。まずは極真空手、その後、大道塾に移っている。高校卒業後、上京すると、八四年七月に後楽園ホールで行われたUWFの『無限大記念日』を観戦した。佐山がザ・タイガーとして初参戦した大会だった。その直後、瀬田のタイガージムに入会している。

タイガージムに通っているのはタイガーマスクのファンがほとんどで、格闘技経験が全くない人間ばかりだったという。マット運動を全てこなすことができたのは自分だけだったと平は回想する。

そんな平の姿は佐山の目につき、キックミットで蹴りを披露することになった。そして練習が終わった後、佐山が近づいてきて平の腕や肩を触り「良い筋肉をしているね」と誉められた。


〈「何かやっていたの？」

佐山さんが聞いてきた。いきなりの展開に僕はドギマギして焦った。伝えたいことは山ほどあるのに、整理して言うことが出来ない。

「あの……空手をやっていました。僕もＵＷＦみたいな格闘技をやりたいんです」

佐山さんの表情が一瞬、固まったように見えた。僕の顔を見ながら、後の壁を同時に見ているような表情だった〉（『Ｕ.Ｗ.Ｆ.外伝』平直行）

いずれ選手を作るからそのときに声を掛けると佐山から言われ、平は有頂天になった。しかし、タイガージムはまもなく閉鎖。翌八五年一月にスーパータイガージムとして再開することを知り、再び入会したのだ。

その日、佐山はスーツ姿で、三角巾で左腕を吊っていたという。一月一六日の大阪府立臨海スポーツセンターでの藤原喜明戦で佐山は〈左肩の脱臼と左ヒジの靱帯損傷〉と報じられていた。会員たちの心配そうな視線を感じたのだろう。佐山は「あっ、これ大丈夫なんだよ」と三角巾を外すと、左腕をぐるぐると回した。それを見て、平は一瞬固まってしまったという。

「〝ＵＷＦはプロレスなんだ。だから本当は、肩は怪我していないいんだよ〟と言われて、全ての思考が停まるわけですよ。ぼくも大道塾で立ち技をやっていました。だから、あれは危ないから、（ＵＷＦでは）そこそこにやっているんだろうとは思っていました。ただ、十代だったのでそれ以上は考えていなかった」

スーパータイガージムもまた初心者が多く、練習は歯ごたえがなかった。そんなある日、佐山がインストラクターを募集しているという話を耳にした。平の証言と他の資料を照らし合わせると、入会から一ヶ月から二ヶ月経った頃かと思われる。平はインストラクター見習いとして採用され、一般会員の練習時間が終わった夜九時から、佐山と練習することになった。

〈まず「トランプ」と呼んでいた（カール・）ゴッチさん流のトレーニングをやった。トランプのカードは４種類、数はＡ（１）からＫ（13）まで。カードの種類と出た数字で様々な運動を組み合わせて行う。トランプを使った運動は、数え切れないほどのバリエーションがある。Ａは１だから楽かと思えば、スクワット２００回など、飽きないように工夫されていて、自然と複数の運動をこなすようになる〉（『Ｕ.Ｗ.Ｆ.外伝』）

これは新日本で行っていた練習方法である。『Ｕ.Ｗ.Ｆ.外伝』によると、この後、寝技のスパーリングとなった。こうした練習をしばらく続けた後、インストラクターとして認められ、生徒を教えるようになった。

インストラクターになった頃、前田日明、高田伸彦、山崎一夫たちがスーパータイガージムに来て練習していた姿を覚えているという。そのときに蹴りを教えていたのは、佐山ではなく、キックボクサーのシーザー武志こと村田友文だった。

シーザーは一九五五年に山口県長門市で生まれている。佐山よりも二つ年上にあたる。一七歳からキックボクシングを始め、日本キック協会ウェルター級タイトルを獲得。

シーザーと佐山が最初にすれ違ったのは八二年三月一四日のことだった。この日はシーザーのタイトルマッチで、佐山はタイガーマスクとして試合をしている。シーザーはキックボクシングのリングにプロレスラーを上げることが納得できなかったという。

「なんでプロレスなんだよって文句言ったんだ。そうしたら人気があるからって興行やっている人に言われた。もちろんガキの頃は力道山とか見ていたんだよ。でも格闘技をやり始めたら、俺たちが真剣勝負やっているのに、プロレスラーって人気あるじゃん。冗談じゃないよって反逆の気持ちがあった」

その後、シーザーは旧知の第一自動車の寺島から誘われてUWFを見に行くことになった。この頃、所属ジムが消滅し、時間があったのだ。

「(控室に行くと)佐山が蹴りを教えてくださいっていうので、スーパータイガージムに行くようになったんだよ」

シーザーは軽く見ていたレスラーがよく練習していることに目を見張った。

「夜、みんながタイガージムに集まって練習していた。こういう蹴り方だとあんまり効かないよ、とか話をした。まあ、みんなある程度はできていた。やっぱり佐山の蹴りは長けていたけど、前田の蹴りは空手をやっていたせいか、キック(ボクシング)の蹴りじゃないんだ。棒蹴りというか、(的に対して自分の)体重が逃げないように蹴っていなかった。高田は最初、何もできなかった。あいつが偉いのは（練習が）終わっても一人で鏡の前で練習していたことだね」

前田たちはＵＷＦの道場で通常の練習を済ませた後、蹴りを学ぶためにスーパータイガージムに来ていたのだ。

最新機器が好きな佐山はジム内にビデオカメラを設置し、練習の様子を撮影することもあった。前田たちが練習している様子を録画したビデオが残っていた。

その映像を見ると、タイガージム時代から佐山の〝実験台〟となっていたこともあるだろう、山崎の脚の動きはしなやかだ。また、高田は習得能力が高いようで、シーザーの言葉で脚の振りを修正していく。

一方、不器用なのが前田だ。鉈《なた》を振るように力任せに脚をキックミットに叩きつけた。シーザーから蹴り方を修正されるが、上手くできず首を傾げた。

この頃、佐山は、脚へのタックルに対応できる蹴りを見つけていた。彼の表現を借りると、腰を回しながら膝を柔らかく動かし「（足先が）最短距離を扇を立てたような孤を描いて（相手の軀）深く入っていく」蹴り方である。佐山はこれを「コークスクリューキック」と名付けた。

前田たちの蹴りはコークスクリューキックとは全く違う。

格闘技の技術で最も習得が難しいのが立ち技である、というのが佐山の口癖だ。

「寝技っていうのは道場に放り込んでおけばいいんですよ。友だち同士がスパーリングをやって技を覚えていく。でも立ち技って違うんです。間合いだったり、構えだったり、ちゃんと覚えないと違った方向に行っちゃうんです」

なぜ、前田たちに蹴りを教えなかったのかと佐山に訊ねると少し間を置いてから口を開いた。

「だって（シューティングの）秘密をばらすことになるじゃないですか。今ならばともかく、あの当時は弟子にしか教えたくなかった。蹴りだけじゃなくて、タックルに入るタイミングとかそういうのは秘密にしておきたかった」

そして独り言のように呟いた。

「彼らはなんでなんだと思ったかもしれないけど、レスラーに教える気は全くなかったですね」

佐山は会う人会う人に「これからはプロレスのことは忘れてください」と話しかけていた。もうプロレスの話はしないという意思表示だった。これまで敢えて混合していたプロレスと新しい格闘技「シューティング」を区別する時期が来たと判断したのだ。そして自分の中にあったプロレスの匂いを消そうとしていた。

リングの上で肌を合わせているレスラーたちは、そうした機微に敏感である。UWFの他のレスラーと佐山との心理的な距離が開いていったことだろう。

ただし、彼らも佐山を突き放すことはできなかった。一つは佐山がUWFで最も客を呼べるレスラーだったこと。そして、彼の掲げた格闘技路線が、新日本と全日本という二大団体との差別化になるとレスラーたちも分かっていたからだ。暗闇の先を指し示す言葉を持っていたのは佐山だけだった。

ただし、観客の反応は芳しくなかった。東京などの大都市ではUWFのプロレスを理解する人間が一定数存在した。しかし、地方では本当に観客が入らなかったと山崎一夫は振り返る。

「（UWFは）いわゆるプロレスをやっているわけじゃないので、なんだそりゃって反応をされたり、〝プロレスやれ〟って野次が飛んだり。ぼくらがアキレス腱固めを必死にやっててもお客さんには伝わってなかった。投げて、飛んで、蹴って、殴ってというういわゆる〝純プロレス〟を期待して来たお客さんは離れていったんじゃないですか」

観客の入りが悪ければ、経営は悪化する。プロレス関係者の間では、UWFは長くないという噂が流れるようになっていた。それを裏付けるように三月三日に終了する『パンクラチオンロード』シリーズ以降の日程は白紙となっていた。

二月半ば、その状態が大きく変わることになる。四月以降のシリーズ日程とともに三月にグアム合宿を行うと発表したのだ。

これまで社員の給料にも汲々としていたUWFが国外合宿を張ることに驚いたのだろう、『週刊プロレス』は二月二三日に浦田へのインタビューを行っている。

〈「実は都内にUWF専用のメインスタジアムを建設しようという計画があります。すでにこのプランは進行中で、適当な土地を物色の最中です」

このスタジアムは収容人員3000〜4000。後楽園ホールの約2倍の規模とか。

「こうした常設会場を作ることは、プロレスはメジャーにならなければならないというウチの方針によるものですが、今後、プロレス界のひとつの指針になるのではないでしょうか？」〉

新日本、全日本でさえ所有していない専用スタジアムを建設するというのだ。そして急ごしらえだったUWF道場を改装、新たに合宿所を建設する予定だと浦田は語っている。

急に金回りが良くなったのには理由があった。

ＵＷＦに資金を提供するスポンサーが現れたのだ。

新スポンサーの正体

一九八五年三月一五日、ＵＷＦのレスラーたちは成田空港からグアム行きの飛行機に乗った。四月二日付の『週刊プロレス』には佐山、前田日明、藤原喜明らが成田空港ロビーで並んで笑っている写真が掲載されている。

〈ほんの2、3ヵ月前まではㆆにあえいでいたＵＷＦですが、スポンサーがついた途端、㊎に大変身!! 3月15日〜19日にかけて、憧れの(?)グァムでヴァケーションを楽しんだ〉（原文ママ）

ㆆ（マルビ）、㊎（マルキン）とは、八四年に発売されたイラストレーター、渡辺和博の『金魂巻』という単行本で使われ流行語となった言葉である。ㆆは貧乏、㊎とは金持ちを指す。

この号にはＵＷＦの社員募集も掲載されていた。条件は〈年齢二〇歳から二五歳〉〈営業開発部 五名　企画宣伝部 三名　女子事務員 二名〉となっている。一気に一〇人の社員を増やすというのだ。

翌週の『週刊プロレス』のグラビアページではプールサイドで蹴りの練習をする佐山たちの姿を報じている。この休暇旅行には同誌の記者が同行していた。彼らに対する気遣いで軽い練習風景を撮影させたのだろう。

この記者——山本隆は同号のコラムで一人のレスラーについて書いている。そのレスラーは朝六時前に一人で起きてホテルの周りを走っていたという。

〈おそらく、若者にとって朝、ランニングすることは日課になっていて、たとえ南の島にきてもそれは少しも変更されることがないのだ。

つまり、若者にとってグアムにきていることの実感は非常に希薄であり、そこには「グアムなんてどうでもいい」という気分が支配していた。

だから、若者はグアム滞在中、ずっとつまらなそうな顔をしていた。どうやら若者には団体行動は他人事でしかないようだ。適当に団体行動を共にしながらのんびりする風をしていた。

その若者を注意してみていると、つまらなそうにすることと、意味もなく人にあわせることの二つの行為しかなかった〉

この若者とは佐山だ。

佐山にこの休暇旅行について訊ねると「ホテルもいいところではなかったし、そんな喜べるような感じではなかったですね」という返事だった。

「ぼくの場合はUWF愛というよりもシューティング愛ですから。UWFが良くなってもシューティングが良くならないと意味がないというか。あんまり覚えていないですけれど、スポンサーがついて感激したという記憶はないです」

スポンサーに加えて、テレビ東京系『世界のプロレス』という番組が、土曜日二〇時から月曜日一九時枠への移行に合わせてＵＷＦの中継を始めることになった。

〈テレビ東京は月曜スペシャル『プロレス大戦争特集』の枠の中でＵＷＦの試合を二、三戦入れる。ＮＷＡ世界王者リック・フレアー、ＡＷＡ世界王者リック・マーテル、人気絶頂のロード・ウォリアーズらと一緒にスーパータイガー、前田、藤原、高田、木戸、山崎らがシューティングと銘打ち〝必殺プロレス〟をひっさげて目いっぱいブラウン管で暴れることになる。たまたま同番組は中継録画だが、放送日とＵＷＦの試合が合致すれば、今後は実況中継で放送されることにもなる。

担当の槇尾義孝プロデューサーは「定期放送と思って結構です。世界のプロレスの延長ですから、国内の試合も世界の中の一つ。新鮮でバラエティーに富んだ試合を提供出来ると思いますよ。ロード・ウォリアーズを売り出したように、いまのマット界の起爆剤になれば……」と意欲的だ〉（『東京スポーツ』五月一日付）

この時期、テレビの影響力は圧倒的だった。地方での集客にテレビ中継での知名度は不可欠だった。地方興行の集客で苦しんでいたＵＷＦにとって、救いの神となるはずだった。

五月二日、ＵＷＦは新宿二丁目から港区赤坂に事務所を移転、同時に「海外ＵＷＦ」と社名を変更している。スポンサーとなった「海外タイムス」という新聞社にちなんだ改名だった。

ＵＷＦ社長の浦田昇の証言である。

〈「話が最初にあったのは、UWFを始めて、3ヵ月頃かなあ？　ボクシングの協栄ジムの会長だった金平さんが、『どうしても会わせたい人物がいる』と。それが豊田商事の永野会長でした。『海外タイムス』は、指が汚れないいい紙を使った新聞でしたね。UWFをコマで撮った写真を沢山載せて戴いたんですよ。ただ、金銭的には、途中に金平さんが入ってまして、広告費としてのウチの取り分は、月200〜300万でしたが」〉（『U.W.F.伝説』別冊宝島編集部編）

永野一男は一九五二年八月に岐阜県恵那市で生まれた。中学卒業後、日本電装に入社。その後、不動産会社、商品先物取引会社を転々とした後、名古屋のダイヤモンド訪問販売会社で働いた。八一年四月、金の先物取引で得た資金を元手に豊田商事を設立。

豊田商事は、強引かつ巧妙な手法で金地金を販売し、高齢者を中心に約三万人から約二千億円を集めた。実際に存在しない〝金〟を使った詐欺、いわゆるペーパー商法だった。八三年二月には「ベルギーダイヤモンド」を設立、マルチ商法によるダイヤモンド販売を開始。永野は約一〇〇社のグループ企業を率いており、海外タイムスはその一つだった。

『U.W.F.伝説』によると永野はUWFの良き理解者であったという。

〈「当時、UWFはテレビ東京での放送はまだなかったから、永野さんは会場で見てたんですかね。『浦田さん、もうちょっとしたら、月1回でいいから、もうちょっと激しいのをやってくれ。こちらはそれだけのお金は払うから』と言っていましたよ。『大体、このスタイルで1週間に1度やるというのはあり得ないよ』とも言っていましたね」〉

この取材で浦田は永野と海外タイムス、そして豊田商事の関係を知らなかったと答えている。しかし、八五年初頭には〝豊田商事商法〟は社会問題化しており、永野は事業の存続を断念、関係書類の廃棄を各支店、営業所に指示していた。四月からは警察の目から逃れるために、〝金〟からゴルフ会員権やレジャーランド会員権の販売に切り替えていた。

前田日明は著書『パワー・オブ・ドリーム』で永野がUWFへ二〇億円の融資を約束したと書いている。永野がなぜUWFを手に入れようとしていたのかは定かではない。海外タイムスの傘下に「海外プロモーション」という会社を設立していたという。金平の協栄ボクシングジムも「海外ボクシングジム」と改名している。興行には人を惹きつける魅力がある。いずれ永野は興行に手を広げていくつもりだったのかもしれない。しかし、それは叶わぬ夢で終わる。

刺殺事件

五月一八日から『格闘技オリンピア』というシリーズが山口県下関市体育館を皮切りに始まった。この大会からテレビ東京の中継カメラが会場に入っている。

下関は佐山の生まれ故郷である。佐山の小中学校の同級生だった守永賢治は、この大会に招待されていた。

かつて〝プロレス仲間〟であった守永と佐山の付き合いは、タイガーマスク時代は途切れていた。その後、守永はジムを開いたことを知り、東京出張のついでに瀬田のタイガージムを訪れたことがあった。ジムの扉を開けると、佐山が山崎一夫と二人で練習していたという。

「ジムは綺麗で凄かったけれど、タイガーマスクの栄光と比べたら、ちっちゃいなとも思ったんです。もったいないことしたなって口にしたら、〝そうじゃない。プロレスよりも崇高なことをやっているんだ。これからはプロレスの時代じゃないよ、今は二人しかいないけど、これから大きくしていく〟と」

新しい格闘技を始めた佐山は、時代の先端を行く男として、プロレス業界以外からも注目を集めていた。

「彼の口からは、ビートたけしやとんねるずと会ったという話が出てきた。たけしやとんねるずが佐山を応援しているというのは聞いてました。（レスラーではない）芸能人の名前が出てきて、ああ遠くに行ってしまったんやな、友だちとして邪魔しちゃいけんなという気持ちになった」

社会人となり、守永もプロレスからは遠ざかっていた。ただ、〝噛ませ犬〟事件から始まった長州力と藤波辰巳の試合だけは楽しみにしていた。そう言うと佐山は「長州さんと藤波さんのは面白いから見ているんだ」と微笑んだ。その言葉で守永はかつての佐山を見つけたような気分になった。

下関市体育館で佐山はジョー・ソルコフと組み、藤原喜明、木戸修組と対戦している。守永は観客席で戸惑っていたという。

「正直なところ、試合の印象は全くないんです。下関は佐山の地元じゃないですか。それなのにタイガーマスクのときと違って、アイタタタタとか言って格好悪いわけ。何をしているのか、何が痛いのか分からない。それでゴングが鳴って藤原さんにアキレス腱固めでギブアップ負け」

五月二〇日、テレビ東京は『スーパー・タイガー、中国少林拳と嵐の激闘』という番組を放送した。佐山が中国に渡り、現地の格闘家と対戦するという企画だった。そして翌週の二七日から、下関市体育館での佐山の試合、前田日明対高田伸彦戦の録画中継が始まっている。

この番組編成で明らかなのは、テレビ東京が最大の商品として評価していたのは、UWFと意図的に距離を置きつつあった佐山であることだ。これは他のレスラーにとって複雑な心境だったはずだ。

五月三一日、『格闘技オリンピア』シリーズが終了。六月八日にUWFは「海外UWF」としての事務所開きを行い、八章三六条からなる「シューティング・ルール」が書かれた小冊子を配布している。これにはAリーグ、Bリーグの二部制、年間八シリーズ、シリーズの間隔は三週間以上空けることなどが定められていた。

規則の大枠は前年から佐山が口にしていたことだった。

こうしたルール、制度は他のレスラーも納得していたと前田日明は認める。

「あのね、俺はみんなとバックボーンが全然違うんですよ。飯を食えないということがどういうことかよく知っているんです。みんなが食っていけなきゃいけない。だから、別にルールとか何でもいいんです。たまたまぼくが（最初に）入ったのが新日本プロレスだったから、プロレスをやった。キックでもボクシングでもよかった。プロレスであろうがリアルスポーツであろうが、どっちでもいいんです」

前田の自伝『パワー・オブ・ドリーム』には貧困の縁《ふち》にゆらゆらと立っていた高校生時代の姿が描かれている。

〈（父親が）三万から五万円の生活費を残しては、出て行ったきり、ひと月か、長いときになると三か月も帰って来ない。その間、床のへこんだ部屋でオレの一人暮らしが続く。ガス代も電気代もオレが払った。だいたい三万や五万でひと月以上生活できるわけがない。金が底をついて、メシが食えなくなるのにはまいった。

チキンラーメンに卵をかけただけの夕食が何日も続いた。ご飯に塩をふっただけ、という悲惨なメニューもあった。

生活費を稼ぐために、よく土方のバイトに行ったが、それでも追いつかなくなってくると、友達にせびった〉（原文ママ）

ひもじさをよく知る前田は団体の生き残りのため佐山の案に乗ったのだ。

試合減は興行収入の減少に直結する。それはスポンサーからの資金で十分補うことができるという見通しだった。

しかし、それは砂で作った城のようなものだった。白い泡を立てた大きな波がその城をさらっていったのは、海外UWF事務所開きの一〇日後、六月一八日のことだった。

〈十八日午後四時二十分ごろ、（大阪市）北区天神橋三丁目、ストークマンション扇町の五階五〇二号室の永野会長宅に飯田と矢野が訪れ、「被害者六人からぶっ殺せと頼まれているんや。ドアあけんかい」などと玄関前にいたガードマン四人にすごんだ。ガードマンらが「電話をかけてくる」と階下へ下りた間に、二人は玄関ドア横の窓のアルミさん三本をけって引きはがし、ガラスを破り約五十センチ四方の穴から室内に入った。

数分、室内で格闘する音が聞こえた後、飯田が出てきて「や(殺)ってきた。おれが犯人や」とわめき、もう一度部屋に入ったあと、こんどは二人で出てきて、エレベーターと階段でそれぞれ階下に下りた。二人ともおびただしい返り血を浴びていた。

飯田は「これで死んどらんかったら、またやってやる。八十七歳のぼけ老人をだましくさって、八百五十万円も取った」と叫んでいた。

永野会長は救急車で北区内の行岡病院に運ばれたが、午後五時十五分、出血多量で死亡した。全身に十一カ所の傷があり、頭の刺し傷が致命傷とみられる〉(『朝日新聞』六月一九日付)

永野の殺害はテレビカメラなど報道陣が待ち構えている中で行われた。この日、永野が逮捕されるという情報が流れていたのだ。日本の報道史上に残る陰惨な事件である。

浦田の発言を再び引用する。

〈「殺される前日、永野さんから電話がかかってきたんです。『浦田さん、綺麗な金だから。3億円、そちらに送るから』と。これが昨日、そして殺されたのが今日の話でしたからね……ビックリどころじゃなかったですよ」

テレビでも生中継されたこの惨劇。当のUWFの事務所では、警察に電話し「何とかあの暴漢を止めてください!」と泣きつく人間もいたという。

ようやくついたスポンサーの融資も消滅、イメージを大事にするTVの放送もこの事件により中止されるという二重の悲劇が訪れたのだ〉（『U.W.F.伝説』）

「みんなから変人扱いですもの」

〝綺麗な金〟という表現を使っていることで、浦田をはじめとしたUWFの社員は、自分たちに問題のある金が流れ込んでいることをはっきり認識していたことが分かる。

一方、前田たちレスラーがUWFに資金を提供している海外タイムスと豊田商事の関わりをどこまで把握していたのかははっきりしない。ただ、事件の直後には、自分たちの命綱が切れたことを知っただろう。レスラーたちの横の繋がりは緊密で素早い。彼らは連絡を取り合い、今後の身の振り方を話し合っていた。

その輪に佐山は加わっていなかった。

六月二一日付の『東京スポーツ』で佐山は取材を受けている。その中で「プロレスとは完全に訣別した」と語った上で、シューティング協会設立、新しいルールに則った次期シリーズへの抱負を語った。佐山はUWFと海外タイムスの関係に興味がなかった。以前と同じようにUWFの進む先を問われるままに答えただけだった。ただ、これらの発言は、団体の存続を危ぶんでいた他のレスラー、社員の感情を逆撫《さかな》でした。

前田はこう振り返る。

「佐山さんは理屈だけなんですよ。やれ、ルールがどうだとか、試合を月に何回やるとか、リーグがどうだとか。それを当時流行っていたワープロで書いて、ルールブックを作った。でも実際に団体の運営に関わることには興味がなかった。若い社員が八ヶ月も給料を貰っていなかった。それなのに、彼らに飯を奢《おご》るとか、小遣いをやるとか、全然なかったですよ」

社員の給料が未払いであったことを佐山は知っていたのかと訊ねると、前田は「もちろん」と大きく頷いた。

「貰っていないみたいですよって言いましたよ。でも、ああ、そうか、で終わり。そんな状況なのに試合を減らしたら、どうやって食べていくんだということになりますよね」

前田は語気を強めた。

「あのとき、俺は月給一〇〇万（円）。佐山さんはもっと貰っていたから、（月）三〇〇万とか五〇〇万とか。選手の給料未払いがあったという人もいるんだけれど、そんなん大嘘でね、遅れることはあったけど、ちゃんと出ていたんですよ。あの人は道場経営で食えて、サイン会やテレビにも出ていた。たぶん、（年収）二、三〇〇〇万収入があったんだよね。若いの呼んで飯を食わせたり、一〇万でも二〇万でも分けてやったら、みんなの見方も変わるのになと思ってましたね」

前田の主張には明らかな事実誤認がある。前述のように佐山はジムから一切の報酬を受け取っていない。

ただ、なぜ社員に手を差し伸べようとしなかったのかは疑問が残る。

その質問を佐山にぶつけると、「えっ」と短く驚いた声を出した。

「知らなかった。それは全く知らないです」

この頃、佐山の生活はスーパータイガージムが中心で、UWFの道場に行くことはほとんどなかった。UWFの経営には全く関心がなかったことは認めた。

「確かに気持ちはそっち（UWF）の方になかった。社員がお金を貰っていなかったというのは初めて聞きました」

前田の話によると貴方は月三〇〇万円以上貰っていたそうですねと訊ねると「いやいやいや、そんなはずはないでしょ」と苦笑いした。

「一〇〇万でした。（前田と）同じです」

佐山は自分の口座をきちんと確認したことはないとも言った。

「まともに貰ったのは最初の何ヶ月だけで、（給料を）カットされていたはずです。本当にちゃんと貰っていたかどうかは定かではないですね」

また、スーパータイガージムを開いてからは、サイン会は数回開いた程度だという。

「ぼくは自分の貯金を切り崩しながらやっていました。そんなに貰っていたら、貯金を崩さないですよ」

そして大会数を減らすことは、社長の浦田たちも同意していた。

「（地方大会を）やればやるほど赤字になるんで、黒字になる主要都市だけを回っていきましょうと。お客さんを納得させるには、そんなに試合ができないのだという説明が一番良かった。そういう話は浦田さんにはしていたんです」

浦田が他の社員たちにきちんと説明したかどうかははっきりしない。ともかく、佐山の態度は彼らにとって気に障るものだったろう。団体が倒産するかもしれないという焦り、怒りは佐山にぶつけられた。

そうした動きに佐山は気がついていたという。

「みんなから変人扱いですもの。人間性がおかしいとか、あいつの言うことを聞くなとか言われていたみたいです」

佐山はレスラーの中でも孤立していた。

「ぬるま湯の世界に一度でも浸かったことのある人間は格闘技の世界を確立したいというぼくの考えを理解できない。みんなから総スカンです。苦しいですよ」

すごい孤独でした、と佐山はぽつりと言った。

前田の佐山に対する怒りは誤解から始まっている。ただ、佐山を快く思わない人間がその炎に次々と薪《まき》をくべた。怒りの炎が大きく燃え上がり、手に負えなくなるまで時間はかからなかった。

奇妙な試合

九月二日、大阪府高石市の臨海スポーツセンターで行われた佐山対前田戦は、試合前からリングには暗い、不穏な空気が流れていた。

ゴングが鳴ると、前田はいきなり左拳を突き出して佐山の顔を狙った。佐山は首を動かして避《よ》けたが、観客席からは響《どよ》めきが起こった。かわした瞬間、前田の掌は開いていたものの、首から上を拳で殴るのは反則行為だった。

さらに前田は佐山の首を摑むと、右アッパーを顎に入れた。続けて頬に入った張り手がパチンという大きな音を立てた。佐山はむっとした表情で張り手を返す。すると前田は腕を力任せに振り回した。

いつもの試合とは違う——そう感じた観客席に騒然とした空気が広がっていく。

前田は右膝で佐山の下腹部を狙った。蹴りを避けるために、佐山が下がると再び腕を振り回す。佐山は左足で回転後ろ蹴り——ローリングソバットを試みるが体勢が崩れ、急所であるレバーに当たらなかった。

組み合った後、前田が佐山の首を摑んで倒す。立ち上がった佐山の腹部を前田は蹴り上げた。明らかに顔色を変えた佐山に頓着せず、前田は両手を振り回して殴りかかる——。

この奇妙な試合については多くの見解が出されてきた。

その一つは、空手の師匠である田中正悟が前田を焚《た》きつけたというものだ。UWFの立ち上げの際、前田は看板レスラーとして扱われていた。しかし、彼はレスラーとして未熟で観客を惹きつける力がなかった。そこで後から加入した佐山を中心に動くようになった。田中はそれを快く思っていなかったというのだ。

複数の関係者に確認したところ、試合の何日か前に、田中が前田に電話をしたことは間違いない。軽く酒の入っていた田中は前田に佐山から軽んじられないようにきちんと練習しろと発破を掛けたようだ。

その言葉を前田がどう受け取ったのかは分からない。前田はUWFでマッチメーカーとして試合を差配していた佐山に対して不満を募らせていた。前田には〝大器〟〝超新星〟という修辞句がつけられていた。しかし、第一回Aリーグで前田は四位に沈んでいた。UWFはシューティング――真剣勝負を謳《うた》っている。負けが込むと、お前はエースではないのかという声を浴びせられ、彼が苛立っていたことは想像できる。

佐山は前田に負い目があったことを認める。「ぼくは前田を上げたかったんです」と親指を立てた。これはプロレスでは勝利を意味する仕草である。

「軀も大きいし、一番いい選手になる可能性があった。でも藤原（喜明）さんはこう言っていたんです。〝前田はまだスターにするのは早いよ。俺たちが引っ張ろう〟と」

年上である藤原や木戸修は立てなければならない。また、若手の高田伸彦、山崎一夫に対しても配慮は必要だった。結果として、その皺寄せは前田へ行くことになる。

まずは前田にこの試合を振り返ってもらおう。

「（佐山が）何を考えているのか分からなくなっていたんです。どんどん性格が変わっていくんです。俺は（カール・）ゴッチより強いだとか言い出したり。俺の言う通りにやらないんだったら、こんな会社は辞めてやるとか。俺は礼儀正しい佐山さんを知っているので、なんで演技しているんだろうって。この野郎って思ったこともあったけど、周りからまあまあと押さえられた。藤原さんが思い知らせてくれたらええのになぁって思っていたんですけれど、藤原さんは何もしなかった」

試合当日、企画宣伝部長の伊佐早敏男と営業部長の上井文彦が前田のところにやってきたという。

「二人がこう言うんです。〝佐山さんが問題です。あいつが心を入れ替えるために、やっちゃってください〟と。二人も困って、一番言いやすいぼくに言ってきたんですよ。俺はどうしようかな、そんなこと言われても困るっていう感じだった。俺が入場してリングに立っているのに、リングサイドまで来て言っていたよね。二人がそこまで言うんだったら、しょうがないなと。ちゃんと試合してもしゃーないなと思った。だから俺をけしかけたのは田中正悟ではなくて、伊佐早さんと上井」

試合開始直後の乱打については、拳ではなく掌の手首に近い部分を使った〝掌底打《しょうてい》ち〟だったと主張する。

「ルールではパンチ禁止じゃない？　佐山さん、違うでしょっていうのを思い知らせようとしているのに、反則で止められてノーコンテストになったら意味がないじゃないですか。頭は冷静だったですよ。カッカしていたらベアナックル（素手の拳）でやってましたよ。そうしたら一発で終わりです。あの人が勘違いしているのを分かってもらうためにやった試合だから、あの人を壊そうだとかそういう気持ちはなかった」

そして間合いを詰めて佐山の得意な蹴りを封じたのだと説明した。

「蹴りでもパンチでも一番効くポイントがあって、それは間合いと関係するんですよね。その間合いを外されると力が入らないし、衝撃が伝わらないんです。それを分かっていて（佐山との）距離を詰めたんです」

あくまでも佐山を諫《いさ》めるための試合だったと繰り返した。

「佐山さんを潰しにいったんじゃなくて、増長しているから、それを止めようと思っただけ」

前田はなぜ〝亀〟の姿勢になったのか

ただ、リングに上がったときから前田の表情は硬く、深く怒りをため込んでいるように見える。試合開始前、レフェリーによるボディチェックの際、前田は佐山を睨みつけており、ゴングと同時に殴りかかった。伊佐早たちから制裁を頼まれ逡巡《しゅんじゅん》しているという感じではない。

以下は佐山の証言だ――。

UWFの方針を巡ってカール・ゴッチと齟齬が生じていたことは認めた。

「ゴッチさんから〝お前のやり方は間違っている〟ということを言われました。ゴッチさんはぼくのことを可愛がってくれていた。タイガーマスクのように上手くプロレスができるのに、なぜシューティングなどと言い出すんだという気持ちだったでしょう」

ゴッチが道場で伝授する〝実戦的な〟関節技は、リングの上で相手から〝仕掛けられた〟場合に身を護るためのものだった。あくまでも彼はプロレスの枠の中から飛び出る気はなかった。真剣勝負――シューティングを志向する佐山とはすれ違いが目立つようになっていた。ただ、ゴッチよりも強いという趣旨の発言をしたことはないときっぱり否定した。

「試合前から（前田は）おかしかった。テンパって、何を言っているのか分からなかった。それでゴングがカンと鳴ったら、ババババババってぶん殴ってきた。なんだ、この野郎と最初は思ったんです。それで（前田は）口では〝辞める、辞める〟と言っているんです。（この試合は）ガチンコじゃないです。（前田が佐山の）関節を取るじゃないですか、でも格好だけなんです。バチンと極めにこない。極められるはずもないんだけれど、中途半端なんです。それでロープに逃げる」

佐山の蹴りには「プロレス用」とそうでないものの二種類がある。見た目はあまり変わらないが、衝撃は全く違う。前田との試合で使った蹴りは前者であると言う。

「ガチンコの攻め方じゃないですから、距離とか関係ないんです。一発も（真剣には）入れていない。本当に蹴ったというイメージは全くないですね。ただ、ローリングソバットだけは一発行きました」

佐山はどのように試合を成り立たせようかと、頭を巡らしていた。そんな中、思わず前田の腕を取ってしまったのだと振り返る。

「瞬間的に取っちゃった。そうするとぼくはパーンと極める癖がある。腹固めですね」

腹固めとは相手の腕に両脚を絡め、自分の腹で圧迫しながら肘関節を極める技である。

「あっ、極めたら怒られると思って離したりして」

前田はこの腹固めについて「佐山さんはいつもそう言っているらしいんですけど、自分は掛けられた記憶はない」と憤然と否定した。

開始一一分を過ぎた頃から三回、前田はマットの上で膝を立てて、うつ伏せの姿勢になった。これは格闘技の世界では〝亀〟と呼ばれる。

前田はなぜ亀の姿勢になったのか――。どうしていいのか分からず混乱して亀の体勢に逃げたのか。あるいは疲れが出たので、時間を稼ごうとしたのか。

ぼくが訊ねると、前田はほぉーと声を出した。

「俺ね、この試合について何万回と同じ話をしてきたと思いますよ。全く同じ話で。ただ、あの亀になったのはどういう意味かって質問されたのは初めてです」

そしてこう続けた。

「あれは攻められるものならば、攻めてみろってやったんです」

言葉に出して佐山を挑発したのかと訊ねると、首を振った。

「言わなくてもレスラーは分かるんです。佐山さんにも伝わっていると思いますよ。伝わっているから、言いたくないんです。言えない。（攻められなかった側が）格好悪いから。俺たち仲間内から見たら、ああ、佐山、何もできなかったなって。あの状態で何もできなかった。佐山さんに（とって前田を）動かせなかったのは恥なんです。俺は強いよ、といくら言っても、何もできない。俺は恥を掻かせたんです」

つまり、亀の体勢を取って佐山の力を試したのですねと確認すると、前田は強く頷いた。

「レスラーや格闘技をやっている人から見たら、全く動かせなかったというのは恥ずかしいことでしょ。最初から佐山サトルが俺を取るのは無理だと思っていましたよ」

佐山にこの発言を伝えると、「えっ」と言葉に詰まった後、「あの状況でそれはないでしょ」と言って困惑した顔になった。

「そもそも（亀の体勢になった前田を）本気で攻めてませんでしたよ。本気で攻めたら、色んな技がいっぱいある。UWFのルールだと、亀の状態は蹴りを受ける可能性がある。ぼくは顔面への蹴りを得意としていました。ゴングが鳴ってから狂ったように（腕を振り回して）来た。それで突然、亀のポーズになって、〝取れるならば取ってみろ〟って、そんなの分かるはずがないですよ」

　佐山の指摘通り、亀の体勢は蹴りに対して無防備である。

「とにかくぼくは（前田を）説き伏せていたという記憶しかないです。駄々をこねている人間を試合場でどうするかという頭しかなかったですね。亀になって、取れるもんなら取ってみろって……そんなこと、今になって言われても困っちゃうなぁ」

　佐山は前田に「落ち着け」と話しかけていたという。

「前田が辞める、辞めるって言うばかりなんで、腹話術を使って、口を開けずに説得していました。（レフェリーの）空中（正三《まさみ》）さんも関西弁で〝お前、何言うとるんや。今、辞めてどうするんや〟って言っているんです。不思議な試合です」

　佐山は前田の思い詰めた顔を見て、この一つ年下の男を追い込んだのは自分だという思いが浮かんできた。

「前田っていうのは純粋な奴なんです。（ＵＷＦの）周りはみんな（自分の）敵でした。前田は純粋な奴だから周りの人から色んなことを言われると訳が分からなくなってしまう。これ以上、前田を苦しめちゃいけないと思いました」

「ＵＷＦとしては佐山ではなく前田を取るんですね」

試合は三回目の〝亀〟の攻防から約一〇秒後、前田の蹴りを下腹部に受けた佐山が顔をしかめた。前田の蹴りが佐山の急所に入ったとして、反則負けとなった。

前田は今もこの決着に納得していない。

「（ルールで）認められている中でどうするんが一番いいかなと思って、捕まえて顔面に膝を入れてやろうと思ったんですよ。そうしたら、（佐山は）これはやばいと思ったんでしょうね、〝金的〟って言って試合を終わらせた。ぼくが本気で金的を蹴っていたら、のたうち回っていますよ。あの試合は最初から最後まで恥を掻かせるためだったんです。佐山さんには強いんだ、凄いんだというイメージがあった。それを一から潰したら駄目じゃないですか」

前田は語気を強める。

「正直言って佐山さんにはがっかりしました。ただ、佐山さんに思い切り恥を掻かせた。俺が（UWFに）いると若手に対しても観客に対しても佐山サトルの立場がない。だから俺は身を引かなきゃいけないと思ったんです」

「プロレス用」と「格闘技用」という二種類の蹴りを使い分ける他、佐山は力一杯入れているように手を小刻みに震わせて、卵が割れないようにやさしく握ることができる。優れたレスラーは、そうした技を駆使して即興で試合を組み立てていく。プロレスと真剣勝負の潮目を見抜くことは難しい。そして前田が佐山に「恥を掻かせる」ほど徹底的に追い詰めたかどうか。判断は分かれるだろう。

一つはっきりしていることは、前田は試合を放棄し、佐山はなんとか成立させようとしたことだ。

佐山が腹固めで極めなかったのは、前田の様子がおかしいとはいえ、強引に試合を終わらせることが、プロレスラーの流儀に反すると考えたからだ。

前田は自伝『パワー・オブ・ドリーム』で試合直後、控室に来た藤原や木戸にこう言ったと書いている。

「やってはいけないことをやってしまいました。責任を取ってオレは辞めます」

この発言は佐山への〝シュートマッチ〟を謝罪する意味に取れる。しかし、伊佐早たちから頼まれ、団体存続のために仕掛けたのならば、「みんなのためにやりました」という弁解から始まるのではないか。前田の軀の中に積み重なっていた佐山への怒りが中途半端な形で出てしまった、不格好な試合と表現するのが正確かもしれない。

試合後、前田は宿泊していたホテルに戻らず、岸和田市の田中正悟の自宅に転がり込んだ。

前田は当時の心境をこう語る。

「辞めて何をしようかっていうのは別になかったですね。昔からアメリカに住んでみたいというのがあったので、しばらくゴッチさんのところで（プロレスの試合を）ブッキングしてもらいながら金を貯めて、空手か格闘技の道場を開けばいいなと思っていました」

緊張の糸が切れた前田は、近くの料亭から大量のてっちり鍋を出前させ、昼間から酒を飲んでひっくり返って眠った。後ろに思い切り倒れたので座椅子の背もたれが壊れたほどだった。

九月六日、UWFは後楽園ホールでシリーズ第四戦を行っている。山崎一夫と対戦予定だった前田は〈左足首靱帯損傷の古傷悪化〉により欠場、会場に姿を現さなかった。佐山は高田と対戦し勝利。藤原は木戸に勝利したが、ルールで禁じられた頭突きをしている。もはや佐山の作ったルールには従わないという藤原なりの決意表明にも取れた。

大会の翌七日、藤原と山崎、そしてＵＷＦ社長の浦田昇と伊佐早らが大阪に向かっている。中華料理店の個室で田中と会うことになっていたのだ。

田中はこう切り出した。

「前田をちゃんと扱ってほしい」

前田が感情を爆発させて佐山との試合をぶち壊したのは扱いが低いからだ、と田中はまくしたてた。

「ここにみんなが来たということは、ＵＷＦとしては佐山ではなく前田を取るんですね」

全員の顔を見回し、みなが頷いたのを確認して「前田でいいんですね」と念押しした。

「では、彼をエースとして扱ってください」

すると藤原は「分かったよ、馬鹿野郎」と頷くように言った。

その四日後、後楽園ホールで『格闘プロスペクト』シリーズ最終戦が行われた。試合を欠場した前田は田中に付き添われてリングに上がっている。田中はマイクを握ると、「一部に報道された（前田の）引退や、他団体への移籍といったことはありません」と語った。

メインイベントはここまでリーグ戦四戦全勝同士の佐山と藤原が対戦。藤原が一九分三一秒、脇固めで勝利した。

試合後、藤原は報道陣に口を開いた。

「俺はシューティングなんてぇ言葉はあまり好きじゃないんだ。俺のやっているのはプロフェッショナルレスリング。これから会社がどんなことになっても、オレはプロレスを続けていくよ。

どこでもね」

会社がどんなことになっても、というのは「理にかなった営業方針をとるために、しばらく充電期間をとる」という浦田の発言を受けてのものだった。

そして、リーグ戦優勝にも冷ややかだった。

「いいよ、俺は。優勝なんかしなくたって。年寄りだしスターじゃないし、前座がいいんだよ」

「若い奴が優勝すべきなんだ。前田なんて休んでいられないんだよ。だいたいこんな年寄りが一番だなんて……」

佐山が推し進めていた路線の否定、前田を前面に押し立てていくという宣言でもあった。

再度、前田の著書から引用する。

〈シリーズ終了後、選手全員で、これからの方針を再検討した。佐山さんもやっと方針を変えることを納得し、話し合いのテーブルについてくれた。

その席で、興行数を増やすために、外人選手や若手も参加させた大規模なリーグ戦を行うこと、そしてアマチュアリズムを押しつけるようなルールではなく、各選手が個性をフルに発揮できて、誰がいちばん強いかをハッキリさせることのできるルール作りに取り組むことなどが決定した〉

（『パワー・オブ・ドリーム』）（原文ママ）

九月一七日、UWFは一〇月九日と二〇日に『無限大記念日 THE WINNER UWF第2章幕開け』と銘打った大会を開催すると発表した。九日は前田対佐山、二〇日は前田対藤原がメインイベントとなっていた。

一〇月二日、前田は『東京スポーツ』の取材を受けて佐山戦についてこう語っている。

〈「勝敗？　そんなものやってみなきゃわからないよ。それよりも、俺は確かめてみたいことがあるんだ」勝負を度外視して前田が確認したいことは何なのだ——。（中略）

「ルール通り戦う」と従来のシューティングで佐山に再び挑むことを宣言した前田だが、果たしてこれは本心だろうか。「俺の身体で確かめたい」と繰り返しており、何らかの〝テスト〟を試みることは間違いない〉

前田はどのような形かははっきりしないが、佐山の存在を傷つける行動に出るつもりだったろう。

佐山はこう言う。

「臨海の試合の後、みんなが前田の味方をしたんですよね。レスラーだけじゃなくて営業とかの社員も。前田がやったことを考えれば普通は反対ですよね。あんなことやっちゃいけないという話になる。全員が敵だというのは分かっていたとはいえ、みんなが前田を擁護して、自分も色々と言われた。何を言われたのかは忘れちゃいましたけど。これはもうできないなと思いましたね」

一〇月三日午後、ＵＷＦは後楽園ホールでの二大会を中止すると発表した。

〈表向きの理由は、九日の試合で前田日明とシングル戦が決定していたスーパータイガー（佐山サトル）が肝臓病にカゼを併発。試合出場が無理であり、空中も練習中に左上腕部にヒビが入り欠場を余儀なくされ、選手数が少ないうえに、このアクシデントで試合が行えなくなった、というもの。しかし、ＵＷＦでは既に両日の入場チケットを販売しており、試合を六日後に控えて突然の中止は前代未聞の不祥事。資金的な面からも団体の存続に危機説が流れていたＵＷＦだけに、このまま最悪の事態に陥る恐れも出てきた〉（『東京スポーツ』一〇月五日付）

もはやＵＷＦに佐山の居場所はなかった。

佐山サトルの〝影〟

北原辰巳、中村頼永を相手にした佐山の模範演技を掲載したシューティングのカレンダー

中村頼永

子どもの時代、心を撃ち抜かれたものに、生涯こだわりを持つ人間とそうでない人間の二種類がいる。

中村頼永《よりなが》は前者に属する。

中村は一九六三年に三重県で生まれた。小学生の頃から『デビルマン』などの作品を読みふけり、漫画家を目指していたという。その後、彼の人生の方向を決める二人に出会う。

一人目がブルース・リーである。

中村がブルース・リーと出会ったのは少々遅い。当初、流行に敏感な同級生が彼の映画を観に行き、物真似をしていたのを冷ややかに見ていたという。中学二年生の冬、映画『未知との遭遇』を観に行ったとき、『死亡遊戯』の予告編が流れた。中村は一瞬でこの中国系アメリカ人に打ちのめされた。同級生の下手な物真似で、彼の価値を見逃していたことに気がついたのだ。その後、映画はもちろん、彼に関する書籍を買い集め、仕草、動きを研究した。そして彼が創始したジークンドーという武術が存在することを知り、資料を国外から取り寄せ、我流で練習を始めた。

建築家だった父親の勧めで津工業高校の建築科に進学。しかし、建築には情熱を持てず、高校卒業後はアニメーター養成の専門学校に行くつもりだった。

格闘技への熱も相変わらずで、高校一年生の終わりから伊勢市にあった空手道場に入門している。週二回の稽古では足らず、学校が終わると弟と一緒に近くの公園に行き、汗を流した。

また、中村は新日本プロレスのファンでもあった。高校二年の春、次週、タイガーマスクが登場するという告知がテレビで流れた。タイガーマスクの漫画、テレビアニメは中村のお気に入りだった。どのようなプロレスラーが現れるのだろうか、翌金曜日二〇時、テレビの前で待ち構えていた。

一九八一年四月二三日、タイガーマスクが蔵前国技館のリングに立った。

「あの動きを見て、えーっという風になりました。翌日、学校でも話題になっていました」

タイガーマスクは彼の人生を決めた二人目の男となった。空手道場でもタイガーマスクの話題が出た。すると、熱心なプロレスファンだった一人の先輩がこう呟いた。

「あれは佐山サトルだな」

そのとき、中村の頭に佐山という名前が刻み込まれたのだ。

翌年二月のことだ。

中村の通っていた空手――寛水流の本部道場の落成式が行われた。これはすでに触れたようにアントニオ猪木と空手家の水谷征夫が立ち上げた流派だった。落成式には、猪木、坂口征二、藤波辰巳、そしてタイガーマスクが出席。式典でタイガーマスクがエキシビションマッチを行うことになっていた。

会場となったホテルの宴会場にはリングが組まれていた。そこには水谷の他、安藤組の元組長で俳優に転身していた安藤昇の姿もあった。タイガーマスクの試合目当ての子どもたちが集まっており、賑やかな雰囲気となっていた。中村は弟の之洋《ゆきひろ》と色紙の束を持って、エレベーターの前で待つことにした。まず姿を現したのは藤波だった。スーツを着た藤波は、空手関係者の目を意識していたのか表情は硬く、仏頂面で中村の差し出した色紙にさらさらとペンを走らせた。

しかし、肝心のタイガーマスクの姿が見あたらない。すでにどこかの部屋で待機しているのではないか。中村は弟と手分けして、ホテルの中を探し回ることにした。二人は宴会場の扉が開いているのを見つけた。恐る恐る中に入ると、がらんとした部屋の奥にタイガーマスクの姿が見えた。中村は急いでカメラを取り出してシャッターを切った。

この機会にサインを貰おう。意を決して、近づいていくことにした。

するとタイガーマスクの横に立っていた大男が口を開いた。

「タイガーは試合前だから駄目だぞ」

低く擦れた声だった。坂口である。

駄目か。中村が下を向こうとした瞬間、タイガーマスクが手招きした。

「いいよ、こっちにおいで」

中村兄弟は顔を見合わせた。なんて優しい人なんだ。二人は天にも昇るような気分だった。

「俺の影になってくれない？」

中村は高校を卒業後、水道橋にある東京デザイナー学院に進んだ。専門学校と並行して、千葉の極真空手の道場に入門。さらに学院内のマーシャルアーツ研究会でキックボクシングの練習に励んだ。

八四年二月、タイガーマスクを辞めた佐山がタイガージムを開くことを知り、中村はオープン当日に申し込んだという。

「ものすごい数の入門者がいたんです。ぼくは初日に行ったのに、（会員番号が）一〇八番ですから」

中村にとってタイガージムの練習は拍子抜けするほど軽いものだった。

「スクワットやタックルの打ち込み、簡単な膝蹴りなどの基礎トレーニングばかりなんです。後から（タイガージムのあった）ビルが格闘技を教えるなと言っていたことを知りました」

初心者向けの練習内容ではあったが、佐山自らが教えることは魅力的だった。中村は、ブルース・リーと同じ髪型、中国拳法用のパンツと靴を身につけて練習に参加。佐山の目につくようにいつも最前列に陣取っていた。

「佐山先生に〝ブルース・リー君〟って呼ばれていました。ブルース・リーのファンクラブのスタッフもやっていたので、佐山先生にインタビューして会報に〝佐山サトル、ブルース・リーを語る〟という記事を書いたりしたこともありました」

中村は専門学校を卒業後、アニメーターとして働き始めた。アニメーターとはアニメーション作品の作画担当で、原画と原画の間を埋める膨大なコマを描く。労働時間は長く、そして低賃金だった。そうした生活から中村はジムから遠ざかるようになった。

仕事に追われながらも、中村はＵＷＦのリングに上がるようになった佐山の動向をプロレス専門誌とスポーツ新聞で追っていた。

八四年一二月、後楽園ホールでの藤原喜明戦前、佐山に手紙を出している。

「藤原は関節技は強いけど、打撃は強くないというプロレス専門誌に書かれていたことを信じていたんです。だから、顔面をとにかく蹴りまくってくださいって書いたんです」

試合が始まると、佐山は藤原に次々と蹴りを見舞った。UWFを初めて会場で観た中村は鳥肌が立ったという。

「こんなプロレスを見たことがないって、みんな青ざめているんです。ぼくは、うわーっ、手紙に書いたことを本当にやってくれたと思っていました」

しばらくして中村の頭の中に疑問が浮かんできた。

(佐山さんは藤原の後頭部を蹴っている。なんでKOできないんだろう)

中村が学んだ寛水流は、寸止めがないフルコンタクト空手だった。稽古や試合で頭部に蹴りをまともに受けた人間が崩れ落ちるように倒れるのを何度も目撃している。中村自身も一蹴りで相手を倒したこともあった。佐山は自分よりも二〇キロも重い。それだけ蹴りの威力はあるはずだ。それにもかかわらず、藤原は佐山の蹴りを貰いながら、ゆっくりと倒れ、そして起き上がってきた。新日本での藤原の動きと同じだった。これ、絶対に違う。中村は思わず呟いた。

(あんな蹴りを本当に喰らったら死んでもおかしくない。これはプロレスだ)

試合は佐山が計五五発の蹴りを入れ、藤原をノックアウトした。試合終了後、佐山と話をしたいと思った中村は裏口で待つことにした。しかし、多くの人が集まっており、佐山に近づくことさえできなかった。佐山が「ありがとう」と手を上げて車に乗り込んでいくのが遠くに見えた。

自分の知っている佐山は新しい格闘技——シューティングに情熱を傾けていた。そんな佐山にプロレスをやらせているのはUWFだ。そう考えると怒りがこみ上げてきた。この気持ちを佐山に伝えるため、中村は手紙を書くことにした。

筆を執ると佐山に対する思いが溢れ出てきた。何度も書き直し、手紙は長文になった。

「自分はシューティングをやりたい、UWFは八百長ですねって。佐山先生は自分の名前は認識していない。そこで中国拳法の服を着た写真を何枚か紙に貼り付けて、ブルース・リー君と呼ばれていた男ですと書いておきました」

そして、分厚い便箋の入った封筒を新たに開いたスーパータイガージムに届けた。

この頃、中村はアニメーターとしての生活に一区切りつけようとしていた。生活のため仕事を抱えすぎて、自分を見失っていると感じていたのだ。交際していた女性の実家が長野県で手広く事業をやっていた。そこで働き、ある程度の金を貯めてから東京に戻るつもりだった。

それから数ヶ月後のことだ。

彼女の実家にいた中村に電話が入った。誰だろうと首を傾げながら受話器を受け取ると、滑らかな声が流れてきた。

「中村君、UWFのこと、よく分かったね」

佐山だった。中村はその場で跳び上がりそうになった。

「手紙に（彼女の実家の）電話番号を書いておいたんです。確か（八五年の）九月の終わりか、一〇月の頭だったと思います。それで、今度会えないかとおっしゃった」

後日、佐山と京王プラザホテルで待ち合わせすることになった。

佐山はこう切り出した。

「俺の影になってくれない？」

質問の意味が分からず、中村は首を傾げた。

「影って、どういうことですか？」

「今まで俺に付いてきたのは、みんなプロレスラーになりたい人間だったんだよ」

スーパータイガージムでは、新日本プロレス時代の付き人であった山崎一夫、そして宮戸成夫という佐山の弟子がインストラクターを務めていた。二人は佐山とUWFの関係がぎくしゃくすると、離れていった。

「彼らは最初からプロレスラーになりたかったんだ。本当にこの新格闘技をやりたいって言ってきたのは中村君だけだ。中村君が俺の弟子第一号なんだ」

佐山の言葉を聞いて、中村は背筋に電気が走ったような錯覚に陥った。

山崎と宮戸が去った後、佐山は平直行と佐々木貴史という二人の練習生をインストラクターに抜擢していた。スーパータイガージムを弱体化させるために、UWFは彼らも引き抜くという話も耳に入っているという。

「俺の影として、頭脳になってほしい。一緒に新格闘技シューティングを作ってほしい」

佐山が自分を頼ってくれたことが嬉しかった。申し出を断る理由はなかった。

中村はすぐに荷物を取りに戻り、世田谷区用賀にあった佐山の自宅に転がり込んだ。

佐山は中村の父親と会い、ジムを運営するサトル興業の社員として身分保障すると約束した。

佐山が出した条件は、最初の三ヶ月間はジムで会員と一緒に練習しながら、毎日五時間の個別特訓を受けるというものだった。月給一二万円を貰いながら、佐山に教わることができる。中村にとっては願ってもない話だった。

「近くに学校があって、佐山先生は時の人ですから、練習をしていると、〝佐山さん、頑張って〟

とか学生から声を掛けられるんです。公園でタックル、（レスリングの）首投げ、（蹴りの）膝突きの練習とかをやりました。道路でミットを持ってもらって、叩かせてもらったこともありました。そういう練習が一週間か一〇日ぐらい続きました。その間に不動産屋さんに行って、佐山先生は自宅近くにぼくの部屋を借りてくださった」

しばらくして、この練習にもう一人の男が加わった。

北原辰巳である。

「殺すぞ、この野郎」——佐山が低い声で叫んだ

北原辰巳（現・光騎《こうき》）は一九六四年三月に福岡市で生まれた。高校卒業後、上京し、ＵＷＦの道場に行ったが入門を認められず、八五年八月からスーパータイガージムの練習生となっていた。北原には極真空手の素地があり、一八〇センチ超の上背に恵まれていた。しばらくして佐山からサトル興業の社員にならないかと誘われた。

毎朝六時半、北原が中村の家にやって来た。二人は徒歩で数分のところにある佐山の自宅マンションに行き、七時一五分前に呼び鈴を鳴らした。

二人の特別練習は他のインストラクター、生徒に隠されていたため、スーパータイガージムは使用できない。そのため練習場所は日によって変わった。

佐山の自宅マンション近くの空き地や桜新町にある長谷川町子美術館の横道で佐山がキック

ミットを持ち、蹴りの練習。あるいは砧《きぬた》公園で関節技のスパーリングをすることもあった。冬の枯れた芝の上で激しく動き回るため、三人はすぐに泥だらけになった。

ある朝、二人が佐山のマンションに行くと、サトル興業専務の中出忠宜が運転する日産キャラバンが待っていた。これは中出が佐山のために購入した大型車だった。車内で寛《くつろ》いで食事をとれるように、座席を大ぶりなものに載せ替えてあり、テレビが設置してあった。

車は住宅地の中を走り、一軒の民家の前で停まった。この家は取り壊しが決まっており、好きに使ってもいいという条件で借りたという。中出が鍵を差し込んで扉を開けて、階段を下りていった。六畳ほどの地下室に家財道具はなくがらんとしていた。コンクリートに擦り切れた薄手の絨毯が敷かれているだけだった。

まずはフットワークの練習から始まった。シューティングの基本の構え――低重心アップライトで立ち、足を前後に動かすのだ。佐山の練習は何分間やるかを事前に教えない。「やめ」という声が掛かるまで続けなければならない。フットワークは一時間を超えることもあった。この日は固い絨毯の上を素足で動いたため、しばらくすると摩擦で足裏の皮が剝《む》け、血が出てきた。

その後、初めて立ち技のスパーリングをすることになった。まずは中村が佐山と向き合った。間合いを測りながら、二人が蹴りを繰り出す。しばらくパンチと蹴りの応酬が続いた。そして佐山が前に踏み込んだ瞬間、中村はローキックを蹴ると見せかけて、さらに足を高く上げて顔を狙った。中村の足は佐山の瞼《まぶた》の辺りに当たった。

佐山に自分の蹴りが通用したと思った中村は「うぉー」と大声を上げた。

すると佐山は「その蹴り、知っているよ」と小さな声で呟いた。

「佐山さんって、前に入るとき、腕が下がるんですよ」

中村はタイガーマスク、スーパータイガーの試合を録画して繰り返し見て、動きを分析していた。距離があるときは両腕を目の前に上げる低重心アップライトの構えでガードを固める。ただ、前に踏み込むときは、両手を下げる癖があるんですと、声を上ずらせた。

中村はこう振り返る。

「このとき、自分はまだファン目線で〝佐山先生〟ではなく〝佐山さん〟と呼んでいました。佐山先生が新弟子に本気で向かってくるはずがないことを理解してませんでした」

佐山が「その蹴り、知っているよ」と口にしたのは、そうした軽い蹴りは実戦では使えないという意味だった。

佐山はしゃがみこむと〝亀〟の体勢になった。

「次はグラウンドでやるぞ。どこからでも掛かってこい」

「うりゃー」

中村は気合いを入れるために、大声を出して佐山の背中に飛び乗り、首を絞めた。

そのときだ。

「何がうりゃーだ」

佐山の声が聞こえたかと思うと、次の瞬間、中村は床に叩きつけられていた。目を開けると、佐山が馬乗りになっていた。肘で顔を殴られ、後頭部が床に当たった。がん、という鈍い音がして、目の前が真っ暗になった。脳震盪《しんとう》を起こしたのだと思った。

「殺すぞ、この野郎」

佐山が低い声で叫んだ。いつもの佐山の優しい口調とは全く違っていた。その後、佐山は次々と関節技を掛け続けた。何をされているのかも分からず、中村は自分が人形になったような気分だった。横では北原と中出が顔をしかめているのが見えた。その像がしだいに霞んでいく――。

（俺、ここで死ぬんかな）

そのとき、佐山がふっと力を緩めた。時間にすれば一〇分ぐらいだったろう。中村にとっては一時間ほど痛めつけられたような気分だった。

「さっきの元気はどうしたんだ」

佐山は先ほどまでが嘘のように穏やかな調子に戻っていた。ぼろ雑巾になったようで、中村は返事ができなかった。さっぱりとした表情で立ち上がった佐山は、洗面台の方に歩いていった。

「どうしてこんなことをしたのですか？」

中村がなんとか軀を起こして、佐山の背中に向かって言った。すると足を停めた佐山は振り返り、にこりと笑った。

「それは中村君に強くなってもらいたいからじゃないか」

練習後は佐山の自宅で食事をとることが恒例になっており、この日もテーブルには食事が用意してあった。しかし、中村は全く箸が進まなかった。放心状態だった。

北原もまた啞然《あぜん》としていたのだと振り返る。

「すげーっと思って、やられるのを見てました。（佐山の）動きがもの凄く速いのにも驚きました。そして肘を（中村の）顔にぐりぐりと押しつける。ごりごり、ごりごりって。見ていて怖かったですよ。それまでの佐山さんというのは、一日六時間、七時間、丁寧にキックを教えてくれたんです。すごく優しくて一度も怒られたことがなかった」

この後、一六時から始まる練習に合わせて、中村と北原はジムに向かった。

そのとき、中村は不思議なことに気がついた。

あれだけ激しく肘を押しつけられたのに、顔には傷ひとつない。佐山は肘の骨の硬い部分を外して顔に当てていたのだ。様々な関節技を掛けられたはずだったが、その痛みも残っていなかった。藤原喜明との試合のときと同じだった。佐山は殺気を出しながらも巧妙に力を抜いていたのだ。

それでも突如豹変した佐山への戸惑いは消えなかった。ジムでの練習が終わった後、二人は中村のアパートで、今後のことを話し合うことにした。

中村はそもそも自分の態度が悪かったのだと頭を掻く。

「後から分かったんですが、佐山先生は〝うりゃー〟とか強面な感じが好きじゃなかった。それが癇《かん》に障ったと思うんです。二人とも、もうやっていられないという感じだったんですが、もう一日だけ行ってみようという話になりました」

北原は家出同然で故郷を出ており、行き場所はなかった。中村にとって佐山は長年の憧れの人物で、彼から格闘技を習うことは夢だった。二人は佐山の下で練習を続けるしかなかった。

八五年一〇月一一日、佐山はUWFからの脱退を正式表明している。

一〇月一三日付の『東京スポーツ』に佐山との一問一答が掲載された。

〈――UWFを脱退する決意をした理由は？

佐山　僕はあくまで常識路線にあわせてシューティングのルールをつくり、これまでやってきた。が、ここにきてフロントの一部からもっとお客さんが喜ぶルールにしてくれという要求がでた。それでは僕の生き方と全く違う部分に入っていくのでこれ以上UWFで続けることはできないという決断をした。

——それはいつごろ？

佐山　前のシリーズから。

——九月二日、大阪大会での前田の急所げりもそこに理由はあったのか？

佐山　僕自身で確かめていないので彼の真意はわからない。お互いにシューティングの理想を目指して努力してきたのに彼のあの行為は残念だった。しかし前田とはケンカ別れの形にはなりたくない。

——浦田社長には脱退について話したのか。

佐山　一週間前に会って、すべてをお話しし、了解をいただいた。UWFでは、これからビッグな企画を計画しているようだし、自分もそれに参加したかったが、あくまで僕のシューティングは、UWFの今考えている場ではできないのであれば、やめざるを得ないでしょう。

（中略）

——今後はどうするのか？

佐山　今、進めているシューティング協会の設立を、より具体化、組織化していきたい。これはシューティングをアマチュアスポーツとして大成させていくという方針のもとにやるものだが、はやければ来年中でも、その趣旨の大会を開きたいと考えている。幸い僕のジムもあるので、そこを本拠としていろいろな関係者と話し合っていきたい。シューティングというのは殺し合いやショーではない。あくまでも健全なアマチュアスポーツの一つとして育てていきたい〉

佐山はあくまで冷静である。一方、前田日明は同じ紙面で佐山を痛烈に批判した。

〈前田の話＝自分のことばかり考えて、残された俺達のことをどう思っているんだ。ほかの人の迷惑をどう考えているんだ。これは選手うんぬんというよりも、人間性の問題だよ。俺もそうだし、ここに集まったみんなは、それぞれ純粋に夢を持って理想の格闘技実現のために集まった者ばかりだ。しかも非常に大事な時に、こういう事件を起こしたのは、それをすべて踏みにじるものだ〉

さらに前田たちの怒りに火を注ぐ書籍――『ケーフェイ』が発売された。

「ケーフェイの意味を知って、俺はコロンブスの卵のような衝撃を受けた」

八五年一〇月、『ケーフェイ』という佐山サトル著の単行本が発売された。版元はナユタ出版という聞き慣れない出版社である。

モノクロームの佐山の顔写真があしらわれた表紙をめくると、黒い紙にうっすらと文字が書かれている。

〈ケーフェイとは――、プロレス界で使われている隠語である。レスラーたちは、聞かれるとまずい会話に他人が入ってくると〝ケーフェイ!〟と合図して、話題を変えるのである。

ケーフェイは、フェイク（ｆａｋｅ）という言葉を裏かえしにしたものといわれる。ちなみに、ｆａｋｅとは――「サギ師」「インチキ」「ねつ造すること」などの意味がある〉

この本は佐山の一人語り形式で五、六ページ程度の短い章が並んでいる。それらを〈週刊プロレス記者　山本隆〉による前文と後書きが挟み込んでいる。

山本は後に『週刊プロレス』の編集長となり、ターザン山本と名乗る人物だ。

山本に佐山について訊ねると、唾を飛ばさんばかりの勢いで口を開いた。

「佐山さんが新日本に入ったとき、猪木さんの付き人をやっていたじゃない?　その付き人をやっていたときの姿が美しいというか、凜々《りり》しかった。若者としてすごく清潔感があって、気に入っていたわけ。レスラーって色んな欲望がむき出しなんですよ。その中で佐山さんってクリーン。そのクリーンさが別格だなと思っていた」

この本に関わることになったのは、『週刊プロレス』で連載を持っていたイラストレーターの更級四郎からの頼みだったという。

「更級さんの友だちにナユタ出版の人がいたの。その彼が経営に困っていた。何か売れるものを出さなきゃいけないって更級さんに相談に行った。更級さんは、じゃあプロレスで出せばいいじゃんって。プロレスだったら佐山が一番いいよって。それで本を作るのだったら山本だろうと、ぼくに声が掛かった」

出版依頼のため、山本は更級を伴って佐山と会った。

「佐山さんってそういうとき、ノーって言わない人なんですよ。何も考えていないのか、関心がないのか、はい、わかりましたーって。すぐに答えを出した。それがどういう意味なのか、わかっていなかったと思う」

取材は変則的な形で進められた。

「更級さんとカバーデザインをやった松本晴夫さんとぼくの三人がメンバー。更級さんと松本さんは芸大からのポン友なの。アートにも詳しい頭脳派。そこに佐山さんを加えて、企画会議のようなものをやった。出たとこ勝負よ。ぼくはね、どうせ佐山さんで本を出すんだったら、週刊プロレスでできないことをやれないかって。破滅的なことをやってしまえって思っていた。それでぼくががーっと喋るわけです。ぼくは喋ることが好きなもんですから。それを更級さんはテープに録音していったんです」

佐山は山本たちが話しているのを、にこやかに見ていたという。

「佐山さんは非常に無責任というか、自分の名前で本を出すのに、関係ないよってポジションでいるんですよ。いや、ちゃんとその場所には来るんです、律儀だから。ただ、全く口を出さない。そして失礼なことは絶対にしない。あー、どうぞどうぞ、やってくださいって」

原稿は貴方が書いたのかと問うと、山本はもごもごと口を濁し、話題を変えた。何度か質問を繰り返すうちに、録音起こしを元に更級が書いたのだろうと言った。

「佐山さんは山本さんが作ったって言い続けているんです。本人がそう言ったら、みんな信じるじゃないですか。喋ったのは俺。書いたのは更級さん。俺はどんな進行状態になっているかさえ知らなかった。原稿は一度も見たことがない。全く関知しない。言いっ放しなわけ。更級さんはプロレスファンじゃないんですよ。だから、こんなことを書いたら、えらい暴露本になるとかさ、やばいとか、考えない。俺だって出来上がった本を見てびっくりしたんだもの」

以下はケーフェイからの抜粋だ。

〈どんなスポーツでも、練習というのは、ゲームに勝つために、テクニックをみがき、体力をつけ、そのうえに精神的な強さをきたえるという、それ以外の意味を持たないものだよね。

ところが、このスポーツの大原則を大きく踏みはずしていたのが、プロレスの世界であったわけだから、練習の場でいくら一生懸命になっていても限界があったわけだ。

プロレスラーというのは、だいたいにおいて、自分の考えていることと、現実の世界とのギャップの大きさに悩んでいるものだけど、ほとんどの選手がお金のためと自分にいいきかせるか、もしくは人気、名声などとひきかえに両方のくいちがいを同化させながらやっているんだと思う。ボクの場合に限っていえば、〝これは遊びなんだ〟と自分に思わせることだったね〉

〈プロレスファンなら十分に納得しているとは思うけど、プロレスの試合では、一方がロープに飛ばすと、相手はトランポリンのように跳ね返ってくる。

また、コーナーポストの上から、相手の選手のダイビングを受けるときは、相手がコーナーポストにのぼるまで、片一方はスキだらけの状態だ。

芸能の世界では〝間〟という言葉があり、名優の演じる芝居などでは「誰々の間のとり方が実にうまい」などというらしいけど、プロレスの世界も〝間〟のとり方が大事らしい〉

〈むろん、タイガーマスクというリングネームを捨てることに関しても、何の未練も感じなかった。

だって素顔の佐山聡から見ると、あのタイガーマスクというのは、まるで生き恥そのものだったからね。タイガーマスクとして評価されていたものは、自分ではまったくプライドの持てないものだったから、汚れた服を脱ぎすてるみたいで、何のためらいもなかった〉

タイガーマスクだった佐山がプロレスの内側を明かしたことはもちろん、『ケーフェイ』という、耳慣れない、しかし秘密の匂いを感じさせる書名も人の目を惹くことになった。

この書名を提案したのは自分だったと山本は前のめりになった。

「タイトルはどうしますかって、更級さんが訊いてくるわけ。タイトルはね、超刺激的じゃなきゃいけない。たまたまね、少し前にジミー鈴木という男と話をしたの。あいつはプロレスの本場、アメリカにいるから、レスラーと付き合うじゃない。ある意味、彼は人が良いので、なにげなく〝ケーフェイ〟という言葉を電話で（自分に）言った。ジミーにとっては重大な言葉でもなんでもなくて、日常的に使っていたんですよ」

ジミー鈴木こと鈴木清隆は一九五九年生まれのプロレス記者で、『週刊プロレス』にも寄稿していた。

「それってどういうことって訊いたの。ケーフェイの意味を知って、俺はコロンブスの卵のような衝撃を受けた。俺はね、専門誌で長年働いていたのに、その隠語を知らなかった。いや、あのときはね、プロレスマスコミの人は誰も知らなかったんですよ。プロレスラーっていうのは隠語という暗号で生きている。暗号で豊かな世界を形成していたんです。それを俺たちはプロレス記者なのに知らなかった。俺は最低だ、ピエロだ、道化だ、馬鹿丸出しだ。そうか、欺《だま》しやがったかって。俺が衝撃を受けたんだから、全部出しちゃえって」

ケーフェイという言葉を聞いた更級も即座に反応した。

「ケーフェイという言葉は一般の人にとっては意味のない記号のようなもの。意味がないということに絶大な効果があります。意味がないから不気味なんですって更級さんが言うんだ。これはケーフェイしかないってことになったんですよ」

山本が前文と後書きに署名を入れたのは、〝本文〟には関わっていないのだという痕跡を残すためだったと付け加えた。

一方、佐山の説明はこうだ。

「そもそも本を作るための取材じゃなかったんですよ。ぼくは、早くからプロレスの世界に入っているから普通の社会を知らない。そして（ＵＷＦに）仲間がいなかったから、更級さんたちといると楽しかったんです。ぼくにとっては心地良い空間でした。一週間に一回ぐらいは彼らと話していました。更級さんたちは色々と理解してくれましたし、ぼくも普通の社会人の考えを学ぶことができる。単なる話し合いだったんです」

佐山は出来上がった原稿を一読し、出版しないように頼んだ。

「出すのはやめましょうという話をずっとしていました。ところが（スーパータイガージム専務の）中出さんも賛成しちゃって、四対一でみんなに押し切られたんです」

　この『ケーフェイ』発売直後、プロレス関係者が恐ろしく静かであった記憶があると山本は振り返る。

「結局、本当のことが書いてあるわけじゃない？　だから触れられない。あれをいけない本だ、本当か嘘かということになっても論争できない。だからそのまま、そーっとしておこうという状況が続いたんですよ。ただ、レスラーの取り巻き連中とかがいるでしょ、彼らが点数を稼ぐために、佐山がこんな本を書いていますよと色んな人にご注進するんです。前田（日明）さん、あるいは新日本のレスラーにも誰かがやったんでしょう」

　この本では高田伸彦や山崎一夫は、本物の格闘技を追求する同志であり、藤原喜明や木戸修はプロレスである新日本では力が発揮できなかったと書かれている。これは佐山がＵＷＦ時代に言い続けてきたことで、レスラーを貶《おとし》める内容ではない。しかし、この本をＵＷＦ側が都合良く利用したのだと山本は早口でまくし立てた。

「とんでもないものが出たということで、佐山さんを悪者にした。追い出したのは正解だった、佐山というのはこういうことをやる人だということになった」

　この頃、田中正悟が前田の意を受けて、新日本、そして全日本プロレスと接触している。

〈最初は、猪木のところへ話を持って行った。条件は、提携という形で所属選手全員を引き取ってもらうことである。

しかし、猪木の返事はノーだった。あくまでも欲しいのは前田と高田だけ、と言ってきた。

僕は猪木の返事をそのままUWFの選手たちのところへ持って帰った。じつを言うと、それが僕の最も大きなミステイクだった。レスラーの感情をよく理解していなかったのだ。

アキラと高田以外はいらないという猪木の言葉をストレートに伝えると、まず藤原がふてくされてしまった。木戸は完全に動揺し、山崎は呆然としている。

しまったと思ったが遅かった。五人の間に小さなジェラシーが生まれ、一枚岩の結束に危険なひびが入ったのである。

そんなとき、アキラと高田にジャイアント馬場から直接移籍交渉の打診があったという〉(『イノセントファイター』田中正悟)

馬場とは赤坂にあるキャピタル東急で会うことになった。田中が猪木と連絡を取り合っていると言うと、馬場はにやりと笑った。

「プロレス界には信用しちゃいけない人間が三人いる。それは猪木、新間、(レフェリーの)ユセフ・トルコだ」

五人まとめて引き取ってほしいという田中の提案に、馬場は首を振った。受け入れるのは前田と高田の二人だけという。困った田中は再度新日本に頼み込み、今度は五人一組という条件で話をまとめた。

一二月六日、両国国技館で行われた新日本の大会に、前田、藤原、木戸、高田、山崎が姿を現し、UWFと新日本の業務提携が発表された。佐山という異物を吐き出して、新日本の傘の下に戻ることを選択したのだ。

打投極

UWFのレスラーが新日本復帰の交渉をしている頃、中村頼永と北原辰巳は佐山の下で激しい練習を続けていた。

固い地下室で素足のフットワーク練習を重ね、足の裏にできた血豆は何度も潰れた。そして皮膚は分厚くなり、少々の摩擦では痛みを感じないようになった。

フットワーク練習の後は、左のミドルキック、右のローキックという具合に一時間単位でキックミットを蹴り続けた。

中村、北原共に空手の経験があった。空手では膝蹴りを除いて、通常の蹴りでは横から足を回す。一方、シューティングの蹴りは膝を突き出しながら直線的に相手に向かう。空手の癖を消すため、二人はひたすらキックミットを蹴り続けた。

——全力で蹴れ。

——それがお前の全力か。

佐山が野太い声で檄を飛ばした。力いっぱい蹴っていると、ふっと意識が遠のくこともあった。

そのうちに中村は佐山の意図を理解するようになったという。

「どんなに練習で技ができても、非日常である試合で出せないと意味がない。道場の稽古だけ強くて本番が駄目な、〝道場チャンピオン〟っているんですよ。幾ら技を覚えても心が強くないと意味がない。佐山先生の言葉を借りるならば、自分でアドレナリンを上げて、追い込んで練習しなきゃいけない。佐山先生はそれを教えようとしていた」

佐山は毎日五時間以上、二人につききりだった。教わる側はもちろんだが、教える側も体力と気力が必要である。佐山は手を抜くことも、疲れた表情を見せることもなかった。

ただし、指示したようにできないことが続くと、佐山の声が尖ってくることがあった。そんなときには北原はわざと「はいっ」「はいっ」と気合いを入れて声を大きくして、ミットを蹴った。

「ぼくは、（九州の）チンピラとかやくざがいっぱいいる中で育ったんです。不良の中で生活してきたから、先輩が怒りそうになると、ぼくの中のセンサーが働く。だから先輩にも佐山さんにも一回も殴られたことはないです」

中村は佐山がしばしばこう言っていたのを覚えている。

「大相撲のように世界的なものにしたい。そのためにはシューティングではなく、漢字の名前が欲しい」

どのような名称をつけるべきか、佐山は頭を悩ましていたのだ。シューティングは〝極める〟道なので「極道」になっちゃうなと笑った。まず決まったのが標語だった。八五年秋のことだったと中村は振り返る。

「打《だ》投極《とうきょく》の三文字で行くと言われたんです。今では当たり前の言葉ですけれど、凄い言葉だと思いました」

打投極――蹴り、パンチの打撃、タックルなどの投げ技、そして関節技などの極め技。この三つを流れの中で滑らかに回転させるという意味だ。

そして、この打投極を題材とした翌年のカレンダー作製に入った。

撮影前、中村は中出から黒いマスクを手渡された。佐山がタイガーマスク時代、移動中に被っていた「X」と呼ばれるマスクだという。中村と北原はこのマスクを被り、黒のタイツとスーパータイガージムのTシャツ、そしてUWFで使用していたレガースを身につけてカメラの前に立った。「竹割り蹴り」「ソバット」「ローキック」「膝蹴り」と佐山が言った技を二人が代わる代わる受けるのだ。蹴りの他、サンボの技であるビクトル投げ、裏投げなどの投げ、Vクロス、ストレート・レッグバーなどの関節技もあった。そして一月から一二月まで一枚ずつ技の写真が使用されることになった。

しばらくして、カレンダーが刷り上がり、スーパータイガージムに運び込まれた。筒からカレンダーを取り出した会員たちは怪訝な顔になった。佐山の技を受けているのは一体誰だという話になったのだ。

これは誰でしょう、と北原は会員から訊ねられた。

「ぼくは知らないって答えました。会社側からはぼくたちだと言うなと。理由は分からなかった。分からないのに知らない振りをしなければいけないのが嫌でしたね」

中村はインストラクターの平直行と佐々木貴史の顔が忘れられない。

「平と佐々木がカレンダーを見て、あれって顔をしたんです。それでぼくのところに来て、〝佐山さん、裏で誰か育ててますね〟っていうんです。ぼくは〝はぁ〟としか答えられなかった」

スーパータイガージムではTシャツ、トレーナーなどの練習着を販売していた。新しい商品が出来上がると、中村と北原に支給された。二人は佐山との練習に加えて、ジムでの練習にも参加している。スーパータイガージムのロゴの入った服が自然と普段着となっていた。その様子を見て、特別扱いを受けているのだろうという他の会員からの視線を中村は感じていたという。皆を欺しているようでいい気はしないなと、北原と言い合うこともあった。

また、二人には密かにもう一つの使命が与えられていた。

佐山が『ケーフェイ』という本でプロレスの秘密を明かしたと、ある外国人レスラーを焚きつけた人間がいたという。そのレスラーがジムに殴り込んでくる、あるいは佐山を襲う可能性もある。そのときは軀を張って護るようにと中出から命じられていた。しかし、こうした人間が現れることはなかった。

「俺のことを〝佐山さん〟だと思うのか、〝佐山先生〟なのか」

インストラクターだった平からこうした状況を見ると景色が違ってくる——。

サトル興業が敷金・礼金を支払って住居を借りさせた中村と北原と違い、平はジムに住んでいた。窓のない小さな部屋に二段ベッドが二つ。そこが平の部屋だった。最初は先輩インストラクターの宮戸成夫たちとの同居だった。彼らがUWFに移籍すると、平は一人で残された。

佐山がジムに顔を出すことは稀《まれ》だった。楽観的な平はそれを前向きに捉えることにした。

「最初は（会員の練習は）週二回に限られていたんです。来る人間は来る、来ない人間は来ないので、佐山さんに毎日やりましょうと言うと、いいよって。それで練習メニューも自分で組んでました。他の人がいなくなって、格闘技っぽい練習にしていったんですよ」

さらに平は自らに一日八時間の練習を課した。

「一日八時間練習してみようと自分の軀で実験してみたんです。朝は一人で走って、昼間は打ち込み、夜は（会員に）教える前にサンドバッグをやる。教える間にもサンドバッグを蹴ったり。それでも足りない日は、銭湯へ行った後、一人でウエイト（トレーニング）。風呂に入るとまた軀が動くようになるんです。強くなりたいから走る以外はずっとジムにいました。外に行くのは食事の買い出しと向かいにある銭湯だけ」

給料は月五万円。その他、食事代が支給された。

「ちゃんこ銭は領収書をとっておけば（会社が）払ってくれました。漫画とか一緒に買っても大丈夫なんです。薬局もつけで何でも買ってよかった。ぼくがバッカ、バッカと買ったので、後から禁止になっちゃったんですけどね」

強くなるには実戦を積む必要があると平は考えていた。ジムで腕の立つ会員を相手にスパーリングをしていたが、試合とは緊張感、相手の力の入れ具合が全く違う。

「ぼくは昔、ボクシングもやっていたんです。ボクシングって試合やらないと強くならない。スパーリングが強くても相手にされない。十代のときからそう刷り込まれているから、闘わないと強くなれないって信じていたんです」

そこで古巣の大道塾が主催する全国大会『北斗旗《ほくとき》』への出場を検討したことがあったという。

「よく覚えていないですけれど、八五年の秋でしょうね。シューティングの大会がないわけですから、他のところでできることを見せてやろうと思ったんです」

恐らく『ケーフェイ』が発売されて、佐山の周辺が緊張していた時期だ。すると中出から呼び出された。

「お前、絶対に駄目だ、そんなことをしちゃっと止められました」

平はシーザー武志の紹介でUWFの道場にも顔を出している。

「シーザーさんって親分（肌）だから、すごく心配してくれるんです。一緒に練習していました。（シーザー自身が）苦労人だから、将来、どうするんだって。それでUWFの道場につれていってもらったんです。まだ（UWF）道場が寒い時期だったのを覚えています。前田さんがいて、これから新日本に出て、プロレスをやるって。俺は確か〝強くなりたいんです〟って言ったんですよ。そうしたら前田さんは〝プロレスはプロレスでやるけど、ここが一番強くなれる。俺が教えるから〟って言ってくれたんです」

平はインストラクターになったばかりの頃、スーパータイガージムに来ていた前田から丁寧に関節技を教わったことがあった。そのため前田には好意を抱いていた。

「でも、ぼくって何かレーダー（のようなもの）が発達していて、なんとなく行きたくなかったんです。ぼく、子どもだから何も隠していないんですよ。その夜か、次の日か、佐山さんに（UWF道場へ）行ったことを話しました」

しかし、佐山は平からUWFの道場に行った報告は受けていないと否定した。そして、彼がUWF道場に行ったことは、別の人間から聞いて知っていたと言う。

「平は元々プロレスラー志望でした。いずれ出ていくことは分かっていました。だから、（北原、中村と違い）彼にはきちんと技術を教えなかった」

佐山が北原、中村を密かに育てていたことに、平はまったく気がつかなかったという。そして、カレンダーの写真について中村に訊ねた記憶はないと首を捻った。

「佐山さんはジムに来ないから、何をしているのかなぁとは思ってました。（中村と北原については）そもそも会員だったことも覚えていないです。ぼく、都合のいいことしか覚えていないから」

八六年一月、平は中村と北原がインストラクターになることを知る。

以下は中村の証言である。

「まず（スーパータイガージムの）社長室にぼくと北原が、そして後から平と佐々木が呼ばれた。二人はぼくらが座っているので、えっという顔をしているんです。そして、ここに座れと」

佐山は平と佐々木にこう尋ねたという。

「お前たちは、俺のことを〝佐山さん〟だと思うのか、〝佐山先生〟なのか」

しばらく二人は黙っていた。まず佐々木が口を開いた。

「〝佐山さん〟です。今までお世話になりました」

そう言うと立ち上がって部屋を出て行った。

中村は「先生」という呼称を使って二人を辞めさせようとしているのだと思った。

「佐々木はプロレスラーになりたがっていました。そしてUWFに入りました。ただ、向こうはスーパータイガージムを弱体化させようとするだけなので、呼ぶだけで使わなかった。平は迷っていました。UWFはガチンコの団体ではないことは分かっていましたから。考えた末に、〝先生です〟って言って残った。そして、お前ら三人でやっていけよということになったんです」

この話を平に確認すると、「そんなの全く覚えていないです」と一瞬困った顔をした後、「でも、いい話ですね」と微笑んだ。

「たぶんぼくは、先生の意味も分かっていなかったと思いますよ。単純に格闘技の先生なのかなと考えたのかもしれません。それぐらいの子どもだったんです。高校出てプロ（の格闘家）を目指して、バイトと練習以外していなかったんですから」

そしてこの日からスーパータイガージムは、中村、北原、平という三人のインストラクター体制となった。

佐山は複雑なサンボの技を一瞬にして真似ていた

平直行と中村頼永は同じ六三年一二月生まれで、誕生日は四日違い。北原辰巳は六四年三月生まれ。三人とも同じ学年に当たる。

それまで練習後、平は一人で食事をすることが多かった。それが三人の賑やかな時間になったことが嬉しかったと笑った。

「ひとりぼっちから家族ができたみたいな感じでした。そのうち、他の人間にも〝ちゃんこ食っていけよ〟という風になって、だんだん楽しくなっていくんですよ」

調理担当は平だった。アルバイトで調理経験があり、インストラクターの先輩だった宮戸成夫からはプロレスの道場に伝わるちゃんこ鍋の作り方を教わっていた。

「ジムには鍋とフライパンしかなかった。それでも色んな料理を作ってましたね。ちゃんこの他、野菜炒めと生姜焼きとか作って鍋の上に置いて、そこからみんなで取り分けて食べたり」

格闘技を極めようという二十代前半の三人は、同志であり競争相手である。互いに負けたくないと意地を張り合う関係でもあった。三人の間でのスパーリングは熱のこもったものになった。

同僚である平から学んだこともあったと北原は言う。

「平さんはやっぱり蹴りが上手かったですね。だから、ぼくも彼の動きを盗んだ。そして（平の蹴りに対して）どうやったらガードできるか考えました。佐山さんは、こうやるんだ、ああやるんだって、細かく教えてくれました。ただ、自分が簡単にできてしまう人なので、なんでできないんだっていうのがある。平さんの場合は理論的で、これがこうなるから、こうでしょっていうのを言葉で説明できた」

三人のインストラクター体制となった頃、ビクトル古賀の技術教本『これがサンボだ！』の撮影を行っている。

ビクトル古賀こと古賀正一《まさかず》は一九三五年に満州国ハイラル（現・中華人民共和国内モンゴル自治区）で生まれた。父は日本人、母はロシア人である。日本大学在学中からアマチュアレスリングの選手として数々の大会に出場。六五年、ソビエト連邦に派遣され、サンボの公式戦四一戦無敗、全て一本勝ちという成績を残した。七五年にはソビエト連邦功労スポーツマスターに任じられている。

サンボはサンボ衣という柔道着に似た上着を着用し、アマチュアレスリングと同じマットで行われる格闘技である。サンボの名前は格闘技関係者の中では知られていたが、一般的ではない。そこで知名度の高い佐山が模範演技を務め、古賀が解説するという構成になっていた。

まずサンボ衣を着た古賀が息子の肇を相手に技をかけた。その後、佐山は古賀と同じ技を再現し、カメラマンがシャッターを切った。中村たちは、それまでシューティングにサンボの技が含まれていることには気がついていた。しかし、佐山がサンボの技を練習しているのを見たことはなかった。それにもかかわらず複雑な技を一瞬にして真似ていた。手品を見せられたような気分だった。

中村はこう振り返る。

「一、二回、古賀先生が見せるだけで全部できちゃう。一冊の技術書の撮影が数時間で終わってしまったんです」

平は古賀が手本を見せるとき、佐山の指先が細かく動いていることに気がついたという。

〈佐山さんは、必ず「ふんふん」と独り言のようなリズムを取っていた。再現する技によって、そのリズムは「ふんふん」から「ふへんふんふん」や「ふん、ふーんふん」に変わる。技を分解して、リズムで覚える。そうすると鼻歌を歌うように、技が勝手に繋がって動き始める。1つ目の動きをやり始めたら、途中で次の動きの準備をして技が綺麗に繋がるように動く。一つの動きが終わってからではなく、動作の途中で重なるように動き始める。その連動がスムーズだから、技そのものが凄く速い〉（『U.W.F.外伝』）

佐山にサンボと関わり始めた時期を聞くと、ＵＷＦ時代だったことは確かだが、正確な時期は分からないという。

「元々は更級（四郎）さんたちからの紹介で会ったような気がします。それで（『これがサンボだ！』の模範演技を）頼まれたんです。サンボの技術自体は知っているものでしたね。ぼくはどちらかというと器用な方ですから、ぱっぱっとできちゃうんです」

今日の空模様を答えるかのように、事も無げに言った。

シューティングとシュートボクシング

佐山は霞《かすみ》の向こうの未来を見ていた。

「道場一つじゃ駄目なんで、どんどん作っていく。相撲の部屋制度のようなものです。そうすれば部屋対抗の対抗戦ができる。また神事と絡め、天覧試合を開催する。ほんと、そんな馬鹿なことばっかり考えていたんです」

何十年か後に、プロ野球などのプロスポーツと肩を並べる競技として完成すればいい。まずは競技としての裾野を広げることだ。佐山は急がなかった。

しかし、その方針は「今」を生きる男たちにとっては酷であった。格闘技は技術の他、筋力、持久力、反射神経が必要とされる。そうした身体的能力は、ある年齢を頂点に次第に下がっていく。節制や訓練によってその曲線を緩やかにすることは可能ではあるが、人は加齢による衰えからは逃れられない。厳しい鍛錬を積んでいる人間が、自分の力が漲《みなぎ》っているうちに、その能力を示したいと思うのは当然のことだったろう。

平はこう振り返る。

「ぼくはプロになりたいというのがありました。もちろん強くなりたかった。ただ、強くなっても行き場所がないんです。それが不満だった。一〇年ぐらいしたら（自分の教えている会員たちが）みんな強くなっているかもしれない。でもそのときにぼくは年老いているわけでしょ。ぼくは試合がやりたくてしょうがなかった。派手な世界に憧れていたんです。佐山さんはタイガーマスクで経験したからいいけど、ぼくは経験していないじゃんっていうのがあった」

八六年四月の全日本サンボ選手権に佐山が出場するという報道が出たことがある。これはアマチュア規定により、直前で却下された。この大会には平も出場したいと訴えた。しかし、ジムから許可が出なかったという。

そんな平の心の支えとなっていたのがシーザー武志だった。

シーザーはキックボクシングの枠から踏み出し、新たな競技を立ち上げていた。きっかけとなったのはカール・ゴッチとの出会いだったと言う。

「（UWFの大会が）神奈川のどこかであって、終わった後、寿司屋へ一緒に行ったんだ。そのときにこう言われた。世界にはキック（ボクシング）と違った格闘技がいっぱいあるよって。ゴッチさんの言葉で、別にキックボクシングやらなくてもいいじゃんって。それで一晩中、朝までルールを考えていた。今まで考えていたことをざっとノートに書き出した。それが始まりだったね」

シーザーはこの新しい格闘技を佐山に相談している。

「俺は（寝技なしの）立ち技だけでやるつもりだった。そうしたら、佐山が立ち技の中に関節、投げ、絞め技、全部入れちゃえばいいんじゃないかって。佐山はシューティングと名乗っていたから、こっちは〝シューティング・ボクシング〟だなって言ったんだ」

〝ｉｎｇ〟が連続するのはおかしいという佐山の意見で「シュートボクシング」とすることになった。

これを知った中出は、シューティングと類似する単語を他の競技名に使わせるべきではないと反対したという。しかし、佐山は「いいんですよ」と取り合わなかった。

このシュートボクシングは半ば強引に押し出されたような形で始まった。

「文京区の白山のレッスンスタジオみたいなところがあって、最初は（元ボクサーの）渡嘉敷（勝男）と一緒に借りて映画の仕事をしようという話があったの。ところが渡嘉敷はボクシング（ジム）をやるというので別れた。そこがお金に困っているみたいで、どうしても道場として借りてくれと言われ続けていたんだ。ゴッチさんと会ったのはそんなときだった。その後、プロデューサーみたいな人が、シーザーさんは後楽園が似合うので押さえておきましたって言うんだよ」

八五年九月一五日に大会を開くことになり、スタジオを道場として借りることになった。

「興行をやるならば、衣装とかはもちろんだけれど選手が必要。それで地元の大阪から連れてくることにした。電車賃ないから、バス借りて乗せることにしたんだ。前日に連れてきて、道場に布団借りて寝かせる。当日計量で試合。終わった後は弁当屋で何か買ってきて道場でビールを飲ませて、バスで帰らせた」

シュートボクシングの骨格はキックボクシングである。ルールに共通部分が多いため、キックボクシングの選手を起用することが容易だった。もちろんシーザーの人望もあったろう。

この旗揚げ戦を佐山はUWF社長だった浦田昇と共に最前列で観戦している。

メインイベントは興行主であるシーザーの試合だった。

「なぜ興行を俺が仕切れたかというと、大阪にいたときに所属していた西尾ジムの会長っていうのが元々興行師だったの。俺は高校生のときからポスター張りからチケットの判子押し、席番打つのまで手伝わされた」

タイガーマスクとしてスポットライトを浴び続けてきた佐山と違い、シーザーには泥の中から這い上がってきた逞《たくま》しい足腰があった。シュートボクシングは、ジム運営と並行して次々と大会を開催している。

平はそんなシーザーを眩しく見ていた。

休日になると、シーザーのジムに出稽古に行った。練習後、シーザーから彼の内弟子だった大村勝巳と共に食事に誘われたという。

〈「今、金がないからあそこでもいいか?」

少しはにかむような顔で、シーザーさんが指差した場所には牛丼屋の看板が光っている。良いも悪いもなかった。シーザーさんが誘ってくれれば、何を食べてもいつもご馳走だ。

会場にお客さんが入らず、苦戦しているという噂は聞いていた。そんな時にもシーザーさんは

出稽古に来ただけの僕を誘って、食事を奢ってくれようとする。（中略）
牛丼屋に入るとビールを頼んだ。1本の瓶ビールを3人で分けて飲む。練習後のビールは凄く美味しい。グビグビ飲むと、乾き切った内臓に一気に染み渡っていく。だが、この日は少しずつ飲んだ。飲みながらシーザーさんはいろいろな話を聞かせてくれた。チビリチビリ飲むとあんまり美味しくないはずなのに、この日のビールは凄くうまく感じた。飲むのがもったいないくらいに美味しかった〉（『U.W.F.外伝』）

佐山、そして中村、北原はアルコールを口にしない。北原はスーパータイガージム入門と同時に高校生時代からの喫煙と飲酒を断っていた。

アルコールが平とシーザーの距離をぐっと引き寄せた。

「佐山さんは酒を飲まない。シーザーさんは飲む。ぼくも飲む。すると（関係が）違ってくるんですよ。シーザーさんって、損得じゃなくて会ってくれる。出稽古でもシーザーさんは（同階級の）スパーリングパートナーがいない。ぼくはそれなりに相手になるから一緒にやりますよね。その頃には、シーザーさんの所へ行こうという気になってました。あとはいつ佐山さんに言うか、だけでした」

そんな平にとって区切りとなる機会が現れた。

初めての公式戦、『第一回プリ・シューティング大会』が六月三〇日に開催されることになったのだ。

観客に理解されなかったシューティング

自分はこの大会の階級設定について意見を求められたことがあると平は明かす。

「佐山さんって面白い人で、〝平君、階級はどういうふうに分けたほうがいいと思う?〟と聞いてくるんですよ。僕はシュートボクシングでシーザーさんと闘うのを目標にしていたんです。ぼくは自分の好きな人を倒したいと考えるんです。(以前は)佐山さんを倒したいと思っていました。佐山さんは試合をしないので、ならばシーザーさんだと。シーザーさんはホーク級という七五キロ級でした。当時、ぼくはUWF(への移籍)を選択肢に入れていたこともあって、九〇キロ以上ありました。だから、シーザーさんと対戦するために、体重を落としていくつもりでした」

そこで自分が参加する階級を七六キロ以下にしたらどうかと佐山に提案した。

「このプリ・シューティングの大会で減量の経験を積もうと思ったのです。(ホーク級の制限体重よりも)一キロ余裕を持たせて七六キロって答えた。そうしたら佐山さんは〝じゃあ、それで行こう〟と言った。ぼくにとってプリ・シューティングは、減量してどこまで動けるか(試すため)。シュートボクシングに出るための調整試合だったんですよ」

このプリ・シューティング大会は中村頼永にとっても一つの契機となった。

この頃、佐山はシューティングの技術解説書『シューティング入門』の出版を準備していた。これはシューティングの打投極の技を分解写真や図で解説するものだった。この技術書、そして大会パンフレットの挿絵は絵の得意な中村に任されていた。

「プリ・シューティングはインストラクターは優勝しなければならない。負けたら坊主になる、いや、辞めなきゃいけない。ぼくの階級、六六キロ以下というのは参加選手が多いから試合数が多い。自分としては万全の体制で臨みたかったんです。しかし、大会前に『シューティング入門』の編集作業を終わらせなければならなかった。締め切りのため練習を途中で切り上げて、絵を描いたこともありました。もちろん、佐山先生から頭脳になってくれと言われたから、こういうこともしなければならないというのは理解はしていました」

その過程で中村は佐山の頭にある未来図を知ることになった。

「東の横綱と西の横綱があるように、メジャーなものにはAとBがある。佐山先生はシューティングでもAリーグ、Bリーグに分けることを考えていた。それぞれリーグでチャンピオンを決めて、年末にそのチャンピオンが対戦する」

佐山がかつてUWFで提案したリーグ制である。UWFの二リーグは実力差のある上下関係であったが、シューティングでは並列関係を想定していた。

「メジャーになるためにはヘビー級が充実していなければならない。シューティングもヘビー級の選手を、Aリーグ八人、Bリーグ八人揃えたいと佐山先生は言うんです。（軀の大きな）北原はともかく、ぼくは六六キロ級じゃないですか」

中村は遠回しに「ぼくは選手としてできますかね」と訊いてみた。

「すると（プリ・シューティング大会で）もちろん優勝してくれたら嬉しいけど、（その後の展開は）まずヘビー級から。それが完成すれば下の階級もやっていく。それまでは頭脳として頑張ってくれたら、なお嬉しいと言われた」

自分は選手として考えられていないのかと中村は落胆した。

これは少々、本意とは違うと佐山は言う。

「みんなの軀が細すぎたんです。ぼくからしたらなぜこんなに細いのか理解できなかった。練習して筋肉を付ければ軀は大きくなる。アマチュアレスリングの選手って、動ける柔らかい筋肉をつけている。そんな風に太くしなさいという意味だったんです」

強さには一定の筋肉の量が必要になる。現時点の勝ち負けに拘泥して、今の体重に抑えるのではなく、筋量を増やし、階級を上げていくのが自然の流れだと佐山は考えていたのだ。

八六年六月三〇日、『第一回プリ・シューティング大会』が後楽園ホールで開かれた。

佐山が始めた新たな格闘技ということで、注目度は高く会場は満員となっていた。床にはレスリング用のマットが敷かれ、八角形が描かれたビニールシートで覆われていた。選手は上半身裸で下半身は軀にぴったりとした「シューティングタイツ」、膝と脛にはそれぞれ「ニープロテクター」と「レッグプロテクター」を身につけた。靴は「シューティングシューズ」を作製していたのだが間に合わず、前日になってサンボシューズが届けられた。

そして頭部には目の周囲を透明な板で覆う「プロテクトマスク」と呼ばれる小型ヘルメットを被った。これらは全て佐山が考案したものだ。

中でもマスク着用は佐山の強い拘りだった。

一つは顔に傷を残さないこと。そして、指が誤って相手の目に入らないためだった。将来、広く競技として認められるためには安全性を担保することが必要だと考えていたのだ。

空手の「メンホー」と呼ばれる頭部のプロテクターを元に幾つもの試作品を作製し、日々のスパーリング練習で、強度、固定方法などを試行錯誤していた。練習の最中にマスクが壊れ、部品を求めて佐山が東急ハンズまで買い物に行くこともあった。

掌を保護する革製のプロテクターも佐山は作製している。この第一回大会は、パンチは掌底に限られており、プロテクター使用は選手の判断に任されていた。

大会パンフレットの〈シューティングを語る〉という座談会で佐山は、『週刊プロレス』の山本隆、そして『内外タイムス』の高橋修と鼎談《ていだん》している。

〈**佐山**　正直いうと、ちょっと戸惑っているんですよ。あくまでジム内の大会のつもりでいたのが、後楽園ホールでしょ？　周囲の注目度もどんどん高くなっちゃうし…。（中略）

山本　私は後楽園ホールでやるのは大正解だと思います。なぜかというと、どっちみち〝シューティング〟を世に問うならば両手を広げて堂々とやるべきだし、後楽園ホールというのは見に来る方を〝その気〟にさせる作用もある。

佐山　それは分かるんですが、最初からこんな贅沢しちゃっていいもんか？　あまりジム生をその気にさせちゃいけない。と反省もしているんです。あくまでも技術向上の場で「興行」じゃないんですから。地味に地味に…ということで。（笑い）〉

選手を持ち上げない、「地味に地味に」鍛えていくというのは、きらびやかなプロレスの世界と訣別した佐山の拘りだった。

中村はこう振り返る。

「ぼくの空手の先輩も観に来たんですけれど、みんなＵＷＦのような試合になると思っていたんです。こちらが打撃で倒そうとして、向こうも打撃で応じるのはボクシング。一方、こっちが打撃を仕掛けようとしたときに、タックルで倒されるのがシューティング。打撃、投げ技、寝技の打投極を、臨機応変に回転させなきゃいけない。でも観客はそれが分からない。派手な殴り合い、あるいはダウンの応酬を期待する。本当にダウンして脳震盪を起こせば、立ち上がることはできないんです。終わった後、先輩から、あんな試合つまんねぇじゃん、もっとなんとかならねぇのかって言われました。シューティングというものを説明しましたけど、分かってもらえなかった」

六階級で行われたこの大会、中村は六六キロ級、平は七六キロ級、そして北原は最重量の八二キロ級で優勝している。

『Ｕ.Ｗ.Ｆ.外伝』には、この直後、平は佐山に辞意を伝えてからジムを出ていったと書かれている。しかし、佐山にその記憶はないという。佐山が不在の日、平はそっとジムを後にした。中村が荷物を運び出すのを手伝っている。

後に平はシュートボクシングのメインイベントを務め、正道会館、リングス、Ｋ—１にも出場した。さらにグレイシー柔術を習得。一つの団体に留まらない彼は〝流浪の格闘家〟と呼ばれるようになった。板垣恵介の漫画『グラップラー刃牙』の主人公は平を参考に人物造形されている。

平は自らをこう分析する。

「ぼくは植物じゃないんです。蝶とか蜂なのかな。色んなところで花粉や美味しい蜜をちょっとずつ貰って、（花粉が散らばることで）みんなの役に立つ。どこに行っても意外と揉めない」

ただね、と付け加えた。

「佐山さんがぼくを可愛がっていたら、絶対（シューティングに）居続けたんですよ。佐山さんがぼくを育てたら面白かったと思いますよ」

まあ、ぼくと組んだら時代が早すぎて、潰れたかもしれませんけど、と言って笑った。

中村、北原も修斗を去る

『第一回プリ・シューティング大会』の後、佐山はジムに張り紙を貼った。

一番上に〈会員の皆さん〉と記されており、以下の文が続いていた。

〈我がジムはこれより先、本格的な総合格闘ジムを目指し、より実戦的に行動して行きます。発足当初場所の関係から、格闘技を基盤とした、体力トレーニングのジムとして運営してまいりました。しかし私自身の主旨は真の格闘技を造り、真のメジャースポーツにさせることです。それには本格的にシューティングを確立するジム体制が必要なのです。体力トレーニングを目指し入会された方には大変申し訳ありませんが、現時点でスーパータイガージムは、シューティングジムとして主旨を変えさせていただきます。もちろんこれまでどおり、体力運動にジムを利用されることは大いに結構です〉

選手を育てることと、楽しく格闘技を教えることは違うと佐山は考えていた。精神的、肉体的にぎりぎりまで追い込まなければ、強い選手を育てることはできない。脳は肉体の限界よりも先に、止めろという信号を出す。その信号を無視させるのも指導者の役割である。優れた競技者は、脳が訴える限界と肉体の限界の差を知っており、自らを追い込むことができる。その域に達するまで、指導者は厳しく選手に接しなければならない。これは、かつて佐山が通っていた目白ジムの教えでもあった。

それまでジムでは、選手育成クラスと、それ以外の一般会員向けクラスを分けていた。ところが、一般会員向けクラスの人間が、たまたま怒号が鳴り響く選手育成クラスを覗き、怖くなったという声が届いていた。ジムの方針を本格的に転換する時期が来たと佐山は判断したのだ。

ジム経営は会員の月謝によって成り立っている。会員の多くはタイガーマスク――プロレスに憧れる人間だった。彼らを排除することは、自らの収入源という蛇口を締めることでもあった。

平が去った後、残った二人のインストラクター、中村と北原も悶々とした思いを抱えていた。

中村がシューティングから離れることを決心したのは、第二回のプリ・シューティング大会が延期になったときだった。

「一度企画されたんですけれど、流れたんですよ。（試合で）闘いたいということ、そして佐山先生が口にしたヘビー級のリーグ戦のこともありました。シューティングがプロになるのはまだ先。いや、プロになるかどうかも分からない。ぼくたちはいわば捨て石になるんです。ぼくたちは黙々とトレーニングして積み上げていくしかない。その中で色んなことを考えるんです。その頃、（極真空手の）大山倍達館長にも傾倒していて、彼の本を読んでいた。そこには昔の人間は自分から率先して国外に出て、種を蒔《ま》きに行った。最近の若者はアメリカに行ってこいと言っても渋るみたいなことが書かれていたんです。アメリカにはジークンドーの本部がある。そこで学びながら、シューティングの種を蒔くのもいいかなと思うようになりました」

アメリカに渡るには運賃の他、当座の生活費など資金が必要だろう。ジムから離れてアルバイトで金を貯めることを考えるようになった。

「どのように佐山先生に話をした方がいいだろうかと中出さんに相談したんです。自分を頭脳として期待してくださることはありがたい。でも、自分としては強さを求めてきたし、選手として実績を上げたい。ただ、それを佐山先生には言えないよなという話になったんです」

そこで中村はジムの方針転換についていけないことを理由にした。

「シューティングは紳士のスポーツだとおっしゃっているのに、（時に佐山は上達のままならない）会員に対して〝殺すぞ〟などと厳しい言葉を口にされる。あの教えについていけませんと。会員が減ってきていることに頭を悩ませていた中出さんもそう言ったほうがいいよって」

平はともかく、中村は佐山が手塩に掛けて育てた男である。

プロテクトマスク、あるいは八角形のリングは、佐山の頭の中にある像を中村が絵にしてきた。それを元に試作品の製作に入る。その男が去ることを佐山は想像もしていなかった。中村との話し合いの後、目頭を押さえながら部屋を出てきた佐山の姿が目撃されている。

二人の関係はここで一度、途切れることになった。ただ、形を変えながらも師弟関係が復活し、中村は大きな役割を果たすことになる。それは後の話だ——。

北原もまた第一回プリ・シューティングの後、新たな道に踏み出す決意を固めた。

プリ・シューティングの前日、駒沢公園で全日本レスリング選手権が行われている。この大会にジャパンプロレス所属のプロレスラー、谷津嘉章が出場、一三〇キロ級フリースタイルで優勝した。

プロレスラーがアマチュアのレスリングに出場することは、自らの存在価値を毀損する可能性がある。つまり〝プロ〟のレスラーである以上、勝って当然、負ければプロレスラーは弱いと思われる。プロレスとアマチュアレスリングに必要な筋力、体力は違う。そうしたものを飲み込んで全日本選手権に出場した谷津に、北原は興味を持つようになった。北原もやはり〝プロ〟としてリングに上がりたいという思いを抑えきれなくなっていたのだ。ただし、佐山には恩義があった。そこで北原は自分に代わるインストラクターを育てるまではジムに残ることにした。

八七年三月、修斗協会が発足、佐山は理事長となった。「斗い」（たたかい）を「修める」という意味で「修斗」と名付けたのだ。世界へ普及させるため、佐山が望んでいた漢字名だった。

この年の五月一三日、世田谷区瀬田にあるセントメリー・インターナショナル・スクールで『シューティング・セカンドクール』が行われた。後楽園ホールで開催、厚紙のパンフレットまで作製した『第一回プリ・シューティング大会』とは違い、インターナショナルスクールの敷地内、そしてパンフレットは紙を綴じただけの質素な冊子だった。地味に進めるという佐山の方針が反映されていた。

『シューティング・セカンドクール』終了後、北原はジムの社長室に佐山を訪ねている。北原が辞めると切り出すと、佐山は驚いた顔をした。話し合いは五時間にも及んだ。帰り際、佐山はこう言った。

「一週間やる。よく考えて一週間後にまた来い」

「はい」

北原は返事をしたが、心は決まっていた。

直後の五月一五日、北原は谷津と会うために後楽園ホールに足を運んでいる。この日から全日本プロレスの『スーパーパワーシリーズ』が後楽園ホールで開幕していた。

谷津の所属するジャパンプロレスは〝クーデター〟の余波で新日本を飛び出した大塚直樹が八四年に立ち上げたプロレス団体だった。そして長州力、アニマル浜口、谷津らが新日本からジャパンプロレスに加わっていた。彼らはジャパンプロレス所属としてジャイアント馬場の率いる全日本のリングに上がった。実質的な移籍である。

ところが八七年、長州がジャパンプロレスからの独立を表明。再び新日本に戻った。その中で谷津はジャパンプロレス残留を選択していた。

北原は谷津の付き人になることを認められ、埼玉県、岩手県、山形県と巡業に出ている。

東北から戻った北原は約束通り、佐山の自宅を訪ねた。また佐山から辞めないように説得されるのだろうか。自分はプロレスラーへの道を歩んでいる。もう引き返せない。そう考えながら、北原は玄関の呼び鈴を押した。扉が開くと佐山が顔を出した。

「どうだ？」

「いや、気持ちは変わりません」

「そうか、分かった。お前の好きにしろよ」

あっさりと認めてくれたことに北原は拍子抜けした。

「今までありがとうございました」

北原が頭を下げると、佐山は手で制した。

「ありがとうございましたとか、言うな。またどこで会うか分からない。お前はお前で一生懸命やれよ、頑張れよ」

その言葉を聞いて、なんと失礼なことをしてしまったのだという後悔の念が躯の奥底からわき上がってきた。

佐山はこう続けた。

「プロレス界では俺のことを悪く言う奴がいっぱいいる。そのときはお前も一緒に俺の悪口を言え。お前がそう思っていなければそれでいい。本当の思いは心にしまっておいてくれればいいんだ」

佐山の穏やかな顔を前にして、北原は胸がいっぱいになり何も言えなかった。

第十二章

初代シューターたちの苦闘

初期修斗は、八角形リングを採用するなど様々な試行錯誤をしていた

ビクトル古賀は「すごい選手がいるじゃないか」と嬉しそうに言った

北原辰巳にジャパンプロレスの谷津嘉章を紹介したのは、渡部優一だった。

一九六二年生まれの渡部は足利工業大学附属高校からレスリングを始めた。同じ学年には後に全日本プロレスに入る三沢光晴、一つ下に川田利明がいた。三年生のとき、全国高校選手権六〇キロ級で優勝、日本大学に進んでいる。谷津は高校、大学の先輩だった。ただし、年齢が六つ違うため、レスリング部では重なっていない。二人が知り合うことになったのは、八〇年の栃木国体だった。谷津が国体準備のため、母校のレスリング部の練習に参加したのだ。

渡部は北原からプロレスラーになりたかったのだと明かされて驚いたという。

「全然、そんな風じゃなかった。びっくりしたんですけれど、それじゃ、谷津さんと会ってみようかという話になりました」

後楽園ホールで谷津に北原を引き合わせた。谷津は北原をちらりと見ると「いい軀してるな」と呟いた。

「うちに来るのは構わないけど、そっちは大丈夫なのかって、谷津さんがおっしゃった。そちらで（辞めることについて）揉めても、こちらが誘ったわけではないから、きちっとしてほしいと。北原さんは佐山さんと話はついていますということで話が進んだんです」

北原たちが去った後、この渡部が修斗の柱となった。

渡部と佐山の〝出会い〟は早い。渡部は中学三年生のとき、足利市の月見ヶ丘体育館で行われた新日本の大会を観に行っている。お目当てはメインイベントのアントニオ猪木対ロベルト・ソト戦だった。渡部はこの年代の少年の例に漏れず、猪木に憧れていたのだ。

そこで第一試合に登場した黒いタイツを穿いた小柄な男に目を奪われた。佐山が小林邦昭と対戦していたのだ。

「この人、全然違うと思ったんです。地味な技しかやらないけど、動きがシャープでした。要所要所の切れが凄かった」

そのとき渡部は、この人はいずれ猪木と同じように異種格闘技をやるのだろうなと朧気《おぼろげ》に思ったという。他のプロレスラーとは違った何かを感じたのだ。

その佐山がタイガーマスクとなったのは渡部が大学一年生のときだった。そしてその正体が佐山であるとすぐに見抜いた。

「速攻でしたね。体型と動きで分かりました」

大学卒業が近づき、渡部は和歌山県庁からレスリングの国体要員として県職員の話を貰っていた。しかし、理想の格闘技を追い求めたいという思いが大きくなっていた。

「レスリングは相手をフォールする競技ですよね。ぼくはそのレスリングをやりながら、本来の闘いというのは、打撃から始まって、相手を捕まえて投げる。投げた後もフォールで終わるのではなくて、関節を極める。そういう格闘技をやりたかった」

当時は公務員という職に全く興味が持てなかった、今だったら行っちゃうんでしょうけれどと、渡部は微笑んだ。安定した生活よりも自分の理想を追求したいという思いが上回ったのだ。

渡部が日本大学を卒業した八五年にスーパータイガージムが立ち上がっている。しかし、慎重な渡部はすぐに入門しなかった。ジムに通うための仕事と住居を確保した後、『第一回プリ・シューティング大会』を観戦している。八角形のマットの上で繰り広げられていたのは、渡部の理想の格闘技に近いものだった。

「技術はまだ出来上がっていないとも思いましたが、優勝した平選手、北原選手、中村選手などは、おおっと声を出してしまうような打撃と関節技を使っていました」

ジムに入ったのは大会から三ヵ月ほど後の八六年一〇月のことだった。

すでに平はおらず、北原と中村がインストラクターを務めていた。勘のいい北原は、渡部の潰れた耳を見て他の会員とは違うと気がついた。レスリングを相当やってましたね、と話しかけてきたという。

「北原さんとは仲良くなって、色々と話をするようになりました。彼は空手をやっていたけど、レスリングはよく分からない。それでタックルの入り方などを訊ねてくることもありました」

経歴をひけらかさない渡部の正体が明らかになったのは、サンボのクラスが始まったときだった。クラスの初回に、ビクトル古賀と松浪健四郎が現れた。古賀も松浪もレスリング関係者であり、渡部とは顔見知りだった。

二人は「なんだ、お前、ここにいるのか」と驚いた声を出した。古賀は中出忠宜に「すごい選手がいるじゃないか」と嬉しそうに言った。中出は困惑した顔で「そうらしいんですけれど、自分では何も言わないので分からなかったんですよ」と頭を掻いた。

〈実力も練習もしないヤツに限って、有名なところに出たがる〉

渡部は二回目の大会となる八七年五月の『シューティング・セカンドクール』に出場している。この大会では八本のポストに二本のロープが張られた直径一二メートルの八角形リングが初めて使用された。

八角形としたのは天皇位を象徴する台座である高御座《たかみくら》を模したからだ。また、八角形はコーナーが多く、円形に近いため、ロープに追い込まれたとき膠着《こうちゃく》状態となりにくい。そしてロープの下部には隙間を作ってあった。ボクシングリングの四本のロープから下の二本を取り払ったと考えていい。寝技で選手が転がった際、ロープの下をくぐり、攻防を続けられるようにしたのだ。

リングの周囲は六〇度の角度をつけたマットが置かれており、それより外には転がれないようにしてあった。佐山の理想とする〝打投極の回転〟のために作られたリングだった。渡部は試合をしながら、よく考えられていると感心した。

このリングはまず佐山の言葉に沿って中村頼永が完成予想図を描いた。その図を元にして小型の模型を作った。

リングは持ち運びのため組み立て式でなければならない。そのため、地面に固定する方式は採れない。直系一二メートルのマットの上に八本のポストを建てて二本のロープを張るために、底面の強度がどれだけ必要なのか、模型で試したのだ。

中出はこう振り返る。

「本来は張力とか計算しなけりゃいけなかったんだろうけど、素人の勘だよね。材料なんかもオーバー（スペック）で作った。鉄の支柱なんかもすごく太くした。こんなもんだったら大丈夫だろうってね。だから、金がかかった。六、七〇〇万（円は）かかったんじゃないかな。もちろん、ジムは儲かっていないから、こちらの持ち出しだよね。乗りかかった船だし、俺も中途半端で止めることはできない。すっからかんになった。いや、すっからかんというか、借金が残った。そんなことはどうでもいいんだよ」

リングは横浜市東戸塚にある中出の経営する会社倉庫に置かれていた。大会前日に選手たちが倉庫からトラックに積み込んだ。そして大会が終わると、再びトラックで倉庫に戻す。リングを下ろした頃には日付が変わっており、公共交通機関はなかった。選手たちは始発が動くまで倉庫で時間を潰さなくてはならなかった。それでも不満の声が出なかったのは、佐山の熱にみなが感化されていたからだろう。

この『セカンドクール』から、指先の出た「オープンフィンガーグローブ」が使用されている。このオープンフィンガーグローブ、そして足を保護するレガースもまた、試作品を何度も作りながら仕上げていった。これだけの労力を掛けているのだ、特許を取っておこうと中出が言い出した。しかし、佐山は「いいものはみんなが使えばいい」と首を振った。

佐山は公平で真っ直ぐな男である。しかし、それで世の中を渡っていくことができるのかという危うさがあった。

「彼が欲しいのはお金や名誉じゃないんだよ。新しい格闘技というものを確立したかった。そんな情熱にほだされたんだよ。だって、タイガーマスク辞めて、修斗作ったんだ。よっぽどのことがないとできない。本当はジム（経営）を考えたら、マスコミやイベントに元タイガーマスクで出てほしかった。プロレスを見せてくれという話は沢山あったからね。でも本人が嫌がった。本人が嫌でタイガーマスクを辞めたのに、俺がやるやるって言えないじゃん。やってくれれば楽になるんだけどなって、何回も思ったよ」

佐山にとって過去の自分の姿が軛となっていると中出は感じていた。

佐山と共に食事していると酔客から絡まれることがあった。

――タイガーマスクって言ったってよ、プロレスだろ、やらせだろ？

――本当はそんなに強くないんだろ？

佐山が「今、ここでやってやろうか」と声を荒らげて立ち上がったこともあった。

「彼は気が短いからね。何回も俺が止めたもの。本人は相当我慢していたよね、可哀想なぐらい」

なんとかなだめて車に乗せた瞬間、佐山は拳で天井を思い切り殴った。

「ああ、これで車の価値が下がっちゃったなぁ、なんて思った」

佐山はかつての自分の姿を嫌悪し、選手たちに匿名性を求めた。そこで地味なシューティングタイツを穿かせ、頭部にプロテクトマスクを被らせることで、選手の個性を消した。

しかし、多くの観客は自分と繋がりのある選手を応援するために会場へ足を運ぶものだ。匿名性は観客の興味を削ぐものでもあった。一回目、二回目の大会は佐山が新しい格闘技を始めたということで多くの観客が詰めかけた。それが早くも三回目から客足に翳《かげ》りが見え始める。

『格闘技通信』はこの大会をこう報じている。

〈9月13日、シューティングの「サードクール」が後楽園ホールで開催された。5月の「セカンドクール」以来、4ヶ月ぶりのシューティング・マッチだったが、集まった観客は千人弱。マイケル・ジャクソンの来日でひときわ賑わっていた後楽園だっただけに、客入りの少なさがいっそう寂しく感じられた〉（八七年一一月号）

八七年の年末、『格闘技通信』で佐山は空手道大道塾の東孝と対談している。

そこで佐山はこう語っている。

〈入門者の中で、ホントに強くなりたいと思って入ってくる人間はほんの一部なんですよ。ほとんどがテレビに出たり、雑誌に出たいと思って安易に入門してくる。いわゆるミーハーばっかりなんですよ〉

〈ボクは今、来年のシューティングの試合をどこかの山奥かなんかの原っぱでやろうかって真剣に考えているんです。ウッカリ後楽園ホールかなにかで大会を続けたりしたら選手がその気になっちゃう。不思議なもんで、実力も練習もしないヤツに限って、有名なところに出たがる（苦笑）〉（八八年二月号）

佐山はサードクール以降、マスコミに約一年間大会取材を禁止している。静謐《せいひつ》な空間で選手を厳しく育てようとしたのだ。

この頃、佐山と逆行する新団体が結成された。新生ＵＷＦ――いわゆる第二次ＵＷＦである。

新生ＵＷＦの狂騒

前年の八七年一一月一九日に遡る。

新日本プロレスの後楽園ホール大会で長州力、マサ斎藤、ヒロ斎藤の三人と、前田日明、木戸修、高田伸彦による六人制タッグマッチが行われていた。

開始八分過ぎのことだ。長州が木戸を捕らえサソリ固めの体勢に入った。すると前田がおもむろにリングの中に入り、長州の背後から顔面を蹴り上げた。長州は全くの無警戒の状態で、何が起こったのかとしばらく呆然としていた。やがて右目はすぐに腫れ上がり、鼻血が吹き出した。不意に蹴られたことを認識した長州は怒りを露わにした。そして、異常を察知した双方のレスラーたちが向き合うという状態となった。

前田たち、ＵＷＦのレスラーが業務提携という形で新日本に復帰したのは八六年一月のことだった。

長州たちがジャパンプロレスを結成、離脱したことでレスラーが不足していた新日本、経営が破綻していたＵＷＦ双方の利害が一致したのだ。ところが、その後、長州たちが新日本に戻ってきた。

もはやレスラーの頭数は揃っており、ＵＷＦとの業務提携を続ける必然性は消えていた。そこで新日本はレスラーとの個人契約に切り替えるという方針を取った。当然、前田は面白くない。そのぎくしゃくした関係のとばっちりを長州が受けたのだ。

翌日、長州の症状は〈眼球に異常なし。眼底打撲全治二週間〉と発表された。そしてアントニオ猪木は「正面からやったならばともかく、後ろから襲うとはプロレス道に反する」と前田に無期限の出場停止処分を与えた。翌年三月、前田は新日本を退団、ＵＷＦのレスラーたちが続いた。

四月八日、赤坂東急ホテルで〈新生ＵＷＦ　第一回記者会見〉が開かれた。所属レスラーは前田、高田、山崎ら六人。そして四月一六日に旗揚げ興行のチケット予約が始まった。

〈5月12日（木）東京・後楽園ホールにおける新生ＵＷＦの旗揚げ興行は4月16日、午前10時からチケットぴあと後楽園ホールで、また同日、午前11時からレッスル渋谷店と池袋店でチケット（前売券）の電話予約を開始したが、ナント、わずか15分で完売。しかも、その4つとも電話は鳴りっぱなし。「受話器を置くのが怖い」と担当者が悲鳴をあげるほどで、その数はざっと6000本。あまりの反響の大きさにＵＷＦ関係者も「これほどとは…」と絶句〉（『週刊プロレス』五月三日号）

『週刊プロレス』のこの号の表紙にはチケットがあしらわれ〈5・12　ＵＷＦのチケット　わずか15分で〝完売〟一体、どうなっているのだ〉と書かれていた。

この五月一二日の後楽園での旗揚げ戦を同誌の山本隆は以下のように描写している。佐山の著書、『ケーフェイ』に関わった山本だ。

〈「今日は怖い」

これが新生・ＵＷＦの試合を見に行く前の正直な気持ちだった。

同じプロレス観戦でも、少し違うので。どこかが違う。

通常、ファンはプロレスの興行になじんでいるが、UWFにはなじんだ部分がない。そこに〝怖い〟という感覚が生まれてくる。前田はマイクで「選ばれし者の恍惚と不安」を述べたが、私と前田の気持ちはピタリと一致していた。

「今日は怖いのだ」

ここに集まった人たちは、レスラーと観客が一体になり〝密航者の集団〟を形成していた。彼らはかつて、いやというほどなじんできた世界から脱出し〝密航者〟になろうとしている。

前田はプロフェッショナル・レスリングという言葉を強調し、従来のプロレスと一線を引こうとする。この考えがそもそも密航者の感覚である〉

前田は試合前の入場式でこう挨拶した。

「〝選ばれし者の恍惚と不安、二つ我にあり〟という言葉がありますけど、プロレス界の中で選ばれた者という自負と、本当にできるんだろうかという不安があります。でもその不安があるからこそ、毎日必死で努力して、リングの上で命がけで闘います。それだけです」

〝選ばれし者の恍惚と不安、二つ我にあり〟とは、太宰治の小説『葉』の冒頭部分に引用されている、フランスのポール・マリー・ヴェルレーヌの詩からきている。自分たちは六人しかいないが、選ばれたレスラーであるという意味だろう。旧来のプロレスになかった知性を感じさせる表現だった。

前田がどこまで意識的にこの詩を引用したのかは分からない。この時、彼は時代に押し上げられる、何かを身にまとっていた。

それを煽ったのが山本だった。

山本はこの新しい団体を〈レスラーと観客が一体となり〝密航者の集団〟を形成していた〉と表現した。それまでプロレス団体と観客は一方的な関係だった。この新生UWFは、団体と観客という二元関係ではなく、同じ志を持った仲間である。それを山本は〝密航〟と定義した。

この頃、修斗の他、キックボクシング、フルコンタクト空手、サンボ、シュートボクシング、テコンドーなどの格闘技が勢いを得ていた。前田は「プロフェッショナル・レスリング」と名乗り、こうした格闘技との境を曖昧にした。かつてのアントニオ猪木と同じやり方だった。プロレスとボクシングなどの格闘技の〝皮膜〟を自らが行き来することで、猪木は価値を高めた。彼の軀から発散されていた凄み、色気が、彼に説得力を与えた。一九四三年生まれの猪木はすでに四〇歳を超えており、かつての迫力はなかった。前田は猪木に代わって、プロレスと格闘技の隙間を利用したのだ。新日本、全日本のプロレスを物足りなく感じていた人間たちは、自分たちの理想を具現化する男が現れたと熱狂していた。

六月一一日に札幌中島体育センターで行われたUWFの二戦目のチケットも即日完売。

そして三戦目は八月一三日の有明コロシアム大会だった。

この大会で前田はオランダのジェラルド・ゴルドーと対戦している。ゴルドーは身長一九六センチ、体重一〇〇キロという巨軀で、極真空手の世界大会に出場していた。『週刊プロレス』七月二六日号では、こう紹介されている。

〈オランダでは空手、キックの交流が盛んであり、彼はアムステルダムにある「ヨハン・ボス」(会長の名前)というジムの選手としてヨーロッパWKAスーパーヘビー級チャンピオンを名乗っている、文字通り最強の男〉

前出の山本は会場の熱気を過剰な情感を込めてこう描写する。

〈夕方の5時30分、有明コロシアムに到着する。会場の前は若い人達でごったがえしていた。長い行列が出来ていた。

入場するのをしばしためらって芝生の上にすわり、有明コロシアムを見る。観客のエネルギーがこちらに伝わってくる。熱気がものすごい。

これだけでもう、満足感が起きてくる。UWFは我々が想像する以上にでっかい存在になっていた。

ゴングが鳴った。ビッシリ観客席が埋まっている。見事だ。素晴らしい。理屈抜きに一つの世界ができあがっていた。

遠く北海道や九州からファンが押し寄せてきた気持ちがわかる。試合が進んで行く。コロシアムは夜に包まれていったが、闇なんかどこにもない。

ここは光の世界だ。幻想的な空間といってもいい。前田が登場した。メインイベントでジェラルド・ゴルドーと対決するためだ〉(『週刊プロレス』八八年九月三日号)

ゴルドーに勝利した前田は〝格闘王〟としての評価を確立することになった。

八月一五日付の全国紙夕刊の一面に上半身裸の前田が草むらの中で子どもを背負っている写真が掲載されている。彼の頭上には円盤のようなものが飛んでおり、〈うそのような、ほんとが、ほしい〉と書かれていた。西武百貨店の広告だった。

これは普通の広告のように商品名を押し出すのではなく、企業の思想、方向性を示すブランディング広告と呼ばれるものだった。広告のクリエイターたちが前田日明の存在を時代の先端を象徴する記号と認めたのだ。

ただし、リングの中を注意深く見れば、第二次UWFには先進性はなかった。

〈ノックアウト、ギブアップのみでピンフォールなし〉〈五度のダウンでテクニカルノックアウト〉〈三度のロープエスケープで一度のダウンとカウント〉といったルールは第一次UWFで佐山が提案したものの焼き直しである。そして、佐山の考案したレガースを足につけ、蹴りの強さを売り物にした。佐山の理想を換骨奪胎して、上手く売り物に仕立てたのだ。

「あの人ほど速くて重い蹴りを出す人はいない」

一九六五年六月生まれの石川義将が格闘技を習い始めたのは高校生のときだった。

「中学校のとき、やんちゃやったんです。ヤンキーでね、ぼくらのときはそんなんばっかりでした。喧嘩が強いとか、強さに憧れてました」

中学三年生のとき、一つ年下の転校生がやって来た。彼は極真空手を習っており、緑帯を巻いていた。

「当時、極真の緑は他の流派だったら黒帯って言われていたんです。そいつとぼくの同級生が喧嘩になって、鼻が曲がるほどやられた。それでぼくらが行ったら、そいつは素直に謝った。そのとき、内心、こいつとやったら負けると思ったんです。ヤンキーなんて粋がっているだけですから」

その後、同級生の野球部の男が彼と喧嘩になった。

「そのやり合いを見たんです。そうしたら完全にハイキックでバーンとやった。衝撃でしたね。俺、あんなんなりたいと思った」

高校進学と同時に石川は、難波にあった極真会館芦原道場に通い始めることになった。

そして、大学二年生のときだった。

「テレビ大阪で（第一次）UWFを観たんです。タイガーマスクのときは馬鹿にしていたんですよ。空手をやっていたので、あんなん効けへんのじゃって。（自分は）習い始めて大して時間は経っていなくて弱かったんですけどね。それがUWFでは違った。もちろんショーというのは分かっていました。ただ、佐山先生のあの動きと蹴りは凄い。試合前の練習でミットを蹴っている佐山先生の映像を観ると、パンパンって速い。自分は空手をやっていたけど、俺、ほんまにやりたいんはこれやないかと思うようになったんです」

そして大学卒業後、石川は上京し、スーパータイガージムに入門した。八七年五月のことだった。直後の『シューティング・セカンドクール』は会場で観戦している。

「どんな競技になんねんって感じで結構、客は埋まってましたね。ただ、こんなもんか、これでは駄目やなと思っていました。自分でやるようになって分かったんですけれど、前例がないじゃないですか？　参考にするものがない。作り上げている最中で、素人が技を覚えて必死でやっている状態でした。凄いなと思って観ている人は誰もいなかったんじゃないですかね」

そしてマスクをつけての試合が競技の面白みを削《そ》いでいるとも感じた。

「素顔でやり合わんといかんやろと思っていました」

入門前、石川は電話を入れて内弟子制度はないかと訊ねている。しかし、そうした制度はないという返事だったため、まずは職を探すことにした。住み込みの新聞配達などの面接も受けたが、親の紹介でビルのメンテナンス業の会社に就職することになった。

毎朝七時に三軒茶屋のアパートから品川区不動前の会社に出勤。そこから車でその日の現場に向かった。夕方五時頃に仕事が終わり、一休みしてからジムへ向かった。

入門者はまず〈基礎体力〉クラスを八日間以上、受講しなければならなかった。

「初心者コースは（午後）六時から始まって、だいたい一時間半から二時間。その後に上のコースがあるんです。ぼくが入ったとき、初心者コースは北原さんがやってました。たまに佐山先生が来ることもありました。上のコースに上がったとき、北原さんが抜けた。それからは佐山先生です」

空手の経験がある石川は立ち技には自信があったが、寝技ではレスリング経験のある渡部に歯が立たなかった。

「柔道部の奴を投げたりとか、組んだら動かされへんぞというパワーには自信があったんです。

でも、気がついたら、ステンって倒されている。ああ、力じゃないんだと思いましたね」

何より刮目《かつもく》したのは佐山の蹴りだった。

「自分も空手をやっていたし、色んな人の蹴りも見てきました。だから見る目はあると思いますけど、あの人ほど速くて重い蹴りを出す人はいない。それは天性の運動神経や筋力だけではない」

石川は空手の蹴りと修斗の蹴りの違いをこう表現する。

「空手の蹴りというのはもちろん筋力や腰の回転というのもありますけれど、基本は力なんです。でもシューティングの蹴りは〝抜く〟んです。パーンと速く見えるんですが、(力で押し込んでいるのではないので)すぐに戻る。抜いているから、ポーン、ポーンと足が戻ってくるのが速い。どっちがいいとか悪いとかじゃなくて、空手をやっていたので、〝抜く〟というのをなかなか理解できなかった」

佐山は感覚的な言葉を使って教えた。

――この右脚が貯水タンクだとしたら、ここに水がドバッとあって、それが一気に放出するような感覚で蹴り足を出すんだ。

――ヨーヨーを飛ばして、返ってくる感じで蹴る。

レスリング出身の渡部も蹴りには苦労したと振り返る。

「蹴るのだけれど、蹴るなと教わったんですよ。膝を突き出して速く動かすと、振り子のように膝から下がポーンと出る。それを抜きって言うんです。抜きができるようになると力を使わなくても綺麗に(蹴りが)スパーンと入るようになる。力を使わないからばてないいんです」

渡部はこの〝抜き〟の習得に二年ほどかかったという。

「生徒とスパーリングをしているとき、たまたまできたんです。左のハイキックが面白いように当たったんです」

それを見ていた佐山は満面の笑みを浮かべ、「ナベ、いいぞ、この野郎」と大声を出した。自分の成長を我がことのように喜んでくれているのだと渡部は嬉しかった。

〈お前らに心臓はいらないんだよ〉

新生UWFの華々しい旗揚げ戦とほぼ同時期の六月三〇日、修斗は広島県高田郡で合宿を行っている。

この合宿が最も厳しかったと振り返るのは、桜田直樹だ。

桜田は一九六六年五月に新潟市で生まれた。東海大学の学生だった八六年六月にスーパータイガージムに入門。平、中村、北原の三人がインストラクターだった時代である。ミドル級の選手として『シューティング・セカンドクール』から出場している。一七〇センチと上背はないが、頑丈な軀を持つ選手だった。

合宿の朝は六時起床、まずはランニングと腕立て伏せで軽く軀をほぐす。朝食をとった後、本格的な練習が始まった。

「前後のフットワークが一時間。これ、いつ終わるんだろうって思いながらやるんです。足の皮が剝けて血が出てくる。（以前に）合宿に参加したことのある人間は分かっているので、予め足の裏に生理用品のようなものを貼り付けておくんです」

合宿には必ず標語があった。このときは〈お前らに心臓はいらないんだよ〉だった。体力の限界まで動き回れ、という意味が込められていた。

キックミットへの蹴り、関節技のスパーリング、パンチミットへの打撃をそれぞれ三分間。これを一ラウンドとして五ラウンド。さらにキックミットへの蹴りを一五分間連続で行った。

「広島のときは参加した人数が少なくて、一〇人ぐらいしかいなかった。人数が多ければ、佐山先生の見ていない所では手を抜けるんですけれど、少ないからさぼれなかった」

桜田たちがなんとかこの練習を終えると、佐山は一人の選手に声を掛けた。

「じゃあ、ラストのタックル打ち込みいこう。何回いこうか？」

彼は「じゃあ、一〇〇〇回で」と軽い調子で返した。なんて馬鹿みたいな数字を言うのだと、他の選手たちがにらみ付けた。

タックルの打ち込みとは体勢を低くして相手の懐にぶつかっていく練習だ。胸を張ったまま、腰を落とすので、特に下半身の筋肉に効く。桜田は二〇〇回あたりから腰が上がってきたという。すると「腰を落とせ」と佐山の竹刀が飛んでくる。誰かが脱落すればやめよう、そう思って見回すと、皆が必死にタックルを繰り返していた。六〇〇回を超えたあたりから、気を失いそうになった。失神すればこの苦しみから逃れられると頭によぎった。しかし、気を失うことはなかった。そして一〇〇〇回をやり遂げた瞬間、全員がその場に崩れ落ちた。

練習は約五時間にも及んだ。終わった後、佐山は涙目になっていた。自分の教えに従順についてきてくれたことに感激していたのだ。

桜田は『格闘技通信』にこう書いている。


〈当時は、プロ化されていないということで、まだ具体的に競技として完全に煮詰まってなく、ジムも一つだけだったので、お互いが良きライバルでひたすら強くなることだけを考え、ガムシャラに練習してました。ですから、練習以外でも
「関島（赤士馬ヤスト）がステーキ500グラム食うなら、自分も500グラムや」

と石川（義将）先輩が言ってみれば、

「関島さんが6杯飯を食ったので、私は7杯食うたりましたワ。ただし最後の一杯は茶漬けにして流し込みましたけど」

などと坂本（一弘）君は言っていました〉（九四年五月三一日号）

厳しい練習の中、和気藹々《あいあい》とした空気が伝わってくる。

参加した選手たちの旅費は全て佐山が支払ったという。

「広島のときはそうでした。じゃなかったら、みんな行かないもん」

桜田は冗談っぽく口を尖らせた。

「宿泊はスポンサーの方が出してくれたはずだと思います。佐山先生はお金に疎いというか、あまり気を遣わなかった。その頃はお金があったせいかもしれませんけど、お前ら、行くぞ、みたいな感じでしたね」

広島から戻る際、「桜田、お腹空いただろ」と新横浜駅で佐山と共に途中下車した。

「先生も若かったから、旅館の食べ物では足りなかったのでしょう。駅を降りて飯を食べるという話になった。ぼくが〝あそこにラーメン屋があります〟って言うと、〝馬鹿野郎〟と叱られた。それで焼肉屋に行ったんです。ぼくは焼肉屋が初体験だった。佐山先生が肉を生のまま食べるんです。これ生で食べるんですかって訊いたら、〝ユッケって言うんだ〟と教えてもらいました」

合宿では夕食後、佐山への〝質問コーナー〟が開催されることもあった。

「最初の方はファンみたいな人も多かったので、ご飯食べた後に〝(エル・)ソラールとやったとき、腕を折ったのはわざとだったんですか〟みたいな質問が出るんです」

八一年九月二三日に田園コロシアムで行われた試合中、エル・ソラールは投げを放ったが、自分がマットに叩きつけられ左肩を負傷した。タイガーマスクはこの箇所を蹴りつけた後、腕を極めて勝利した。試合後、エル・ソラールは骨折していたことが判明した。佐山は「あれはなんかね、折れちゃったんだよ」と軽い調子で答えた。

「プロレスに対する反発もあったんでしょうけど、新しいものを作りたいという気持ちが強かったような気がします。〝あれは違うんだよ。だから本物を作るんだよ〟って」

プロレスとは違う、新しい格闘技を作ることを佐山はひたすら目指していたのだ。

華々しいUWF、穴の空いたジムで練習する修斗

八八年の一年間でプリ・シューティング大会は四回開催されている。

大会ごとにシューティングマスクなど防具の改良が進んでいる。佐山は拘りあるものを人に任せるという種類の人間ではない。大会当日、佐山が「昨日はマスクを修理していて徹夜だったよ」と目を擦りながら現れることもあった。

競技規則を煮詰めることもプリ・シューティング大会の目的でもあった。

国技として認められ天覧試合が行われる、あるいはオリンピック競技として採用されることを佐山は目指していた。そのためには過度な暴力性があってはならない。規則でその線引きをする必要があった。

相手の軀を捕らえて投げる。その投げが柔道の「一本」に近ければ、第一回大会ではグラウンドポジションでの攻防が最大三〇秒間認められた。「有効」や「効果」であればその時間は短くなる。第二回大会では「一本」によるグラウンドポジションの攻防が二五秒に短縮された。

第三回大会では、三部門でのポイント制が導入された。「投げ」は最大八ポイントの加点制、「打撃」と「関節技」は各ラウンド一〇ポイントからの減点方式。ポイントの点数はレフェリーが判断し、試合終了後に集計する。

非常に複雑である。

レフェリーはレスリングで世界選手権に出場経験のある木口宣昭《のりあき》が務めた。木口は佐山が新日本を退団した直後に知り合っている。木口もレスリングに関節技を加えた新しい格闘技「コンバッ

トレスリング」の構想を温めており、佐山と意気投合した。その後、レスリングの後輩に当たる松浪健四郎の紹介でスーパータイガージムでレスリングを教えるようになった。

ルールが頻繁に変更されたこともあり、レフェリーの木口と競技委員長の佐山の判断が分かれ、試合が中断することもあった。

まさに手探り状態だった。こうした試行錯誤により少しずつシューティングの方向性が固まっていった。

ただ、金銭的な綻《ほころ》びが出始めていた。

この頃、スーパータイガージムは三軒茶屋の中で移転している。この移転を機に、中出がジム運営から離れた。

「八〇万円の家賃を払ったら、やっていけないよ。二、三軒隣の電器屋さんの上が空いているから、狭いけどそっちでやらないかという話が来た。そのとき、俺自身、軀の調子が悪かったんだよね。すごくハードだったんだ。昼も夜もなかったんだから。本業の方は自分のきょうだいに任せていたので、会社で肩身が狭かった。いくら自分が始めた会社だからって任せっきりだったからね」

新たに借りることになったのは、四階建ての雑居ビルの最上階と屋上だった。四階を事務所として使用し、屋上に鉄骨を組んだ。そこに天幕を張り、マットを敷き詰めて、サンドバッグを吊るしてトレーニングルームとした。台風などで大雨が降ると、天幕に水が溜まって、大きくたわむこともあった。

また、雨風を防ぐために横面にもビニールシートを張った。風が通らないため、練習をしていると熱が中に籠《こ》もる。蒸し暑くて練習にならないと佐山はシートを四角く切って「窓」を作った。ところが寒くなってくるとそこから冷たい空気が吹き込んできた。鏡を置いて穴を塞《ふさ》いだが、真冬になると凍える寒さになった。ただ、ジムが小振りになった分、佐山と選手たちの距離は近くなった。

一一月一七日、佐山は『格闘技探検隊』というミニコミ誌の取材に応じている。『週刊プロレス』の増刊号として発売され、第二次UWFを格闘技として取り上げる『格闘技通信』と違い、『格闘技探検隊』は〝プロレス〟に過ぎないと断じていた。佐山のインタビューには棘《とげ》のある言葉が含まれている。

〈「ジムの選手には言っているんですよ。UWFの時のボクの真似をしちゃダメだよって。ボクは、UWFを、最終的に本物の真剣勝負にしようとしたんです。それで、ボクと浦田サンが中心になって進めていたんですけれど、途中で、みんなから反発を食いまして。結局、最後までプロレスをやっていたんです。（中略）

UWFが真剣勝負かどうか、という論争になるようなことがあれば、ボクは、事実を全部話して、攻撃に出ます。かえって、いいチャンスだと思いますよ。だって、やっぱり、UWFを真剣勝負と思わされているファンが沢山いるわけで、かわいそうですよね。

UWFは、真剣勝負とか格闘技とか、そういう言葉を使っちゃ、いけないよね。

UWFは格闘技のニオイの少しするプロレスですよ、とか、そういう言い方をしなくっちゃね。普通のファンには分からないようにやっても、ボクらが見れば、すぐに分かりますからね。どん

なにうまくゴマカシたつもりでもね〉（八八年一二月号）

言葉の端々から佐山のＵＷＦに対する苛立ちが立ち上ってくる。

鍛え上げられた軀と関節技の技術を持ったレスラーによるものであれば、という前提はあるが、佐山はプロレスを否定していない。ただ、本物の格闘技とは区別しなければならない。彼の本意はなかなか伝わらなかった。

華々しいスポットライトを浴びるＵＷＦと、穴の空いたジムで練習する修斗は対照的だった。ＵＷＦはかつて佐山が作り上げた「新しいプロレス」だった。数が限られた上に華のないレスラーたちでいかに、新日本や全日本プロレスと対抗するか。そのために作り出した幻影が、血肉を得て巨大な怪物となっていた。

「金なんか、なかったらないでいいじゃないか」

才能ある画家が心血を注いで描いた完成間近の作品を気に入らないと破り捨てるように、佐山もまた積み上げてきたものを躊躇なく捨て去ることがある——。

八九年二月二六日、プリ・シューティングの最後の大会『第八クール』が後楽園ホールで行われた。

この日、何度もマスクが外れ、試合が止まった。練習では何度も強度を確認していたのだが、試合になると選手は力が入ってしまう。相手に頭を抱え込まれて、抜け出そうともがいているうちに固定していたマスクが緩む、ということが続いたのだ。そして、第六試合が終わった後、急遽、休憩に入った。

レフェリーを務めていた木口宣昭はこう振り返る。

「レフェリーをやっていて不安なんだよ。マスクの中に蒸気が籠もって窒息するんじゃないかと思うぐらいだった。マスクが緩んで曲がっちゃったりとかさ。けっこうがんじがらめのマスクだったんだ」

佐山は控室に選手たちを集めた。

「どうだ、お前ら、マスクを外してやらないか」

選手たちから異論は出なかった。第七試合からマスクを外し、同時に〝肘打ち〟と〝指を開いてのパンチ〟が禁止となった。以降、マスクは公式戦では使用されなくなった。

五月一八日に後楽園ホールで行われた『初代チャンピオンシリーズ第一戦』から修斗はプロ興行に入っていく。

この第一戦でメインイベンターを務めたのは渡部優一だった。伊藤裕二と対戦、腕ひしぎ十字固めで勝利している。

渡部によると、この試合のファイトマネーは三〇万円だったという。渡部はこんなに貰っていいのですかと佐山に訊ねた。

「(プリ・シューティングの)アマチュア時代から、試合が終わった後、ファイトマネーを頂いていたんですよ。最初五万円で、八万、一五万と上がっていった。そしてプロ一試合目が三〇万だった。当時の三〇万って大したものですよ。そうしたら先生は、何言っているんだ、最終的にはチャンピオンクラスには普通に一〇〇万ぐらいは出すつもりだとおっしゃっていました」

佐山の心遣いは嬉しかったが、無理しているのではないかと渡部は心配した。ジムの運営が順調ではないことを感じていたからだ。

こんなことがあった——。

「みんな、ちょっと集まれ」

佐山が突然練習を止めると渡部を呼んだ。

「いいか、お前ら、ここ最近のこいつの練習を見ただろう」

一ヶ月ほど、渡部はつきっきりで佐山の指導を受けていた。

「大したもんだろう。みんなも知っているようにナベはレスリングでの実績がある。そんな実績があるのに、俺が厳しいことを言っても、黙々とやっていた。お前らはこいつに笑われないように練習しろ」

佐山は一呼吸置くと、こう続けた。

「金がないからって、ジムに来なくなる奴がいるけど、そういう考えはよせ。金なんか、なかったらないでいいじゃないか。プロになってから返してくれればいいんだ」

一万円の月謝が払えなくて、ジムから足が遠のいている会員がいたのだ。経営者である佐山が、月謝を払わなくてもいいと言い切るとは面白いと渡部は思わず吹き出しそうになった。

この八九年は、プロレスの興行が大規模化した年だった。

四月二四日、新日本プロレスは前年に開業した東京ドームを使用して興行を行っている。UWFも五月四日に大阪球場、そして一一月二九日には東京ドーム大会を開催している。

柳澤健は前出の『1984年のUWF』で〈旗揚げからわずか1年半での東京ドーム大会は、6万人もの大観衆を集めて大成功に終わったと、一般には報じられている。ところが実際には、実券が売れたのはせいぜい1万枚から1万5000枚程度。残りは招待券を大量にばらまいて、無理矢理に客席を埋めた〉とこの興行が底上げされたものであったと指摘している。それでも修斗とは観客動員数の桁が二つ違っていた。

UWFの支持者からジムに手紙が来ることもあったと渡部は言う。

「UWFの選手は逆十字が極まっても、〝逃げる技術〟を持っているので、頑張ってロープに逃げるじゃないかって書かれているんです。シューティングは技術が未熟だから、すぐにレフェリーが止めるという手紙もあったと聞きました」

関節技や絞め技は人体の構造と力学に則った科学的な技術である。例えば、裸絞め(スリーパーホールド)は、Vの字に曲げた腕で相手の首を絞め、頸動脈を圧迫する。頸動脈を押さえられると脳に血液が行かなくなるため意識を失う。いわゆる〝落ちる〟という状態である。また気管(喉仏)を押しつぶすように絞めればチョークスリーパーとなる。

首に腕を回された選手は、相手の腕に自分の腕を差し入れて脱出しようとする。ただ、一度〝極まった〟状態から逃げることは不可能である。首に腕を巻き付かれながら、ロープまで這って逃げる技術など総合格闘技には存在しない。むしろ、動いている最中に、防御が疎かになり頸動脈や気管に腕をきちんと当てられてしまう危険性が高くなる。

また、腕や足の関節の可動域は限られている。技を掛ける側は関節を固定して、本来曲がらない方向に力を加える。その場合もしっかりと固定された場合は、逃げられない。我慢を続けると、骨折、脱臼、靱帯を伸ばす大怪我となる。そのため試合を止めるレフェリーの判断は重要だ。

プロレスではその手前で巧妙に力を抜く、あるいは逃げる隙間を作っているものだ。この時点で格闘技の知識を持っている人間はごく僅かだった。佐山たちに時代が追いついていなかったのだ。

「申し訳ないけれど、もうファイトマネーは支払えない」

九〇年一月一三日の後楽園大会から、八角形のリングから通常の四角形のリングに替わっている。八角形のリングは設営に倍の時間がかかった。リングを変更してほしいという後楽園ホールからの要請があったという。

そしてこの大会以降、選手へのファイトマネーが停まった。

五月、スーパータイガージムは三軒茶屋から横浜市港北区東山田町（現・都筑区東山田町）に移転している。レスリング教室に使用している場所を安価で貸与してくれるという話だった。ところが、火、木、土の週三日しか使用できないことが判明した。これでは本部ジムに相応《ふさわ》しくないと、一一月に横浜線の東神奈川駅近くにスーパータイガージム横浜を開いた。

経営的にはとても順調とは言えなかったが、佐山の目指す体制は固まりつつあった。八八年春、木口のレスリング道場に弟子を派遣、シューティングのクラスを始めていた。その後、船橋、成田、津田沼で系列のスーパータイガージムが設立されていた。ジムごとに選手を育成、競わせるという構想が具現化していた。

中出が去って以降、直営のスーパータイガージム及び大会の運営は佐山の双肩にかかっていた。帳簿などの経理の他、大会の会場予約、チケットやポスターも佐山が自宅で作製。チケットはプリントアウトしたものをカッターナイフで一枚一枚切り離した。

厄介だったのはチケットの管理である。佐山は富士通のパーソナルコンピューターを所有しており、発売されたばかりの「桐」というデータベースソフトで、会場の東西南北の方向別に席の表を作った。チケットが売れるとその表に印を付けていく。

その他、修斗の試合ビデオも販売していた。佐山はビデオの編集器機を購入し、映像を編集、パッケージのデザインも自ら手掛けた。

佐山は当時をこう振り返る。

「当時のプリンターは印刷するのが遅くて、チケットを印刷するのに一晩かかる。徹夜はしょっちゅうでした。大会前は毎日徹夜していたような感じですよね」

そうした事務作業をこなしながら、ジムでの指導も続けていた。

「気が狂うほど大変でした。ぼーっとして、チケットを全部タクシーの中に忘れたこともあります。結局出てこなくて、もう一度作り直しました」

選手たちに仕事を割り振るという選択肢はなかったのか。そう問うと佐山は首を振った。

「そういうのは任せられないです。任せられないというか、やらせたら可哀想というか。内弟子は（練習や試合に）専念させたいじゃないですか。そこまで苦労させられないというのがありましたね。だから興行は自分一人でやろうと思っていました。人に頼るという考えはなかったですね」

佐山は高校を中退し新日本プロレスに入り、プロレス、そして格闘技という世間と隔絶した世界で生き続けてきた。そのため、ぽっかりと欠けている部分があった。

例えば——。

九一年一〇月一七日、シューティングは大阪府立体育会館第一競技場で大会を行っている。セミファイナルに坂本一弘対菅野浩之のライト級、ファイナルとして石川義将対大原友則のウェルター級と合計四階級のタイトルマッチが組まれた。地元の兵庫県出身の坂本、大阪府出身の石川がそれぞれ二〇〇枚、三〇〇枚ほどのチケットを捌《さば》き、八〇〇人ほどの観客が集まった。ところが、第一競技場は固定席のみで約三〇〇〇人、アリーナにセットバックを組めば六〇〇〇人を収容可能だった。会場に対して観客の少なさが目立った。大阪府立体育会館には小規模な第二競技場も存在する。なぜそちらを使用しなかったのですかと佐山に問うた選手がいた。すると意外な顔でこう答えた。

「第二競技場なんかあるの？　知らなかったよ」

大阪府立体育会館の第一競技場は新日本プロレスの定番会場でもある。第二競技場を知らないとはさすがスターだと、その選手は苦笑いしたという。

こうした欠落がある男だったからこそ、金銭や名誉に拘泥することなく自分の信じる格闘技の道を突き進んだとも言える。それには目隠しをして平均台の上を走るような危うさが伴っていた。

九二年初頭、赤坂の修斗協会に何人かの選手が集まっている。ファイトマネーの未払いが続き、佐山と話し合いをすることになったのだ。（第一次）ＵＷＦ社長だった浦田昇が修斗協会コミッショナーに就任しており、彼の事務所を連絡先として使っていた。

集まった選手の一人、渡部は佐山が「申し訳ないけれど、もうファイトマネーは支払えない」と言ったことを覚えているという。

これまでの累積債務が一億円近く積み重なっている。その金利の支払いで手いっぱいになっており、ファイトマネーは払えないというのだ。

「選手たちは前向きで、運営とか企画をこうしましょう、お客さんをもっと集めましょうという意見が出ていました」

しかし、選手に金銭的な不安を見せてしまったことは不本意だったのだろう。その数ヶ月後、佐山は選手たちを再び集めた。金策に目処がついたというのだ。

「俺はあの人、クエスチョンだよ」と渡部は首を捻った

その夜、佐山はNという男を伴って現れた。背広姿にネクタイを締めた、これといった特徴のない男だった。佐山はNを「これから日本プロシューティングの社長になってもらう人だ」と紹介した。Kという不動産会社を経営しており、都内で多くのビルを管理しているという。

「サトル興業」から名義変更した「日本プロシューティング」は修斗の運営母体だった。佐山と

選手たちは赤坂の修斗協会に集まり、焼肉店へ向かった。

川口健次はNから少々見下すような口調で「君、なんていう名前なの?」と訊ねられたことを覚えている。

「〝はい、ぼくは川口です〟って答えました。まだ若かったから、どういう人かよく分からなかったんです。佐山先生の周りには変な人、詐欺師みたいな人が多かったんです。佐山先生はそれを分かっていたのか、そうした人を選手に直接近づけることはなかった。この人はどうなんだろうと心の中で思っていました」

帰り道、渡部に「あの人が入ってシューティングは良くなりますかね」と訊ねた。すると「いや、俺はあの人、クエスチョンだよ」と首を捻った。

九〇年三月に大蔵省が金融機関に不動産融資の総量規制を行っている。バブル崩壊後の株安に加えて、土地取引に制限が設けられたことで、不動産業界は一気に冷え込んでいた。不動産会社に勤務していた渡部はその空気を自分の肌で感じていた。

Nを社長に据えたのは、スポンサーとして期待したからだろう。しかし、資金を投じるほどの余裕があるのだろうか。渡部は浦田の耳元でそっと「あの方は大丈夫ですか」と訊ねた。すると浦田は「佐山が連れてきた人間なので、俺には分からん」と首を振ったという。

Nに対して漠然とした疑いを感じた川口は、修斗の申し子と言ってもいい存在である。

一九六八年八月生まれの川口が、スーパータイガージムに入門したのは高校一年の冬だった。

「一六歳でした。小学校のときサッカーをしていたぐらいで、他のスポーツはしていなかった。元々はプロレスから入ったんですけれど、本当に強くなりたいというので格闘技にはまった。それでスーパータイガージムに入ったんです」

川口によるとオープンから一週間ほどで入会、会員番号は一四〇番台だったという。まずは当時のインストラクター、宮戸成夫に基礎を教わった。インストラクターが宮戸から平直行に代わり、雰囲気が一変したという。

「高校二年生のとき、平さんが指導員になるとスパーリングを結構派手にやり始めました。そのときはマウスピースもないし、（平の相手となった会員は）ボコボコにやられてましたね。掌打《しょうだ》で殴られて歯が突き抜ける奴もいましたね。ぼくも平さんのアッパーを喰らって、口を切って一週間ほど食事をするのにも不自由することもありました。ガチでぼこぼこにするので、どんどん会員がやめていくんです。それでも高校生のぼくらは残っていました」

川口は『第一回プリ・シューティング大会』に出場している。中村頼永と同じ六六キロ級で二試合勝利、準決勝まで進んだ。

「あのとき、投げは首投げと両足タックルと片足タックルしか教えてもらっていなかった。パンチも（ジャブとストレートという）ワンツーの他は（単発の）フック、アッパーのみ。これは平さんのやり方。キックは腰を入れて蹴ることを教わった程度でした」

その後、中村、北原辰巳、平らが担当する練習の他、佐山から直接指導を受けるようになった。

「〝川口やる？〟ってミットを持ってくださるんです。きつかったですけれど、自分が少しずつ変わっていくのが分かるんです。教えるのが上手ですし、引き出す力がある。ぼくは精神的にはそんなに強い人間じゃない。そこを見抜いて限界まで追い込む」

佐山は指導に熱が入ると、竹刀で殴ることもあった。

「竹刀ならばまだいい方で、木でできた椅子の足が転がっていて、それで背中を殴られたり。タイトルマッチの前、先生にしごかれて、アルミパイプでぶっ飛ばされたこともありますね」

あのときは頭が腫れて五日間ぐらい頭痛が続きました、頭痛がとれたのは試合直前だったと川口は苦笑いした。九一年五月三一日、川口は山田学と初代ライトヘビー級タイトルをかけて対戦、勝利している。

このとき、川口は二二歳。ジム、大会の運営が厳しいことは感じていたが、そこまで深刻であるとは理解していなかったという。

「最初はファイトマネーが出たんです。プロになって一試合目は一二万円。二試合目、三試合目が一五万円。次に二〇万円貰ってから出なくなった。ぼくらは事情が分からないから、なんで貰えないのかって佐山先生に言うじゃないですか。借金があるなんてぼくは知りませんでしたから」

Nが日本プロシューティングの社長となった直後、九二年七月二三日の大会で、川口は山田とタイトル防衛戦を行い勝利した。試合後、ファイトマネーとして二八万円を現金で受け取っている。Nが入ったことで経営が好転したのだと、川口は胸をなで下ろした。

しかし、それは長く続かなかった。

一一月二七日、川口は三度目のタイトル防衛戦を行っている。

「(ファイトマネーを)現金で貰えないというので、あれっと思った。佐山先生にどうなっているんですかって言うと、一〇万円ぐらいならば渡せると。じゃあ、お願いしますって、後から佐山先生のご自宅に取りに行きました」

やがて佐山がNの名前を口にすることはなくなった。後から、あの一〇万円は佐山が個人的に用立てたのではないかと、胸が痛んだ。そして数年後、Nの名前を意外な人物から聞き、川口は驚くことになる——。

「佐山はどうやって糊口を凌いでいるのだろう」

九二年頃から石川義将は選手から身を引き、ジムの運営、大会のマッチメイクなど裏方の仕事を担当するようになった。

柔らかな関西弁を使う石川は、佐山と臆することなく話をすることができた。選手と佐山を繋ぐ人間としては最適だったろう。石川は選手たちの代弁者となるつもりだった。

そう考えるきっかけとなったのは、自身のタイトルマッチ戦の経験からだった。九〇年五月一二日、石川は初代ミドル級認定戦で関島康人と対戦している。

「ぼくは派手好きなんです。プロだから、ぱーっと目立ちたいというのがあった。それでヒョウ柄のパンツを穿いて、派手なアクションで入場したかった。ところが佐山先生はそういうのはいかんと」

手をぴんとさせ、きちんとした歩き方でリングに入るのだと、佐山は入場の練習をさせた。

「そっちの方が逆に緊張してしまった。それで負けたとかは言いたくないですけどね。自分らしく試合に入ってやりたかったという気持ちがありました」

裏方となった石川は大会のポスターに選手の写真を大々的に使ったらどうかと佐山に提案した。

「（プリ・シューティング時代に）雑誌などに選手を出さなかったという佐山先生の考えはよく分かるんです。ただ、プロになったら、ビジネスという面もある。興行として人を呼ばないといけない」

佐山がUWFを意識し、堅実に選手を育成しようとしたことは石川も理解していた。

「UWFなんか、放っておいてええんちゃうって。ぼくたちは真剣勝負のスポーツをしているんですから。ただ、プロのエンターテインメントとして羨ましい部分はありました。派手で格好ええじゃないですか。真似はしなくてもいいけど、他のプロスポーツのボクシングと肩を並べるような演出をしてもええんちゃうかなとずっと思ってました。有名になりたいとか、そういう気持ちではあの厳しい練習にはついていけないですよ。ぼくもそうでしたし、選手はみんな、佐山先生の考える格闘技を作り上げて、その第一号になりたいという気持ちがあった。そしてゆくゆくは地元に帰って、ジムや道場を出したい。そのためにある程度、顔を売りたいというのはあったと思うんです」

ポスターの中心には佐山の写真があしらわれることが多かった。もちろん、佐山の知名度は大きい。だが、いつまでも佐山の名前に頼るのではなく、選手を前面に出すべきだと石川は考えていた。

「自分がお手伝いする立場になったら、そういう話をしようと思っていました。だからよくぶつかりました」

石川は他の格闘技団体の手法を念頭に置いていた。

九二年三月に空手の正道会館が『格闘技オリンピック』という世界各国から格闘家を集めた大会を開催している。メインイベントとして正道会館の佐竹雅昭がアメリカのモーリス・スミスと対戦した。格闘技は商売になるという確信を持った正道会館館長の石井和義はフジテレビと組んで、佐竹を売り出していた。

周囲がもり立てることで、選手がその気になり、客を惹きつける何かを摑んでいく。修斗も同じようにするべきではないか。しかし、佐山は乗り気ではなかった。

ファイトマネーについても佐山に交渉したことがある。Nが関与した前後を除くとファイトマネーの支払いは途切れたままだった。選手たちはチケットを売り、その売上げの一部を手数料として受け取るだけだった。

「自分の場合は、（勤務していた）会社の後ろ盾もあったし、友だちにも恵まれてチケットを買ってくれる人がいた。でも他の選手は困っていたんですよ。バイトをしていても、試合前は休まないといけない。すると収入がなくなるので、ファイトマネーをあてにするしかない」

後楽園ホールの控室で石川は佐山に、一万円でいいので選手にファイトマネーを出してくれないかと掛け合った。

「控室には選手がいたので、佐山先生はみんなの手前があったのか〝馬鹿野郎〟と椅子を蹴ったんです。先生のパフォーマンスやと思ったんですけれど、失礼のないように〝先生、外で話をしませんか〟と言いました。殴られることも覚悟していました。自分としては間違ったことを言っていないという思いもありました。それで二人で誰もいない後楽園の階段の横に行ったんです。そうしたら〝えっ、なんなの〟っていつもの調子に戻った。ぼくが選手たちがファイトマネーがなくて困っているという話をすると、〝無い袖は振れない、ない〟って。それで終わりです」

石川は東神奈川のスーパータイガージムの経理も任されていた。ジムの経営で全く利益はなかった。ふと、佐山はどうやって糊口を凌いでいるのだろうと不思議に思うこともあった。石川は佐山が借金を抱えていることを知らなかった。格闘技で食べていくこと、自分の将来を考えると暗澹《あんたん》たる気持ちになっていた。

九三年三月、石川は家業を継ぐため、佐山の下を離れて大阪に帰っている。そして、彼が修斗のジムを地元で開くことはなかった。

石川が去った後、シューティングジム横浜は東神奈川から反町に移った。練習用のリングを入れるのが精いっぱいの小さなジムだった。

『シューティング・オープントーナメント』

この年、渡部も現役引退している。

修斗の中で力のある選手は限られていた。それでも大会のため試合を組まなければならない。そこで階級の違う選手を〝ハンディキャップマッチ〟という形式でしばしば対戦させている。

ウェルター級チャンピオンの渡部は九一年八月に一階級上の桜田に敗れている。そして自分の不甲斐なさに苛立ち、ウェルター級タイトルを返上。その後、空位となったチャンピオンには大原友則が就いていた。

渡部はこう言う。

「大原はぼくに勝ってタイトルを獲ったわけじゃないので、周りから色々と言われるわけです。(苛立った)大原が〝渡部さんは終わった選手。対戦したら一発でノックアウトしますよ〟とか言っているのが聞こえた。大原には悪気はないんですよ。そういう性格だというのは分かっている。ただ、ぼくも若かったので敏感に反応した。タイトルかけなくてもいいからやろうじゃないかっていう話をしたんです。そもそもタイトルを返上したのに、挑戦するのもおかしな話じゃないですか」

九二年三月、渡部は大原と対戦、膝十字固めで勝利している。試合後、日本プロシューティングの社長だったNが大原を呼びつけたという話が漏れ伝わってきた。Nは大原にこう言ったという。

「なんだ、大原君負けたのか。勝たなきゃ面白くない。これから君を押し出していこうと思ったのに」

Nは派手な試合をする若い大原に期待していたのだ。それを知った渡部は、ふざけるんじゃねぇ、この世界は強い人間が勝つのだと憤った。そして、もうお前の時代ではないのだと言われたような気になった。

それからしばらくして、マッチメイクを担当している石川が、桜田の対戦相手がいないとぼやいているのを耳にした。

桜田の強さは認めていた。ただ、彼と試合をしたとき、体調が万全ではなかったことが心残りだった。

「誰もいないのならば、俺がやってもいいよ」

渡部は石川にノンタイトル戦でいいので試合を組んでくれと頼んだ。

桜田は乗り気ではなかった。わざわざ一階級下の渡部と対戦する必要はない。ましてや一度、勝利している相手だ。それでも、負ければ引退するという渡部に押し切られる形で五月に試合が決まった。

渡部と桜田というお互いに手の内を知る者同士の対戦は激しいものになった。第一ラウンド終了後のことだった。本部席に座っていた佐山が立ち上がり、渡部のところにやって来た。

「ナベ、ちょっと正面に立ち過ぎかなぁ。相手は打撃が得意なんだから、横に回らないとお前の良さは生きないだろうね」

佐山は中立を守らねばならない立場である。そのため、世間話をするように、さりげなく助言したのだ。

この試合、渡部は三ラウンドに膝十字固めで一本を獲って勝利した。二つの階級のチャンピオンに勝利し、もはや渡部が選手を続ける動機はなかった。この後、渡部はレフェリーとして修斗に関わることになる。

佐山が三軒茶屋でスーパータイガージムを始めてから七年が経っていた。

各地にジムができ、選手数もある程度増えた。大会も定期的に開かれていた。ただ、観客動員数は頭打ちで、収益が好転する見通しもなかった。立ち上げ時期の勢いと高揚感はすでに消えていた。息せき切って階段を上ったものの、踊り場で空を仰ぎ立ち尽くしているような状況だった。

一九九三年は様々な格闘技、プロレス団体が競うようにして世の中にせり出した年だった。

その中心となったのは四月に始まった『K—1グランプリ』である。K—1を主催したのは、フジテレビだった。フジテレビは部署横断の組織、格闘技委員会を立ち上げ、大会宣伝のため選手たちを自局の番組に出演させた。地上波テレビの力により、アンディ・フグ、アーネスト・ホースト、そして佐竹らは格闘技に興味のない人間にまで顔と名前を知られることになった。

また第二次UWFは、前田日明のリングスと高田延彦のUWFインターナショナル、藤原喜明の藤原組に分裂、各団体とも異種格闘技戦を組み、格闘技とプロレスの狭間を狙っていた。九三年九月には船木誠勝たちのパンクラスが旗揚げ戦を行っている。その他、キックボクシングには立嶋篤史という人気選手が生まれていた。そんな中、修斗は取り残されていた。

修斗が孤立していた理由の一つは、他団体との交流を拒んでいたことだ。

佐山は「そんな（他団体の選手と対戦できる）実力じゃなかったんですよ」と説明する。

九一年九月、足利工大附属高校で行った合宿にテレビ取材が入ったことがある。そのとき、佐山は不甲斐ない選手の頬を平手打ちし、竹刀で叩いた。そして「こんなもの撮るな」と怒鳴り、カメラを手で払っている。いわゆる〝鬼の合宿〟である。これは意図的なものだった。

「うちはこれだけ厳しい練習をやっているんだと外に見せるためでした。そうすれば他の団体から挑戦を仕掛けられることはないでしょう」

つまり他団体に対する威嚇だった。そして、その縛りを解く時期がやって来た。

九三年九月三〇日、後楽園ホールで『シューティング・オープントーナメント』を開催している。この大会は体重別階級を取り払ったトーナメント方式を採用。〈プロ・アマを問いません。18

才以上ならば誰でも申し込み出来ます〉と謳い、広く参加者を募った。優勝者に一〇〇万円、準優勝に五〇万円、三位と四位にそれぞれ二五万円と一五万円という賞金が与えられた。決勝に進んだのは桜田と川口だった。桜田が優勝し、一〇〇万円を手にしている。

この大会を後援したのは織田無道という僧侶だった。彼は霊能者という触れ込みで、テレビ番組に出演していた。ランボルギーニ・カウンタックを乗り回し、僧侶らしからぬ強い押し出しでバラエティ番組から重宝されていた。修斗に出入りしていたテレビ局関係者が織田を紹介した。

この大会が翌年、化学反応を起こし、佐山と修斗を巡る状況を一変させることになる。その触媒となったのが、九三年一一月、アメリカのコロラド州デンバーで始まった格闘技の大会だった。ジ・アルティメット・ファイティング・チャンピオンシップ——UFCである。

第十三章

バーリ・トゥードの衝撃

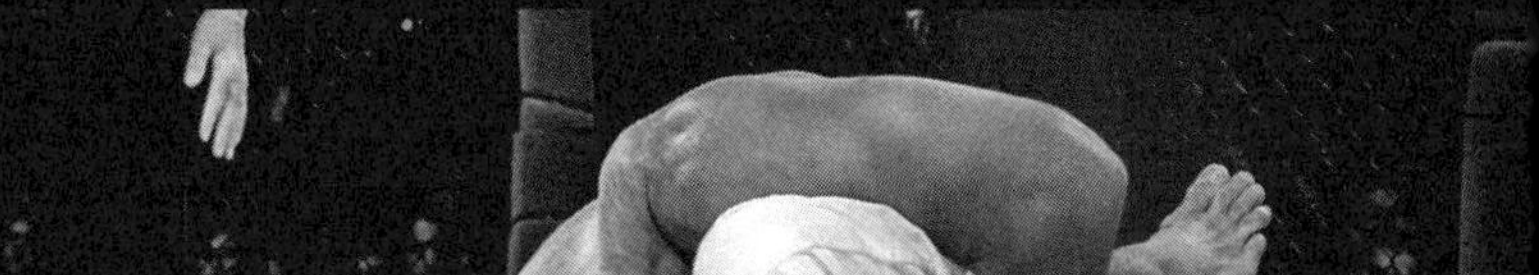

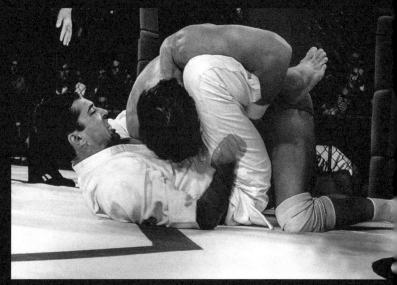

一九九三年に始まったＵＦＣとグレイシー柔術は修斗にも大きな影響を与えた

ルール変更に選手たちは反発していた

一九九三年一月、坂本一弘は約一ヶ月間に及ぶタイ修行から帰国した。

タイに向かったのは、修斗に閉塞感があったからだ。所属するスーパータイガージム横浜ではメニュー作成からトレーニング指導まで坂本に任されていた。またジムでは坂本の実力に見合うスパーリング相手も限られていた。全く違う環境に身を置き、自分を成長させたい。そう佐山に相談すると、旅費を出してくれた。

とはいえ、タイについてはなかった。バンコクの空港に着いたとき、坂本が手にしていたのは格闘技雑誌の人間から教えてもらったムアンスリンジムの住所が書かれた紙片だけだった。空港からムアンスリンジムまで何とか辿り着き、身振り手振りの英語で練習させてくれと頼み込んだ。その熱意が通じたのか、住み込みでの練習参加を認められた。

「壁はブロック、屋根はトタン。天井から裸電球が一つ吊るされているだけです。コンクリートのような床にマットを敷いて寝ていました。鼠がうるさくて、寝ていると足を齧《かじ》られるんです。しょうがないから足を上げて寝てました。大型のごきぶりホイホイのような形の鼠捕りを仕掛けたら、大きな鼠が引っかかる。その鼠がイーッて鳴いて、またうるさい。（住み込みの練習生として）タイ人が五人ぐらい寝ているんですけれど、誰も気にしない」

暑さを凌ぐために扇風機がつけっぱなしになっていた。夜中になって気温が下がると寒くなる。坂本が目を覚ますとタイ人たちは毛布にくるまっていた。彼らも寒いのだろうと扇風機を切った。ところが、しばらくするとタイ人が起き上がり暑いという仕草をしてスイッチを入れた。当然、また寒くなる。扇風機を切ればいいのにと坂本は悶々として熟睡できなかった。

「みんなハングリーですよね。そして、ちっちゃい選手でも首相撲とかやっぱり上手いんです。ああ、やっぱり来て良かったと思いました」

首相撲とは首の後ろに手を回して相手をコントロールするムエタイの重要な技術だ。相手に蹴りを出させないという防御と、膝蹴りを狙う攻撃の形を兼ねている。彼らは幼少時から首相撲の技術を軀に刻みつけていた。

タイ人と同じ食事をとり、生水を飲んで生活していたが、下痢などで体調を崩すこともなかった。いい経験になったと充実した思いで坂本は日本に戻った。すると帰国を待ち構えていたように、選手だけで集まるので来てほしいという連絡が入ったのだ。

指定されたのは、東急田園都市線の青葉台駅前にある「アンナミラーズ」だった。ビルの二階に上がると、店のガラス窓からは明るい太陽が差し込んでいた。鮮やかなピンク色と白の制服を着た女性店員が行き交う中、一〇人ほどの体格のいい男たちが暗い表情で座っていた。

「ファイトマネーは出ない、今の体制ではもう限界だという話でした」

彼らの話を聞いて、自分がタイへ行っている間、何度も会合を重ねていたのだと思った。先の見通しは立たず、懐も寂しい。みなの心が棘々しくなっていた。

翌九四年一月一四日の大会で佐山がルールを変更したことも、不信感を煽っていった。

『修斗読本』の中でレフェリーの小方康至《やすゆき》はこう語っている。

〈94年1月14日に「佐山聡オン・ステージ」と銘打った興行で、初めてグラウンドでのボディの踏みつけ有りという「何でもあり」に近い形で試合が行われたんです。で、その頃、関係者内部では「修斗」は終わった、もう佐山先生についていけないっていう考えがあって、何度も会議があった〉

この大会は〈ファン感謝デー〉としてチケットが全席二〇〇〇円で販売された。しかし、告知を怠ったため、格闘技専門誌にさえ試合情報が掲載されなかった。こうした運営の拙さも選手たちを失望させた。

このルール変更は九三年一一月二八日に行われたジ・アルティメット・ファイティング・チャンピオンシップ――UFCと関係がある。

この大会はバーリ・トゥード・ルールで行われた。バーリ・トゥードとは、ブラジル・ポルトガル語で〈何でもあり〉を意味する。目つぶし、噛みつき以外は、何をしてもいいという格闘技である。

金網に囲まれた八角形の試合場で、相手を倒し、馬乗りになって素手の拳で顔面を殴る。あるいは、マットに倒れた相手を蹴り、踏みつける――。

「オクタゴン」と名付けられた金網の試合場は、テレビカメラで撮影した際の見栄えを重視したもので、映画『地獄の黙示録』などの脚本を担当したジョン・ミリアスが考案した。スポーツビジネスの中で、テレビ放映権は大きな金脈となりつつあった。ＵＦＣはそれをはっきりと認識していた。このオクタゴンが、佐山が当初導入したリングと同じ八角形だったことは興味深い。一方、Ｕ万人に受け入れられるスポーツを目指した佐山は暴力性を最小限に抑えようとした。一方、Ｕ

FCはその暴力性を露わにした見世物として打ち出していた。

格闘技の源流は古代ギリシャ時代の「パンクラチオン」とされている。これは奴隷同士を闘わせて勝利した方が自由の身になるというもので、噛みつきや指折り、目をえぐることも認められていた。その後、パンクラチオンは紀元前六四八年の古代オリンピックの競技に採用。その際、急所攻撃、目つぶし、噛みつきの三つは禁止された。

闘うことは人間の本能である。ボクシングや柔道、空手という世界中に伝播《でんぱ》した競技の他、有名無名の格闘技が各地に存在する。それらの競技が統一されるとすれば、この古代オリンピックのパンクラチオンに近いルールに収斂《しゅうれん》するだろう、と佐山は見ていた。アメリカはスポーツの商業化に長けている。その地で始まったUFCがバーリ・トゥードのルールを採用した以上、世界中の格闘技はこの流れに乗るはずだ。ならば修斗は対応しなければならない。

周囲にとっては突然、思いついたように映ったとしても、その時点で最善のものを選択することは佐山には必然だった。『プリ・シューティング大会』で毎回のようにルール変更が行われたときと同じだ。

しかし、佐山と選手との関係が以前と変化していた。

選手たちは自らの人生をかけてシューティングに没頭していた。そして試合を積み重ねることで、プロフェッショナルな格闘家としての自我も芽生えていた。自分たちのこれまでの努力を踏みにじるものではないかと、佐山の閃《ひらめ》きに反発していたのだ。

「シューティングをやれることが幸せだった」

坂本は一九六九年三月に大阪市住吉区で生まれた。

「ぼくって母子家庭の一人っ子だったせいか、集団でやるものよりも一人で闘うものに憧れがあったんです。最初はバスケットを始めたんですけれど、なんか続かない。一人でいる方が自然だったんです。それで中学のときは陸上をやっていました」

格闘技を始めたのは神戸市の育英高校からだ。まずはレスリングだった。

「高校一年生のときに兵庫県で優勝して、近畿で三位になりました。でも全国に行くと全く勝てなかった」

高校二年生のとき、第一次UWFが始まった。スーパータイガー——佐山の試合を観て、坂本は強く心を惹かれた。

「タイガーマスクがデビューしたのが、中学一年生のときでした。ああいうプロレスって観たことがなかったので凄いと思っていました。そしてスーパータイガーを観たときに、これをやりたいと思いました。UWFに入りたいとかそこまでは考えていませんでしたけれど」

坂本はレスリング部に所属しながら、高校の近くにあった芦原会館の道場で空手を学んでいる。

高校三年生になり、進路を決めなければならない時期が来た。レスリング部の顧問は自分の母校である日本体育大学へ推薦すると言ってくれた。

「全国的には名前の知られた選手ではなかったんですけれど、伸びしろがあると思われたんでしょう。ただ、うちの場合は母子家庭で親子二人。母親を置いて一人で東京の学校に行くことはできない。自衛隊からも誘われてどうしようかと思っていたんです。一個ぐらい大学を受けようと大阪体育大学を受けたんですけれど、落ちてしまった」

その後でも受験可能な大学を探しながらも、進学は半ば諦めていた。大学に進めば奨学金を利用しなければならない。卒業後、返済に追われることを考えれば、大学に落ちて良かった。働きながら空手を続けるつもりだった。そんなとき、母親からこう言われた。

「突然、あんた、佐山さんのところに行ったらええんちゃうかって。佐山さんの話を全くしたことはなかった。一人息子やから東京はあかんと言っていたのに、スーパータイガージムに行ったらどうかと言い出したんです」

進学に拘っていたのは、母親が大学を出ておいた方がいいと口にしていたからだ。母親の言葉に背中を押された坂本は、上京してスーパータイガージムに入ることにした。自分でも驚くほどあっさりとした決断だった。

まずは母親と一緒に上京し、世田谷区の松陰神社の近くにアパートを借りた。小さな炊事場とトイレがついていたが、風呂はないという質素な部屋だった。そして、書店でのアルバイトを見つけて、ジムに入門した。最初に教えてくれたのはインストラクターの北原辰巳だった。

「夕方から初心者クラスで、その後が上級者のクラスだったんです。上級者クラスに参加しようとしたら、北原さんから駄目駄目って言われて。初心者クラスに十回以上参加しなければならないというルールがあったんです。じゃあ（上級クラスを）見ていていいですかって、最初のうちは見学していました。そうしたらすぐに北原さんが〝お前、入ってもいい〟って言ってくれたんです」

格闘技漬けの毎日は楽しいものだったという。

「週三日、四日、五日コースというのがあって、ぼくは五日コースでした。田舎から出てきているので（東京に）友だちはいない。関西人なんで東京のテレビは面白くない。部屋は寒いし、ジムに行くしかなかった。行くと色々と発見があるんです」

練習後はジムでシャワーを浴び、インストラクターが作るちゃんこ鍋に誘われることもあった。スーパータイガージムという新しい家族ができたような感覚だった。

入門二ヶ月後に行われた『シューティング・セカンドクール』では初心者を対象とした「プリ・シューターークラス」に出場している。

北原が去った後は佐山から教えを受けることが増えた。

「フリーに動いてって言われたので、タイガーマスクのようなステップを踏んでみたんです。そうしたら、その動きいいよって褒めてくださった」

坂本は飲み込みが早く、佐山の教える蹴りを早い時期に習得した。また細かな気遣いができることから、佐山に最も目を掛けられた選手の一人となった。

「格好をつけるわけじゃないですけれど、プロになるとかならないとか、格闘技で食べていくとか、ぼくは一度も思ったことがないんです。シューティングをやれることが幸せだった。ファイトマネーは途中から出なくなりましたけど、別に何とも思ったことはなかった。シューティングができるのが自分の幸せで、その幸せを叶える手段はなんでもいいんじゃないかって」

だからこそ坂本は、タイ帰国後に参加した青葉台のアンナミラーズでの話し合いでしっくりとこないものを感じていた。

「みんな好きなことをやっているんでしょうと。（佐山に頼らず）自分たちで後楽園を借りて自主興行をやりましょうよという話をしました。後楽園を借りるのにいくらかかるだろうか。六〇〇万円かそれ以上か。最低でも一人あたま二〇万円ほど集めなければならない。じゃあ、まずは八万円ほど集めて（固定）電話でも引こうかと提案してみました」

誰も興行について理解しておらず後楽園ホールの賃料さえ知らなかった。これまでは全て佐山に任せきりだったのだ。事態を解決する策が出るはずがなかった。

修斗の拠点の一つ、木口道場を主宰する木口宣昭が準備している「コンバットレスリング」に参加するという案を口にする者もいた。木口もまた佐山と同じように商売っ気のない男である。コンバットレスリングの将来も未知数だった。

会合の直後、川口健次は坂本と会話を交わした記憶があるという。

「坂本はこう言ったんです。川口さん、みんなの気持ちは分かるんですけれど、これは修斗の看板を下ろすことですよ、よく考えてくださいと。確かにその通りだとぼくも思いました」

やはりこの自主興行の話はいつの間にか立ち消えとなった。

佐山もこうした選手の動きに勘づいていたのだろう。しばらくして、恵比寿の焼肉店に選手を呼び集めた。新しいスポンサーが見つかったというのだ。今度の人たちは力になってくれるかもしれない。選手たちがそんな期待を持つようになったのは帰り際にスポンサーから車代として渡された封筒の中身を見たときだった。中には一万円札が三枚入っていたのだ。

九四年三月一八日、修斗は後楽園ホールで「新格闘プロレスリング」という団体と対抗戦を行っている。

新格闘プロレスリングは、新日本プロレスのリングにも上がっていた誠心会館の青柳政司が設立した団体だった。新格闘プロレスリングの阿部吉彦、深谷有一というレスラーに、御影九平、川口健次がそれぞれ一ラウンドで勝利している。シューティングの選手は全くプロレスラーを寄せ付けなかった。

この試合に出場した川口たちにはファイトマネーが支払われた。それを知った選手たちは自分たちの進む先に光が見え始めたと思うようになった。

一億円近い負債は佐山個人に押しつけられることになった

修斗のスポンサーとなったのは「龍車」というグループ企業だった。

一九五二年、浦和駅東口で呉服商を営んでいた中村栄蔵が「割烹《かっぽう》　錦園」を創業している。京浜東北線沿いの田園風景の中にぽつんと立った瀟洒《しょうしゃ》な日本家屋だった。畳の大広間があり、壁には美しい日本画が飾られていた地元で屈指の高級割烹である。その後、栄蔵は結婚式場、ホテル、レストラン業に手を広げ、それを彼の息子たちに渡した。

息子の一人、中村晃三は割烹を引き継いだ。八七年に割烹を廃業し、弁当仕出し業に乗り出している。その他、龍車グループとして「大宮健康センター　ゆの郷」という温浴施設の運営、不動産賃貸業、パチンコホール経営を手掛けていた。

恵比寿の焼肉店で選手への車代を手配したのが、龍車のグループ企業「ジャパンレジャーアルファー」の社長、石山重行だった。ジャパンレジャーアルファーはパチンコホールを経営していた。

石山は一九四三年にサハリンで生まれている。二歳のとき終戦を迎え、一家は引き揚げ船で北海道に戻った。前後の船はソビエト軍の爆撃を受けて沈められた、自分たちは命を拾ったのだと大きくなってから母親から教えられた。まずは札幌に住んでいた親戚を頼り、その後、東京都稲城市、そして杉並区高円寺の都営住宅に移った。

日本大学時代は空手部に所属し、同級生にキックボクサーとなった沢村忠がいる。空手の腕を買われて日本大学の会頭、古田重二良の用心棒として駆り出されたこともある。大学卒業後は水道工事の会社に就職。三八歳のとき、不動産業に転職した。そして不動産取引で知り合った地主から頼まれてパチンコホールの経営に携わるようになった。

「自分が始めた頃は日本人（の経営する店舗）は一割。あとは韓国、北朝鮮、華僑。出店すると、その両側に店を出されるんです。そして玉をバンバン出す。当然、店から客がいなくなってしまう。それで駄目になったときに（店を）買いに来る。それに対抗するには資金力しかない。勝負となったら一ヶ月で一億円ぐらい出すしかない」

こうした荒っぽい競争を勝ち抜き、石山は千葉県柏市を中心に一一店舗まで広げた。この手腕を龍車グループのオーナー、中村晃三から見込まれ、ジャパンレジャーアルファーの社長として迎えられた。

「中村晃三は元々柔道をやっており、格闘技に興味があったんです。それで佐山と知り合った。金銭的に困っているということで、私の会社で面倒みてくれという話が来たんです」

グループ企業の中で最も流動資金を持つジャパンレジャーアルファーが修斗に出資する形となった。日本プロシューティング会長に就任した石山は、収支書類を見て呆れたという。

「一回の開催で観客は二〇〇人とか三〇〇人。そのうち三分の一は招待客でした。後楽園の興行一回で、二、三〇〇万円の赤字が出る」

新格闘プロレスリングとの対抗戦も空振りだった。

「（相手は）控室で煙草をぷかぷか吸っている連中なんですよ。もちろん全勝しますよ。こんなことやってもお客さんは来ないと思ってました。ただ、佐山の人柄は好きでした。そして坂本、桜田（直樹）、川口、草柳（和宏）だとかみんな頑張ってました。パチンコ屋のほうもそれなりの利益が出てましたから、道楽の一つとして考えればいいかと」

中村晃三は「ゆの郷」の一階を改装し、横浜スーパータイガージムに代わる本部ジムとした。改装費は当初一〇〇〇万円の予定だったが、造作に凝ったため約三〇〇〇万円に膨れ上がったという。龍車グループはシューティングを本気で支える気なのだと選手たちは確信した。

ただし、佐山だけは暗い顔だったことを石山は覚えている。当初の話と違っていたのだ。

「中村晃三は（日本プロシューティングの借金が）二、三〇〇〇万円だと思っていたみたいです。ところが開けてみたら、思ったよりも大きかった。自分の記憶では、一億（円）まではいかなかったけれど、それに近い数字だった。すると中村晃三は借金の面倒をみないと言い出した。佐山は金を出してもらって（借金を）全て綺麗にしてもらうつもりだった。話が違うじゃないかという思いだったでしょう」

佐山には悪いことをしたという気持ちがあるんです、と石山は低い声で言った。

「レジャーアルファーという会社は、ぼくと中村晃三が四対六の持ち分なんです。六が中村晃三。彼に言いたいことがあっても、全て言うことはできない」

日本プロシューティングが修斗の興行及びジム経営で積み重ねた負債は佐山個人に押しつけられることになった。

ジムの改装費に三〇〇〇万円がつぎ込まれているという話は佐山の耳にも入っていた。そうした資金があるのならば、なぜ自分を助けてくれないのかと思っていたことだろう。しかし、その不満を口に出すことはなかった。佐山には月五〇万円が支払われることになったが、負債の利子を返済すると手元にはほとんど残らない。借金を先送りしただけだった。

そんな佐山がすがったのはプロレスだった。

九四年五月一日、福岡ドームで行われた新日本プロレスで佐山は獣神サンダー・ライガーとエキシビションマッチを行っている。マスクを被ってタイガーマスクとして登場してほしいという要請だった。

「マスクを被って入場するのもいいですけれど、この軀じゃ合わないじゃないですか」と自らの太った軀を指さして笑いを取り、煙に巻いた。

その五日後の五月六日、修斗の後楽園大会で佐山はこう挨拶した。

「先日、新日本プロレスのリングで試合を、いや芝居をしてきまして」

エキシビションとはいえ、訣別したプロレスに戻ることは、忸怩《じくじ》たる思いだった。そこで思わず言い訳がこぼれてしまったのだ。プロレス関係者からはふざけるなと反発を受け、シューティングの選手たちは、なぜプロレスをやるのかと首を傾げた。誰も佐山の孤独を理解していなかった。

「USA修斗」とグレイシー柔術

時計の針を八七年に戻す――。

スーパータイガージムのインストラクターを辞めた中村頼永は、アメリカ行きの資金を貯めるために、工事現場で働き出した。そして軀を鈍らせないために、公園で練習を続けていた。それを知ったスーパータイガージム時代の生徒たちが自然と集まるようになった。彼らはスーパータイガージムにも通っており、『プリ・シューティング大会』にも出場している。中村が生徒を呼び集めたのではない。ただ、見方によっては佐山のスーパータイガージムに対抗しているようにも取れた。中村の動きを知った佐山が気分を害しているという話が聞こえてきた。そこで中村は佐山の自宅マンションの前で帰りを待つことにした。

その日、佐山がタクシーで帰宅したのは、夜中になっていた。車から降りてきた佐山に駆けよって、「すいませんでした」と頭を下げた。

「変な辞め方をしたということ、そして自分が選手を育てていい気になっていましたと謝りました。佐山先生は〝分かった。ただ簡単には戻さない〟とおっしゃった。佐山先生の下からは色んな人が出ていってます。だから、一度、変な辞め方をした人間を信用されないんです」

佐山は中村の覚悟を試すため、毎日昼時に電話をかけてくるように命じた。

中村は昼休みになると工事現場近くの公衆電話から佐山の自宅に電話を入れた。

「〝お疲れ様です、中村です〟と言うと〝はい、はい〟。それでガチャです。それを一、二ヶ月ぐらい続けた頃、修斗協会に呼ばれたんです。そこから大会の準備などスタッフ的なことを手伝うようになりました。佐山先生と色々と話をするようになって、アメリカに行きたいということも伝えました」

ジークンドーを習得するのはもちろんだが、中村は修斗をアメリカで広めるつもりだった。佐山はそれを聞くと「安売りしないでね」とだけ言った。

八九年一月、中村は佐山に見送られ、成田空港からロサンゼルス行きの飛行機に乗っている。ロサンゼルスではマリーナ・デル・レイにあるイノサント・アカデミーに入門した。イノサント・アカデミーは、ブルース・リーの盟友、ダン・イノサントが主宰する道場である。カリフォルニア州で生まれたフィリピン系アメリカ人のイノサントは、ブルース・リー主演の映画『死亡遊戯』にも出演している。

中村はホテルからイノサント・アカデミーに通い、観光ビザの期限ぎりぎりまで滞在した。日本に一時帰国してロサンゼルスに戻り、アカデミーに顔を出すと、イノサントが笑顔で「ヨリ」と話しかけてきたという。帰国中、生徒から中村が修斗の大会で優勝経験があり、インストラクターを務めていたことを聞いたのだ。この頃、アメリカで修斗とシーザー武志のシュートボクシングの名前が知られつつあった。イノサントは佐山と同様に他の格闘技を取り入れることに貪欲だった。自分に修斗を教えてほしい。そして、イノサントが指導していたＩＭＢアカデミーの倉庫で寝泊まりしてはどうかと言うのだ。中村にとっては有り難い申し出だった。

八月からイノサント・アカデミーとＩＭＢアカデミーで中村による修斗の指導が始まっている。さらに九〇年にはイノサント・アカデミーを拠点に中村は「ＵＳＡ修斗協会」を立ち上げることになった。

中村はアメリカ人に修斗を教える中で、改めて佐山の立ち位置を考えるようになった。練習では選手を追い込むことはあったが、佐山は堅苦しい上下関係を嫌っていた。練習を離れれば、選手や会員たちと気軽に話をしていた。

「イノサント先生のアカデミーでは、当たり前のことですが、師には師父（シフ）などの敬称が付くんです。シューティングではみんな佐山さんと呼んでいた。アメリカ人はフランクだから、日本に連れていったときに、〝ハーイ、サトル〟と話しかけるかもしれない。それでは困るので、〝センセイ・サトル〟と言わせることに決めたのです」

九三年六月、中村はエリック・パーソンとチャド・スタエルスキーという選手を日本に連れていき、修斗の大会に出場させている。そのとき、二人のアメリカ人は「センセイ・サトル」とたどたどしい日本語で挨拶をした。佐山はそれをひどく喜んだという。以降、修斗の中で佐山の呼称が「佐山さん」から「佐山先生」へと変わっていくことになる。

移民国家であり、開拓者の国であるアメリカでは自らの身を護るという意識が強く、格闘技に対する関心は高い。また、名を成すために腕に自信のある人間が世界中から集まってくる。その様子を佐山に伝えるのも中村の役割となった。いわば、佐山のアメリカでの触覚である。

中村がイノサント・アカデミーに入門したばかりの頃、こう注意されたという。

「クレージー柔術という奴がいるので気をつけろと。ぼくは当時、ヒアリングがいまいちだったので、グレイシーがクレージーに聞こえたんです。ああ、変な奴がいるんだな、と思っていました」

そのグレイシー柔術との遭遇はすぐにやって来た。

「八九年の夏前だったと思いますけれど、ＩＭＢアカデミーのオーナーがシューティングとはどういうものか教えてほしいという二人の人間を連れてきたのです。一人は合気道を少し齧っていると自己紹介しました。そこで二、三時間、シューティングの関節技を見せて、彼らと練習したんです。最後、その合気道を齧っているという人間とスパーリングをやることになった。その相手というのが凄く強い。最後の最後に、ツボを押して、相手が痛がったところを固めて一本取ったんです。すごく時間かかったのですけれど、とりあえず勝った」

後になって、スパーリングをした男はグレイシー柔術の茶帯であることを知った。茶帯は黒帯の一つ下に位置する。

「Ｔシャツでやったから勝てましたが、道着ならば負けていたかもしれません」

グレイシー柔術とは日本の柔道を基にした格闘技である。その源流を辿ると日本の柔道家、前田光世にぶつかる。

前田は一八七八年、青森県中津軽郡船沢村（現・弘前市）で生まれた。一九歳のとき、講道館に入門、身長一六四センチ、体重七〇キロ足らずの小兵ではあったが、入門から一年足らずで黒帯を取得。そして日露戦争の最中、一九〇四年にアメリカに渡っている。欧米列強諸国に伍すると日本全体が鼻息を荒くしていた時期だった。前田も世界に飛び出して、自分の力を試したいと考えていたのだ。ニューヨーク、イギリス、フランス、ベルギー、メキシコなどで他流試合を重ねた前田は、ブラジルに辿り着いた。この頃、彼は左腕に慢性化したリウマチを抱えていたという。そこでアマゾン川河口の街、ベレンに腰を据えて農地開拓の道を歩むことになる。

ベレンには、ガスタオン・グレイシーというスコットランド移民の一家が根を張っていた。ガスタオンは地元の名士であり、前田の入植を手伝っていた。彼は前田に自分の息子のカーロスに柔道を教えてほしいと頼んだ。

その後、一家はリオ・デ・ジャネイロに移住。そこで前田から教わった柔道が独自の変化を遂げることになった。

鍵となったのはカーロスの弟、エリオである。前田が教えたのは立ち技を主体とする〝柔道〟だった。立ち技で組み手を制するには、腕力が左右する。エリオは子どもの頃、医者から激しい運動を避けるように指示されたほどの虚弱体質だったという。そのため前田から直接指導を受けていない。兄、カーロスの練習をじっと観察していたのだ。

エリオは前田から伝えられた〝柔道〟を寝技を中心とした〝柔術〟にした。寝技は立ち技と比べると体格、腕力に頼る部分が少ない。重要なのは技の数と組み合わせ、相手の動きを読むことである。まさにエリオが得意としていたことだった。

七八年、まずエリオの長男ホリオンがこの柔術を携えてブラジルから飛び出した。カリフォルニア州でホリオンは皿洗いをしながら、自宅のガレージでグレイシー柔術を教え始めた。愚直に柔術を極めようとしたエリオと違って、リオ・デ・ジャネイロ連邦大学で法律学を修めたホリオンには野心と策略があった。柔術の名を広めるため、彼は積極的に「グレイシー・チャレンジ」

を行っている。腕に覚えのある人間をガレージに呼び寄せる、あるいは相手の指定した場所に出かけて叩き潰す。つまり道場破りである。

中村が「グレイシー柔術に気をつけろ」と警告を受けたのは、このグレイシーチャレンジが格闘技関係者では知られるようになっていたからだ。ホリオンは八九年にカリフォルニア州トーランスに「グレイシー柔術アカデミー」を開いていた。

中村はこのグレイシー柔術のビデオテープを手に入れ、佐山に渡している。佐山からこのビデオテープが好事家に出回り、グレイシー柔術は日本で密かに知られることになった。

UFCは、グレイシーチャレンジの発展形としてホリオンが企画した大会だった。

この大会にはウェイン・シャムロック、ジェラルド・ゴルドー、パトリック・スミスといった日本でも名前が知られていた選手が参加している。その中を勝ち抜いたのは、ほとんど無名のホイス・グレイシーだった。ホイスはエリオの六男に当たる。

一九六六年生まれのホイスがホリオンを頼ってアメリカに来たのは一九歳のときだった。アメリカに定住してからグレイシー柔術の黒帯を取得。そのためブラジルで行われていた柔術トーナメントの黒帯クラスには一度も出場していない。〝プロ〟としての試合もUFCが初めてだった。

第一回UFCの一年ほど前、ホイスがイノサントアカデミーを訪れている。この日は、中村による修斗のクラスが行われていた。

「グレイシー柔術とUSA修斗の両方と交流があった人が連れてきたんです。一時間半、ぼくが教えるのをずっと見ていた。練習の後、連れてきた人がホイスのことを紹介した。そうしたら、ホイスの目が三角になっているんです。いつかシューティングと対戦することになるかもしれないと思ったのかもしれませんね。全くフレンドリーではなかった」

中村はＵＦＣのケージの中で相手を滅多打ちするホイスをテレビで見て、あのときの男だと思った。

試合後、ホイスは「グレイシー家には自分よりも十倍強い兄がいる」と口にしている。

十倍強い兄――ヒクソン・グレイシーの名前が世界中に知られることになったのだ。

ヒクソンが「渡航費だけ出せば出るよ」と連絡してきた

ヒクソンは一九五九年にリオ・デ・ジャネイロでエリオの三男として生まれた。グレイシー家に生まれた子どもは、二、三歳から道場で遊びながら柔術の稽古を始めるという。ヒクソンは六歳から大会に出場、一九歳のときに黒帯を授与された。

ヒクソンは自著で〈十四、五才になると自分には柔術の特別な才能があることが分かってきた〉と書いている。

〈柔術の試合では、いつも一本勝ちを続けた。判定で勝ったことは一度もない。

中量級もしくは中重量級と、無差別級の二つのカテゴリーにエントリーしていたから、大会では大忙しだった。両方合わせて、多いときは一日に八試合をこなしたことがある。

もちろんすべて一本勝ちだった。

（中略）

やがて、柔術だけでなく他の格闘技にも興味を覚え、それと同時にあらゆる格闘技の選手に勝ちたいと思うようになった。

レスリング、サンボ、ボクシング、カポエイラ、空手、柔道などの選手とも戦うようになり、レスリングとサンボは、自分でも練習して、大会に出た。そして、出場したどの試合でも負けたことがない〉（『心との戦い方』）

ヒクソンは二〇歳のときレイ・ズールという格闘家とバーリ・トゥードの試合を行っている。レイ・ズールはリングネームで「ズール族の王」を意味する。身長一九〇センチ強、体重一〇〇キロを超える巨漢で、一二〇試合して一一六勝四分けという成績だった。ヒクソンとは身長で一五センチ、体重で三〇キロの差があった。さらにヒクソンがプロとして闘うのは初めてのことだった。誰もが、経験豊かで格闘家として脂の乗っていたレイ・ズールの勝利を予想した。

第一ラウンド、体勢を低くして近づいてきたズールの顔面にヒクソンは膝蹴りを入れた。彼の前歯が折れてマットに転がると、口から血が噴き出した。しかし、ズールは引き下がらない。第二ラウンド、ヒクソンは苦戦しながらもズールの首を絞めてギブアップを取った。この勝利でヒクソンはブラジル国内で名前を知られるようになった。

ヒクソンもまたホリオンを頼って、八九年にロサンゼルスの地を踏んでいる。奇しくも中村がロサンゼルスで生活するようになったのと同時期だった。

アメリカの就労ビザ取得のため、長髪を後ろでまとめたヒクソンがイノサントに面会を求めてきたことを中村は覚えている。

「イノサント先生は向こうでは武道家として有名です。ヒクソンはビザの申請のため、(保証人として) イノサント先生に一筆貰いに来たんです。にこやかな感じではなかったですが、きちんとした武道家であるという印象を持ちました」

その後、イノサント・アカデミーとヒクソンの道場の両方に通う生徒が出てきた。修斗の技術をグレイシー柔術のスパーリングで試す、あるいは逆にグレイシー柔術の技術を修斗のスパーリングで使うこともあり、ヒクソンと中村は緩やかに繋がるようになった。

九三年秋、『第一回シューティング・オープントーナメント』の募集を聞きつけたヒクソンから人を介して中村に連絡が入った。日本までの渡航費を出してくれれば参加するというのだ。オープントーナメントは賞金制である。勝てば賞金を手にすることができる。みなその条件で参加しているのだ。ヒクソンだけ特別扱いすることはできないと中村は返答した。

ヒクソンもまたグレイシーチャレンジの実践者であり、以前から日本を眼中に入れていたようだ。九一年頃、アントニオ猪木との対戦を求めて来日したことを明かしている。

〈東京銀行のブラジル支店に3年間ぐらい勤めていた人が、Mrイノキ (=A・猪木) のことを知っていてね。Mrイノキに40万ドル賭けて対戦を迫ろうと思ったんだよ。でも電話をしてもらったら、金額を告げる前に、「賭け試合はやりません」と、にべもなく断られてしまってね。オフィスまで出向いたわけではなかったんだよ。

それから、団体名は忘れてしまったが、もうひとつのプロフェッショナル・アソシエーションにも問い合わせてもらったんだけれど、やはりそこでも断られてしまった。

「どうも君のやりたいことは、日本ではやっていないようだから、帰ったほうがいいよ」と言われて、俺は帰ったんだ〉(『格闘技通信』九四年八月八日号)

弟のホイスが第一回、第二回のUFCを連覇したことで、ヒクソンはもはや日本で無名の格闘家ではなくなっていた。修斗の第二回オープントーナメント開催を聞きつけたヒクソンから再び連絡が入った。

「やはり渡航費だけ出せば出るよって言ってきたんです。シューティングは日本で燻っていました。こんなに凄いことをやっているのに認められないし、突き抜けない。UFCでホイスが勝ったことで、格闘技界ではグレイシー柔術が注目されていた。ホイスが自分より十倍強いというヒクソンを呼べは、世間の注目を浴びる。渡航費ぐらいは払う価値がある。そう考えて、ヒクソンの道場に行ったんです」

中村は修斗の試合が収められたビデオテープ、試合で使用しているレガース、オープンフィンガーグローブを携えてヒクソンと会った。すぐにヒクソンは柔道着を脱ぎ、レガースとグローブをつけて練習を始めたという。

ヒクソンがオープントーナメントに出場するかもしれないと中村が連絡を入れると、佐山は喜んだ。

ところが――。

しばらくして中村がヒクソンの道場に行くと、浮かない顔をしていた。

「ビデオを見たよ。ちょっとルールが多すぎる。まず三分五ラウンドは短すぎる」

恐らく、ヒクソンはルールについて意見を言ってくるだろう。大切なのはヒクソンを招聘することだ。ある程度は譲歩してもいいと中村は佐山に一任されていた。

試合時間については長くする方向で佐山と話をしてみると中村は答えた。ただし中村にも譲れないことが二つあった。まずは四角形のリングを使用することだった。

「UFCのような見世物ではなくて、スポーツなんだ。だから試合はリングを使用する」

するとヒクソンは「自分も賛成だ」と頷いた。

もう一つはグラウンドポジションでの肘打ちの禁止だった。馬乗り状態からの肘打ちは、生死に関わる。修斗は競技であり、相手を傷つけることが目的ではない。それが佐山の考えだった。

中村が説明すると、ヒクソンは再び深く頷いた。

「当然だ」

グレイシーチャレンジ、あるいはUFCを見る限り、彼らは相手を血みどろになるまで容赦なく叩きのめすという印象を中村は持っていた。ところがこの男は少し違うようだった。

「金網の中に入って素手で殴り合うのではなく、格調高い闘いをしたい。だからボクシングのリングを使用し、オープンフィンガーグローブを付ける。ヒクソンも同じだったんです。非常に頭のいい男で、佐山先生の考えも分かってくれた」

その後、中村はヒクソン、そして日本の佐山と連絡を取り合い、ルールを固めていった。

〈一ラウンド八分、二ラウンド制。決勝のみノックアウトか技が決まるまで、八分のラウンドを

繰り返す〉
〈オープンフィンガー八オンスのグローブ着用〉
〈噛みつき、頭突き、目つぶし、金的攻撃、顔面への肘攻撃、脊髄への攻撃は禁止〉
〈リングは通常の四角形のリング〉

修斗とバーリトゥードの折衷である。

ヒクソンは自分の主張を強引に押し付けるということがなかった。静かに話を聞き、必要だと思った部分は譲歩した。自分が負けるはずはないという揺るぎのない自信を中村は感じていた。

佐山はヒクソンからの条件を一つ覚えている。

「バーリ・トゥードという競技に敬意を払っていたので、ヒクソンのルールでいいという話はしました。（ヒクソンから）対戦相手について条件がありましたね。これをやっている選手は全部却下、駄目でした」

そして佐山は腕に注射をする仕草をした。筋肉増強剤――ステロイドを意味する。

この大会は格闘技専門誌『フルコンタクトKARATE』で先行して発表する予定だった。この雑誌は『格闘技通信』と違って、UWFインターナショナルやリングスをプロレス団体とみなし取り上げてこなかった。修斗の本質を理解してくれる専門誌に取材してもらいたいと中村は考えていたのだ。

『フルコンタクトKARATE』の編集長、山田英司と中村はしばしば連絡を取り合っていた。その中で大会の名前の話になった。この大会を第二回シューティングオープントーナメントとしていいのだろうか。中村が何気なく言うと、山田はこう返した。

「空手にはカラテジャパンオープンという大会があります。今回はシューティングのルールではないので、『バーリ・トゥード・ジャパン・オープン』ではどうですか？」

それだと中村は思わず膝を打った。佐山に連絡して、その名前でいくことが決まった。

佐山はヒクソンの強さを表現するために、彼に〈四〇〇戦無敗の男〉というキャッチコピーをつけている。

「一回も負けたことがないっていうんです。ちっちゃいときからのトーナメントを入れたら、四〇〇戦になるだろうっていう話で」

それが一人歩きしちゃいましたねと佐山は悪戯っぽい笑みを見せた。

五月二三日、後楽園飯店で『バーリ・トゥード94ジャパン・オープン』の記者会見が開かれた。席上、佐山は「警察にストップされないよう、日本向けに最低限の制約を設けたルールにしました」と語った。

そして七月、ヒクソンが来日した——。

第十四章

ヒクソン・グレイシーと中井祐樹

『バーリ・トゥード・ジャパン・オープン95』は中井祐樹の格闘技人生を大きく変えた

中井祐樹は川口の敗戦に呆然としていた

一九九四年七月二九日、千葉県浦安市にある東京ベイNKホールで『バーリ・トゥード94ジャパン・オープン』が開催された。ヒクソン・グレイシーら八人の格闘家によるトーナメント戦で、修斗から草柳和宏と川口健次の二人が出場している。

ヒクソン・グレイシーは第四試合に登場した。

相手は慧舟会《けいしゅう》格闘術西道場の西良典だった。一九五五年に長崎県の五島列島で生まれた西は、拓殖大学で木村政彦に柔道を学んだ。その後、空手の大道塾に入門し、無差別級を制している。身長一八四センチ、体重八九キロと体格に恵まれ、早くから総合格闘技に目を向けていた実力者であった。かつてヒクソンの父、エリオは西の師である木村政彦に敗れている。二人の後継者による因縁の対決と盛り上げられていた。

しかし、試合はあっけないものになった。

試合開始直後、ヒクソンはタックルで西を倒すと上に乗った。両足で西の軀をしっかりと挟み込み、耳の後ろ、脇腹を執拗に殴る。西は軀を回転させて逃げようとするが、ヒクソンは両足で西の胴体を離さず殴り続けた。たまらず西が拳を防ごうと腕を上げた瞬間、ヒクソンの腕が首に回った。チョークスリーパーである。二分五八秒で試合は終わった。

そして準決勝のダビッド・レビキ、決勝のバド・スミスもそれぞれ二分四〇秒、〇分三九秒で仕留めた。圧勝だった。

〈この日、三人がヒクソンに挑んだのに、誰もヒクソンをあわてさせることのできた選手はいなかった。

控室でヒクソンに「試合で汗をかいた？」と聞くと、「少しだけ」とニッコリ。「基本通りの闘い方でしたね」と聞くと、「その通り。僕はいつもグレイシー柔術の技術に忠実に、闘っているだけだよ」という〉（『格闘技通信増刊』九四年九月五日号）

修斗の二人、草柳と川口はいずれも一回戦で敗退している。

川口はこの試合をこう振り返る。

「最初は修斗のルールで行くという話でした。しかし、それではヒクソンが来ないというのでルールを変えた。一ラウンド八分と聞いたとき、えーっと思いました。八分ってそんな簡単なことじゃない。とりあえずスタミナをつけるしかないなと思っていました」

第二試合に出場した川口はオランダのヤン・ロムルダーと対戦した。ロムルダーはＷＫＣムエタイライトヘビー級チャンピオンである。

川口はロムルダーの蹴りを警戒しながらもタックルに入った。そして寝技に持ち込んだが、関節を極めるまでには至らない。

三分が過ぎた頃だった——。

川口はロムルダーの振り上げた脚を摑もうと、上体を低くして手を伸ばした。その瞬間、ロムルダーが上から川口の後頭部を殴った。マットに崩れ、さらに顔面に蹴りを受けた川口は、そのまま立ち上がることができなかった。試合後、救急車で病院に運ばれている。

「病院では三日間ぐらい吐き続け、生死を彷徨いました。ちゃんと寝技をできていれば勝っていたはずなんです。ぼくの技術のなさでした」

この日、セコンドについていた中井祐樹は川口の勝利を予想していたため、敗戦に呆然としていた。病院に向かう川口に付き添って会場を出ようとしたとき、ヒクソンの試合が始まろうとしていた。

ゴングが鳴り、ヒクソンがいきなり西に組み付いた。中井が見たのはそこまでだった――。

中井は一九七〇年に北海道で生まれた。札幌北高校でレスリング、北海道大学柔道部で高専柔道の流れを汲む七帝柔道を学んだ。七帝柔道は、オリンピックや全日本選手権で採用されている講道館柔道とはルールが異なり、寝技中心の柔道である。

九二年夏、大学を中退してスーパータイガージムに入門している。千歳空港から飛行機で飛び、横浜駅前のカプセルホテルで一泊。翌朝、求人誌を買い、電話をかけて面接を受けた。まずはアルバイトを決めようと思ったのだ。

ところが――。

「住むところはこれから決めるんですって言ったら、住所のない人は駄目ですって言われた。じゃあ、住所決めてきますって不動産屋に行ったら、今度は仕事がない人には貸せませんって。高校は親戚の家から通っていて、大学のとき住んでいたアパートも親が契約してくれた。そういうことを一切やったことがなかったんです」

そこでスーパータイガージムが開く時間まで、反町公園で時間を潰すことにした。ベンチで本を読んでいると、浮浪者の姿が目に入った。格闘技をやりたいと北海道から出てきたが、冷静になってみれば、自分はこの街で住むところも仕事もない、何ら寄る辺のない立場なのだ。自分もこんな風になるのかなと急に怖くなったことを覚えている。

午後六時ごろ、ジムに行くと佐山がいた。すでに柔道部の遠征を利用してジムを訪れており、佐山への挨拶は済ませていた。アルバイトも住む場所も見つけることができませんでしたと中井が俯《うつむ》き加減に切り出すと、佐山は明るい声を出した。

「住むところも仕事もあるよ。紹介してあげるから大丈夫。ただ、その人が今、入院しているので一週間待ってくれるかな。それまではここで寝泊まりしていいから」

掃除だけはしてね、と付け加えた。

中井は練習に参加した後、リングの上でキックミットを枕にして、借りたタオルケットを掛けて眠った。

「一週間後ぐらいに、神奈川生花市場の社長が迎えに来てくれたんです。市場の宿直室に若い子が住み込んでいたのだけれど、夜逃げしていなくなって困っていたというんです」

仕事は〝競《せ》り〟の補助だった。生花を積んだトラックが到着すると、運転手と共に荷物を降ろす。競りが終わる時間になると、小売業者の運搬を手伝い、大口客への配達準備に走り回った。

仕事は朝五時前から始まり、午後三時には終わる。それからジムが開くまでは仮眠を取った。ほぼ毎日、中井はジムに一番乗りで到着して、練習を始めた。

「寝技がフリーだったらチャンピオンに勝つ自信があった」

スーパータイガージムの練習は、パンチ、キックという立ち技が多かったという。

「フットワーク、フォームチェック、ミットを持ってもらって蹴ったり。スタンドの攻撃技術が多かったですね。柔道部だったので、打撃は難しいなという感じでした。レベルが高かった。ただ、正直なところ、寝技は弱いなと思いました」

中井は入門から半年後の九三年二月にアマチュアシューティング大会で優勝。その二ヶ月後の四月にプロデビューした。

七帝柔道に慣れた中井には、修斗のルールはいささか窮屈だった。

「シューティングは（いわば柔道での）講道館ルールなんです。ブレイク（に入るの）が結構早かった。グラウンドに入って、時間が経つとブレイクになる。ブレイクがなければ（相手の関節を）獲ることができるのに、って思っていました」

また、修斗では、自らマットに転がり、相手を寝技に引き込むことは認められていなかった。

「佐山先生は、観ていて面白いものにしなきゃいけない、延々と寝技を続かせるわけにはいかないという考えがあったはずです。だから打投極を回転させる。わざと回転させるようなルールにしていた」

中井の入門直後、佐山がグレイシー柔術の話をしていた記憶がある。

「グレイシー柔術というのがあって、打撃は下手くそだけれど寝技は無茶苦茶強いとおっしゃっていた。グレイシー柔術（の選手）といつかやるかもしれないよって。すでにグレイシー柔術のビデオを手に入れてご覧になっていたんだと思います。ぼくは一介の練習生ですから、そのビデオは見てはいないですけど」

これは中村頼永が佐山に渡した、バーリ・トゥードのビデオだった。

『第一回ＵＦＣ』というバーリ・トゥードのルールに則った大会が開かれたことはプロレス専門誌で知ったという。

「寝技がフリーになったら、そりゃ寝技の強い奴が勝つでしょって思いました。ぼくだって寝技がフリーだったら（修斗の）チャンピオンに勝つ自信があった。そのルールだったら俺ら、全員倒すなって、ぼくと朝日さんはそう言ってました。ぼくたちは〝グラウンド派〟というか、〝サブミッション（関節技）派〟でしたから」

朝日さんとは、朝日昇のことだ。この朝日も後に修斗で大きな役割を果たすことになる。

九四年夏、中井は新設された大宮の「スーパータイガー・センタージム」に移っている。

「佐山先生から電話があって〝大宮に「ゆの郷」っていう健康ランドがあって、そこにジムが新しくできるけど、お前来る？〟って。ぼくは二年間の横浜生活が煮詰まっていたんですね。それで〝はい、行きます〟ってすぐに応えました。ただ、生花市場がすぐに辞めては困るというので、二ヶ月ほど遅れて行くことになったんです」

中井は前日に大宮に入り、駅前のカプセルホテルに宿泊してからゆの郷に向かった。入門時と同じ行動を取ることで験担ぎをしたのだ。ゆの郷では龍車の準社員という扱いで、社員寮に入っている。仕事内容は、風呂場、ロッカールームの清掃、櫛《くし》やシャンプーなどの補充といった雑務一般だった。その後、ゆの郷内のジムで生徒を教え、自らの練習に励んだ。

『バーリ・トゥード94ジャパン・オープン』の会議には中井も参加している。

「そこで川口と草柳の二人で行くということが決まったんです。ぼくも出たかったんですけれど、修斗のチャンピオンにもなっていなかった。どうしても出たくて、『フルコンタクトKARATE』を読むと一般公募もしていると書かれていた。それで葉書で応募したんです」

すると日本プロシューティング会長だった石山重行から呼び出された。

「中井、葉書を見たよ。すごく気持ちは分かるけど、今回は無理だ」

自分はまだ修斗の看板を背負うほどの存在ではないことをつくづく思い知らされた。

中井はエンセン井上との練習で新たな世界を知ることになる

試合では相手の特徴、流れによって闘い方を変えなければならない。グレイシー柔術の本質は、絞め技と関節技という「組み技」の強さである。それにどう対応するか。しかし、修斗の選手はグレイシー柔術の選手と対戦した経験がない。まずは経験値を増やすことだと佐山は考えた。

そこでブラジルからアルトゥール・カチアードというグレイシー柔術の格闘家を招聘した。

カチアードは一九五九年五月にブラジルのリオ・デ・ジャネイロで生まれた。七九年にグレイシー柔術の道場に入門。エリオの他、ホールス、ホリオン、ヒクソン、ホイラーと共に稽古を積み、八六年に黒帯を取得している。まず彼の対戦相手として名前が挙がったのは坂本一弘だった。しかし、坂本は六二キロ級の選手である。七〇キロ前後のカチアードとは体重差があった。そこで中井の名前が出た。

「それはぼくに話が来るでしょうって。七帝柔道ルールはグレイシー柔術と同じ。バーリ・トゥードをやるならば、ぼくしかいないって思っていました」

カチアード戦の前、中井は佐山に合宿をしてほしいと頼み込んだ。

「ぼくが東神奈川のスーパータイガージムに入ったとき、教えてくれたのは石川（義将）さんでした。石川さんからすごく丁寧に教わりました。ただ、佐山先生の練習はなかった。佐山先生の厳しい合宿は有名でした。そういうビシビシの合宿をやってほしくて入門したんです。ただ、佐山先生はぼくの前の人まで作って、燃え尽きていたのかもしれません。合宿をやってくださいって言っても、〝やだよ、疲れちゃうよ〟ってずっとおっしゃっていた」

カチアード戦は修斗にとって大切な試合である。そう繰り返し言うと、ようやく佐山は腰を上げたという。

「ぼくはスポーツの強い学校にいた経験がない。理不尽な追い込みを受けていないので自分は弱いんじゃないかというコンプレックスがあったんです。だから、佐山先生の合宿を待ち望んでいたんです」

中井の他、五、六人の選手がスーパータイガー・センタージムに泊まり込み、三日間の合宿を行うことになった。センタージム所属の選手の一人が離脱したが、中井たちは最後まで残った。

「やっとスパルタをやってくれたので嬉しかった。後から佐山先生は何をやらせてもついてくるので嫌だったと聞きました」

そして、九月二六日、後楽園ホールでカチアードと対戦した。この試合は「バーリ・トゥード・ジャパン・ルール」の八分三ラウンドで行われた。

カチアードはこの試合について、こう振り返る。

「（修斗の選手なので）彼はパンチとキックを多用してくるものだと予想していた。ところが、グラップリング、柔術の試合を仕掛けてきた。勇敢な選手だった」

二人はフルラウンドを闘い、引き分けた。この試合以降、中井はこれまで以上にバーリ・トゥード、寝技の技術を意識して練習することになる。

この頃、その助けとなる人間と中井は出会っている。

きっかけはたどたどしい日本語を話す、外国人と思われる人間からジムに電話が入ったことだったと『格闘技通信』で佐山は語っている。その男は「パンクラス」に入門したいと思っているのだが、その前に修斗で練習したいと言ってきたのだ。

〈ふざけた奴だと思ったけど、一応、見ておくかと思って、ジムに呼んでみたら、グレイシー柔術を習っていたと言う。それで早速、中井（祐樹）とスパーをやらせてみたら、互角だったんです。その時から、もうプロとしての資格を認めましたね〉（九五年三月二三日号）

エンセン・正二・井上がスーパータイガー・センタージムに現れたのは、中井対カチアード戦の前後、九四年九月のことだった。

エンセンは一九六七年四月にハワイ州ホノルルで生まれた。日系四世のエンセンはハワイ大学二年生のときグレイシー柔術と出会っている。学内でヒクソン対レイ・ズール戦のビデオを観て、ストリート・ファイトに生かせるかもしれないと思い、レッスンを受けることにしたのだ。

『格闘技通信』の同じ号からエンセンの言葉を引用する。

〈1回目に教わった時には、ガッカリしたよ。だって、全然、ストリート・ファイトじゃないネ。「手首を掴まれたらこうします」そんなことばっかりで終わっちゃったヨ。それで、私、クラスが終わったらお願いした。「今日はつまらなかった。本当のケンカがしたい。スパーリングさせてもらえますか？」と。そしたら、その頃、ブラジルから来てた黒帯の小さい人、70キロくらいの人とフリー・ルールでやることになった。私、思ったネ、「この人、いくら巧くてもパワーで勝てる」と。それがやってみたら、すぐグラウンドへ持ち込まれ、1分もしないうちに首を極められ、腕を極められ…。その時から、もう100パーセント、心はグレイシー！　グレイシー！〉

一八〇センチのエンセンが全く敵わなかった黒帯の男こそ、エリオ・グレイシーの次男、ヘウソンだった。エンセンは英語が不自由だったヘウソンの手足となってハワイでの普及を手伝うことになった。やがて青帯を授与され、ヘウソンの代わりに指導を行うほどになった。

エンセンを日本に呼び寄せたのはラケットボールという競技だった。

エンセンは兄のイーガンと共にラケットボールの選手でもあった。八九年、イーガンは『ジャパンオープン選手権』に出場、優勝している。翌年、再び招待されたが、都合により辞退。代役としてエンセンが日本へ行くことになった。大会後、日本を気に入ったエンセンは英語教師をしながら日本に滞在していた。

中井はエンセンと練習することで、新たな世界を知ることになった。

「エンセンとスパーリングをすると、ポジションを取られまくって、全く敵わないんです。それで最後に（エンセンが）極めようとするとぼくが足（の関節）を取る、みたいな感じでした。新日本プロレス時代、藤原喜明さんが（ブラジル人格闘家のイバン・）ゴメスとスパーリングをやっていますよね。それでポジションを取られても最後に足を取れるから負けないと藤原さんは思ったそうです。大したことはないと」

ポジションを取る、とは相手の動きに対応して、自分の有利な体勢を保つことである。ポジションを取っていれば、パンチを出す、あるいは関節技に持っていきやすくなる。

「ぼくは（藤原と違って）グレイシー柔術は大したものだと思いました。柔道にない技術ばかりで、柔道部のとき、自分は何をしていたんだ、こんな技があるんだと。エンセンはグレイシー柔術の青帯とはいえ、ヘウソンから細かいところまで習っていたんでしょう。ぼくは和製グレイシーになるべく色々と聞きました。こちらもエンセンに修斗の技を教える」

この時期、グレイシー柔術には弟子以外に技を教授しないという決まりがあった。そこで自分から技を教わっていることは口外しないでくれとエンセンから頼まれたという。

エンセンの加入、中井のバーリ・トゥード、そしてグレイシー柔術への傾倒は修斗を変質させることになる。

「佐山先生はほとんど大宮（のセンタージム）にいらっしゃって、どこかに出かけるとき、ぼくが付いていくのが多かった。二人きりになって色々と話をするようになりました。新日本時代、誰が強かったんですかっていう話を聞いたこともありました。猪木さん、藤原さんは強かったと。

ゴメスについては強かったことは強かったけど、チョークスリーパーしかないから馬鹿にしていた。ただ、よく考えたら、あれが一番いいと言うんです。ヒクソンと同じで、あのときからゴメスはそれをやっていたとおっしゃっていました」

新日本の道場で行われていたスパーリングは、グラウンドでの打撃のないグラップリングだった。ゴメスはそれまでポジションを取り、殴ることで相手の防御を緩め、チョークスリーパーで仕留めてきた。この闘い方であれば、多くの関節技を必要としない。関節技の数よりも、状況を見て適切なポジションを取ることが大切である。ただ、当時の新日本のレスラーは、そこに気がつくことはなく、ゴメスを技の少ない人間だと見くびっていた。

また、ゴメスは強い蹴りを出すこともなかった。それを見て、佐山はキックボクシングの蹴りの方が強いと思っていたという。しかし、後から考えればあれは相手を誘う蹴りなのだと分かった。威力を出す蹴りと、誘う蹴りの二種類がある。当時はそれが理解できなかったと佐山は言った。

中井は寝技の強い自分に流れが来ていることを感じていた。しかし、自分は佐山の好きな種類の選手でないことも自覚していた。

「佐山先生は、坂本（一弘）さんのようにピュッピュッピュッピュッというスペクタクルな打撃をできる人が好み。ぼくは派手な選手ではないので、とにかく勝たないといけないと思っていました」

その言葉通り、中井は九四年一一月七日、草柳を判定で破り、ウェルター級タイトルを獲得した。

ヒクソンは冷静に安生を血まみれにする模様を撮影して証拠を残した

この年の一二月、ヒクソンの名前が大々的に日本のスポーツ新聞、プロレス専門誌に載っている。

ヒクソンは自著『心との戦い方』で、UWFインターナショナルのプロレスラー、高田延彦が自分と対戦を望んでいると話していることをUSA修斗協会の中村頼永から聞いたと書いている。

〈そのとき、私は中村にこう言った。

「私は、あらかじめ筋書きができているプロレスをやる気はない。もし高田がどうしても私と戦いたいなら、彼が修斗とバーリ・トゥード・ジャパンのリングに立たなければならないだろう」〉

その後、ヒクソンはこの発言の主旨の声明を発表している。すると高田に代わって、Uインターの安生洋二が自分でさえヒクソンに勝てる、アメリカに行って勝負すると挑発しているという続報が聞こえてきた。

そして一二月七日、安生がマリブビーチにあるヒクソンの道場に来たという電話が入った。

〈私は、例の安生という男が道場破りに来たのだろうと当たりをつけた。

「わかった。すぐにそちらへ行く」

ビデオカメラを持ち、長男のホクソンと一緒に、車で道場へ向かった。車を運転しながら、指にテープを巻いた。安生と戦った場合に、自分の指を傷つけないためである。

（中略）

道場に入ると、スーツを着た日本人男性がおり、彼の秘書らしき女性を伴っていた。

男性はこう言った。

「ミスター・グレイシー、私は日本のＵＷＦという団体の者です。ＵＷＦのリングで、高田延彦と戦うつもりはありませんか」

「何度言えばわかるんだ。私は、フィックスト・ファイト（あらかじめ筋書きが決まった試合、八百長）をやる気はまったくない」

「そうですか、それは残念です。ただ、あなたは『自分の道場へ来たら、いつでも戦う』と言いましたね。その気持ちは変わっていませんか」

「ああ、まったく変わっていない。それで、あなたが私と戦うのか？」

男性は少しあわてた。

「いや、私ではありません。安生という男で、今、外にいます。呼んできてもいいですか」

すると、秘書の女性が外に出て行った〉

ヒクソンは弟子たちに、道場に入れるのは秘書と安生のみ、安生を追って入り口に集まっていた日本の報道関係者は入れないように指示した。そして、「責任不問の誓約書」を用意させた。これは〈道場での稽古中に、怪我などの事故があっても道場側の責任は問わない〉という内容だった。

これは〝道場破り〟に対するものではなく、カリフォルニア州の格闘技道場が署名を義務づけられていた書類だった。ヒクソンによると、安生はこの書類の意味を理解せず、サインしなかったという。

サインをしないという理由で対戦を拒めば、闘いから逃げたと彼は喧伝《けんでん》しかねない。ヒクソンはそう考えて、「この紙のことは忘れてくれ」と言った。

〈すべての窓に、カーテンが下ろされた。

戦いが始まった。

私はタックルをかけて、安生を床に倒した。

そして馬のりになって、拳で顔面を殴った。殴り続けた。

安生のテクニックは、さほど高いものではなかった。チョーク・スリーパーか腕ひしぎ十字固めなどで仕留めるのは簡単だった。

しかし、失神させて、外面的に無傷のまま勝ったのでは、ここにいる者以外には、何が起きたのかわからないだろう。彼が完敗したことを誰の目にも明らかにするためには、目に見える傷をつけておく必要があった。

私は、安生の顔を殴り続けた。やがて、顔は血だらけになった。

そして、彼が背中を向けたとき、頸動脈を締め付けた。

彼は失神した〉

そしてヒクソンは日本の報道陣を中に入れて写真を撮らせた。二日後、安生は道場に現れ、突然、道場に押しかけた非礼を詫び、日本の兜《かぶと》を差し出したという。

しかし、それで終わらなかった。


〈ところが、その後、中村から連絡が入った。

「日本へ帰った安生が、『ヒクソンの道場で、生徒たちから妨害を受けるなど、不利な状況で戦わされた』という意味のことを言っている」

もちろん、そんな事実は一切ない。

そこで、事実を明らかにするため、念のために撮影しておいた当日のビデオのコピーを、中村に渡した。

「日本でメディア関係者を集めて、このビデオを一度だけ上映してくれ。それが終わったら、誰にもコピーをとらせることなく、すぐ私に返してくれ」

中村はその通りにやってくれた。

安生は、道場破りにやってきて散々負け、また負けたことをカモフラージュするために、嘘をつこうとして、二度、面目をつぶしたのである〉

グレイシー一族には「グレイシーチャレンジ」という積み重ねがあった。その間には、だまし討ちや卑劣な手段をとった人間もいたことだろう。彼らにはそうした相手に対する経験があった。

ヒクソンは道場に向かうとき、心を落ち着かせて車の中で指にテーピングを巻き、ビデオカメラを準備した。そして冷静に安生を血まみれにする模様を撮影して証拠を残した。ビデオのコピーを取らせず、一度だけの上映という指示は、必要以上に相手を傷つけないという温情であり、また手負いの相手を深追いすることは得策ではないという判断でもあったろう。

ＵＷＦインターナショナルは「最強」を名乗っていた。Ｕインターの宮戸優光は、自分たちは最強を掲げていたからこそ、ヒクソンと闘わなくてはならないと思ったと明かしている。この宮戸とはかつて佐山の内弟子だった、宮戸成夫である。しかし、ヒクソンはＵインターというプロレス団体が自らの存在価値を高めるために利用できるような相手ではなかった。

かつてアントニオ猪木を「最強」として売り出したとき、多くの格闘家から挑戦を受けたことは書いた。営業本部長だった新間寿は、空手の水谷征夫への対応に見られるように、相手をいなす、あるいは懐柔するという様々な手を駆使して猪木を守った。しかし、Ｕインターにはそうした裏方はいなかった。何の根回しもなくヒクソンの前に放り出された安生は無残に仕留められた。そして「最強」は作り上げられた幻想であったことが露見した。ここからＵインターは坂を転げ落ちるように勢いを失い、解散に向かうことになる。

ヒクソンは日本での対戦場所を『バーリ・トゥード・ジャパン』であると明言した。修斗こそ本物の格闘技が行われる舞台であると保証したようなものだった。佐山の苦労が報われる日が来ようとしていた。

「〝世界最強はリングスが決める〟。だったら出してもらおう」

二回目となる九五年の『バーリ・トゥード・ジャパン・オープン』を取り仕切る実行委員会は、UWFインターナショナルに安生洋二の出場を打診している。ヒクソンに痛めつけられた安生とヒクソンが再戦すれば話題になると踏んでいたからだ。しかし、Uインターからの反応はなかったという。その後、Uインターの試合日程が変更となり、『バーリ・トゥード・ジャパン・オープン』と同じ日に大会が開催されることになった。安生が出場する可能性は消えたと判断した実行委員会は別の団体に連絡を取っている。

前田日明の主宰する「リングス」である——実行委員会の一員で、舞台演出家の井内弘巳はこう証言する。

「リングスのキャッチフレーズは〝世界最強はリングスが決める〟でした。だったら出してもらおうという話になりました。リングスの選手だったら誰でもよかったんです。こちら側の条件は、前田さんが会場に来るということ」

UWF脱退時に確執があった前田と佐山が会場で顔を合わせることは大きな話題になるはずだった。

「前の年、西良典さんを一回戦でヒクソンに当てたのですが、思ったほど注目されなかった。前田さんが来れば、客が呼べるし、チケットが売れる。それでぼくが佐山さんに前田さんを呼んでもいいですかと許可を取りました」

佐山は「うん」と頷いた後、「来るのは構わないけど、挨拶はしないよ」と言った。

そして、リングスが選んだのは山本宜久《よしひさ》という選手だった。

「向こうの条件は一回戦でヒクソンとやること。こちらとしてはもちろんOKです。いきなりリングスの選手がぶっ潰されるのは演出として悪くない」

修斗からは中井祐樹が出場した。

中井はこう言う。

「その頃は周囲もぼくが行くしかないだろうという感じになっていた。細かく覚えていませんけれど、ぼくが出ることは既定路線になっていて、あとは誰と当たるか、だけでした」

エンセン井上もこのトーナメントへの出場を望んでいた。一八〇センチ、九〇キロ超という体軀、グレイシー柔術を習得している彼はこの大会に最も向いた選手だったかもしれない。しかし、グレイシー柔術の師であるヘウソンから、兄弟子に当たるヒクソンと対戦する可能性があるため、出場しないよう止められたという。

まずはヒクソン、中井、山本の他、四人の選手が発表された。一九〇センチ、一一八キロのキックボクサー、トッド・ヘイズ、アメリカのプロレス団体WCWのプロレスラー、クレイグ・ピットマン、柔道二段のジョー・チャールズ、プロレスラーの木村浩一郎。身長一七八センチのヒクソンを除けば、全員が身長一八〇センチ超、体重一〇〇キロ前後の巨漢である。その中で一七一センチ、七一キロの中井は飛び抜けて小さい。

その後、八人目の選手が明らかになった。ジェラルド・ゴルドーである。

ゴルドーは第二次UWF、リングスに参戦していた身長一九六センチ、体重一〇〇キロのオランダ人である。

そしてゴルドーは一回戦で中井と対戦することになった。

『格闘技通信』は〈両者の体格差は、身長で20センチ、体重で30キロほどもある〉と触れた上で、こう書いている。

〈ゴルドーと聞いて「これは大変なことになるぞ」と思った読者は、かなりの格闘技通だ。たしかに今やキモやパト・スミといったアルティメット・スターに人気面ではやや負けているが、何でも有りで最も怖いのがゴルドーというのが関係者の大方の見方だからだ〉

ゴルドーは第一回UFCにも出場している。決勝で対戦したホイス・グレイシーの目に指を入れ、耳に噛みついた。これはルールの少ないバーリ・トゥードの二つの反則に当たる。ホイスはチョークスリーパーで首を絞めて勝利。悪質な反則への制裁の意味もあったろう、ゴルドーがタップをした後もしばらく腕を緩めなかった。

〈ゴルドーの場合は、完全に確信犯の狂気である。これをやれば、相手がどの程度傷つくかということを完璧に計算して、平気で仕掛けていくのだ。

しかも、どうせ勝てない試合なら、反則をやってでも自分は傷つきたくないし、真の敗北はしたくないという考えをもっている。

だから、これまで日本でも多くの選手がゴルドーの暴走に泣きながらも、完膚なきまでに倒せなかった。本人は確信犯で反則をやりながら、何事もなかったようにニヤリと笑うから、したたかである〉

この憂慮は不幸にも的中することになった。

中井は左目を掌で覆ってみた。すると前が真っ暗になった

九五年四月二〇日、千代田区にある日本武道館の一階席は埋まっていたが、二階席は空席が目立った。

第一試合はクレイグ・ピットマンがジョー・チャールズの代わりに出場したウェイン・エモンズを一ラウンド二分一二秒、肩固めで下した。そして第二試合、中井がリングに上がった。

「青コーナー、プロフェッショナルシューティング・ウェルター級王者、中井祐樹」

リングアナウンサーが中井を紹介した。

この日、中井の北海道大学柔道部の先輩で、作家の増田俊也は柔道部出身の人間と共に二階席に座っていた。

増田には『VTJ前夜の中井祐樹』という短編集がある。

〈中井はマウスピースを何度か噛み直しながら右手を挙げて応えた。私たちを入れても声援は会場全体で数えられるくらいしか上がらない。

一方のゴルドーが紹介されると、会場は一斉に沸いた。明らかにゴルドーがUFCで見せた残虐性を観客は期待していた。リングスの山本宜久が参戦しているので、観客の八割以上をプロレ

スファンが占めているようだった。

ゴングが鳴った。

中井が上半身を振りながらタックルにいく。つかまえた。

「よし！」

竜澤が言った。

しかし、ゴルドーはそのまま後ろに下がり、トップロープを左腕で抱えて倒されないようにしてから右腕で中井の頭を抱えた。中井は左足をゴルドーの右膝裏にかけて倒そうとするが、ゴルドーがロープを抱えているため倒せない。

「中井、そのまま離すなよ！」

私は大声を出した。

すぐにレフェリーとリング下の係員が何か話しだした。そしてレフェリーの「ストップ！　サミング！」という小さな声が聞こえた。レフェリーは親指を立て「コーション！」と言った。

〈ジェラルド・ゴルドー選手に注意1です〉

場内アナウンスが入ると場内が沸いた。

このときすでに、中井の右眼はゴルドーの親指の爪によって眼球の裏までえぐられていた〉

中井は右目を真っ赤に腫らしながらも、第四ラウンド二分四一秒、ヒールホールドで勝利した。試合後、会場近くに待機させてあった救急車の中で中井は酸素吸入を受け、医師の診断を受けている。医師は眼球が動いたことを確認し、中井も続行の意思を示した。

準決勝のクレイグ・ピットマン戦は、中井の治療のため開始が遅れた。花道に現れた中井は右目に白いガーゼを当てていた。中井は二ラウンド七分三〇秒、腕ひしぎ十字固めで勝利、決勝に進出した。

決勝の相手は、山本、木村浩一郎を下したヒクソンだった。

再び、ヒクソンの自伝から引用する。

〈「バーリ・トゥード・ジャパン1995」の中井祐樹との試合では、中井は、それまでの試合で、眼をひどく怪我していた。それでも彼は、私との決勝戦に出てきた。

彼もまた勇敢な戦士だった。

勝つために、相手が痛めている部分を狙い撃ちする選手もいるだろう。たとえば欧米の選手であれば、それはむしろ当たり前かもしれない。相手の弱点を攻めるのは、戦いの基本だからだ。しかし、そのようなやり方は、私の哲学、私の武士道、私の美学に反していた。だから、中井との試合で、彼の顔面にパンチを浴びせることは、まったく考えなかった。

中井は、テクニックで勝ち上がってきた選手だ。それなら、奴とテクニックの勝負をしようじゃないか……そう思ったのだ。

そして寝技に持ち込み、チョーク・スリーパーで仕留めた〉（『心との戦い方』）

試合が終わった後、中井は大宮の寮に引き揚げた。

異変に気がついたのは、翌朝のことだ。

部屋の鏡の前に立ってみるといつもと様子が違う。中井は左目を掌で覆ってみた。すると前が真っ暗になった。掌を外すと、右目の瞼は腫れているが、目は開いている。昨日から右目が見えにくいとは感じていたが、瞼が垂れ下がっているからだと思い込んでいた。そのとき初めて、自分の右目が見えていないことに気がついた。

そこで試合観戦のために上京していた兄と一緒に東大宮駅前にある葉山眼科に駆け込んでいる。精密検査の必要があると診断され、大宮赤十字病院に回された。

佐山もすぐに病院に向かっている。

中井の兄と話をして中井の右目は絶望的であることを知った。そのとき、佐山はえも言われぬ暗い感情が軀の奥底からわき上がってくるのを感じた。あのとき以来だった。

九一年九月、修斗のアマチュア大会で鞭馬文典《べんまふみのり》という選手が頭部に蹴りを受けて意識不明に陥った。鞭馬は「シューティング」という名前のお笑いコンビを組んでいた関係で入門してきた男だった。試合が終わった後、控室では選手たちが血相を変えていた。佐山は鞭馬に付き添って病院に向かう救急車に乗っている。救急車の中で救急隊員が「瞳孔が開きました」と言うのが聞こえた。先ほどまで普通に話していた人間が命を落としてしまったのだ。佐山は愕然とした。試合の一〇日後に急性硬膜下血腫で死亡したと発表された。二八歳だった。

一人の命を失い、今度は中井という将来有望な格闘家の目を奪ってしまったのだ。

自分が来たことが分かれば、中井は自分の目が大ごとになっていると気がつくだろう。そこで佐山は中井の兄に「自分がここに来たことは伏せておいてください」と頼み、病院を後にした。

佐山のこの気遣いは裏目に出ることになった。中井は佐山が病院にさえ来てくれなかったと思ったのだ。

競技の存続に関わるという理由で、中井が右目の視力を失ったことはしばらく発表しないことになった。

佐山は実行委員会の人間を呼びつけて、怒鳴り散らした。なぜ、すぐに病院に連れていかなかったのか。そしてなぜ準決勝、決勝をやらせたのか。試合後、明らかに右目を損傷しているにもかかわらず、そのまま帰したのか——。佐山の怒りは収まらなかった。佐山は記者会見に責任者という形で出席していたが、実質的には棚上げされており、運営には関わっていなかった。

しばらくして佐山はヒクソンに会いに行った。そして彼にこう頼んだ。

「中井の右目は見えない。もう総合格闘技の試合に出場することはできない。ただ、柔術ならば片目が見えなくてもできるはずだ。中井に柔術を教えてやってくれないか」

ヒクソンは佐山の言葉を神妙な顔で聞いていた。そして「分かった」と静かな声で言った。


中井は医師からこう告げられたという。

——眼球が傷ついてから数分間のうちに処置を施さなければならなかった。

ゴルドー戦の後、病院に直行しても間に合わなかったのだ。

それでも一縷《いちる》の望みがあるならば、と中井は諦めなかった。

「とにかく目を治そうと。治るまでやろうと色々と回ったんですね。色んな人にここがいい、あそこがいいと教えてもらって。神秘的な（治療を施す）ところにまで行きました」

右目を取り戻すことができないと中井が観念したのはしばらく経ってからのことだった。

「最終的にお茶の水の名医と呼ばれる人に、〝これはどうにもならない〟と言われたんです。今度は、この目のまま闘う方法はないかと思うようになったんです。（打撃の構えを）サウスポーに変えてみたり、色々とやりました」

中井の前には日本を代表する格闘家としての扉が開いていた。しかし、片目を失った彼はその扉の向こうに歩いて行くことはなかった。

〝奇人〟朝日昇

『バーリ・トゥード・ジャパン・オープン95』終了後、石山重行が修斗の運営責任者として戻っている。

九四年の『バーリ・トゥード・ジャパン・オープン』から約一年間、石山は修斗及び格闘技の大会から外れていた。

「自分は思ったことは結構言う方なんです。佐山にとって自分は煙たかったんだと思います。内部にも自分がいない方がやりやすいという人間もいたので、中村晃三の指示でぼくは離れた。そうしたらやはり上手くいかなかった。それでまた戻ってくれという話になったんです」

これは石山の誤解である。

前述の通り『バーリ・トゥード・ジャパン・オープン』は一回目から実行委員会による運営となっており、佐山はヒクソンの招聘、ルール設定を除けばほとんど関与していない。権限がない自分が石山を外してほしいなどと言うはずがないと佐山は明言した。この頃から周囲の思惑が錯《さく》綜《そう》し、佐山に対する思い違いが積み重なっていくことになる——。

石山によると、九四年の『バーリ・トゥード・ジャパン・オープン』の赤字は約四〇〇〇万円。二回目の九五年もそれ以上の赤字を出した。「龍車」グループを率いるオーナーの中村晃三は、根本的に修斗の体制を見直さなければならないと石山を呼び戻したのだ。

その背景には龍車グループの経営事情もあった。

龍車グループの一つの柱は、葬儀式場へのケータリング業務だった。中村晃三の個人的な関係により、埼玉県内で手広く展開していた葬儀業者から請け負っていた仕事である。ところが九四年末、その業者自身がケータリング事業部を立ち上げ、龍車との契約を打ち切った。グループ全体の業務見直しの中で、一向に黒字化しない修斗が問題視されるようになっていた。

『バーリ・トゥード・ジャパン・オープン』は赤字ではあったものの、一定の集客と修斗の知名度は高めた。石山が問題視したのは、その直後の大会で観客の数が増えなかったことだ。根本的に興行の仕組みを変えなければならないと判断したのだ。そこで朝日昇にフロント業務を担当させることになった。

朝日昇こと朝日愼一は一九六八年に横浜で生まれた。高校までは野球部で白球を追っていた。大学受験の失敗が自分を格闘技の道へ進ませたという。

「ぼくは子どもの頃から何もしなくても学校で成績が断トツで一番だったんですよ。天才って言われたんです。お兄ちゃんも東大だし。でも浪人して、何も勉強しなくて遊び呆けていたら訳の分からない大学しか行けなくてショックを受けた。俺、自殺しようと思ったんですもの」

朝日の話しぶりは、まるで軀の中に言葉が詰まっていて、吐き出さないと死んでしまうかのようだった。

「ぼくらの（大学生）時代はバブル（景気）じゃないですか。適当にやっていても潰しが利く。それで四年間で人生を探そうと。ちいちゃい頃、ぼくらはプロレス、ボクシング、野球しかなかった。ボクシングが好きだったから、（格闘技を）やってみようかと思って、三軒茶屋（のスーパータイガージム）まで見学に行ったんです。最初は選手になろうとか一切なく、ただやってみよう、ですよね。そうしたら受付の向こうに、佐山さんがいたんです。ぼくらの時代はみんなタイガーマスク見てますよね。でもぼくは超ファンでもなかった」

朝日の目は佐山の軀に釘付けになった。太い上腕、分厚い大胸筋でスーパータイガージムのTシャツは弾けそうだった。

「佐山サトルだ、でか（い）って。なんじゃこの軀はって。初めて見た生き物でした。最初は週三日コースで始めたんです。そうしたらたった一時間半じゃないですか。最初、佐山さんはお客さん相手に（緩やかなトレーニングを）やっていたんです。練習中、水も飲ませてもらえないような野球部でやっていた人間からしたら、何でもねぇなと。そこで野球部で感じたような（敵わないという）オーラを誰からも感じなかった。これだったら、俺、すぐに一番になれると思った。週三日コースだったのに、インストラクターの人に〝お前、いつも来ているから毎日来てもいいよ〟って言われて、毎日行くようになったんです。何も（格闘技を）やったことはなかった野球部あがりでも、その辺の奴はボコれたんです。野球部ってそんなもんじゃないですか？」

ある日、会員を二つに分けて、ジム内で対抗戦が行われた。

「レスリングで一人だけオーラを感じる人がいたんです。その人がいきなりぼくを相手に指名した。入ってから数ヶ月だったと思います。三〇秒でやられました。それでぼくは思ったんです。よっしゃ、こいつを殺せばいいと」

朝日を三〇秒で仕留めたのは、日本大学レスリング部出身の渡部優一である。

「ぼくは三ヶ月ぐらいで（スーパータイガージムのクラスで）教わるのをやめたんです。亀みたいな（頑丈な体型をした）人がいて、その人に一緒に練習しましょうって。ぼく、今でもそうなんですけれど、教わるのが嫌いなんです。教わっても人間はその人以上に行けないって思っているので。そこで毎日、二時間とか三時間、その人と寝技とか関節技の練習、パンチとかキック、ウエイトトレーニングをやって帰っていくんです。変な奴がいるって、なんか有名だったみたいです。ぼくはジムに友だちを作りにいっているわけではないし、他の人と喋ることもなかった。ただ練習して帰るだけ。俺は遊びじゃなかった。やるからには本気でやろうと思っていたんで。ありがたいことに佐山さんはそんなぼくに何も言いませんでしたね」

格闘技――特に寝技系は他のスポーツ競技と違った特徴がある。持って生まれた身体的能力に大きく左右される短距離走はもちろん、野球、サッカーといった競技では、遅くとも十代半ばになると明らかな才能の差が現れる。才能を本人、指導者が見逃しているという例外を除けば、その差は努力や鍛錬によって埋まることはほとんどない。

一方、寝技系の格闘技は、正しい練習を積み重ねれば技術が身につく。筋力も適切なトレーニングによって増える。他人に負けたくないという闘争心、あるいは自分を追い込み、地道な日常を継続する精神力が必要なのだ。

その意味で朝日は格闘技の資質を持っていたといえるだろう。

入門して一年ほど経った頃、レスリングの木口宣昭の主宰する木口道場で修斗のクラスを始めることになった。誰か行く人間はいないかと佐山が訊ねた際、朝日は手を挙げた。

木口の道場は横浜市青葉区の「こどもの国」の近くにあった。

「生徒は全然いないです。格闘技ってマイナーじゃないですか。来るわけがない。その中で自分で考えて練習するんです。死ぬほど本を買って、（ボクサーの）フリオ・チャベスの練習法を研究したり。世界にはすごい奴がいる、という想像力だけで、ああしよう、こうしようと一人で練習していました。土日は木口さんにボッコボッコにされて。あの人の力の強さって桁違いなんです。木口さんとのトレーニングの前に一人で走って、ウエイトやって、こいつだけは殺すって思って行っても、コテンコテンにされる」

フリオ・セサール・チャベスは八四年から八九年にかけて世界タイトル三階級を制覇した、ボクシング史上に残る名選手である。

木口の指示でレスリングの全日本社会人大会に出場したこともあった。

「両足タックル、片足タックル、首投げだけ教わって試合。出す方も出す方ですけれど、出る方も出る方ですよね。訳分からないままに出て、一回戦で全日本一位の出口（一也）という人と当たって、三〇秒でフォール負け。予想通りだ、俺は弱い。次に出るときはポイントを取って負けようって」

朝日は技を自分で研究し、気がついたことはメモを取り、頭の中で反芻《はんすう》した。大学の授業にはほとんど行かず、いかに強くなるかを考え続けた。

「自分が一番練習しているっていう自信があった。（他の選手に対して）なんでこいつらこんなに練習しないんだろうって」

朝日昇というリングネームをつけたのは佐山だった。

「（佐山から）朝日、試合出る？って言われたので、出ますって。（リングネームは）朝日太郎で行くからと言われたんです。それで会場に行ったら、朝日昇になっているんです。やられたって思いましたね。朝日が昇るって、俺、いじめられるだろうって。悪ふざけ。遊びなんです。ぼくが教えていた選手には〝夕日沈〟、中井祐樹は〝北海道男〟というリングネームになるはずだったんです。（ビート）たけし軍団と変わらない。二人は拒否しましたが。俺はそれでいいやって」

九〇年三月のプロデビューから四連勝。九一年三月二九日の後楽園ホール大会で坂本一弘と五ラウンド闘って判定負けしている。

「計算もあったんです。すぐに計算しちゃうのも悪い癖なんですけれど。ぼくは格闘技を始めて数年で、奴は空手とかレスリングとかをやっていた。このとき、初めて五ラウンドをやらされたんですよ。どこまでできるのか、今回は試してみようと。だから半分は予想通り。殴って上手く倒せなかっただけ。数年でここまでできるようになった。俺は問題ない」

朝日は絵描きを目指しており、大学卒業後はアートスクールに通うつもりだった。しかし、その予定を先送りすることにした。

「俺は（格闘技で）世界一になれるという予感があったんですよ。これ行ける、賭けた方がいい。命賭けてやって、その後、絵描きになろうと」

家電量販店の販売用ポップ書きなどのアルバイトで食いつないだが、あくまでも中心は修斗に置いていた。試合を優先するために配達のアルバイトを辞めざるをえなかったこともある。

ある日、とうとう食費が尽きた。冷蔵庫を開けると賞味期限がずいぶん前に切れた塩鮭だけが残っていた。焼けば消毒できるはずだと思い込んで食べてみたところ、後からひどい腹痛に悩まされた。

「金なんかいつもすっからかん。（駆けだしの）芸人さんと同じですよ。ぼくの好きな歌は（ビートたけしの）『浅草キッド』ですもの。どうやったらこの競技を世の中から認めてもらえるだろうと考えてました。俺が百連勝すれば、訳の分からない競技でも百連勝する変な奴がいるぞと（名前が知られることになる）。それでぼくは最後に、フリオ・セサール・チャベスとやろうとしていたんです。チャベスとやったらどえらいことになる。そうやってこの競技をメジャーにするために俺が引っ張ろうと」

言葉通り、朝日は坂本戦の敗戦以降、判定による三つの引き分けを除き、勝利を積み重ねた。

朝日には裏方の才もあった。

九四年六月に町田市総合体育館で『第一回全日本アマチュア修斗選手権』が開かれている。これは朝日が佐山に許可を取って始めた大会だった。

「町田の体育館を木口さんに予約してもらったんです。ぼくの家でパンフレット作って、ポスターもぼくの手書きです。プラカードもぼくが作った。そういうのが得意なんですよ」

『バーリ・トゥード・ジャパン・オープン95』の後、体制を一新するためフロント業務ができる人間を探しているという話が朝日の耳に入った。

「俺がやるしかねぇ。成功させる自信はありました。全部変えてやるつもりで行きました。選手を辞めてはいませんでしたが、辞めるつもりで行きましたね」
九五年四月、朝日は龍車の社員として大宮センタージムに移籍した。

との訣別

総合格闘技の隆盛の中、佐山は自ら創始した修斗を追われることになる

恋しさとせつなさと心強さと

朝日昇が〈修斗プロデューサー〉という肩書きで大会運営に関わったのは、『バーリ・トゥード・ジャパン・オープン95』の直後に行われた九五年五月一二日の後楽園ホール大会からだ。

大会直前、前売りチケットの売上げ枚数を聞いた朝日は言葉を失った。

「中井（祐樹）がバリジャパであれだけのことをやったじゃないですか。あの後だから、ちょっとは客が入ると思っていました。ところが前売りで出ているのが、七七か七八枚だったんです。佐山さんに〝これだけしか売れないんですか〟って訊いたら〝いつもこんなもんだから平気、大丈夫〟って。当日売りで二〇〇か三〇〇（枚）は出るからって。それを聞いて、ちょっと待ってくださいと。当日、それだけ売れてもまずいですよね。ぼくは足し算を間違えているのかと思いました。俺、そこで考えたんです。修斗って辛気くさいイメージがある。それをぶっ壊す。華々しく行こう、すげーっていうのを見せてやろうと」

五月末、朝日は坂本一弘と共にオランダ、デンマーク視察に出かけている。これは外国人選手の視察が目的だった。そしてデンマーク第五の都市、エスビャウで開催された柔術のＩＢＪＪＦデンマーク・オープンで修斗のエキシビションマッチを行っている。今後、修斗は世界の格闘技団体と繋がっていくという強い意思表示でもあった。

七月二九日、修斗は埼玉県の大宮スケートセンターで大会を開いている。大宮スケートセンターを使用するのは初めてのことだった。

「大宮は三〇〇〇人入るじゃないですか。会社からは朝日君、これどうするの？　お客さん入らないよって言われました。ぼくは、入らないじゃなくて、入れるんですって。意地でも入れるんです。入れてくださいって」

一番の問題は、修斗の関係者でさえ、試合会場に来ていないことだった。

「アマチュア修斗に出た人間、ジムの関係者に、チケット割引しますと書いて、ダイレクトメールを送りまくりました。それを徹底的に繰り返すんです」

この大会に合わせて、朝日は八角形のリングを導入している。直径七・五メートル、上の二段にロープを、下部にはネットが張られていた。

マッチメイクも一新した。

「一試合目から外国人（選手）を呼びまくりました。レムコ・パドゥールっているでしょ。ぼくがオランダに行ったときに彼と会ったんです。それでお前、バカボンの息子に似ているからって、（テレビアニメの元祖天才）バカボンのテーマで入場させた」

レムコ・パドゥールはこの後、『ＵＦＣ７』にも参戦するオランダ人格闘家である。

朝日もまた欧州視察で知り合ったオーストラリア人格闘家のレオニード・ザスラフスキーと対戦している。

「プロデューサーのぼく自身がテーマ曲を変えたんです。クラシック、ゴスペル、アイドル、どれでいくか。よし、篠原涼子だって。批判する奴もいるだろうけれど、見てくれる奴もいる」

朝日は、篠原涼子の『恋しさとせつなさと心強さと』という曲で入場。ザスラフスキーに三ラウンド四八秒、ヒールホールドで勝利した。

この大会から〈フリー・スタイル〉が本格的に採用されている。フリー・スタイルは〈グラウンドでの顔面へのパンチあり〉〈グラウンドで膠着状態になってもブレイクはしない〉〈八分三ラウンド〉という、バーリ・トゥード・ジャパンのルールに則ったものだ。元々は修斗のルールに不慣れなエンセン井上のために採用されたものだった。そして、これまでのルールは〈ゼネラル・ルール〉と呼称されることになった。

このルール変更は佐山の考えが反映されていた。

「三年間はグレイシー（一族）に勝てないだろうとぼくは言っていました。（一九六四年の）東京オリンピックで日本の柔道は勝てなかったでしょ。あれは日本の柔道が（他国の選手に）覚えられたから。グレイシーだって（彼らの技術を）覚えたら勝てる。だから覚えなさいと。（グレイシー柔術の得意な）寝技を大切にするためにルールを変えたんです。ところが、今更ルールを変えられても困るという反対の声が出てきた。でもぼくは蹴りなどの立ち技を軽んじたのではない。打投極、全てが回っていくのが理想。その中の一つが弱いのは駄目だから変えた。バランスなんですよ」

佐山が指摘するように、このルール変更により一部の選手から反発が起きた。

これまでは不満があったとしても、佐山の掌から飛び出す、あるいは刃向かおうという選手はいなかった。しかし、その状況が変わりつつあった。今や修斗を金銭的に支えているのは龍車グループであることを選手たちが知っていたからだ。

このぎこちない関係は意外な場所で暴発することになった。

「佐山先生に疑われたら自分は修斗を続ける理由がない」

「最初は、ああそうなんですかって暢気《のんき》だったんです」

と坂本一弘は振り返る。

坂本は九月二六日に駒沢オリンピック公園総合体育館で行われた大会で、レオニード・ザスラフスキーと対戦し、勝利している。その記事が掲載されている『格闘技通信』を見た佐山がひどく怒っているというのだ。

「ぼくはその雑誌を読んでいなかったので、コンビニに行きました。そのコンビニにはいつも格通が置いてあるのを知っていたんです」

コンビニエンスストアの雑誌コーナーで坂本は『格闘技通信』を開いた。すると修斗の大会結果を伝える記事の中、坂本の試合のレポートがあった。見開き二ページには〈坂本が突然の引退宣言！　一体どうなっているんだ？〉というタイトルがつけられていた。

〈「朝日さんとやったら、もう終わりにしたいんですよ」

レスリングのアトランタ五輪候補を全く危なげなく下し、リング上から威勢良くチャンピオンに挑戦表明した坂本は、控え室に戻ると明るい口調でこう言い放った。（中略）

「別に、ごく個人的な問題ですから、もうエエでしょ」

吹っ切れたかのように、淡々と、飛躍が期待されていたトップコンテンダーが引退について語っている。一体いつから、シューティングはこんな風になってしまったんだろう。

暗い鎖国時代を経て、バーリ・トゥードという言葉が、我々の耳に入るようになってから、ST（※筆者註　修斗）は徐々に、脚光を浴びるようになった。〝何でも有り〟という光が、STを世に認めさせたのだ。

しかし、強い日差しというものは照らした場所に、日向と日陰を作り出すものだ。

バーリ・トゥードを体験したSTは、急速に打・投・極から、ポジショニング争いの寝技が主体の競技に変わっていった。

「今やっているのは、STじゃないですよ。あれじゃ、グレイシーイングですよ」。僕にそう語った、元チャンピオンは、STを去って行く〉（九五年一一月八日号）

記事を読んだ坂本はあっけに取られた。

試合後、控室で取材を受け、引退試合をするならば朝日とやりたいと話した。しかし、それはまだ先の話だった。そして「グレイシーイング」という言葉など口にしたこともない。なぜ修斗のルールが納得できないので引退するという話になったのだろうかと首を傾げた。

ルール変更について修斗にプランナーとして関わっていた若林太郎から意見を求められたことがあった。自分はどんなルールでも修斗の方針に従っていきますと答えていた。そしてこう思った。

（自分がこんなことを言うはずがないことは佐山先生も分かってくれるだろう）

佐山との信頼関係に自信があったのだ。

「しかし、実際にはそうではなかった。（事務方の人間から）電話がかかってきて、佐山先生はあれを読んで、烈火のごとく大激怒されているというのを聞いたんです。その瞬間に終わったな、もう駄目だと思ったんです。佐山先生に疑われたら自分は修斗を続ける理由がない」

その後、記事を書いた記者から謝罪を受けた。別の選手が話した内容を坂本の言葉として書いたという話も坂本の耳に届いていた。

「でも、もう別にいいです。気にしていないですって、記者の方に言いました。(誤解で怒った)先生が悪いとかそういうのではないんです。なんか急に(やる気が)抜けてしまった。辞めると思うと気楽になったんです。こういうことってあるんだなと」

坂本が辞めることを聞いた石山重行は、佐山とゆっくり話したらどうかと、桜田直樹も呼び四人での食事の場を設けた。その場で、坂本は記事の一件を弁明することはなく、佐山も問い詰めることもなかった。

坂本はこう振り返る。

「なんか家出した息子と父親が会ったようなぎこちない感じでした」

二人の様子を見かねた石山は、坂本は佐山にとって必要な人間だと、とりなすように言った。そして、坂本に金銭で不満があるならばこちらで給料を支払うので、佐山を手伝ったらどうかと助け舟を出した。しかし、坂本は「今、答えは出せません」と首を振った。後に坂本は石山に修斗には残りませんと断りの連絡を入れている。

他人の力に助けられ、あるいは逆に助けることのある集団競技の選手と違い、個人競技の選手は全てを自分で背負い込む。周囲に対する不満があったとしても、それを飲み込んで自分で乗り越えようという傾向がある。そんな彼らは往々にして言葉足らずである。

佐山が坂本の記事が全くの誤報であったことを知ったのは、ずいぶん後になってからのことだ。

「坂本に怒ったかどうかは覚えていませんが、これはないだろうという話をした記憶はあります。あのとき、自分はそんな発言をしていませんと、言ってくれれば良かったのに」

佐山は首を振った。

そもそも佐山自身も言葉を尽くして説明するという種類の人間ではない。自分が苦しくとも、肚《はら》の中にしまって、平静を取り繕ってきた男だ。

佐山はある時期から経済的に追い詰められていた。龍車グループの経営が悪化し、佐山への給料の支払いが止まっていたのだ。

石山はこう証言する。

「(自分が経営するジャパンレジャーアルファーの)決算書を見た中村晃三が〝佐山に給料が出ているけど〟っていう話をしてきたんです。要は佐山に対する支払いを止めるというんです。ぼくは〝あなたが佐山の面倒を見てくれと私に振ってきたんですよ、面倒を見ると約束したんだからちゃんとやるべきですよ〟と言い返した。すると彼は〝俺はそこまで言っていない〟と言うので大喧嘩になった」

なぜパチンコホール経営を業務内容としているジャパンレジャーアルファーから佐山に給料を支払う必要があるのか、経理上問題になる可能性があると中村は主張した。そこで佐山の給与支払いは打ち切ることになった。

「ぼくの力不足です。佐山には可哀想なことをした」

収入源を断たれた佐山は、かつて自分が切り捨てたプロレスに戻るしかなくなった。

九五年一二月三〇日、大阪城ホールのアントニオ猪木主催興行に佐山は初代タイガーマスクとして出場、小林邦昭と対戦している。この試合で佐山はマスクを被り、往年のプロレス技を披露、タイガーマスクの「再デビュー」と報じられている。

翌九六年六月三〇日、横浜アリーナでの力道山追悼興行に出場、四代目タイガーマスクと〝師弟〟対決を行った。大宮センタージムの所属選手であった四代目タイガーマスクは九五年七月に佐山の口利きでデビューしていた。

この試合で佐山はマスク、コスチュームを新調し、本格復帰の意思を表明。リングネームとして「初代タイガーマスク」を使用することになった。

朝日昇対ホイラー・グレイシー

修斗プロデューサー、朝日の仕事内容は膨大だった。

過去の大会結果、戦績を記した公式資料が存在しないことに気がついた。そこで資料の山の中から、大会パンフレット、専門誌などを漁《あさ》ることになった。

「選手プロフィールから、アマチュア修斗の要項から全部、ぼくの仕事です。（大会運営の）台本も書きました。ぼくの書いた台本がその後の修斗の大会の原型になったんです」

そして、朝日は修斗の看板選手でもあった。

「（九五年九月の）駒沢体育館大会の（運営）会議に出たとき（興行の関係者から）言われたん

です。〝メインイベンターの方がこうやって会議に出てくるのは初めてです〟って。いやメインイベンターであろうが、関係ないです。自分はちゃんとやりますからって言ったんです。毎日、(誰かに)キレてましたね。やってらんねぇって。これ何年かやったら、俺、死ぬなと」

そして、これらの裏方の仕事を佐山は一人でこなしていたのだと改めて思うこともあった。

「オフの時間って欲しくなるじゃないですか。だから自分の部屋には格闘技のものは一切置かなかった。家に帰ったら、(ダウンタウンの)『ごっつええ感じ』とかのお笑い(番組)を見るか、アサヒ芸能や東スポのエロ面を読んで、また嘘ばっかり書いているなぁって、ガハハハと笑って寝る。事務所に行ったら、もう仕事だけ。みんなファイトマネーが安い時代に、俺はちゃんと給料貰って生活できるようになっていた。もちろん、給料は安いです。金額を言いたくないぐらい。でも問題なかった。実力がつけば、金は付いてくるだろうって思ってましたから。だから俺が引っ張っていかないとって、ホント、必死こいてました」

佐山もまた「ゆの郷」の一室で生活しており、朝日たちと日々、顔を合わせた。佐山は「朝日昇」を短縮して「朝のぼり君」と呼んでいたという。

「〝朝のぼり君さぁー〟って話しかけてくるんです。ぼくがキレまくっているのを知ったのか、〝朝のぼり君みたいな、短気な人は見たことがない〟っていうんです。先生に短気って言われたくないって」

朝日は中井や坂本らと違い、佐山の話をするとき、「佐山さん」と「佐山先生」の二つが混じる。

「ほんと、あの人はふざけているんです。あるとき、佐山さんが空気銃を手に入れたんです。ふと気がつくと、向こうの部屋からライフルを構えてぼくを狙っていた。〝先生、何しているんですか、やめてください〟って。いつもそんな風で、先生という感じではなかった」

佐山から気遣う言葉を掛けられることもあったという。

「全部やって大変だろうって。〝朝日、ごめんな、お前は一番成績がいいのに、ちゃんとした立場をあげられていない。いつかお前には渡すから〟っていつも言ってくださっていたのでありがたかった。佐山さんがぼくのことを心配してくださって、中井が（裏方として）入ることになった」

右目の視力を失った中井は修斗の選手としての将来を諦めることになった。坂本の引退のきっかけとなった駒沢体育館大会では、柔術着を身につけ、ジョアン・マシャードと柔術ルールで対戦している。

中井はこう振り返る。

「ぼくの目の状態を考えて、石山さんから何をやりたいのかと訊かれたことがありました。ぼくはジム（の運営）をやりたいと答えました。それならば色々と勉強をしなければならない。興行の経験も積んだほうがいいだろうということで、ぼくが朝日さんに代わって修斗のマッチメイクを、そして朝日さんが（大宮のセンター）ジムを担当することになったんです」

この朝日＝中井体制で三回目の『バーリ・トゥード・ジャパン96』を迎えることになった。

七月七日、千葉県浦安市にある東京ベイＮＫホールで行われたこの大会は、前回までのトーナメント戦ではなく、全試合ワンマッチ形式で行われた。全九試合でメインイベントには朝日昇対ホイラー・グレイシー戦が組まれていた。

ホイラーはエリオ・グレイシーの五男に当たる。身長一七三センチと小柄ではあったが、特に寝技に秀でた格闘家である。

朝日がホイラーとの対戦を受けたのは佐山から頼まれたからだ。

「最初はエンセン（井上）が対戦するはずだったんです。〝エンセンはヘウソンのスチューデントだからホイラーとは試合ができない。だから朝日やってくれ〟と言われた。ぼくはまだできません、二年経ったらやりますって。ぼくがやるときっていうのは勝つときなんです。あの時点ではグレイシー柔術に対するデータがなかった。でも、〝朝日、やってくれ、朝日がやらなかったら大会が成り立たないんだ〟と言われたのでやることになった。正直、プロになって初めての賭けでした。ぼくの中では勝てる確率は二割しかなかった」

ホイラー戦まで朝日は一七勝一敗二分けという圧倒的な成績を残していた。一敗は九一年三月の坂本戦での判定負けのみ。修斗軽量級、最強の男だった。佐山が朝日を頼ったのは当然だったろう。

「ホイラー戦のために、エンセンの兄のイーゲンがスパーリングパートナーとしてグレイシー柔術の紫帯のボビーという選手を呼んでくれました。ボビーとスパーリングして極めることはできたんですが、その中で初めての技を仕掛けられたんです。あれは何って訊いてみたら〝ニー・イン・ザ・ベリー〟だって」

ニー・イン・ザ・ベリー、あるいはニー・オン・ザ・ベリーは、膝を相手の腹部に押しつけてポジションをコントロールする柔術の基本技である。

「試合の一、二ヶ月前だったと思います。そんな基本的なことさえ知らなかったんです」

朝日らしいのは、試合前日まで裏方の仕事を続けていたことだ。

「事務所でスタッフのネームプレートを作るのを手伝ってました。みんなから帰っていいよって言われたんですけれど、いいよって、別に大したことじゃないんだからって」

ホイラー戦は一ラウンド八分、決着が付くまでラウンドを続行するという試合形式だった。しかし、試合は長く続かなかった。一ラウンド五分七秒、スリーパーホールドで朝日は敗れた。

この日、中井は朝日のセコンドについていた。

「ぼくは色んな担当者だったんですけれど、大会自体が大きくて、あたふたしている感じでしたね。朝日さんのセコンドもぼくだし、（第三試合でオランダのマーゴット・ネーホフトと対戦した女子プロレスラーの）堀田祐美子さんのセコンドもぼくでした。なんか、こう、ふわふわしていました。佐山先生が外れる、外れないというのもあったたし」

この『バーリ・トゥード・ジャパン96』と並行して、修斗内部で〝佐山外し〟が動いていたのだ。

〝君たちは佐山から捨てられたんだ〟

川口健次が〝異変〟に初めて気がついたのは、『バーリ・トゥード・ジャパン96』が終わった直後のことだった。

選手、関係者は会場となった東京ベイNKホールに隣接したホテルに宿泊していた。その夜、川口は中村頼永、中井、桜田直樹と共に、龍車グループの中村晃三、石山重行とホテルで会うことになったという。

「晃三オーナーが、〝大宮（センタージム）の選手、会員に佐山君が辞めるんだけど、どう思うって訊いたんだけれど、もういいよって感じで言われた〟と言い出したんです。そして〝君たちはどう思うって〟。そして〝佐山には借金が一億円ある。これからその金を返すためにプロレスをやる。一試合二〇〇万円を貰えるらしい〟と」

佐山が修斗を去ると聞いた川口は思わず隣にいた桜田と顔を見合わせた。

二人はそれぞれシューティングジム横浜と木口道場所属のため、センタージムにいる佐山と会う機会が減っていた。佐山はプロレスへ戻ることにひけ目を感じているのだろう。だから、自分たちには伝えられなかったのだと川口は佐山の心中を慮《おもんぱか》った。

「プロレスをやるならば仕方がないです。でも、辞めたとしてもぼくたちにとっては先生は先生ですって、答えました。そうしたら、晃三オーナーと石山さんは、何を言っているんだという顔をされたんです。晃三オーナーからは〝とにかく君たちは佐山から捨てられたんだ、捨てられたのに先生っておかしいよ〟って言われました」

そして中村晃三の口から、すっかり忘れていた名前が出てきた。N——佐山が修斗を助けてくれると連れてきた不動産会社の男である。

「中村晃三オーナーによると、Nが日本プロシューティングの印鑑を持って出ていったらしいんです。Nの不動産屋は倒産して、不渡りを出してお金に困っていた。そして日本プロシューティングの名義で二〇億とか三〇億という金額を銀行から融資を受けた。Nは行方不明になっていて、このままだと修斗に借金が回ってくる。それで佐山先生を切らなきゃいけなくなった、というのです」

川口は二〇億円、三〇億円という数字を聞いて、大変なことになったと頭がくらくらした。

この後、川口と桜田は中村頼永に連れられて、佐山と会うことになった。

「佐山先生はプロレスをやるってはっきりおっしゃらない。何がどうなっているのかよく分からない。佐山先生が修斗を辞めて出ていくのは仕方がない、そこにぼくらがついていくというのもありだなと思ってました。ただ、佐山先生はこうもおっしゃった。〝俺はもう大宮で会員を教えるのも嫌だし、接するのも嫌だ〟と。いきなりそんなことを言うので、よほど大宮で嫌なことがあったんだと思ったんです。大宮で中井やエンセンと上手くいっていないという話は聞いていたんです。修斗の中に柔術が入ってきて、スタイルが変わり始めていた。（修斗が）かつての佐山スタイルではなくなっていたんです。そうなると先生が教えることと、中井たちが教えることが違ってくる。会員が佐山先生の言うことを聞かなくなっているのかと思ったんです」

ノンフィクションの取材をしていると、人間の記憶はあてにならないことを痛感する。時系列の順番を間違えることはもちろん、自分の都合の悪いことは忘れる、あるいは記憶を書き換えることも少なくない。また、思い込みによる事実誤認もある。こうした場合に厄介なのは、本人に自覚がないことだ。人に説明を繰り返すうちに、間違った事実関係が頭に強く刷り込まれて、しっかりと定着していることもある。

『バーリ・トゥード・ジャパン96』の直後から始まった一連の〝出来事〟についての取材では、

証言の食い違いが頻発することになった。

桜田はこの時期の記憶がすっぽりと抜け落ちていると頭を掻いた。ただ、佐山から呼ばれて、中村頼永、川口と佐山に会ったことは覚えているという。

「佐山先生が〝俺はプロレスに行って、お金を稼ぐ〟とおっしゃったんです。そしてあとはお前ら、宜しく、みたいな。もちろんそのときは〝えっ？〟という感じでびっくりしましたけど、〝はい〟って言うしかないじゃないですか」

ホテルで中村晃三、石山たちと会った記憶はないと首を傾げたのは中村頼永だ。

中村頼永は「ＵＳＡ修斗」の代表として日本とアメリカを行き来していた。帰国した際、修斗の内部で不穏な空気が流れているのに気がついたので、川口と桜田を連れて佐山の部屋に行ったことは認めた。

「二人はぼくと仲が良かった。川口は〝初代シューティング最強の男〟で、桜田は〝修斗馬鹿〟じゃないですか。二人とも佐山派だと思っていたんです」

修斗の内部で佐山を外すことを意図した会議が開かれる。その会議で、佐山から選手側に実権を委譲することが議題になりそうだと伝えたという。

「佐山先生は選手が中心になって動くのは構わない。ただ最終決定については自分に伺いを立ててくれ。そういうシステムならば問題がないとおっしゃった。修斗で会議が開かれる場合、ぼくが議長を務めてきました。先生の意向に従って、ぼくが会議の流れを持っていけばいいと思いました」

この会話通りだとしても、すでに修斗の運営は佐山の手から離れていた。アメリカ在住の中村頼永はそうした事情に疎かった。佐山と中村頼永の会話は上滑りしていた可能性がある。そしてプロレスに行くという佐山の言葉だけが、川口と桜田の頭に強く残ったのかもしれない。ただ、佐山が「プロレスに行ってお金を稼ぐ」と言ったのは桜田の記憶違いかと思われる。

川口はスーパータイガージム大宮の会員への指導で、佐山と中井、エンセン井上が衝突していたと認識している。しかし、佐山は「大宮では会員に指導していない」と否定する。

「エンセンや中井との間には何もなかったですよ。エンセンは何も考えていない男。よく一緒に食事に行ってました。中井っていうのはぼくの弟子の中で最もハートが強い男でした。闘うハートと言えばいいですかね。ぼくは蹴りの強い選手を可愛がったという人もいるらしいんですけれど、ぼくは蹴りだけを考えていないですからね。ハートがあればいいんです。その意味で中井はいい選手でした。中井がぼくに対して（含むところが）あったとすれば、ゴルドー戦で目が潰されたときに、ぼくが病院に行かなかったと思い込んでいたこと。クーデターみたいなのがあったでしょ。あのとき、中井から〝先生、なんで病院に来てくれなかったんですか〟って言われた。いや、俺は行ったんだよって。それで分かってくれた」

〝クーデターみたいなの〟とは、この一連の出来事を指している。

中井はこの近辺の記憶が錯綜しているんですとすまなそうな顔をした。

「（バーリ・トゥード・ジャパン）当日すごい動いていたんです。興行のことで頭がいっぱいでした」

それでも、他の人間から取材した内容をぶつけていくと、記憶の奥底をスコップでさらうように、ぽつりぽつりと言葉を絞り出した。

「龍車グループの中村（晃三）オーナーとか石山さんは選手をもっと（前面に）出していきたいって言ってくれていました。ぼく自身、佐山先生の存在は必要だと思っていましたが、このままだと（スター）選手が出ないいんじゃないかと思ったこともありました。佐山先生が経費を使いすぎてジムが回っていないという話を聞いたような気がします。そのとき、うわーっ、結構やばいなと思いました。それだったらすっきりする形でやった方がいいんじゃないかと。そういうこともあって、なんとなく佐山先生がいない方がいいんじゃないかという空気が醸成されていったのは間違いないです」

川口が動揺したという、日本プロシューティングの会長だったNが印鑑を持ち出して修斗の名前で借金をした、という話を取材した全員にぶつけたが、川口以外の人間は初耳だと口を揃えた。

これについては佐山も「ありえない」と笑い飛ばした。

「判子はぼくの手元にありました。そもそも修斗に何十億も金を貸してくれる銀行などありませんよ」

石山も自分が関わった時点で修斗はNとは無関係だった、印鑑の件は聞いたことがないと首を振った。また、自分は中村晃三と川口たちの話し合いに同席していないと言い切った。

「中村晃三が佐山を外せなんて弟子に向かって言っていたのは聞いたことがないです。もしぼくがいたら〝何を言っているんですか、修斗というのは佐山が産んだ子どもでしょう〟って話をしたはずですよ。佐山を外そうと動いていたことは自分は知らなかった。ただし、ぼくは普段はパチンコの仕事があるので千葉の柏にいました。大宮ではそういう話になっていたかもしれませんが」

川口は一本気な男であり、Nの話にしても彼が嘘をついているとは思えない。誰かが川口を呼び出して、作り話を吹き込んだと思われる。中村晃三、もしくは彼の意を受けた人間か——。そして、川口は、佐山を修斗から切り離さなくては存続できないと信じ込んだ。

ただし、この裏付けを取るのは不可能になってしまった。二〇一六年に中村晃三がこの世から去っているからだ。

佐山を外す根回しはできていた

ホイラー戦の直後、朝日はリングで「先生、すいませんでした」と佐山に頭を下げたという。

「今回は勉強になりました、ぼくの力が足りなかった。ただ、今の日本（人選手）では彼には勝てないでしょう。自分が必ずケリをつけますから」

試合が終わった後、自分を取り巻く環境が一変したのだと朝日は振り返る。

「（自分が）偉大な格闘家という風に取り上げられる。そしてCMとか写真集とか映画の話が来たんです。なんで首を絞められて負けたのにこんな風になるんだろう、世の中変わったなぁって白けてました。その前に俺は実力をつけなきゃいけないと思っていました」

朝日にはホイラー戦に集中させるという周囲の気遣いもあったろう。朝日は〝佐山外し〟のことを一切聞かされていなかった。

「ぼくは（龍車グループの）社員だったのに、知らない話が多い。後から、俺、外されていたのかな、と思ったこともあります」

修斗の今後を話し合う会議が行われるので、修斗の主たる人間を集めてほしい。そう頼まれた朝日は渡部優一に電話を入れている。渡部はレフェリーとしてバーリ・トゥード・ジャパンに関わっていた。

以下は渡部の回想である。

「ホイラー戦について、〝この間はお疲れ様〟から始まったんです。そして会議を何月何日に開くので来てほしいと。何を話し合うのって訊くと、（修斗の大会、ジム）運営は今後、スポンサーと自分たち選手でやっていく。佐山先生は天皇陛下のような象徴として、大会では本部席に座っていただくというんです」

スポンサーとは龍車グループのことだ。朝日の口調は明るく、これから修斗がいい方向に向かうのだという希望を持っているようだった。ただ、渡部は引っかかるものを感じた。

「会議には誰が来るのって訊いたら、選手とスポンサーと言うんです。天皇陛下のような存在になってもらうのに、先生を呼ばないのはおかしい。これはなんかある、と思いました。自分は修斗と少し距離があった。立ち入らない方がいいだろうって、（会議には）行かなかったんです」

中村頼永によると「ゆの郷」の中にある会議室に中村晃三の他、修斗の選手、レフェリーたち十数人が集められたという。

「佐山先生も、（当日）ゆの郷にはいたんです。しかし、佐山先生は晃三オーナーが呼ばなかった。表向きは先生がいると選手たちが言いたいことを言えないということでした。でも本当のところは晃三オーナーは自分で会議をコントロールしたかったんだと思います。ぼくはそれを分かっていたので、佐山先生と（ホテルで）打ち合わせしたように話を進めようと思っていました。ぼくも（選手、関係者が）個々に（修斗の体制に）文句を言っているのは知っていたんですよ。だから、こう言ったんです。〝個人的には聞いたことはあるけれど、みんな佐山先生に言いたいことがあるんだろう。それをみんなの前で言ってくれ〟」

ところが誰も手を挙げなかった。中村頼永は一人の選手を指した。

「お前、なんかあるやろ？」

するとその選手は下を向いたまま、「いや、ないです」とかぶりを振った。少し前、その選手が車の事故を起こしていた。それを聞いた佐山が「こんなに忙しいときに事故しやがって」と叱《しっ》責《せき》したという。その言葉に愚痴をこぼしていたのだ。

「誰も何も言わない。そうしたら晃三オーナーが〝どうだお前たち、佐山抜きでみんなでやったらどうか〟と言い出したんです。そうしたら、みんなも異論なしという感じでした。ああ、（佐山を外すという）根回しが終わっているんだなと思いました」

これまでどれだけ佐山が修斗のために私財を投げ出し、身を切る苦労をしてきたのか。彼らは知らないのだと悔しかった。

そこでこう問うことにした。

「じゃあ、この中で本心から〝佐山先生〟だと思っている人、手を挙げてくれ」

かつてスーパータイガージムでインストラクターだった平直行と佐々木貴史に「佐山さん」か「佐山先生」のどちらなのだと、佐山が訊ねたことを念頭に置いていた。

「この問いでみんな分かってくれると思ったんです。そうしたら手を挙げたのは（選手の）田中健一と（レフェリーの）小方（康至）だけだったんです。そのとき、えぇって思いました。俺が信じていた川口と桜田も手を挙げなかった。目が点になりました」

二人を佐山の部屋に連れていき、この会議について話をしたのになぜ手を挙げないのだと唇を嚙んだ。

出席者の一人、桜田の証言は全く違う。

「龍車グループの経営も厳しかったと思うんです。（会議の前に）龍車の人が〝佐山先生に不満はないか〟という感じでみんなに訊いていました。そこで今の修斗には実務能力がある人がいないという話も出ていた。そういう人がいないと修斗も大きくならないと。みんなやっぱりスターになりたいじゃないですか。あの頃、どんどんルールが変わっていって、戸惑っている部分があった。競技の質を高めていくというのは分かるんですが、選手を売っていくというのがなかった。ずっとマイナーでしたし。実務能力のある人が入るか、修斗自体がなくなってしまうか。その究極の二者択一だったような気がします。ぼくは佐山先生抜きでやるというのはあり得ないと思っていた。何があろうと師匠は師匠ですから。あのとき、佐山先生についていく人って、訊かれたときに手を挙げたのは、俺と川口だけ。それは覚えています」

川口は「〝佐山先生〟だと思っているか」という問いに手を挙げたのは、小方と同じくレフェリーである鈴木利治の二人だったと言う。

「それは間違いないです。あの二人は詳細を聞かされていなかった。だから手を挙げた。はっきり言うと、その背景にあることを知っていれば手を挙げられないです」

今さら何を発言しても事態は変わらないという無力感を抱えて自分は会議室に座っていたと川

口は説明する。

「朝日さんとホイラー・グレイシーの試合前に、すでに（方向性は）固まっていたんです。もう会員たちの話を聞いて、佐山先生が出ていくことに関しては何とも思わないですよということになっていた。あとは初代のメンバーがどう思うか、ということだった。あの会議はそんなに重要だとは思っていなかった。修斗がどんな風（体制）になるかはなんとなく分かっていました。今後をみんなで話し合おうという場所ではなかったんです」

そのため無言を貫き、挙手もしなかったのだという。

「ぼくが外れれば修斗も残ることができる」

朝日は最後列の席に座り、腕組みをしてみなの話を聞いていた。一番後ろで全体を見渡して必要なときに口を挟むというのが、修斗における自分の役割だと朝日は考えていた。

「（龍車の）社員（扱い）で現場を本当に知っているのは、ぼくと中井なんです。いや、頼（永）さんはもっと知っているかもしれないけど、他の奴らは単なる選手。ぼくたちの認識は佐山さんには名誉職に就いてもらい、経営については外れてもらうということでした。もちろん、（経費等で）おかしなことがあったら出ていってもらうしかないでしょう。でも、佐山さんはそういう人ではない。ゴルフコンペに行くとき、あの人は運転できないので、〝朝のぼり君行こうよ〟ってぼくが運転させられるんです。そのときに買い物に行くことがあるんですが、どこに行くかというと、（ディスカウントショップの）ロジャースとかDマート。そういうところが大好きなんです。佐山さんの経費といえば、パンツとかシャツとか五〇〇円の領収書が山になっているぐらい。佐山さんはお金に無頓着過ぎる人なんです。経営についてはぼくも苦手だし、佐山さんもそう。その部分については外れていただき、担ぎ上げられる存在になるということです。佐山さんはこの競技を作った人間で、追放なんてできるわけがない」

中村頼永はホワイトボードに主な選手の名前を横一列に書いた。

「ここにシューターがいて、それぞれのジムがあります。ジム代表者会議をやって色々なことを決めていく」

名前の上に円を描いて、〈ジム代表者会議〉と書き、選手たちと線で繋いだ。そして、その上に〈佐山サトル〉と書いた。

「代表者会議で決定とするのではなくて、最終的に佐山先生に判断を仰ぐ。この図式でいいんじゃないかな」

そう言った瞬間、一人の選手、Kが立ち上がった。

中村頼永は何が起こったのかと一瞬、身を引いたという。

「Kがバーンと立ち上がって、タッタッタと前にやって来たんです。そして黒板消しを持つと〈佐山サトル〉に繋がる線を〝これはいらない〟って消したんです。なぜそんなことを言い出したのかよく分からなかった」

川口もこう証言する。

「Kは佐山先生と（選手たちとの間に）繋がっている線を（黒板消しで）切った。そして〝この人（佐山）にはタッチさせない〟って言った。その瞬間、横に座っていた桜田さんが〝それはないだろう〟ってぼそっと呟いた」

この件について話を聞きたいとKに取材を申し込んだが、返答はなかった。

中村頼永によると、最終的に中村晃三が佐山を修斗から外すかどうかの多数決を取ろうと言い出したという。この多数決についても、記憶がある人間とない人間に分かれる。

中井は前者である。

「Kさんがホワイトボードに書かれた線を消したことは全く覚えていないです。佐山先生がいるか、いらないかという多数決は取りました。ぼくは出す方に賛成してますね」

他の人がどうだったかは覚えてないです、はっきり賛成したのはぼくと坂本さんだけだったらしいですねと、中井は静かな声で付け加えた。

らしい、とつけたのは中井にとっては忘れたい過去だからだろう。

「ぼくらはもう限界みたいな感じでした。全てを変えなきゃいけない時期に来ていた。新しい時代に行かなきゃいけないと思っていた。あのとき、ぼくは若気の至りだったのですが、（佐山を）外すべきだと頑なになっていました。今でも、とんでもないことをしたと思っています。だけど後悔はしていない。あのときはそうすべきだと考えていたからです。ただ、自分は先生を外すことに賛成した。それは言い続けなくてはならないと思っています」

会議室で坂本は口を真一文字にして黙って座っていた。

現役引退した後、気分転換のためロサンゼルス在住の中村頼永の元を訪れている。そして帰国後、石山から誘われてジャパンレジャーアルファーに入社、パチンコホールで働いていた。

引退以降、修斗とは距離を置いており、五月七日に行われた修斗プロ化七周年記念興行に呼ばれたが、出席していない。その後、朝日から頼まれ『バーリ・トゥード・ジャパン96』ではセコンドについていた。しかし、それ以上修斗に関わる気はなかった。

「記憶は定かではないんですが、会議の数日前、突然、中村晃三オーナーと石山会長に呼ばれたんです。石山会長は晃三オーナーに〝面倒見るって言ったら最後まで見なきゃ〟って感じでおっしゃっていた。すると晃三オーナーは〝駄目だよ、あんなの〟って。そして〝佐山さんはコンビニの領収書まで経費で持ってくる。うちは打ち出の小槌じゃないんだ〟と話をするんです」

坂本はなぜ自分がこの席に呼ばれたのだろうと怪訝な顔をしていた。

すると石山は坂本にこう言った。

「佐山、タイガーマスクをやるんだよ」

坂本は佐山の近況を知らなかった。

「えっ、それは違うんじゃないですか」

思わず坂本は顔をしかめた。

「佐山先生っていうのはプロレスラーとして、猪木、馬場はいるにしても、力道山の次ぐらいにプロレスを世の中に知らしめた人です。ただ、そのプロレスにプライドが持てないからって、修斗を始めた。佐山先生は全てを捨て去って、自分の理想に突き進んだ。ぼくたちはプロレスラーと違って、客を呼ぶことはできない。ただ、先生の思いに応えるために必死に練習していた。タイガーマスクをやると聞かされたときに、ちょっとした怒りを感じたんです」

坂本の心中を察したのか、石山は「しょうがないだろう。あいつだって食っていかないといけないんだ」と渋い顔をした。

そしてこう続けた。

「晃三オーナーが困っているのは佐山の存在なんだ。佐山が経費を使いすぎているらしい。だから、佐山を取るか選手を取るか。二つに一つしかない」

中村晃三が話を引き取るように続けた。

「坂本さ、俺はどっちでもいいんだ。お前らが佐山を選ぶならばそれでいい。でも佐山は何をやっても食っていける。選手たちは食っていけないぞ」

佐山に代わって自分が修斗の運営を引き継ぐ意思があるのか問われているのだと坂本は気がついた。佐山が離脱すれば、修斗は大混乱となるだろう。佐山こそが修斗そのものであり、彼が身を削り修斗を支えてきたことは知っていた。佐山が始めたこの競技を存続させるためには、誰かが裏方をやらなければならない。

「佐山先生がいなくなるのであれば、引き受けます」

坂本の言葉に、石山は「分かった」と頷いた。

こうしたやりとりがあったため、坂本は会議中、ずっと上の空だったのだ。

「頭が完全に切り替わっていましたね。先生がいなくなると自分が運営しなければならない。全部自分にのし掛かってくるのだと、そんなことを考えていました」

佐山に、いつ、誰から修斗から外れるように言われたのかと訊ねると「誰か分からないですね、覚えていないですね」という答えが返ってきた。

「ああ、来たか、当然だなと思っていました。龍車自体が儲かっていないという話を聞いていましたから。選手も勝手に動いているし、ルールに対する不満もあった。そうしたことに嫌気が差していたんですね」

佐山の中で修斗に対する情熱は消えつつあった。

「修斗にいると借金を返せない。といっても、中にいると何もできない。だんだん、だんだんおかしくなっていきますよね。ぼくとしても出ざるをえない状況だった。外に出ればやれることは沢山ある。だから、ぼくを外せばいいと思っていました。ぼくが外れれば修斗も残ることができる」

カッコウって鳥がいますよね、と佐山は言った。

「あの鳥は自分の卵を他の巣に置いてくるんですよ。親鳥は自分の子どもだと思って一生懸命育ててる。ああいう心境です。ぼくは卵を残した。あとはそれを育ててくれと」

托卵である――。

「ぼくは修斗を出られることでちょっと嬉しかったんです。新日本プロレスを辞めるときと同じでした。金魚鉢の中から大海に飛び出す。そんな気持ちでしたね」

七月二八日、神奈川県川崎市のクラブチッタ川崎で『全日本アマチュア修斗選手権』が開かれた。これは佐山の姿のない初めての修斗の大会だった。

この日、朝日は中井と共にリングサイドで試合を観戦していた。

「レベルが高かったので、ウェルター級決勝を最後に置いたんです」

決勝に勝ち上がってきたのは、桜井速人と宇野薫の二人だった。

「こいつらが（プロ選手として）上に立つようになったら、時代が変わるぞって思いましたね。特に桜井。佐山さんが欲しかったのは、こいつだろうって」

桜井〝マッハ〟速人はその後、修斗を代表する選手となる。

九月一日、「日本修斗協会」「USA修斗協会・修斗ジム代表者会議」「日本修斗コミッション」「株式会社　ワールド修斗」の連名で関係各所に〈お知らせ〉が送付された。そこには修斗の組織改変、「ワールド修斗」が「日本プロシューティング」に代わって大会運営を担当することが書かれていた。「ワールド修斗」は石山が会長を務め、坂本が実務を切り盛りする新会社だった。

しかし、佐山が離れた後も、修斗の運営が好転することはなかった。

九九年、坂本が設立した「サステイン」が「ワールド修斗」を引き継いだ。この時点で龍車グループは修斗から離れている。石山によるとグループとして「ワールド修斗」へ総計約二億円の赤字を補填《ほてん》したという。

二〇〇六年、龍車は「伯龍」と名称を変えた。そして伯龍及びジャパンレジャーアルファーは二〇一三年八月に破産手続きを開始している。負債総額は四二億四一〇〇万円だった。

エピローグ

〝孤高〟の虎

現在も「二一世紀の精神武道」を追求する佐山サトル

UFO

修斗から離れた佐山に声を掛けたのは、アントニオ猪木だった。

猪木は佐山に二つの価値を見ていた。一つはプロレスラーとしての突出した才能。もう一つは修斗の創設者という総合格闘技の経歴である。一方、約一億円の負債を背負っていた佐山は、経済的な理由から猪木の誘いに乗ることにした。

そこに一人の男が加わる。

一九九七年二月、小川直也が勤務していた日本中央競馬会を退社、翌月プロ転向を発表した。小川は世界柔道選手権で四度優勝、九二年のバルセロナ五輪でも銀メダルを獲得した柔道家である。

『週刊プロレス』の記事によると、柔道引退後、通勤電車の中で、次の試合はいつやるのかと頻繁に訊ねられた。このまま会社員を続けるのか、「みんなに期待されながら生きる」のか悩み、ロサンゼルスで猪木と会うことにしたという。

〈最初、来るなら来てみな、という感じで。知人を通して聞いたんで、会いに行ったんですよ。（中略）柔道の持っている部分をすべて生かしてね、暴れてみる気はないか、と。もしあれだったら、柔道だけじゃ無理だから足りない部分はどんどん教えてやるよ、と言われたので。そしたら今まで迷っていたやつが一気に飛んじゃったっていうんですか。もう答えがひとつになっちゃって。で、やろうかなという決意に達したんですけれど〉（九七年四月二二日号）

一九六八年生まれの小川は中学生時代に、タイガーマスクに憧れた世代である。このインタビューでは二人と練習をする喜びを素直に吐露している。

〈猪木さんとスパーリングやったときは「ホントにやっているよ…」とかね、夢心地みたいな感じで、きついながらにも嬉しさが半分あって。佐山さんのときは、キックの練習でローリング・ソバットやっているじゃないですか、ヒュイッと。いきなりそれをみぞおちに食らったんですよ。すぅごい苦しかったですけれど、食らいながら「これだー！」って〉

小川は四月一二日の新日本プロレス東京ドーム大会の橋本真也戦でデビューした。この日、佐山も新たなマスクマン「タイガーキング」として〝デビュー〟し、猪木と対戦している。

続く五月三日の大阪ドーム大会で小川は橋本と再戦。タイガーキングは猪木と組んで、藤原喜明、獣神サンダー・ライガーと対戦した。藤原とリングの上で肌を合わせるのはＵＷＦ以来のことだった。

この時期、猪木は世界中の格闘技を統一する組織「世界格闘技連盟」の設立を口にしている。再びプロレスと格闘技の皮膜を利用することを目論んでいたのだ。

猪木は新日本の筆頭株主ではあったが、両者の精神的な距離は離れていた。八九年の参議院議員選挙に出馬した際、猪木は新日本の社長を辞して坂口征二を後釜に据えている。そして坂口は長州力に現場を仕切らせた。この坂口＝長州体制下で、闘魂三銃士などの若いレスラーが人気を集め、ドーム興行を成功させていた。経営は順調で猪木が社長だった時代の負債を着実に返済していた。

しかし、猪木はそれが気に入らなかったようだ。『週刊プロレス』のインタビューを引用する。

〈新日本は何をやりたいの？　一般大衆に広がって行く試合？　広がってないでしょ。どんどん小さくなっていると思いませんか？（中略）

一般的に言うときは、プロレス人気はすごいですねってなるけど、一方でどんどんマニアックな世界というか小さくなっている。

風船の空気を膨らませて膨らませてパンパンに張らして、それでまた息が抜けていくと小さくなる。そのたんびにオレたちが過激な試合をしたり、アイディアを出して膨らませていく。その繰り返しなんですね〉（九七年四月二九日号）

経営の安定などと小さいことを考えるな、大切なのは世間を騒がせ、存在を認められることだ。猪木らしい、前のめりである意味破綻した発想である。そして小川の加入により、風船が膨らみつつあるとも語っている。

九八年四月、猪木は引退試合を行った。試合後、世界格闘技連盟を「ユニバーサル・ファイティングアーツ・オーガニゼーション（UFO）」と改称すると発表した。引退試合に来場したモハメド・アリを名誉会長に据えると『東京スポーツ』は報じている。

〈新組織は、新日本プロレスのリングではできないことに挑戦。会長には猪木、代表には佐山聡（タイガー・キング）が就任する模様で、選手育成も手掛けていく〉（九八年四月七日付）

そして小川はUFO所属選手となった。

ただし、修斗の技術を小川に教授することはなかったと佐山は振り返る。

「オーちゃんとはプライベートでも仲が良かった。彼にしてみれば、ただの元タイガーマスク（という元プロレスラー）で、格闘技を教える先生だと認識していなかったはず。技術を教えようと思ったこともあるんですが、猪木さんがそれを望んでいなかった。だからオーちゃんにはほとんど（総合格闘技を）教えてないです」

オーちゃんとは小川の愛称だ。

そんな中、佐山は新しい格闘技を作ることを諦めていなかった。UFOの事務所で佐山はパソコンに向かって、新たな競技案を練った。これは立ち技中心の「アルファ」、寝技中心の「オメガ」を組み合わせたものだったという。猪木が必要とするならば、新しい格闘技を世に問うつもりだった。

しかし、二人の意向が交わることはなかった。猪木が考えていたのは、自分が膨らませた〝風船〟をいつ新日本のリングで爆発させるか、だった。

九九年一月四日、東京ドームで新日本とUFOの対抗戦が行われた。メインカードは橋本対小川。二人の対戦は三回目となる。

佐山はこの試合について猪木からこう聞かされていたという。

いわゆるプロレスの手法では小川の良さが出ない。試合前に橋本側と話はせず〝なあなあ〟でいく。問題が起これば自分が出ていき収める、と。

ゴングが鳴ると同時に、小川はパンチを繰り出し、橋本の顔を狙った。馬乗りになって顔面を狙い、後頭部を蹴り上げる――。

小川は相手の軀を傷つけてはならないというプロレスの不文律を故意的に破っていた。試合はノーコンテストとなった。マイクを握った小川は「もう終わりか？　冗談言うな。新日ファンのみなさん、目を覚ましてください」と目を剝いた。

〈小川がコーナーに座り込み、新日プロを挑発。山崎一夫、永田裕志らすべてがマジギレで、維震軍の小原道由まで加わる。「ゴルドー、村上、虎仮面のUFO軍と凄惨な殴り合い。特にUFOの若手・村上は集中砲火を浴びて、脳震とうと顔面打撲でダウン。意識を失い病院送りになってしまった。

修羅場と化したリングに新日プロのドン。長州力が走りこんだ。怒りの長州はTシャツを脱ぎ捨てて、小川を殴りつけるが、小川も長州を見下したように罵倒。凄惨な〝殺し合い〟をしてのけた小川にドームの観客は震え上がった。（中略）

それにしても何が、小川をここまで変えたのか？

実はこの試合をアリーナで見つめる〝怪人〟がいた。その男はマンガのキャラクターのお面をつけ素顔を明かさなかったが、試合終了後の乱闘中、足早にドームの通路を歩いた。その男はなぜか、アントニオ・猪木専用のベンツに乗り、会場を立ち去った〉(『東京スポーツ』九九年一月六日付)

〝お面〟を被った猪木は混乱したリングに上がることなく、会場を後にした。残された佐山は小川と長州の間に割って入った。

「もう、びっくりですよ。こちらが全面的に悪い。ただ、責任者として闘わなきゃいけない。しばらくぼくが仕掛けたのだと(新日本内で)言われていましたね。悪役ですよ」

長州にこの試合について訊ねると「あれはさ、みんなで想像した方が楽しい」と口を濁す。そしてぽつりとこう言った。

「俺としては(次の興行の)材料にしなきゃいけない立場だった」

つまり、この二人の因縁を使えば、大きな興行が打てる。本物の喧嘩とプロレスという〝虚実〟を出し入れすることに頭を切り換えていたのだ。その意味で長州は本物のマッチメーカーだった。

一方、佐山は魑《ち》魅《み》魍魎《もうりょう》としたプロレスの世界を泳いでいくには、真っ直ぐで純粋すぎた。

三月一四日、UFOは横浜アリーナ大会を開いている。そのとき、猪木から小川を「PRIDE」に出場させるつもりだと聞かされて、佐山は顔色を変えた。

「だって何も(総合格闘技の)練習をやっていないんですもの。ところが、猪木さんはもう決めたっていうんです。ぼくはカチンときて、もう辞めますと言ったんです」

　このとき、佐山が猪木に「殺すぞ」とフォークを突き立てたという話が流布している。そして、猪木は「佐山はミネラルが不足して怒りっぽくなっている」と笑い飛ばしたというのだ。その真偽を佐山に問うと「（噂は）怖いですねぇ、猪木さんにそんなことできるわけないじゃないですか」と大袈裟に肩をすくめた。

　四月二八日、佐山はＵＦＯを正式に離れている。

「ぼくが目指しているのは二一世紀の精神武道なんです」

　五月、佐山は「掣圏道《せいけんどう》」を立ち上げた。これはアマチュア向け、道着着用の護身術だった。

　さらに七月、北海道旭川市総合体育館で第一回の『掣圏道アンリミテッド・オープントーナメントツアーⅠ』と名付けた大会を始めている。こちらは、道着はなし、ボクシンググローブ着用。佐山の考案した立ち技の「アルファ」を元にしたプロ選手による興行である。

　この興行はその後、「ＳＡ（掣圏道アソシエーション）ボクシング」と改名。一〇月二日に有明コロシアムで旗揚げ興行を行っている。選手の多くはロシアから集められた。このＳＡボクシングは北海道を中心に大会を開催。二〇〇〇年五月に「アルティメット・ボクシング」と名称を変更した。

　また掣圏道は「プロレス部門」の興行を始めている。これはスポンサーの意向だった。アマチュア向けの護身術、ロシア人中心のプロ格闘技、そしてマスクを被ってのプロレス――佐山の本意は外から見えづらくなっていた。

さらに、二〇〇一年、佐山は自由連合から参議院選挙に出馬している。

自由連合は医療法人徳州会を率いる医師、徳田虎雄が率いる政党だった。この参議院選挙では佐山の他、作家の野坂昭如と高橋三千綱、戸川昌子、タレントの林寛子や千葉マリア、落語家の月亭可朝、元フィギュアスケーターの渡部絵美、女子プロレスラーの堀田祐美子ら九二人の候補を擁立している。知名度のある人間を手当たり次第に集めたという風情で、政治的一貫性の見えない、寄せ集めの集団だった。

佐山はこの出馬は恩義のある人間から頼まれたと明かす。ただし、「出ろと言われたが、当選しろとは言われなかった」という。UWF脱退直前に『ケーフェイ』という単行本を出したときとよく似ている。選挙は自分の本筋とは関係ない、周囲の人間の気が済むならばそれでいい。金銭的な負担はないということで安請け合いしたのだ。

また、佐山には人の面白がりそうなことを感じ取って、口に出してしまう癖がある。街頭でマイクを片手に「暴走族を射殺しろ」と演説した。本人の意図とは別に、少々風変わりな男であるという風評が定着することになった。

この参議院選挙で佐山は落選、自由連合は一議席も獲得できなかった。

一方、佐山は自らが進むべき道に関しては求道的な態度を貫いている。

掣圏道が北陸地方で大会を行ったときのことだ。佐山は空き時間に書店へ立ち寄った。そのとき棚にあった一冊の本が目に入ったという。心理学者のジークムント・フロイトの著作だった。

本を開くと、ページを捲《めく》る手が止まらなくなった。

「練習で強いのに、試合で力が出せない人間がいる。どうして人間って弱いんだろうって疑問がありました。かつてのUWFにしても修斗にしても、みんなが群れを作りたがった。その弱さはなんだろうって」

その後、カール・グスタフ・ユング、陽明学、朱子学などの本を貪《むさぼ》るように読んだ。気になる箇所は、小さなメモ帳に書き写した。そのメモ帳はどんどん積み上がっていった。そして自分が作り上げるべきなのは「武道」であると確信するようになったのだ。

「修斗では選手を育てることはできた。でも精神的なものを置き忘れてきたという後悔がずっとあったんです」

二〇〇六年、掣圏道は「掣圏真《しん》陰《かげ》流《りゅう》」と名称変更している。「掣圏」及び、「真」「陰」という文字を加えたことについて、佐山は自著でこう説明している。

〈「圏」とは、ひと言で説明すれば「周囲の圧力と自己との心の間合い」を指します。つまり、掣圏道とは「間合いを心で掣する武道」ということになります。そこには「意識」と「無意識」という、さまざまなレベルの生理的な反応があります。そこに、森羅万象の真実を表す「真」、人の無意識の働きを意味する「陰」を加え、「掣圏真陰流」が生まれたのです〉（『リアル不動心メンタルトレーニング』）

二〇一六年には「須《す》麻《ま》比《ひ》」を立ち上げた。この須麻比は相撲の元になった日本最古の武道と定義、日本文化の復興を目的に謳っている。須麻比には「兵部省」という競技部門も存在するが、競技ありきではない。

「勝負自体はじゃんけんでもいいんです。でも精神的なものはじゃんけんでは済まない。ぼくが目指しているのは二一世紀の精神武道なんです」

かつて、佐山は修斗の選手にこう教えた。

きちんと準備を積んで試合に臨むこと。そして勝敗のいかんにかかわらず毅然とした態度で引き揚げてくること。試合結果よりもそちらの方が大切なのだ。

佐山の考えは一貫している。ただ、そうは見られないことがあるのは、これまでも何度か触れたように、彼が強く拘る部分以外は、優柔不断であり、人任せにしてきたからだ。その状況を分かっているのだろう、「いつか、本当のことを分かってもらえればいいんですよ」と佐山は何度か口にしたことがあった。

佐山は自分について饒舌《じょうぜつ》ではない。それどころか、これまでの歩み、成し遂げたことを謙遜し、小さく見せようとする傾向がある。佐山を追いかけることは、彼に貼り付いた間違った思い込みを剝がし、それを等身大に引き延ばすことだった。そのため、ぼくは可能な限り彼と関係のあった場所に足を運び、彼を知る人物に話を聞き、その内容を確認していった。

そのうち、ぼくの頭の中に「孤」という文字が浮かんできた。誤解の泥の中に浸かりながらも、涼しい顔ですくっと前を見る彼の姿が見えるような錯覚に陥ることもあった。

誤解とは例えば、金銭的なことだ。

佐山は金に困ったことがない、あるいはスポンサーをつけるのが上手いといった類の、やっかみの交じった話だ。それが元となりＵＷＦでは佐山と他のレスラーとの間に壁を作ることになった。しかし、彼の足跡を精査すると、全く逆であることに気がつく。佐山は人に頼み事をするのが苦手だ。頼むつもりでいても、口に出すことができず、知名度を利用されたことも少なくない。そして、佐山はその誤解に対して申し開きすることもなかった。

彼は孤独であり、孤高だった。

取材が一段落したある日、佐山と初めて一緒に夕食をとることになった。彼が指定したのは、元力士の貴闘力が経営する「ノブレス・オブリージュ」という日本橋小舟町にあるフレンチレストランだった。フランス語で〈高貴なる人間には相応の義務が伴う〉を意味する、この名前をつけたのは佐山である。

いつもの取材よりも気楽な雰囲気の中、ぼくはこう言った。

「貴方は自分の理想のために多くの犠牲を払ってきました。多くの誤解を受けながら、言い訳をすることもない」

佐山は下を向いたまま、「ええ、そうかもしれませんね」と軽く相槌を打った。

「その生き方を一番分かってほしい人間は誰ですか?」

すると、ナイフとフォークを持つ手を止めた。

「ああ、それは息子ですね」

素っ気なく、しかし、それ以外の返事はないというきっぱりとした口調だった。

そのとき、ぼくは彼の一人息子に会ってみようと思った。

佐山聖斗

一九九〇年生まれの佐山聖斗が父親の過去を知ったのは、小学校の低学年のときだったという。何気なく母親に「お父さんってどんな人なの」と訊ねたことがあった。すると彼女は、ちゃんと教えたことがなかったねと、一本のビデオテープをデッキに入れた。テレビ画面に映ったのは、マスクを被ったプロレスラーが軽やかに飛び跳ねる姿だった。これが父親なのか。なんて格好いいんだ、自分の父親を誇らしく思ったという。

翌朝、学校に行き、自分の父親はタイガーマスクというプロレスラーだったのだと自慢してみた。しかし、反応はなかった。それならばと友だちを家に連れてきて、ビデオを見せたこともあった。

「(当時の)小学生にとっては、仮面を被った裸の人っていうぐらい。心に響かなかったみたいです」

小学校に入学するまで、父親は家を空けることが多かった。修斗のセンタージムが置かれていた大宮の「ゆの郷」に泊まり込んでいたのだ。そして、聖斗が小学校に入学する半年前、佐山は修斗から離れた。

「その頃から、父親の周りの人が家に来るようになりました。みんなが先生、先生と呼んでいる。一体、なんの先生なんだろうと思っていました。その中に小川直也さんとかも来ていたことがありましたね」

家族三人で出かけると、サインを求められることもあった。そんな父親の姿が誇らしかった。

九九年四月にUFOから離れた後、佐山が家で過ごす時間が増えた。聖斗は父親と一緒に公園でサッカーボールを蹴ったことをよく覚えている。

「近くの公園でサッカーをやるんです。その蹴る球が小学生のぼくに対して容赦なかった。もの凄い球が飛んできた。今から考えれば無回転だったんです。それを受けることができず、ぼくはサッカーに向いていないと思いましたね」

野球をやりたいと言うとすぐにスポーツ用品店に行き、グローブとボールを買い与えてくれた。

「スポーツに関して、やりたいということはやらせてくれる父親でした」

佐山に対して聖斗は敬語を使っていた。他の家庭に遊びに行ったとき、それは普通ではないのだと気がついた。とはいえ、堅苦しい親子関係ではなかった。

二人は一緒にテレビゲームをやることもあった。

「（父親は何事も）究めようとするので、強くなりすぎちゃうんです。（野球ゲームで）四時間半ぐらいホームランを打たれ続けて、こてんぱんにされたことがありました。ぼくの記憶では一七二対三でした。ぼくが〝もうやらない〟って言ったら、〝おい、てめぇ、なんだその態度は〟って始まり、〝殺すぞ、この野郎〟が来たんです。もちろん手は出なかったんですが」

佐山は勝敗はともかく、ふて腐れることを嫌っていたのだ。

小学二年生のとき、休暇を利用して掣圏道が本拠を置いていた旭川市へ遊びに行ったこともある。

「一ヶ月ぐらいいいたんです。すごくいいところで、帰りたくないと思ったことを覚えています」

父親を見る目が変わったのは、中学生になった頃のことだった。同級生から「これ、お前の父親じゃねぇか」とインターネット上にある映像を見せられたのだ。

「最初に見たのはアルティメット・ボクシングの映像でした。その後に（修斗時代の）〝鬼の合宿〟を知りました。ぼくに対しては怒るときは怒る。でもしっかりと話を聞いてくれる。だからあの映像の（選手に〝殺すぞ〟と凄み、竹刀で殴る）姿にびっくりしました。〝本当に父さんはあんなことをしたの〟って訊いたら、〝ああ、あれはやらせ〟で終わりでしたね」

中学生になった聖斗はバスケットボールに熱中していた。

「将来はスポーツ系に進みたいと思っていました。サッカーやっているときはサッカー選手に、野球をやっているときには野球選手になりたかった。でもどちらも続かなかった。小学五、六年生ぐらいからバスケットをやってました」

佐山はバスケットボールには興味がなく、口を出すことはなかった。

「一度も試合を見に来たことはないと思います。ただ、研究は手伝ってくれました。NBAにアレン・アイバーソンという得点王になったスーパースターがいて、その選手のことがぼくは大好きでした。父親と〝日本人は小さいので、こういう選手を目指さないといけないね〟っていう会話をしていました」

アレン・アイバーソンはNBAシーズン得点王を四度獲得した名選手である。NBAの平均身長が二メートルを超えている中で、アイバーソンは一八三センチしかない。佐山はアイバーソンのビデオを見て、聖斗に動きを教えた。やってみろと言われて動くと、「違う。その動きじゃない」という声が飛んできた。父はバスケットを知らないはずだが、と思いながらも聖斗は必死で父の指示に従った。

聖斗は中学二年生のとき、都道府県対抗ジュニアバスケットボール大会に東京都の選抜西軍に選ばれた。これは東京都選抜のBチームに当たる。そして中学三年生になるとAチームである東京都選抜から声が掛かった。

「メインの選抜に入るかもしれないって言うと、〝へぇー〟という気のない返事でした。しばらくして〝選抜に入った〟と言うと、また〝へぇー〟。俺に全然、興味がないんだと思いました」

聖斗の将来の夢はアメリカに渡り、NBAのコートに立つことだった。

しかし、人は成長していくうちに残酷な現実を突きつけられるものだ。

中学三年生のとき、聖斗の身長は一八〇センチに達していた。しかし、そこで頭打ちとなった。聖斗のポジションであったセンターは体格が必要とされる。大型の選手という前提で育てられた彼は行き場を失ってしまったのだ。

そんな頃、インターネットで父親の映像を見つけた。ニューヨークのマジソン・スクエア・ガーデンで行われたタイガーマスクの試合だった。

「すげーなと思う反面、羨ましいと感じました。自分は限界が見えていたんです。ぼくはこんな風にはなれないんだろうなって気が付き始めた頃でした」

聖斗はインターネットで自分の父親の過去を辿っていった。そこには佐山を誹謗《ひぼう》中傷する書き込みを見つけることもあった。父を知らないのにひどいことを書くのだと傷つき、憤りを覚えた。ただ、もしかして自分が知らないだけで本当は邪《よこしま》な人間なのではないかと不安になったこともあったという。

「この年になると、それ全部含めて受け止めてます。自分のスタイルはこうだって通す生き方は格好いいなと思います。ぼくだったら周りの目を気にして、『ケーフェイ』っていう本なんか出せませんもの」

結婚するときに、佐山にこう言われたのだと母親が教えてくれたことがあった。

――俺、今が頂点だから、これがいつまでも続くと思わないでほしい。

佐山がタイガーマスクの時代である。彼はその後、自らが進む茨《いばら》の道を予測していたのだ。

聖斗が生まれたとき、佐山は修斗を学ばせるつもりだったという。

「修斗は聖斗のために作った格闘技でもありました。選手にするつもりはありませんでしたが、生きていく上で必要なものを、修斗を通じて学んでほしいと思っていたのです」

その目論見が狂ったのは聖斗が三歳のときだ。

「ぼくがローキックを教えたんです。そうしたら悪戯な顔をして女房のところに行って、思い切り（脚を）蹴飛ばしたんです。びっくりしました。いい蹴りだったんですよ。それからうちでは格闘技禁止です」

佐山は楽しそうに笑った。

そしてこう続けた。

「息子は格闘技はやりませんでしたけど、自分の背中で分かってくれるものはあると思いますよ」

佐山とその関係者を取材して回った二年数ヶ月、ぼくも彼の背中を見つめることになった。

ぼくはこう感想を漏らした。

「佐山さんって、新しいものを作るときは夢中になる。しかし、完成すると壊したくなる。普通は出来上がったものを大切にして、それを維持することを考える。ところが佐山さんはそうしたところが一切ない。壊す、あるいは捨て去ることを畏《おそ》れない」

　すると彼は、ええと頷いた。

「それはよく言われます。立ち止まったらどうかって。でも新しいもの、良いと思われるものを思いついたら、しょうがないでしょう。突き詰めたくなっちゃう」

　そういうと微笑んだ。

「ぼくは研究者というか職人なんでしょう。武道には、いかに人間を作るか、強さとは何かという問いが含まれているんです。それを考えているうちに、武士の精神性に興味を持ち、日本の歴史、さらに世界史を深く調べていくようになりました」

　今も毎日研究しているんです。永遠にそれを続けていくんでしょうねと呟くように言った。

「優れた武道をこれから作ることができる。そう考えているんですね？」

　ぼくの言葉に「もちろん」と佐山は深く頷いた。

　その顔を見て、この男がこれまで自分の言動を弁明しなかった理由が分かった。六〇歳になった今も、過去はピンで留められた蝶が収められている標本箱のようなもので、未来にしか興味がないのだ。

あとがき

この本の取材で会った人間は、大きく三つに分けられる。

一つは、佐山さんの新日本プロレス入門前に関わり合いのあった人。二つ目は新日本プロレス、ＵＷＦ時代のレスラー及び関係者。そして三つ目が修斗の弟子たち。

彼が何者でもなかった無名時代の知人と、プロレスラーへの取材の質が違うことは想定内だった。どのような取材になるのか予想できなかったのは、修斗時代の関係者だった。取材慣れし、話を面白くすることに長けているプロレスラーとは全く毛色は違うだろう。そして修斗という報われることの少ない格闘技に人生を捧げた人間は無口で、取材しにくいのではないかと思い込んでいた。

ところが修斗関係者への取材は、ほぼ毎回三時間を超えた。皆が佐山さんに対する思いをたっぷりと抱えていて、話が尽きなかった。幸いにも、初期シューターたちはぼくと同年代だった。同じ時代の空気を吸っていたことは、彼らを理解する上で多少の助けになった。

十代の終わりから二十代半ばまでは、家族、同級生といった血縁や地縁という比較的狭い世界から飛び出し、その人間の生き様が固まっていく時期である。粘土細工に喩えれば、針金で作った芯《しん》に粘土を貼り付け、へらで形を整える段階だ。その時期にどんな人間と出会うかによって、その後の人生が決まると思っている。

彼らはそこで佐山さんと会い、彼の熱に感化された。まだバブルの香りが残り、世の中には享楽的な空気が充満していた頃だ。ひたすら自らを追い込み、新しい格闘技に没頭していた彼らは周囲から浮いていたかもしれない。そしてそれを誇りに思っていたはずだ。みな若く、将来の保証、金銭的な見返りは頭になかった。そんな彼らの話を聞いていると、自分の過去に悔いはないにしても、眩しく、少しだけ羨《うらや》ましくなった。

ただ、その直情と若さから来る狭量が、佐山さんと修斗を引き離すことにもなった。当時の初期シューターたちは社会経験が乏しく、組織を俯瞰できる年長者がいなかったことも原因だったろう。

残念ながら、現在も修斗と佐山さんの関係は切れている。そのため、修斗の現役選手たちは、佐山さんとの関係を意識することはない。ただ、修斗に限らず、総合格闘技に携わっている人間は、何らかの形で佐山さんが作り上げたものの恩恵を受けているはずだ。修斗のジムに所属した、あるいはアマチュア時代に修斗の大会に参加した、中井祐樹さんが広めたブラジリアン柔術の技術を学んだ——これらは佐山さんがいなければ存在しなかった、あるいは全く違った形になっただろう。

最後に、この本の取材、執筆では原稿に登場した方々以外にも多くの人間に助けられた。

この場を借りて感謝の意を表したい。

佐山彰氏、橋本一成氏、堀信一郎氏、守永賢治氏、國友政則氏、大森保治氏、江本孝允氏、右田啓二氏、新間寿氏、藤原喜明氏、小林邦昭氏、西山幸之氏、北沢幹之氏、藤原敏男氏、柳澤健氏、前田日明氏、木村健悟氏、ウェイン・ブリッジ氏、サラ・ブリッジ氏、辻翔子氏、那嵯涼介氏、中川カール氏、山崎一夫氏、長州力氏、谷口正人氏、大塚直樹氏、山本皓一氏、

寺島幸男氏、中出忠宣氏、平直行氏、シーザー武志氏、布施鋼治氏、中村頼永氏、中村之洋氏、長尾迪氏、北原光騎氏、ターザン山本氏、渡部優一氏、石川義将氏、桜田直樹氏、木口宣昭氏、伊藤裕二氏、横山忠志氏、土屋賢吾氏、山田学氏、川口健次氏、坂本一弘氏、石山重行氏、中井祐樹氏、アルトゥール・カチアード氏、井内弘巳氏、朝日昇氏、小方康至氏、大原友則氏、吉田善行氏、棚瀬勝次氏、佐山聖斗氏（順不同）。

プロローグで触れたように、この本は『KAMINOGE』の井上崇宏編集長との話から始まっている。連載中、井上氏には様々な形で力を貰った。そして『真説・長州力』に引き続き、集英社インターナショナルの手島裕明氏と中込勇気君には連載から伴走してもらった。特に担当編集者の中込君の助けがなければ、最後まで走りきることは難しかっただろう。

佐山さんの窓口になってくれたのは、佐山さんが二〇〇五年に設立した「リアルジャパンプロレス」の平井丈雅代表だった。平井さんなしにこの企画は存在しなかった。

何より、毎回二時間以上、しつこく、細かな質問に嫌な顔を一つすることなくつきあってくれた佐山さん――。いつも真っ直ぐな視線で、しっかりと向き合ってくれる佐山さんから、ぼくは取材者として様々なことを学んだ。

タイガーマスク、総合格闘技の祖としての佐山サトルの姿が一人でも多くの人間に伝われば、著者として何よりの喜びである。

二〇一八年五月二三日　雨の東京にて。

田崎健太

写真提供　原悦生（カバー、85Ｐ、179Ｐ、229Ｐ、269Ｐ、355Ｐ、459Ｐ）
山本皓一（カバー裏、化粧トビラ、203Ｐ）
TIGER ARTS（11Ｐ、31Ｐ、111Ｐ）
バーニングスタッフ（表紙、143Ｐ）
長尾迪（399Ｐ、425Ｐ）
東京スポーツ新聞社（51Ｐ）
タイコウクニヨシ（489Ｐ）
資料提供　中村頼永（307Ｐ）

1章～11章の初出は『KAMINOGE』vol.52～vol.78。
単行本化にあたり加筆・修正を施しています。
12章～エピローグは書き下ろしです。

『「修斗」読本』日本スポーツ出版社
『修斗オフィシャルブック』光進社
横山哲雄『修斗創世記—虎（タイガー）の奥義を目指して』福昌堂
中村頼永監修『増補改訂版 ブルース・リーズ ジークンドー』東邦出版
Simon Garfield『THE WRESTLING』Faber & Faber
CLÉA CORDEIRO RODRIGUES『IVAN GOMES A História do Lutador Imbatível』
小熊英二『生きて帰ってきた男』岩波新書
小林英夫『満州と自民党』新潮新書
防衛庁防衛研修所戦史室『戦史叢書』朝雲新聞社
大中重孝『長府史年表』
『綾羅木本町物語』綾羅木本町自治連合会
永野健二『バブル—日本迷走の原点—』新潮社
『浦和商工年鑑　1974』浦和商工会議所
『味の店 100 選　埼玉』富士フォルム

『サンデー毎日』毎日新聞出版
『週刊ポスト』小学館
『アサヒ芸能』徳間書店
『GORO』小学館
『諸君』文藝春秋
『Number　20 世紀スポーツ最強伝説 5』文藝春秋
『ゴング』日本スポーツ出版社
『週刊プロレス』ベースボール・マガジン社
『格闘技通信』ベースボール・マガジン社
『月刊フルコンタクト KARATE』福昌堂
『格闘技探検隊』格闘技探検隊編集部
『ゴング格闘技』日本スポーツ出版社
『G スピリッツ』辰巳出版

『東京スポーツ』
『朝日新聞』
『毎日新聞』西部版
『CORREIO DA PARAÍBA』
『JORNAL DA PARAÍBA』
『DIÁRIO DE PERNAMBUCO』
『CORREIO BRASILIENSE 』
『DIÁRIO DA BORBOREMA』

『初代タイガーマスク大全集～奇跡の四次元プロレス 1981-1983 ～』ポニーキャニオン
『伝説の虎戦士スーパータイガー』クエスト
『蘇る幻の虎戦士 ザ・タイガー』クエスト

●参考文献・資料

佐山聡『ケーフェイ』ナユタ出版会
ビクトル古賀・佐山聡『これがサンボだ！』ベースボール・マガジン社
佐山聡『佐山聡のシューティング入門』講談社
佐山聡『ザ・格闘家—最強を目指した戦士たちの素顔』光文社
佐山聡『ブレイヴ・オン・ハート 真の勇者とは—キレたら負ける』ビジネス社
佐山聡『「リアル不動心」メンタルトレーニング』講談社＋α新書
佐山聡『佐山聡の掣圏道』ぴいぷる社
佐山聡『佐山原理新生武士道真陰：君に不動心を植えつけよう』東邦出版
ST ライターズ『佐山サトル—プロレス・シューティング・バーリ・トゥード』エスエル出版会
布施鋼治・若林太郎『佐山聡のバーリ・トゥード必勝法——“何でもあり”の闘い方』学習研究社
『初代タイガーマスク 30years』ベースボール・マガジン社
『日本プロレス５０年史』日本スポーツ出版社
猪木寛至『猪木寛至自伝』新潮社
新間寿『プロレス仕掛人は死なず』みき書房
ユセフ・トルコ『プロレスへの遺言状』河出書房新社
ダイナマイト・キッド『ピュア・ダイナマイト　ダイナマイト・キッド自伝』エンターブレイン
藤原喜明『復刻 幻の藤原ノート—「ゴッチ教室」の神髄』講談社
前田日明『パワー・オブ・ドリーム』角川文庫
前田日明『真格闘技伝説 RINGS』ピンポイント
田中正悟『イノセント・ファイター——前田日明の泣き顔を忘れない』スポーツライフ社
田中正悟『前田日明とリングスの夢（イノセントファイター２)』スポーツライフ社
田中正悟『背中合わせのアキラ——前田日明の本気スピリット＆僕の希望スピリット』シャピオ
高田延彦『最強の名のもとに』徳間書店
山崎一夫『やまちゃんがいっちゃった！』メディアワークス
黒崎健時『必死の力・必死の心——闘いの根源から若者たちへのメッセージ！』スポーツライフ社
藤原敏男『真剣勝負論——戦いの真実』辰巳出版
シーザー武志『絆——良い人生は情によって育まれる』ネコ・パブリッシング
シーザー武志『シーザー流ビジネスの闘い方』文芸社
梶原一騎『反逆世代への遺言』ワニブックス
梶原一騎『プロレススーパースター列伝』講談社漫画文庫
梶原一騎『四角いジャングル』講談社漫画文庫
斎藤貴男『梶原一騎伝　夕やけを見ていた男』文春文庫
安藤昇『喧嘩空手一代——東海の殺人拳水谷征夫』双葉文庫
柳澤健『1984 年のＵＷＦ』文藝春秋
別冊宝島編集部『U. W. F. 伝説』宝島 SUGOI 文庫
平直行『U. W. F. 外伝』双葉社
平直行『平直行の格闘技のおもちゃ箱』福昌堂
平直行『平直行のリアルファイト柔術—総合格闘技超テクニック』徳間書店
近藤隆夫『グレイシー一族の真実　すべては敬愛するエリオのために』文春文庫 PLUS
ヒクソン・グレイシー『心との戦い方』新潮社
『最強伝説ヒクソン・グレイシー』洋泉社
増田俊也『ＶＴＪ前夜の中井祐樹』イースト・プレス

田崎健太　たざき けんた

1968年3月13日、京都市生まれ。ノンフィクション作家。早稲田大学法学部卒業後、小学館に入社。『週刊ポスト』編集部などを経て、1999年末に退社。著書に『W杯に群がる男たち―巨大サッカービジネスの闇―』（新潮文庫）、『偶然完全 勝新太郎伝』（講談社文庫）、『維新漂流 中田宏は何を見たのか』（集英社インターナショナル）、『ザ・キングファーザー』（カンゼン）、『球童 伊良部秀輝伝』（講談社 ミズノスポーツライター賞優秀賞）、『真説・長州力 1951-2018』（集英社文庫）、『電通とFIFA サッカーに群がる男たち』（光文社新書）、『ドライチ ドラフト1位の肖像』（カンゼン）などがある。

早稲田大学スポーツ産業研究所招聘研究員。

http://www.liberdade.com/

真説《しんせつ》・佐山《さやま》サトル
タイガーマスクと呼《よ》ばれた男《おとこ》

2018年7月31日　第1刷発行
2018年8月15日　第2刷発行

著　者　田崎健太《たざきけんた》
発行者　手島裕明
発行所　株式会社 集英社インターナショナル
〒101-0064 東京都千代田区神田猿楽町 1-5-18
電話 03-5211-2632
発売所　株式会社 集英社
〒101-8050 東京都千代田区一ツ橋 2-5-10
電話　読者係 03-3230-6080
販売部 03-3230-6393（書店専用）
プリプレス　株式会社昭和ブライト
印刷所　三晃印刷株式会社
製本所　ナショナル製本協同組合

ISBN 978-4-7976-7356-2　C0095

集英社インターナショナルの本

真説・長州力 1951-2015

田崎健太・著

「これ以上話すことはありません」。プロレスラー・長州力がすべてを語った！
〝革命戦士〟の「真実」に迫る衝撃の評伝。

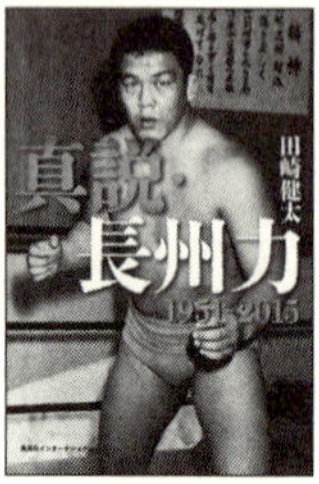

四六判
本体1、900円
ISBN978-4-7976-7286-2

集英社インターナショナルの本

生きて還る

完全試合投手となった 特攻帰還兵 武智文雄

小林信也・著

「桜花」特攻隊から生還し、プロ野球史上二人目の完全試合を達成した、武智文雄の生涯。もう一つの戦後史を発掘する。

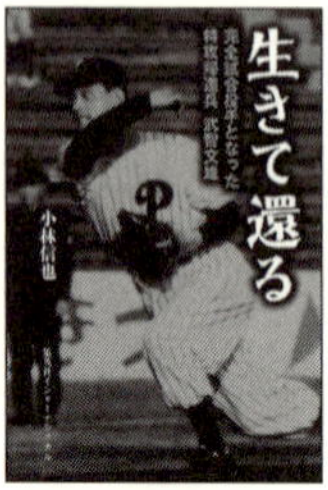

四六判
本体1、600円
ISBN978-4-7976-7344-9